lonely planet
IRLANDE
ÉDITION ÉCRITE ET ACTUALISÉE PAR
Neil Wilson, Isabel Albiston, Fionn Davenport,
Belinda Dixon, Catherine Le Nevez

Sommaire

CÔTE D'ANTRIM (p. 277)
ÉCOSSE
Culdaff
Portstewart
Bushmills
Cushendun
Buncrana
Derry/Londonderry
Larne
IRLANDE
IRLANDE DU NORD
Kells
Antrim
Bangor
Lough Neagh
BELFAST (p. 251)
Omagh
Portadown
Downpatrick
Enniskillen
Isle of Man
Monaghan
Newry
MER D'IRLANDE
Boyle
Cavan
Dundalk Bay
COMTÉS DE MEATH ET DE LOUTH (p. 103)
Longford
Kells
Drogheda
Mullingar
Howth
DUBLIN (p. 35)
Newbridge
COMTÉ DE WICKLOW (p. 85)
Birr
IRLANDE
Wicklow
Roscrea
Carlow
KILKENNY (p. 115)
Cardigan Bay
Enniscorthy
Cashel
New Ross
Wexford
Clonmel
Rosslare Harbour
Waterford
Dungarvan
Youghal
PAYS DE GALLES
OCÉAN ATLANTIQUE

0
100 km
OCÉAN ATLANTIQUE
Dungloe
Glencolumbcille
Donegal Bay
COMTÉS DE SLI
ET DE DONEGAL (p
Pollatomish
Ballycastle
Ballina
Newport
Castlebar
Westport
Knock
COMTÉS DE GALWAY (p. 211)
Lough Mask
Cong
Roscommo
Clifden
Lough Corrib
Cashel
Ballinas
Galway
Ballyvaughan
Gort
ÎLES D'ARAN (p. 201)
Doolin
COMTÉ DE CLARE
ET LIMERICK (p. 183)
Ennis
Nena
Limeric
Kilkee
Kilrush
Tippera
COMTÉ DE T
(p. 1
Tralee
Dingle
Mallow
Killarney
COMTÉ DE KERRY
(p. 161)
COMTÉ DE CORK
(p. 141)
Kenmare
Co
Bantry
Skibbereen

Bienvenue en Irlande

Ce petit pays est, à juste titre, réputé être une formidable destination de voyage, avec ses paysages époustouflants et la chaleur légendaire de ses habitants.

Tout ce qui a déjà été dit à son sujet est vrai : l'Irlande est un pays tout simplement fabuleux. Les visiteurs ne seront pas tous d'accord sur les sites à voir absolument, mais vous ne pouvez pas vous tromper en choisissant de parcourir la lande mélancolique du Connemara, les étendues sauvages du Donegal, les majestueuses montagnes de Mourne, les célèbres paysages du comté de Kerry et de Cork et la côte de Causeway en Irlande du Nord.

L'histoire est omniprésente en Irlande, des spectaculaires monuments préhistoriques de Brú na Bóinne aux fabuleux vestiges monastiques de Glendalough et Cashel. Un passé plus récent est palpable à la Titanic Experience de Cobh et dans la lugubre Kilmainham Gaol de Dublin, tandis qu'une histoire plus proche se laisse découvrir, au gré de visites en taxi de West Belfast, et sur les fresques politiques colorées de Derry.

Pendant votre séjour, vous entendrez peut-être "*tá Fáilte romhat*" (bienvenue à vous) ou encore la célèbre formule "*céad míle fáilte*" (cent mille fois bienvenue). On ne saurait réduire à la seule hospitalité un caractère national infiniment complexe, et pourtant cette caractéristique n'en demeure pas moins bien réelle : les Irlandais sont extraordinairement chaleureux et accueillants.

> **“ Des paysages à couper le souffle et un peuple très chaleureux ”**

Derryclare Lough et montagnes du Connemara (p. 225)

Christ Church Cathedral (p. 64)
DAVID SOANES PHOTOGRAPHY/GETTYIMAGES ©

En savoir plus

Carnet pratique

Avant le départ

13 expériences incontournables

PAVEL L PHOTO AND VIDEO/SHUTTERSTOCK ©

Dublin

Capitale de l'Irlande et berceau de la Guinness

De loin la plus grande ville d'Irlande, Dublin (p. 35) est la principale porte d'accès au pays. Ses multiples attraits retiendront le visiteur au moins quelques jours. Musées de renom, excellents divertissements, restaurants et hôtels de haut vol : Dublin a tous les atouts d'une grande métropole internationale. Mais le véritable bonus, ce sont les Dublinois eux-mêmes, détendus et chaleureux. Rares sont les capitales d'Europe où l'on rencontre une telle qualité d'accueil !

TYLER W. STIPP/SHUTTERSTOCK ©

1

MEDIAPRODUCTION/GETTY IMAGES ©

STEFANO_VALERI/SHUTTERSTOCK ©

Ring of Kerry

Célèbre circuit traversant des paysages spectaculaires

Parcourir en voiture le Ring of Kerry (p. 164) est une expérience inoubliable. N'hésitez pas à quitter la route principale : une foule de détours intéressants vous tendent les bras. Près de Killorglin, la péninsule de Cromane gagne à être connue. Entre Portmagee (photo en haut) et Waterville, on peut explorer le Skellig Ring. Quant à l'intérieur de la péninsule, il offre des paysages de montagne hypnotisants. En bas : Gap of Dunloe (p. 173)

2

AURÉLIEN POTTIER/GETTY IMAGES ©

Connemara

Littoral splendide et montagnes sauvages

Les routes pleines de caractère du Connemara (p. 225) mènent à des villages abritant chacun des pubs et des restaurants traditionnels où l'on sert du *chowder*, soupe de poisson et de fruits de mer dont les recettes sont autant de secrets de famille. Au cœur de vallées isolées, la nature explose comme au premier jour : collines d'un vert éclatant, fleurs sauvages, ruisseaux où se reflète le bleu du ciel... Port de Roundstone (p. 227)

3

4

Dingle

Péninsule pleine de charme ponctuée de sites ancestraux

Le nom de Dingle (p. 177) désigne autant la péninsule qui s'avance dans l'Atlantique, que son adorable petite ville principale, centre névralgique de la région. Les bateaux de pêche déchargent leur prise du jour, les pubs (qui ont souvent commencé leur vie comme des boutiques à l'ancienne) sont restés dans leur jus, d'intrigantes échoppes vendent les créations d'artisans, tels ces bijoux ornés de motifs celtiques. Et, au pub, on se chauffe autour du feu, au son d'un concert de musique traditionnelle.

Dick Mack's (p.180)

5

Cork

Capitale irlandaise de la gastronomie

Deuxième ville de la république d'Irlande par la taille, Cork (p. 141) peut rivaliser avec Dublin sur tous les autres plans ! Son centre compact et soigné accueille un superbe ensemble de musées et de restaurants. En la matière, des cafés bon marché aux tables gastronomiques, Cork brille dans tous les domaines. D'ailleurs, son cœur n'est autre que le fabuleux English Market (p. 144 ; photo), un marché couvert à ne manquer sous aucun prétexte.

D. RIBEIRO/SHUTTERSTOCK ©

GABRIEL12/SHUTTERSTOCK ©

Glendalough

Vestiges monastiques dans un site d'exception

En choisissant pour ermitage une grotte au bord d'un lac dans cette vallée boisée, saint Kevin suscita sans le prévoir la création d'une véritable communauté, qui allait donner naissance à l'un des centres d'enseignement les plus dynamiques d'Irlande. Les vestiges (p. 90) de ce site monastique (dont une tour ronde intacte, photo), au cœur d'un superbe paysage, sont inoubliables.

6

ROLF G WACKENBERG/SHUTTERSTOCK ©

Kilkenny

Artisanat et monuments du Moyen Âge

Avec son imposant château et sa splendide cathédrale médiévale, Kilkenny (p. 115) est une étape incontournable. Le comté lui-même s'enorgueillit d'un artisanat d'une grande richesse, dont on trouve les produits dans les boutiques de la cité. Artisans d'un autre ordre, des grandes toques s'y établissent plutôt qu'à Dublin, afin de profiter, à la source, des produits exceptionnels du terroir. Et la ville compte d'innombrables pubs sympathiques.

7

8

Côte d'Antrim

Littoral spectaculaire recélant des merveilles géologiques

La Causeway Coast (p. 284) du comté d'Antrim prête son décor spectaculaire à la série *Game of Thrones*. Enfilez vos chaussures de marche, empruntez le pont de corde de Carrick-a-Rede, puis suivez la côte accidentée et spectaculaire sur 16,5 km. Chemin faisant, vous découvrirez le port de Ballintoy (Lordsport, dans la série), la célèbre Chaussée des Géants, composée d'immenses colonnes de basalte (photo), mais aussi des falaises, des îles, des plages de sable et des châteaux en ruine. Ne manquez pas de terminer par un verre à l'Old Bushmills Distillery.

9

Côte nord-ouest

Côte sauvage aux stupéfiantes falaises

Chère au poète W. B. Yeats, la côte nord-ouest a pour point de mire la masse rocheuse familière du Benbulben. La région est propice à la contemplation, avec ses étendues sauvages à l'âpre beauté, mais aussi aux activités sportives, avec ses spots de surf et ses greens de golf renommés.

Falaises de Slieve League (p. 234)

GREG SINCLAIR/500PX ©

MILOSZ MASLANKA/SHUTTERSTOCK ©

10

Galway

Cité la plus animée d'Irlande

Quel meilleur mot pour évoquer la ville de Galway (p. 220) que le *craic*, cet indéfinissable sens de la discussion et cette ambiance qui animent les pubs du pays. Ceux de Galway vibrent au son de la musique jouée par des groupes de tous les âges. À la manière des habitants, on va d'un établissement à l'autre sans jamais savoir ce qui nous attend mais avec la quasi-certitude de passer un bon moment. Ajoutez à cela les huîtres réputées du coin et la proximité de la péninsule du Connemara ou encore des îles d'Aran : les attraits de la région semblent inépuisables.

MILOSZ MASLANKA/SHUTTERSTOCK © ARCHITECT: ERIC KUHNE

JAMES KENNEDY NI/SHUTTERSTOCK ©

WILLY BARTON/SHUTTERSTOCK ©
SCULPTURE DE JOHN KINDNESS

Belfast

Architecture victorienne, beaux musées et pubs animés

Ultradynamique, la capitale de l'Irlande du Nord (p. 251) a su mettre en valeur sa riche histoire, qu'illustrent avec brio le Titanic Belfast, hommage multimédia au célèbre paquebot (construit et inauguré à Belfast en 1911), mais aussi les couloirs lugubres et impressionants de la Crumlin Road Gaol ou les fresques politiques de West Belfast.

11

À gauche : St George's Market (p. 255) ; à droite : *The Big Fish*, sculpture

LMSPENCER/SHUTTERSTOCK ©

Brú na Bóinne

Mystérieuses tombes à couloir préhistoriques

Les murs en pierre blanche de Newgrange, qui forment un immense cercle coiffé d'un dôme herbeux, ont des airs étonnamment futuristes. Ce tumulus fait partie de la grande nécropole néolithique de Brú na Bóinne ("palais de la Boyne" ; p. 106), et renferme la plus belle tombe à couloir irlandaise de l'âge de la pierre, antérieure aux pyramides d'Égypte. Elle est parfaitement alignée avec le soleil au solstice d'hiver.

12

SHUTTERUPEIRE/SHUTTERSTOCK ©

Falaises de Moher

Un site emblématique d'une beauté à couper le souffle

Baignées de lumière dorée en fin d'après-midi, les falaises de Moher (p. 186) comptent parmi les splendeurs du comté de Clare. Vues depuis un bateau, ces murailles de roche respirent une force brute, adoucie par le spectacle des milliers d'oiseaux marins qui y vivent, dont d'adorables macareux. Plus au sud, à Loop Head, des piliers rocheux dominant la mer sont coiffés de vestiges d'habitations en pierre dont l'existence demeure inexpliquée.

13

Avant le départ

Ce qu'il faut savoir

Quand partir

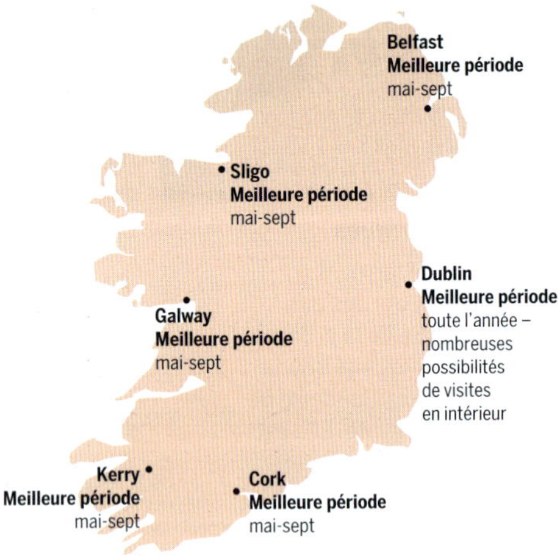

Haute saison (juin à mi-sept)

- La plus belle saison.
- Prix de l'hébergement au plus haut (surtout en août).
- Pic d'affluence à Dublin, dans le Kerry et sur les côtes.

Saison intermédiaire (Pâques à mai, mi-sept à oct)

- Temps souvent agréable ; soleil et pluie en mai. Été indien fréquent en septembre.
- Affluence moindre et hébergement moins cher qu'en été.

Basse saison (nov-fév)

- Horaires d'ouverture réduits d'octobre à Pâques, voire fermeture complète.
- Temps humide, froid et parfois brumeux dans tout le pays.

Devises

République d'Irlande : euro (€)
Irlande du Nord : livre sterling (£)

Langues

Anglais, gaélique

Visa

Aucun visa n'est requis pour les citoyens de l'UE et de la Suisse ; les Canadiens n'ont pas besoin de visa pour un séjour de moins de 3 mois. Pour L' Irlande du Nord, rien ne devrait changer avant 2021.

Argent

Les cartes Visa et MasterCard sont très largement acceptées ; les cartes American Express ne sont acceptées que dans les grandes chaînes.

Téléphone portable

Le forfait des voyageurs européens fonctionne en Irlande comme dans leur pays d'origine, sans surcoût. Pour l'Irlande du Nord, se renseigner à partir du 1er janvier 2021.

Heure locale

GMT/UTC nov- mars ; + 1 heure avr-oct. Toute l'année, quand il est 12h en Irlande, il est 13h à Paris, Bruxelles et Berne et 7h à Montréal.

Budget quotidien

Moins de 80 €

- Lit en dortoir : 14-25 €
- Repas dans un café ou un pub : 10-18 €
- Trajet en bus entre les villes : 14-25 € pour 200 km
- Pinte de bière : 5-6,50 €

80-180 €

- Chambre double dans un hôtel ou un B&B : 100-180 € (plus cher à Dublin)
- Plat dans un restaurant : 17-30 €
- Location de voiture : environ 37 €/jour
- Trajet de 3 heures en train : 60 €

Plus de 180 €

- Hébergement dans un 4-étoiles : à partir de 200 €
- Menu entrée-plat-dessert dans un restaurant haut de gamme : environ 70 €
- Partie de golf sur un parcours réputé : à partir de 100 € en semaine

Taux de change

Zone euro	1 €	0,84 £	-
Canada	1 $CA	0,58 £	0,69 €
Suisse	1 FS	0,79 £	0,94 €

Pour connaître les derniers taux de change : www.xe.com/ucc/fr.

Sites Web

Entertainment Ireland (entertainment.ie). Agenda des spectacles et divertissements en tout genre.

Fáilte Ireland (www.discoverireland.ie). Site officiel du tourisme en république d'Irlande.

Lonely Planet (www.lonelyplanet.fr/destinations/europe/irlande). Informations sur les destinations, forum de voyageurs, etc.

Northern Ireland Tourist Board (www.discovernorthernireland.com). Site officiel de l'office du tourisme d'Irlande du Nord.

Tourisme irlandais (www.ireland.com/fr-fr). Site officiel du tourisme de toute l'Irlande.

L'Irlande du Nord et l'après-Brexit

Le Brexit étant effectif depuis le 31 janvier 2020, l'Irlande du Nord, comme l'ensemble du Royaume-Uni, est sortie de l'UE. Toutefois, jusqu'au 31 décembre 2020, rien ne change. À partir de 2021, en revanche, de nouvelles réglementations pourraient être appliquées. Renseignez-vous avant de passer la frontière

À l'arrivée

Aéroport de Dublin Des navettes privées partent toutes les 10 à 15 minutes pour le centre-ville (6 €). Le taxi pour le centre-ville (30-45 min) coûte 20-25 €.

Port de Dun Laoghaire Des bus publics relient le centre-ville en 45 minutes ; 25 minutes avec le Dublin Area Rapid Transit (DART). Les deux options coûtent 3 €.

Terminal portuaire de Dublin Les horaires des bus (3,50 € jusqu'au centre-ville) sont alignés sur les arrivées et départs des ferries.

Aéroport international de Belfast Le bus Airport Express 300 part toutes les heures de l'aéroport (aller/aller-retour 8/11,50 £, 30-55 min). Un taxi pour le centre coûte environ 30 £.

Aéroport de Belfast-George Best Le bus Airport Express 600 part toutes les 20 minutes (aller/aller-retour 2,60/4 £, 15 min) depuis l'aéroport de Belfast-George Best. Taxi pour le centre : environ 10 £.

Comment circuler

Les transports sont efficaces et bon marché vers les villes principales.

Voiture C'est la formule idéale pour explorer l'Irlande. On trouve des agences de location dans la plupart des villes. La conduite se fait à gauche.

Bus C'est le moyen le moins cher de visiter le pays ; le dense réseau (bus publics et privés) dessert la plupart des zones habitées.

Vélo Dublin a un système de vélos partagés, avec plus de 100 stations dans toute la ville.

Train Un réseau restreint (et coûteux) relie Dublin aux grandes villes, dont Belfast.

Pour plus de détails, voir la section **Comment circuler**, p. 349

Avant le départ

Envie de...

LENSMEN/SHUTTERSTOCK ©

Cuisine irlandaise

Une révolution gastronomique a débuté dans le comté de Cork autour des années 1970, avant de se propager dans toute l'Irlande. On trouve partout marchés fermiers et bons restaurants.

Cork (p. 148)
Capitale gastronomique de l'Irlande, Cork abrite une foule de restaurants et le célèbre English Market.

Meilleur plat
L'assiette Producers' Plate chez Nash 19 (p. 151).

Dublin (p. 35)
Haut lieu de la cuisine moderne irlandaise, la capitale compte plusieurs restaurants étoilés au Michelin.

Meilleur plat
Le menu de 3 plats chez Chapter One (p. 76).

Kinsale (p. 155)
Ce joli port est réputé pour la qualité de sa cuisine : on y déguste d'excellents poissons et fruits de mer.

Meilleur plat
Les huîtres irlandaises chez Bastion (p. 157).

MICHAEL THALER/SHUTTERSTOCK ©

Paysages côtiers

C'est sur le littoral irlandais battu par la houle que l'on admire nombre des paysages les plus extraordinaires de l'île : plages de sable doré, éperons rocheux et gigantesques falaises.

Péninsule de Dingle (p. 177)
Ce bout de terre reculé est bordé de plages, de montagnes, de falaises, avec vue sur l'Atlantique.

La Slea Head Drive
Cette route offre de superbes paysages (photo ; p. 181).

Côte d'Antrim (p. 277)
La magnifique côte d'Antrim est ponctuée de falaises de basalte et de craie, et de longues plages de sable.

Chaussée des Géants
Ces colonnes hexagonales sont le clou de la côte (p. 280).

Comté de Clare (p. 183)
Façonnée par les assauts de l'Atlantique, la côte du comté de Clare recèle des paysages à couper le souffle.

Falaises de Moher
Ces parois de 200 m (p. 186) offrent une vision inoubliable.

Musique traditionnelle

De toutes les musiques traditionnelles d'Europe de l'Ouest, l'irlandaise est la plus vivante. C'est dans un chaleureux pub à l'ancienne qu'elle s'apprécie le mieux.

PAOLO TROVO/SHUTTERSTOCK ©

Doolin (p. 197)
Ce village de la côte ouest est un haut lieu de la musique traditionnelle, jouée dans ses trois pubs.

Gus O'Connor's
Une auberge de caractère du XIXe siècle (photo ; p. 198).

Galway (p. 220)
Les pubs traditionnels proposent de la musique live ; dans les rues, des musiciens jouent les classiques.

Tig Cóilí
Un pub avec *céilí* (concert dansant) chaque jour (p. 217).

Derry (Londonderry ; p. 294)
Pubs conviviaux et pleins de cachet ; on trouve chaque soir à entendre de la musique live.

Peadar O'Donnell's
Sessions de musique (p. 299) endiablées tous les soirs.

Sites monastiques

La "terre des saints et des lettrés" est l'un des berceaux de la chrétienté : en témoignent d'incroyables sites.

STEFAN MISSING/SHUTTERSTOCK ©

Skellig Michael (p. 166)
Le plus impressionnant des sites monastiques d'Irlande, perché sur un îlot rocheux aux pentes abruptes.

Cellules en forme de ruche
Cellules de moines du VIe siècle (photo ; p. 166).

Rock of Cashel (p. 132)
Ces ruines médiévales au sommet d'une colline fortifiée sont visibles à des kilomètres à la ronde.

Cormac's Chapel
Les plus vieilles peintures murales d'Irlande (p. 132).

Glendalough (p. 90)
Niché entre deux lacs, le site de Glendalough est l'un des lieux historiques les plus emblématiques de l'île.

St Kevin's Kitchen
Un étonnant clocher surmonte l'église du XIe siècle (p. 93).

Avant le départ
100% irlandais

Activités

La meilleure manière d'appréhender l'Irlande est d'explorer la variété de ses paysages à la beauté sauvage, parfois stupéfiants. Ses montagnes escarpées et majestueuses, ses lacs bordés d'épaisses forêts, ses longues plages de sable, ses tourbières à perte de vue, ne déçoivent jamais.

Achats

La vente de souvenirs constitue toute une économie en Irlande. Presque tous les sites touristiques ont leur boutique de cadeaux. Mais au-delà des inévitables articles kitsch façon *shillelaghs* (bâtons de combat irlandais), *leprechauns* (lutins) en peluche et trèfles en porte-clés, on trouve une foule d'articles de grande qualité à prix honnêtes. Si les produits traditionnels – cristal, lainages, tweed – ont toujours la cote, une nouvelle vague de jeunes créateurs et d'artisans s'est lancée avec originalité dans la céramique, le textile et la bijouterie.

Où sortir

Les grandes villes comme Dublin, Belfast, Cork, Limerick et Galway offrent une scène animée en matière de spectacles. Des groupes et chanteurs célèbres se produisent notamment à la **3Arena** (☎01-819 8888 ; www.3arena.ie ; East Link Bridge, North Wall Quay ; billets 30-100 € ; 🕒18h30-23h ; 🚋The Point) de Dublin et à la **SSE Arena** (www.ssearenabelfast.com ; Odyssey Complex, 2 Queen's Quay ; 🚌G2) de Belfast. Nombre de pubs et discothèques accueillent aussi de la musique live, avec des artistes locaux ou venus d'ailleurs en Irlande.

Extrêmement typiques, les sessions de musique traditionnelle égaient les soirées au pub d'un bout à l'autre du pays.

Où se restaurer

Ces dernières décennies, l'Irlande a "redécouvert" sa cuisine traditionnelle, sous l'égide d'une armée de chefs et de producteurs qui a mené une véritable révolution gastronomique. Le maître mot

BRIAN LOGAN PHOTOGRAPHY/SHUTTERSTOCK ©

était de redonner leurs lettres de noblesse aux recettes qui, longtemps, avaient constitué l'ordinaire des fermes irlandaises. Ce mouvement en faveur de la cuisine locale (*local food*) a pris de l'ampleur avec l'essor des marchés de producteurs, qui offrent une vitrine aux produits du terroir, et la tendance des restaurants à les mettre en avant dans leurs recettes.

★ Les meilleurs pubs traditionnels

Long Hall (p. 76)

Monroe's Tavern (p. 217)

McGann's (p. 189)

Sin É (p. 152)

Crown Liquor Saloon (p. 230)

Où prendre un verre et faire la fête

Connue dans le monde entier pour sa Guinness et son whiskey, l'Irlande a, à juste titre, la réputation d'un pays où il fait bon s'asseoir autour d'un verre. Chaque ville – chaque hameau, même – compte au moins un pub. Une visite au pub est la meilleure manière de saisir le caractère du pays.

Le pub est souvent un centre névralgique local (que ce soit en ville ou à la campagne), un lieu de rendez-vous accueillant des soirées quiz et des groupes de musique. La spécificité du pub irlandais, c'est la persistance du "*spirit grocery*", commerce hybride combinant pub et épicerie, qui émergea au XIXe siècle, lorsque l'essor du mouvement pour la tempérance força nombre de propriétaires de pubs à diversifier leur activité pour pouvoir rester à flot.

Ces dernières années, les pubs se sont détournés des grandes marques de bières internationales en faveur des *craft beers* (bières artisanales) de fabrication locale. Ces brasseries possèdent souvent des pubs ; parfois, le pub se trouve sur le site de la brasserie.

De gauche à droite : Long Hall ; Crown Liquor Saloon

Avant le départ

L'agenda

Février

Le mauvais temps fait de février le mois idéal pour les activités en intérieur.

⁂ Audi Dublin International Film Festival

La plupart des salles de Dublin participent au festival de cinéma de la capitale (www.diff.ie). Il met à l'honneur pendant deux semaines les nouveaux films de réalisateurs irlandais ou étrangers, avec des productions locales, des films d'art et d'essai internationaux et des avant-premières de grandes productions.

☆ Tournoi de rugby des Six-Nations

L'équipe nationale irlandaise (www.irishrugby.ie) joue ses trois matchs à domicile à l'Aviva Stadium de Ballsbridge, dans la banlieue sud de Dublin. La saison de rugby court de février à avril.

Mars

Le printemps s'annonce et tout le pays prépare la plus célèbre parade irlandaise.

⁂ Saint-Patrick

Le 17 mars (www.stpatricksfestival.ie), une fièvre verte s'abat sur l'Irlande. À Dublin, ce sont 5 jours de concerts et de folie. Point d'orgue des festivités : l'immense parade, qui réunit quelque 600 000 personnes.

Avril

Le temps embellit, les fleurs s'ouvrent et la saison des festivals commence.

☆ Circuit of Ireland International Rally

Le "Circuit" (www.circuitofireland.net), ainsi qu'est appelé sur place le plus prestigieux rallye automobile d'Irlande du Nord, est disputé par plus de 130 concurrents. Cette course de 2 jours a lieu à Pâques, et couvre 550 km à travers l'Irlande du Nord et une partie de la république d'Irlande.

Ci-dessus : fête de la Saint-Patrick, Dublin

CLEARPIX / ALAMY STOCK PHOTO ©

✩ Irish Grand National

Les Irlandais aiment les courses hippiques. La plus prisée est le Grand National (www.fairyhouse.ie), vitrine de la saison nationale des courses avec saut d'obstacles, qui se déroule à Fairyhouse, dans le comté de Meath, le lundi de Pâques.

✩ World Irish Dancing Championships

La danse irlandaise est loin de se limiter à *Riverdance* ! Chaque année en avril, 4 500 participants venus du monde entier se retrouvent pour une grande compétition. Le lieu varie (www.clrg.ie).

Mai

Le premier lundi de mai est férié : c'est le premier grand week-end de la belle saison ; les Irlandais sont nombreux à prendre la route pour en profiter.

✩ North West 200

Parmi les plus grands événements sportifs de l'île, cette célébrissime course de motos (www.northwest200.org), à la mi-mai, attire le long de son parcours triangulaire plus de 150 000 personnes venues encourager les grands noms du motocyclisme.

Fleadh Nua

La troisième semaine de mai, la crème de la musique traditionnelle se retrouve à Ennis, dans le comté de Clare, pour l'un des plus grands festivals irlandais (www.fleadhnua.com).

★ Les meilleurs festivals

Saint-Patrick, mars

Galway International Arts Festival, juillet

Dublin Fringe Festival, septembre

All-Ireland Finals, septembre

Belfast International Arts Festival, octobre

Ci-dessus : Fleadh Cheoil na hÉireann (p. 24)

Juin

Il n'y a que l'embarras du choix pour occuper le week-end prolongé du début de mois.

☆ Irish Derby
Durant la première semaine du mois, l'Irish Derby donne rendez-vous aux amateurs de courses hippiques et d'élégances pour la meilleure course de plat de l'île (www.curragh.ie).

Bloomsday
Le 16 juin, Dublin rend hommage à James Joyce en mettant à l'honneur Leopold Bloom, le célèbre personnage d'*Ulysse* : l'occasion de s'habiller à la mode édouardienne et de retracer son itinéraire dans la ville (www.jamesjoyce.ie).

Juillet

Pas un week-end de juillet sans une grande manifestation ; la fête bat son plein tout le mois à Galway.

Galway International Arts Festival
Musique, théâtre et une foule de manifestations artistiques sont au programme du plus important festival artistique (p. 225) du pays, la deuxième quinzaine de juillet. Galway bouillonne de divertissements.

Longitude
Mi-juillet, ce mini-Glastonbury organisé sur trois jours attire la foule à Marlay Park, à Dublin, pour un festival d'électro-dance, folk indé, rock et pop (www.longitude.ie). En 2019, Stormzy, Anne-Marie et Cardi B tenaient le haut de l'affiche.

Août

Les écoles sont fermées, le soleil brille (parfois), l'heure est aux vacances.

☆ Galway Races
L'attrait du plus grand événement hippique à l'ouest du Shannon (www.galwayraces.com) ne se réduit pas aux courses. C'est aussi, au-delà des paris sportifs et du défilé de chapeaux extravagants, un hommage à la culture irlandaise.

Fleadh Cheoil na hÉireann
Le précurseur de tous les festivals de musique irlandaise traditionnelle (www.fleadhcheoil.ie), généralement organisé à la fin du mois, attire plus de 400 000 fêtards et mélomanes. Le lieu varie.

Rose of Tralee
Le plus important concours de beauté du pays (www.roseoftralee.ie) divise l'opinion : Il gêne certains tandis que d'autres n'y voient qu'un vestige inoffensif des temps passés. Les candidates sont issues de communautés irlandaises des quatre coins du monde.

☆ All-Ireland Finals
Les finales des championnats de *hurling* et de football gaélique se jouent à la fin de l'été, devant plus de 80 000 personnes, au Croke Park de Dublin. Un des plus grands rendez-vous sportifs.

Septembre

L'été touche à sa fin mais le temps peut être étonnamment doux : la période est idéale pour profiter des derniers beaux jours, sans la foule.

Dublin Fringe Festival
Plus de 100 spectacles investissent scènes, rues et bars lors de ce festival avant-gardiste (www.fringefest.com), beaucoup plus innovant que le festival de théâtre qui lui succède.

Octobre

Le temps se rafraîchit, il est tentant de se mettre au chaud. L'agenda des activités et des divertissements est toujours aussi fourni.

Belfast International Arts Festival
Le meilleur festival artistique d'Irlande du Nord (www.belfastinternationalartsfestival.com) attire des artistes du monde entier, pendant la deuxième quinzaine du mois. Programmation éclectique allant des arts visuels à la danse.

Avant le départ

En avant-goût

NOOR RADYA BINTI MD RADZI/SHUTTERSTOCK ©

Ci-dessus : extérieur de l'Irish Rock 'n' Roll Museum Experience, Dublin

Livres

Hérésies glorieuses (Lisa McInerney ; 2017). Roman drôle et âpre sur la criminalisation d'un jeune de 15 ans à Cork, dont le père est inepte et endetté.

Bohane, sombre cité (Kevin Barry ; 2015). L'Irlande de 2053 dessine le cadre de ce roman où les gangs règnent et où la technologie est rudimentaire.

Conversation entre amis (Sally Rooney ; 2019). Remarquable récit qui s'articule autour de quatre personnages, dans un Dublin au lendemain de la crise économique.

Brooklyn (Colm Tóibín ; 2011). Superbe histoire qui évoque avec nostalgie l'Irlande, depuis New York. Le livre a donné lieu à un film en 2015.

Films

Gens de Dublin (John Huston, 1987). Donal McCann et Anjelica Huston incarnent à merveille les personnages de la nouvelle de Joyce, *The Dead*.

Bloody Sunday (Paul Greengrass, 2002). Le récit des événements de 1972 à Derry. Incontournable.

Jimmy's Hall (Ken Loach, 2014). Dans les années 1930, le retour au pays d'un danseur sème la zizanie dans un village.

Sing Street (2016). Une comédie musicale de John Carney : un garçon veut monter un groupe pour épater une fille dans le Dublin des années 1980.

My Left Foot (1989) L'histoire vraie de l'artiste dublinois Christy Brown, qui lutta pour créer malgré une paralysie cérébrale.

Hunger (Steve McQueen, 2008). Le combat de Bobby Sands, leader de l'IRA, qui, dans les années 1980, s'engagea dans une grève de la faim dont il mourut.

Musique

Becoming a Jackal (Villagers ; 2010). Un premier album épatant de Conor O'Brien, un des musiciens les plus talentueux d'Irlande.

Achtung Baby (U2, 1991). Le légendaire groupe de rock au sommet de sa créativité.

Music in Mouth (Bell X1 ; 2003). Paul Noonan réalise un superbe album.

The Lion and the Cobra (Sinéad O'Connor, 1987). Le premier album d'O'Connor reste toujours aussi enthousiasmant.

Itinéraires : 5 jours

De Dublin à Meath

Dublin vous occupera au moins trois jours. Consacrez les deux autres à des excursions hors de la capitale : même court, ce séjour vous permettra de découvrir quelques pépites du pays.

Comté de Meath (p. 103) Le cinquième jour, rendez-vous dans le comté de Meath, au nord, pour visiter Brú na Bóinne, Tara et le site de la bataille de la Boyne.

Dublin (p. 35) Passez 2 jours dans la capitale, à profiter des lieux emblématiques et des excellents restaurants, voire d'un spectacle. 🚗 1 heure jusqu'à Powerscourt

Comté de Wicklow (p. 85) Consacrez une journée à la découverte d'Enniskerry et de Powerscourt, et une autre à explorer les Wicklow Mountains et Glendalough. 🚗 1 heure 30 jusqu'à Brú na Bóinne

De Belfast à Derry

Combinez la visite des deux grandes villes d'Irlande du Nord, avec la découverte des paysages de la côte d'Antrim, notamment la Chaussée des Géants : vous passerez par des sites rendus célèbres par la série *Game of Thrones*.

1 Belfast (p. 251) Réservez deux jours à la visite de la ville, en n'oubliant pas un circuit en taxi noir. Le troisième jour, suivez un circuit *Game of Thrones*.
🚗 2 heures jusqu'à la Chaussée des Géants

2 Causeway Coast (p. 284) Consacrez un jour à la découverte des Glens d'Antrim, du pont de corde de Carrick-a-Rede et de la Chaussée des Géants.
🚗 1 heure jusqu'à Derry

3 Derry (Londonderry) (p. 294) Visitez les différents sites, promenez-vous le long des remparts, d'où l'on aperçoit les peintures murales du Bogside.

Itinéraire : 10 jours

De Dublin à Killarney

Vous n'avez que dix jours et voulez voir le meilleur du pays. Il ne s'agit pas de traîner, mais avec un peu d'organisation, vous parviendrez à visiter les sites irlandais les plus inoubliables.

Dublin (p. 35) En un jour, vous bouclerez un rapide tour de Trinity College en apercevant son *Book of Kells*, du National Museum Archæology et de la Guinness Storehouse. 🚗 3 heures jusqu'à Galway

Galway (p. 211) Prévoyez trois nuits à Galway, pour découvrir cette ville attachante puis longer en voiture les paysages de la côte du Connemara. 🚗 4 heures (par les falaises de Moher) jusqu'à Ennis

Ennis (p. 190) En quittant Galway, cap au sud pour admirer les falaises de Moher. Passez la nuit à Ennis, dont les nombreux pubs accueillent des groupes de musique traditionnelle. 🚗 3 heures jusqu'à Dingle

Dingle (p. 177) Visitez la ville de Dingle l'après-midi de votre arrivée. Le lendemain, faites un tour en bateau dans le port pour saluer Fungie le dauphin ; puis empruntez en voiture la boucle de la Slea Head Drive. 🚗 1 heure jusqu'à Killarney

Killarney (p. 172) Prévoyez deux nuits. Explorez le Killarney National Park, puis découvrez en voiture (ou à la faveur d'une excursion en bus) les paysages splendides du célèbre Ring of Kerry (180 km).

2
THE QUAYS

4

5

Itinéraire : 2 semaines

De Belfast à Sligo

Cet itinéraire long de près de 1 500 km passe par certains des plus célèbres sites irlandais et traverse des paysages spectaculaires. On peut le boucler en moins d'une semaine, mais à quoi bon se précipiter ? Vous ne serez pas déçu !

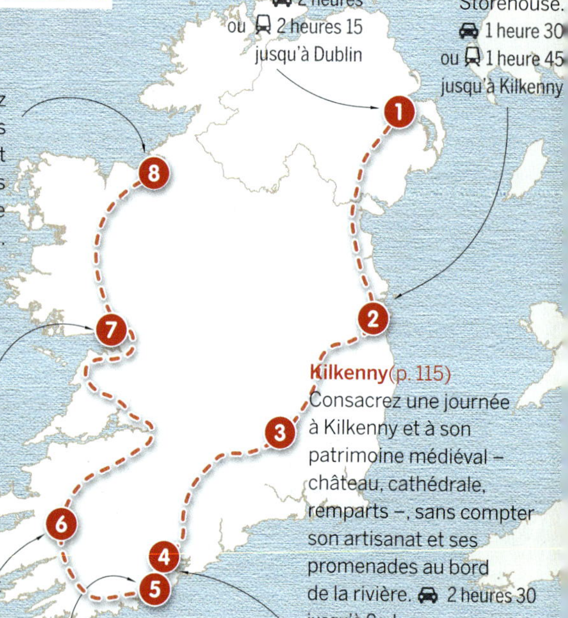

Belfast (p. 251) **et le comté d'Antrim** (p. 277) Passez deux nuits à Belfast. Consacrez une journée à la ville et une autre à une excursion en voiture jusqu'à la Chaussée des Géants. 🚗 2 heures ou 🚌 2 heures 15 jusqu'à Dublin

Dublin (p. 35) Lors d'une visite éclair d'une journée, ne manquez pas Trinity College, le National Museum of Ireland–Archæology et la Guinness Storehouse. 🚗 1 heure 30 ou 🚌 1 heure 45 jusqu'à Kilkenny

Kilkenny (p. 115) Consacrez une journée à Kilkenny et à son patrimoine médiéval – château, cathédrale, remparts –, sans compter son artisanat et ses promenades au bord de la rivière. 🚗 2 heures 30 jusqu'à Cork

Cork (p. 141) Découvrez Cashel et Blarney Castle sur la route de Cork, et passez le jour suivant à visiter la ville, sans oublier Spike Island. 🚗 40 minutes ou 🚌 50 minutes jusqu'à Kinsale

Kinsale (p. 155) Offrez-vous une journée shopping, restaurant et détente dans le joli port de plaisance de Kinsale. 🚗 1 heure 30 jusqu'à Killarney

Killarney (p. 172) Prévoyez deux nuits à Killarney, le temps de visiter le Killarney National Park et de parcourir en voiture (ou en bus) le Ring of Kerry (180 km). 🚗 5 heures par les falaises de Moher ou 🚌 4 heures (route directe) jusqu'à Galway

Galway (p. 211) Allez voir les falaises de Moher sur la route de Galway, au nord. Passez trois nuits dans cette ville ; faites un circuit en voiture ou en bus le long de la côte du Connemara. 🚗 2 heures 15 jusqu'à Sligo

Sligo (p. 231) Terminez votre périple par deux jours dans le comté de Sligo et découvrez paysages pastoraux, plages de sable et vestiges mégalithiques.

3

4

TONE MAD
GALLERY
5

Voyager en famille

DESIGN PICS/THE IRISH IMAGE COLLECTION CREATIVE/GETTY IMAGES ©

Les Irlandais adorent les enfants. Vous trouverez partout des habitants enthousiastes, heureux d'engager la conversation au sujet de votre progéniture. Toutefois, cet état d'esprit ne se retrouve pas forcément dans la qualité des équipements : les tables pour changer les bébés peuvent être difficiles à trouver, de même que les chaises hautes dans les restaurants, en particulier dans les petites villes et les zones rurales.

Pour des informations d'ordre général, procurez-vous Voyager avec ses enfants *de Lonely Planet. Consultez également le site www.eumom.ie pour des informations concernant les femmes enceintes et les parents accompagnés de jeunes enfants.*

Restaurants et pubs

Les restaurants acceptent en théorie les enfants de tous âges, quelle que soit l'heure. Toutefois, dans la pratique, nombre d'entre eux (surtout les établissements de catégorie supérieure, mais pas seulement) se montrent parfois quelque peu réticents, notamment aux heures de pointe, où soudain les chaises hautes ne sont plus disponibles. Si vous réservez assez tôt et en avez besoin, pensez à le préciser.

Les jeunes de 15 à 17 ans peuvent se rendre seuls au pub. En revanche, les moins de 15 ans doivent être accompagnés d'un adulte et, même à cette condition, ne sont autorisés à fréquenter les débits de boissons (alcoolisées) qu'entre 10h30 (12h30 le dimanche) et 21h (22h entre mai et septembre). Dans les zones rurales, les règles sont souvent plus souples

Nourrir et changer son bébé

Il est rare de voir les Irlandaises allaiter leur enfant en public (d'autant plus que l'Irlande a aujourd'hui un des taux de natalité parmi les plus bas au monde), mais le faire n'est généralement pas un problème. Seuls les centres commerciaux les plus récents mettent à disposition des espaces pour changer les tout-petits.

Visites

En matière d'activités destinées aux enfants, l'Irlande est bien mieux lotie qu'il y a dix ans encore. De nombreux prestataires conçoivent des offres destinées aux familles, avec des programmes d'activités pour enfants de tous âges. Beaucoup de musées prévoient une présentation de leurs collections adaptée aux enfants et certains organisent des visites guidées qui leur sont spécialement dédiées.

En revanche, en dépit du nombre de parcs, de jardins et d'espaces verts, les aires de jeux et les infrastructures pour les enfants sont peu courantes. À Dublin, l'espace de jeux installé au milieu de St Stephen's Green fait figure d'exception.

Comment circuler

Les enfants de moins de 5 ans voyagent gratuitement dans tous les transports publics.

Une voiture de location doit être équipée de siège-enfant ou de rehausseur pour les enfants pesant moins de 36 kg ou mesurant moins de 1,50 m. Tous les loueurs importants en proposent (environ 50 €-35 £/semaine), mais vous devrez vous en occuper à l'avance, pour éviter une mauvaise surprise au moment de récupérer le véhicule. Pour des questions d'assurance, on vous demandera souvent d'installer vous-même le siège-auto.

★ Les meilleures activités pour enfants

Zoo de Dublin (p. 69)

Muckross Traditional Farms (p. 170)

Titanic Belfast (p. 256)

Pont de corde de Carrick-a-Rede (p. 289)

Fungie le dauphin (p. 179)

De gauche à droite : chimpanzés, Zoo de Dublin (p. 69) ; Fungie le dauphin (p. 179)

Christ Church Cathedral (p. 64)
Trinity College (p. 40)

DUBLIN

Dublin

Chaleureuse et festive, Dublin est une capitale à l'inaltérable vitalité. Si la ville a connu une histoire agitée, ses habitants font contre mauvaise fortune bon cœur et perpétuent leur art de vivre, en particulier maintenant que la récession est derrière eux. Qu'il s'agisse de musique, d'art ou de littérature, les Dublinois tirent de surcroît une légitime fierté de leur patrimoine.

La cité compte de superbes musées et des restaurants d'exception ; c'est la ville d'Irlande qui offre le plus de possibilités au visiteur. Et ici comme ailleurs dans le pays, le pub est au cœur de la vie sociale.

Dublin en 2 jours

Débutez par **Trinity College** (p. 40) et le *Book of Kells* avant de vous aventurer dans **St Stephen's Green** (p. 61) et **Merrion Square**. L'après-midi, visitez le **National Museum of Ireland — Archæology** (p. 50). Le lendemain, faites une halte à la **Chester Beatty Library** (p. 48) en vous rendant au **Dublin Castle** (p. 44), puis passez l'après-midi à la **Guinness Storehouse** (p. 56).

Dublin en 4 jours

Suivez l'itinéraire "Dublin en 2 jours" mais en prenant le temps de faire halte dans les meilleurs pubs de la ville. Ajoutez à cela l'**Irish Museum of Modern Art** (p. 65) et **Kilmainham Gaol** (p. 44). Le quatrième jour, initiez-vous au whiskey à l'**Old Jameson Distillery** (p. 68), ou à la bière lors d'une **tournée des pubs** (p. 59).

Page précédente : vue aérienne de Dublin
PAWEL.GAUL/GETTY IMAGES ©

PAGE SUIVANTE, DE GAUCHE À DROITE: EVAN HAMMONDS/500PX ©, CERI BREEZE/SHUTTERSTOCK ©, LARRY MCGUIRK/SHUTTERSTOCK ©, ROBERT MULLAN/SHUTTERSTOCK ©, ROY HARRIS/SHUTTERSTOCK ©, ANDREI NEKRASSOV/SHUTTERSTOCK ©, POPA IOANA MIRELA/SHUTTERSTOCK ©

Christ Church Cathedral (p.64)

Comment s'y rendre

Aéroport de Dublin Des bus rallient la ville toutes les 10 à 15 minutes de 6h à minuit ; comptez 30 à 45 minutes en taxi (environ 25 €).

Port de Dublin Les départs des bus (tarif plein/enfant 3,50/2 €, 20 min) sont calés sur les arrivées des ferries.

Busáras Tous les bus Éireann arrivent à Busáras ; les compagnies privées ont des arrêts dans différents quartiers de la ville.

Gares ferroviaires Les grandes lignes arrivent toutes aux gares de Heuston ou de Connolly.

Où se loger

Le nombre croissant de touristes et le manque d'hébergements se conjuguent pour faire grimper les prix, surtout en fin de semaine. On trouve de bons établissements catégorie moyenne au nord de la Liffey, mais la plupart des adresses se trouvent au sud du fleuve, et vont des demeures georgiennes reconverties aux plus beaux hôtels de Dublin. Les petits budgets pourront compter sur d'honorables auberges de jeunesse.

Pour plus de détails sur les hébergements, voir p. 83.

Kilmainham et The Liberties

Le quartier le plus ancien et le plus traditionnel de Dublin compte une poignée de curiosités touristiques majeures.

Nord de la Liffey

Le Dublin d'aujourd'hui, fascinant mélange de grandeur georgienne, d'apports extérieurs et d'un quotidien ancré dans la tradition.

Grafton Street

La rue la plus célèbre de Dublin, piétonne, est le cœur battant du centre-ville.

Plan de Temple Bar, Grafton Street et St Stephen's Green (p. 62)
Plan du centre de Dublin (p. 66)
Plan du Nord de la Liffey (p. 70)

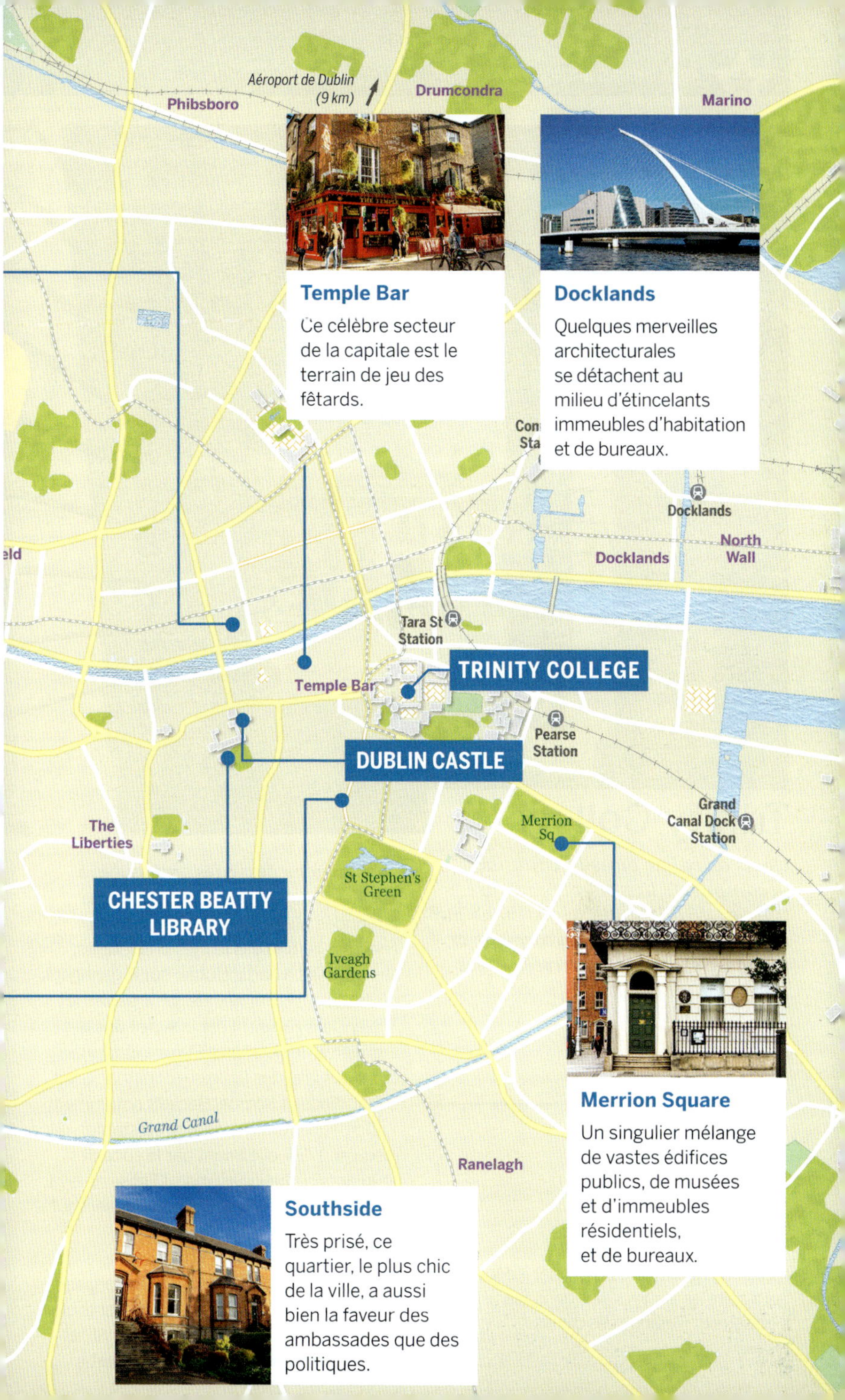

Temple Bar

Ce célèbre secteur de la capitale est le terrain de jeu des fêtards.

Docklands

Quelques merveilles architecturales se détachent au milieu d'étincelants immeubles d'habitation et de bureaux.

Merrion Square

Un singulier mélange de vastes édifices publics, de musées et d'immeubles résidentiels, et de bureaux.

Southside

Très prisé, ce quartier, le plus chic de la ville, a aussi bien la faveur des ambassades que des politiques.

Trinity College

Oasis de calme dans la capitale, le campus de la plus prestigieuse université d'Irlande se distingue par ses élégants bâtiments georgiens et victoriens, ses places pavées et ses magnifiques pelouses.

Pour ceux qui aiment...

☑ Ne ratez pas

La Long Room (photo à droite) – décor qui a inspiré les archives Jedi dans *Star Wars, épisode II : l'Attaque des clones*..

Construite sur des terres confisquées à un prieuré augustinien, cette université fut fondée en 1592 par Élisabeth Ire pour endiguer la fuite des jeunes protestants, alors enclins à partir étudier sur le continent, où ils étaient "contaminés par le papisme". Trinity College devint par la suite l'une des premières universités d'Europe et forma quelques grandes figures – Jonathan Swift, Oscar Wilde et Samuel Beckett notamment.

Demeurée entièrement protestante jusqu'en 1793, elle admit par la suite des étudiants catholiques, mais l'Église ne leva qu'en 1970 la menace d'excommunier tout catholique qui s'y inscrirait.

Le campus est un chef-d'œuvre architectural et paysager au style georgien soigneusement conservé. Les bâtiments et statues, datant pour la plupart des XVIIIe et XIXe siècles, sont gracieusement répartis

Long Room

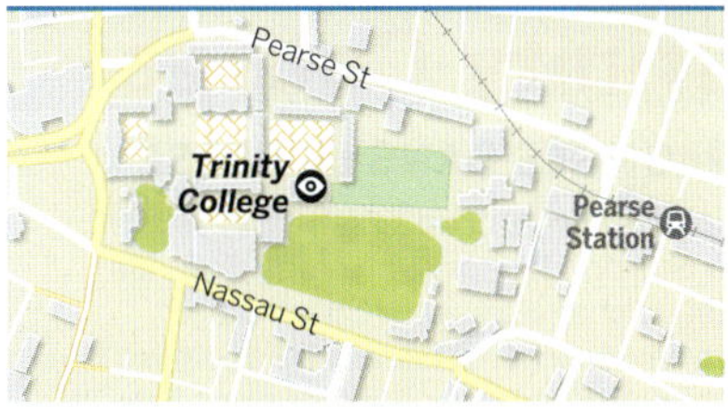

Infos pratiques

Plan p. 62 ; 01-896 1000 ; www.tcd.ie ; College Green ; 8h-22h ; tous arrêts centre-ville, Westmoreland ou Trinity ; GRATUIT

Une petite faim ?

À quelques pâtés de maisons au sud-ouest, Fade Street Social (p. 74) est une bonne adresse pour déjeuner.

★ Bon plan

Les promenades guidées (Authenticity Tours ; www.tcd.ie/visitors/tours ; visite guidée 6 €, avec *Book of Kells* 15 € ; 9h30-15h40 lun-sam et 10h15-15h15 dim mai-sept, visites en semaine moins fréquentes oct et fév-avr) **par des étudiants partent de l'entrée de la Regent House donnant sur College Green.**

autour de places pavées et de pelouses. Parmi les ajouts les plus récents, le bâtiment des Arts et Sciences sociales (1978), adossé à Nassau Street, constitue la deuxième entrée de l'université. Conçu par Paul Koralek, tout comme la Berkeley Library, il abrite la Douglas Hyde Gallery of Modern Art.

Au sud de Library Square, d'un style plutôt austère, l'**Old Library** (Library Sq ; tarif plein/étudiant/famille 11/11/28 €, billet coupe-file 14/11 € ; 8h30-17h lun-sam et 9h30-17h dim mai-sept, 9h30-17h lun-sam et 12h-16h30 dim oct-avr), a été construite par Thomas Burgh entre 1712 et 1732. C'est l'une des cinq bibliothèques bénéficiaires du dépôt légal en Irlande et au Royaume-Uni, ce qui lui donne droit à un exemplaire de tout livre publié sur ces îles : elle possède quelque 5 millions d'ouvrages dont seule une partie est stockée ici.

L'Old Library renferme des trésors dans sa stupéfiante **Long Room**, longue de 65 m, et quelque 200 000 des plus anciens volumes de la bibliothèque, dont le ***Book of Kells***, un manuscrit aux enluminures somptueuses contenant les quatre Évangiles, créé vers l'an 800 par des moines sur l'île écossaise d'Iona. On y trouve un exemplaire de la Proclamation de la République lue par Pearse lors de l'insurrection de Pâques 1916.

Une harpe dite "de Brian Ború" y est exposée également. L'appellation est erronée, car l'instrument n'existait pas à l'époque de la bataille de Clontarf (1014), où périt le célèbre souverain. Fabriquée vers 1400, elle est, outre un symbole national, l'une des plus anciennes harpes d'Irlande. On peut découvrir la bibliothèque à la faveur des visites guidées de la **Long Room**. Le billet d'entrée comprend l'accès aux expositions temporaires de l'East Pavilion.

Trinity College

PLONGÉE DANS LE PASSÉ

Fondée sur l'ordre d'Élisabeth Ire en 1592, la plus prestigieuse université d'Irlande est un chef-d'œuvre architectural et un havre de paix à l'écart de l'agitation urbaine. Franchir son entrée principale et fouler ses pavés plonge le visiteur dans une époque où l'élite en ces lieux discutait philosophie et défendait l'Empire avec passion.

Sur Front Square, le **1 Campanile** (30 m de haut) se dresse face à vous tandis que le **2 réfectoire** se trouve sur votre gauche. Au fond de cette cour se tient l'Old Library, dont le cœur est la magnifique **3 Long Room**, bibliothèque superbe dont s'inspirèrent les créateurs de *Star Wars, épisode II : L'Attaque des clones* pour les archives Jedi. Vous y verrez le plus grand trésor de l'université, le **4 Book of Kells**. Il vous faudra sûrement faire la queue pour admirer quelques instants ce chef-d'œuvre, mais l'attente en vaut amplement la peine.

Juste derrière l'Old Library, la très moderne **5 Berkeley Library** se fond harmonieusement dans l'esthétique des lieux. Juste en face, la **6 Sphere Within a Sphere** est la plus élégante des sculptures ornant le campus.

Campanile
Le bâtiment le plus emblématique de Trinity College, érigé au milieu du XIXe siècle par sir Charles Lanyon. Les sculptures sont signées Thomas Kirk.

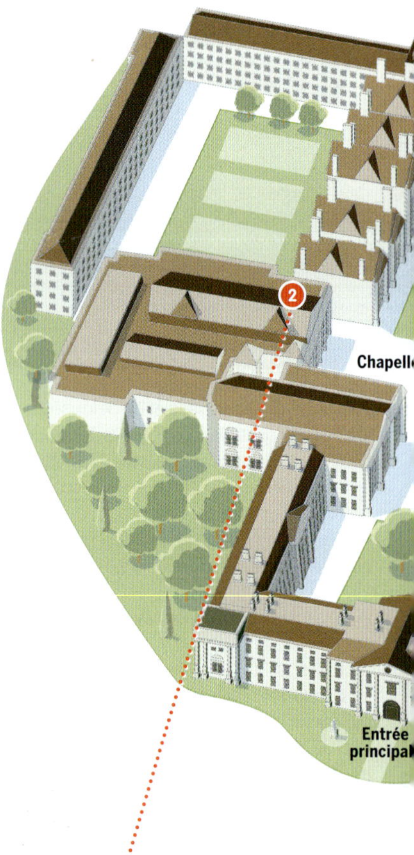

Réfectoire
Le bâtiment original conçu par Richard Cassels devait servir de pendant à l'Examination Hall situé en face, sur Front Square. Il s'effondra deux fois et fut entièrement reconstruit en 1761.

À NE PAS MANQUER

- La Douglas Hyde Gallery, musée d'art moderne du campus.
- Un match de cricket sur le terrain de l'université – le plus chic des passe-temps.
- Un verre au Pavilion Bar, de préférence en regardant un match de cricket.
- La visite de la Science Gallery, qui explore la relation entre la science, l'art et le monde.

AITORMMFOTO/SHUTTERSTOCK © SFERA CON

Sphere Within a Sphere

Cette sculpture d'Arnaldo Pomodoro est une sphère – la Terre –, incluse dans une seconde – le christianisme. Des variantes sont exposées à Rome, New York et Téhéran.

CLAUDIO DIVIZIA/SHUTTERSTOCK ©

Berkeley Library

L'architecture brutaliste de cette bibliothèque, œuvre de Paul Koralek, pourrait détonner dans l'esthétique générale de l'université, mais le bâtiment s'avère un chef-d'œuvre de modernisme.

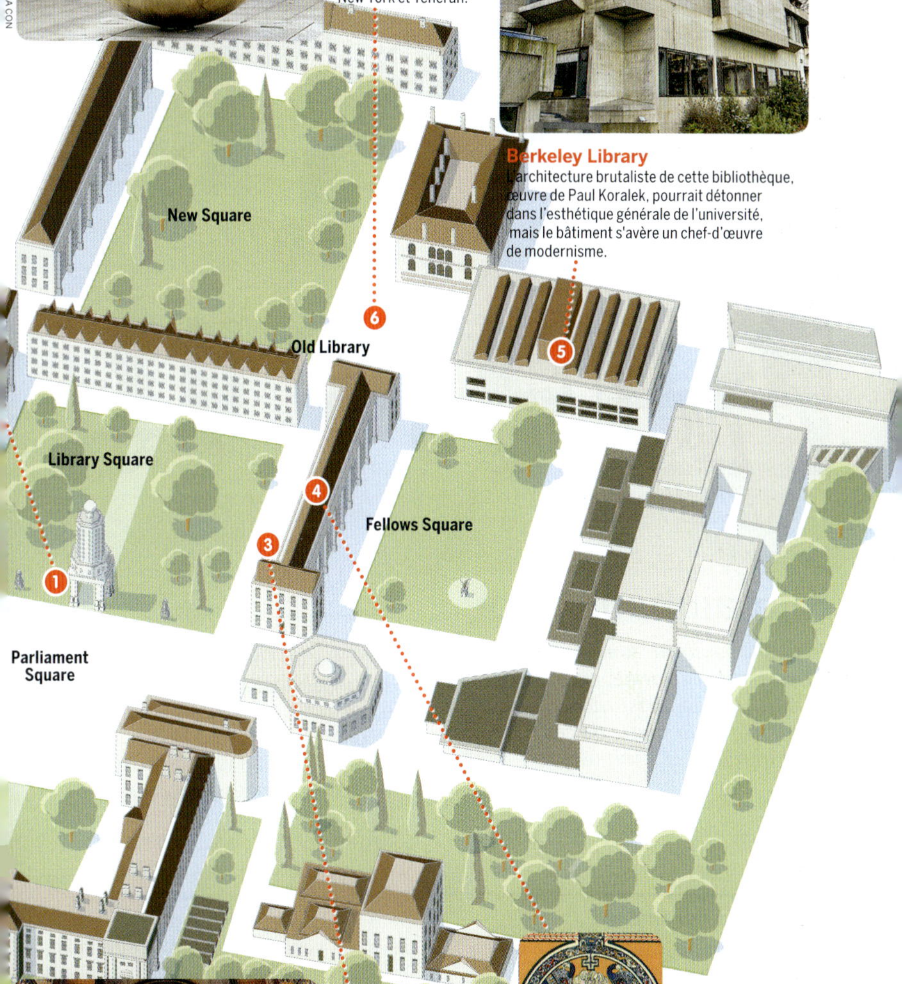

Long Room

Chef-d'œuvre de Thomas Burgh, cette salle longue de 65 m, sur deux niveaux, coiffée d'une voûte en berceau, est garnie de rayonnages supportant 200 000 des plus vieux livres et manuscrits de la bibliothèque.

PHOTOS.COM/GETTY IMAGES ©

Book of Kells

Admirez une page (ou deux) de ce célèbre ouvrage enluminé ; réalisé par des moines sur l'île d'Iona vers l'an 800, il fut ensuite apporté à Kells, dans le comté de Meath

Kilmainham Gaol

Pour qui souhaite comprendre l'histoire de l'Irlande, en particulier les épisodes de résistance au pouvoir britannique, la visite de cette ancienne prison s'impose.

Pour ceux qui aiment...

☑ Ne ratez pas

Kilmainham possède un musée remarquable, dédié au nationalisme irlandais et à la vie carcérale.

Construit entre 1792 et 1795, ce bâtiment gris à l'aspect menaçant joua un rôle à presque toutes les étapes du processus douloureux ayant mené à l'indépendance irlandaise. Fermé en 1924, il n'en reste pas moins redoutablement évocateur.

La population carcérale de cette prison ouverte en 1796 était assez disparate, allant du petit délinquant au criminel. Un garçon de 6 ans y séjourna un mois en 1839 parce que son père ne pouvait pas payer son billet de train et, durant la Grande Famine, elle se remplit d'indigents emprisonnés pour avoir mendié ou volé de la nourriture. Toutefois, elle est surtout connue pour avoir hébergé des nationalistes irlandais, de Robert Emmet, en 1803, à Eamon De Valera cent-vingt ans plus tard. Les soulèvements irlandais se terminaient invariablement

MATTHI/SHUTTERSTOCK ©

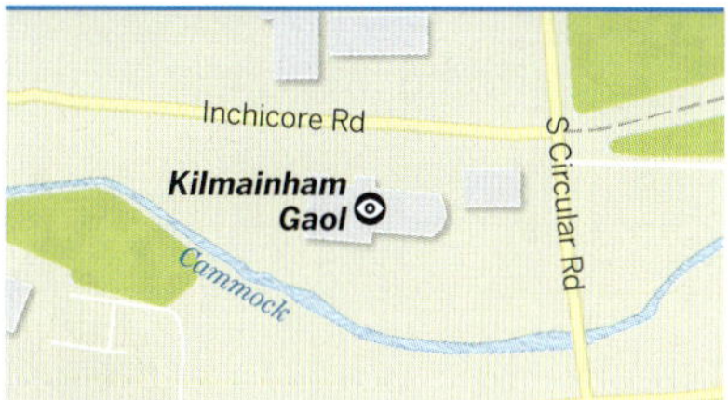

Infos pratiques

Plan p. 66 ; ☎01-453 5984 ; www.kilmainhamgaolmuseum.ie ; Inchicore Rd ; en ligne tarif plein/enfant 8/4 €, sur place tarif plein/enfant 9/5 € ; 9h-19h juin-août, 9h30-17h30 oct-mars, 9h-18h avr-mai et sept ; 69, 79 depuis Aston Quay, 13, 40 depuis O'Connell St

Une petite soif ?

Le Royal Oak (p. 77), un pub de 1845, se trouve juste à l'est de Kilmainham Gaol.

★ Bon à savoir

Choisissez l'horaire de visite qui vous convient le mieux en réservant le plus tôt possible.

par l'incarcération de leurs meneurs à Kilmainham, souvent dans l'attente de leur exécution.

C'est le sort réservé aux leaders arrêtés lors des Pâques sanglantes de 1916 qui grava le plus profondément cette prison dans les consciences irlandaises. Quatorze des chefs rebelles y furent fusillés dans la cour des casseurs de pierre, dont James Connolly, encore si grièvement blessé au moment de son exécution qu'il fallut le ligoter à une chaise.

La prison servit pendant la guerre civile, ironie que résume l'histoire d'Ernie O'Malley : celui-ci s'échappa de la prison où l'avaient enfermé les Britanniques, mais il y fut remis par ses anciens camarades. Cet aspect n'est pas vraiment mis en avant durant la visite et, si l'on mentionne que le dernier prisonnier de Kilmainham fut le futur président irlandais Eamon De Valera, on ne dit pas qu'il y avait été enfermé par ses compatriotes irlandais. La prison fut désaffectée en 1924.

Une intéressante présentation audiovisuelle du bâtiment précède la visite de cette prison de sinistre mémoire, plus grand bâtiment inoccupé du genre en Europe. À l'extérieur, on découvre l'*Asgard*, un bateau utilisé pour livrer des armes aux nationalistes en 1914. La visite se termine dans la cour où eurent lieu les exécutions de 1916.

Dublin Castle

Construit en majeure partie au XVIIIe siècle, cet édifice tient davantage du palais hétéroclite que du château médiéval, bien qu'en subsiste une tour du XIIIe siècle. Il fut pendant 700 ans le bastion du pouvoir britannique en Irlande.

Pour ceux qui aiment...

☑ Ne ratez pas

La vue sur Dublin depuis le sommet de la Bedford Tower.

Ce château accueille désormais les réunions et cérémonies officielles du gouvernement irlandais. Ses plus belles salles ne peuvent se visiter que dans le cadre d'un parcours guidé (1 heure 10 ; départ toutes les 20-30 min selon le nombre de participants).

Il fut officiellement remis à Michael Collins, représentant de l'État libre d'Irlande, en 1922. Au vice-roi britannique qui lui reprochait d'avoir sept minutes de retard, Collins aurait répondu : "Nous avons attendu 700 ans, vous pouvez bien attendre sept minutes."

L'entrée principale, dans Dame Street, offre un bel aperçu architectural des bâtiments. Sur la gauche, la **chapelle royale** de style victorien (parfois incluse dans la visite guidée) est décorée de plus de 90 têtes de personnages et de saints

KAGAN KAYA/SHUTTERSTOCK ©

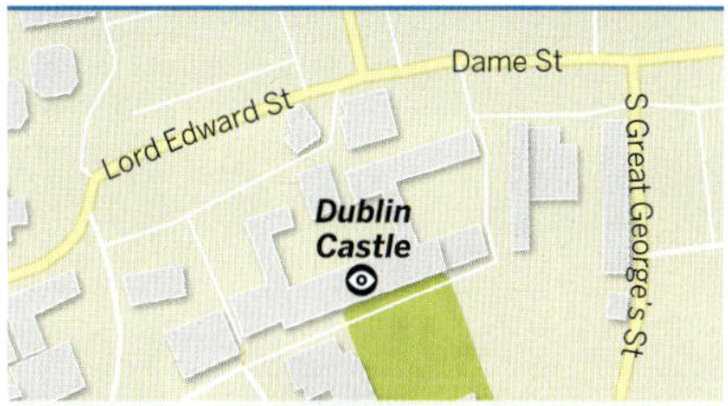

Infos pratiques

Plan p. 62 ; 01-645 8813 ; www.dublincastle.ie ; Dame St ; visites guidées tarif plein/enfant 12/6 €, sans guide 8/4 € ; 9h45-17h45, dernière entrée 17h15 ; tous arrêts centre-ville

Une petite faim ?

De l'autre côté de la rue, le Queen of Tarts (p. 73) sert des pâtisseries excellentes ainsi que du café.

★ Bon à savoir

La visite sans guide ne comprend que les appartements officiels et les expositions.

irlandais en pierre calcaire de Tullamore. À côté, la **Record Tower** de style normand, aux murs de 5 m d'épaisseur, est actuellement fermée pour rénovation. Sur la droite, le **Treasury Building**, de style georgien, est le plus vieil immeuble de bureaux de Dublin. À l'opposé se tient le Revenue Commissioners Building, un immeuble disgracieux des années 1960.

Éloignez-vous pour monter dans l'Upper Yard. Sur la droite, une allégorie de la Justice tourne le dos à la ville – les Dublinois y ont vu une symbolique délibérée de la part des Britanniques. Juste à côté s'élève la **Bedford Tower** (XVIIIe siècle), où furent volés, en 1907, les joyaux de la couronne irlandaise, demeurés introuvables à ce jour. L'entrée des tours se trouve en face.

La visite guidée passe par les **appartements officiels** (*state appartments*), dont la plupart sont décorés avec un goût discutable. Vous verrez aussi le **St Patrick's Hall**, où se déroule la cérémonie d'investiture du président irlandais et où sont reçus les dignitaires étrangers, et enfin la pièce où James Connolly, souffrant encore d'une blessure datant des Pâques sanglantes, fut attaché à une chaise pour pouvoir être conduit au peloton d'exécution.

La crypte médiévale, découverte par hasard en 1986, vaut également le coup d'œil. Cette partie de la visite comprend des fondations construites par les Vikings (dont le mortier, d'une grande longévité, était un mélange de sang de bœuf, de coquilles d'œufs et de crin de cheval), l'extérieur des remparts (lissés à la main pour empêcher les assaillants d'y grimper), l'escalier conduisant aux douves et l'endroit où la rivière Poddle s'y engouffrait et les remplissait avant de se jeter dans la Liffey.

BARRY MASON / ALAMY STOCK PHOTO ©

Chester Beatty Library

De renom mondial, la Chester Beatty Library, logée dans une tour d'horloge à l'arrière du Dublin Castle, est sans doute le meilleur petit musée d'Irlande.

Pour ceux qui aiment...

☑ Ne ratez pas

Des fragments des Évangiles inscrits sur des papyrus datant de l'an 200 environ.

Sir Alfred Chester Beatty

Voyageur et collectionneur insatiable, l'industriel américain Beatty (naturalisé britannique en 1933), fasciné par tout ce qui pouvait l'instruire sur les cultures du monde, rassembla plus de 20 000 manuscrits, ouvrages rares, enluminures, tablettes d'argile, costumes et autres objets d'art. Il s'enticha de Dublin et en fit sa ville d'adoption. Le gouvernement le nomma citoyen d'honneur d'Irlande en 1957.

Traditions artistiques

Les expositions sont réparties sur deux niveaux. Le premier, consacré aux traditions artistiques, inclut les souvenirs de voyage de Beatty, ainsi que des objets d'art en provenance de l'Empire moghol, de Perse, de l'Empire ottoman, d'Inde et

Infos pratiques

Plan p. 62 ; 01-407 0750 ; www.cbl.ie ; Dublin Castle ; 10h-17h lun-ven, 11h-17h sam-dim mars-oct, 10h-17h mar-ven, 11h -17h sam-dim nov-fév ; tous arrêts centre-ville ; GRATUIT

Une petite faim ?

Le Silk Road Café (p. 73) est idéal pour une pause repas.

★ Bon plan

La bibliothèque organise ateliers, expositions et débats sur des sujets variés, de l'origami à la calligraphie.

de Chine. Mentionnons notamment les exquises boîtes de médecine, finement travaillées, ainsi que ce qui est sans doute l'une des plus belles collections de livres de jade chinois. Les enluminures des textes européens sont tout aussi mémorables.

Traditions sacrées

Le second niveau est celui des traditions sacrées, et tient d'une belle introduction aux rituels, notamment de passage, dans les principales religions – le judaïsme, le christianisme, l'islam, le bouddhisme et l'hindouisme. Des présentations audiovisuelles reviennent sur la vie du Christ et de Bouddha, ainsi que sur le pèlerinage à La Mecque.

La collection de corans du IXe au XIXe siècle est considérée comme un des plus beaux ensembles de textes musulmans enluminés au monde. On trouve également des textes anciens sur papyrus (dont des poèmes d'amour égyptiens de 1100 av. J.-C.), des manuscrits et des œuvres réalisées avec une grande délicatesse du Myanmar (Birmanie), d'Indonésie et du Tibet, ainsi que par le second plus ancien fragment biblique jamais découvert (après les manuscrits de la mer Morte).

Le bâtiment

La bibliothèque accueille aussi des expositions temporaires remarquables. Au-delà des trésors qu'il abrite, le musée, par son aménagement même, est une réussite avec en particulier le merveilleux Silk Road Café et la boutique de cadeaux ou le toit-terrasse zen et son jardin paysager. Une visite à ne pas manquer.

Extérieur du NMI – Archaelogy

National Museum of Ireland

Premier musée irlandais et institution culturelle par excellence, il fut fondé en 1877 pour servir de dépôt aux trésors nationaux.

Pour ceux qui aiment...

☑ **Ne ratez pas**

L'extraordinaire trésor d'objets préhistoriques en or de l'Archaeology Museum.

Les collections sont si vastes qu'elles occupent quatre musées, dont trois à Dublin : l'Archaeology Museum (Kildare Stret), le Decorative Arts Museum (Collins Barracks) et le Natural History Museum (Merrion Square). Tous sont captivants, mais les pièces les plus importantes se trouvent au musée d'archéologie, où sont exposés des objets en or des âges du bronze et du fer de toute l'Europe, la collection la plus complète de ferronnerie médiévale celte au monde, ainsi que de fascinants objets préhistoriques et vikings. Des visites guidées thématiques permettent de naviguer parmi les collections.

National Museum of Ireland – Archaeology

Le Trésor

Clou de la collection, le Trésor comprend notamment les deux artefacts les plus

Intérieur du NMI – Archaelogy

ANTON_IVANOV/SHUTTERSTOCK ©

célèbres d'Irlande, le calice d'Ardagh et la broche de Tara. Le calice (VIIIe siècle) en or, argent, bronze, cuivre et plomb, de 17,8 cm de haut pour 24,2 cm de diamètre, est un magnifique exemple d'art celte. Tout aussi célèbre, la broche fut fabriquée vers l'an 700. Pour l'essentiel en bronze blanc, elle comporte des détails en or, argent, verre, cuivre, émail et en fil métallique et servait à fermer une cape. Découverte sur une plage à Bettystown, dans le comté de Meath, en 1850, elle tomba entre les mains d'un marchand d'art qui lui accola le nom de Tara, siège historique des anciens hauts rois d'Irlande. Cette broche a déclenché un regain d'intérêt pour la joaillerie de style celtique qui ne s'est pas démenti depuis. De nombreux autres objets témoignent de ce qui a valu à l'Irlande son appellation de "terre des saints et des érudits".

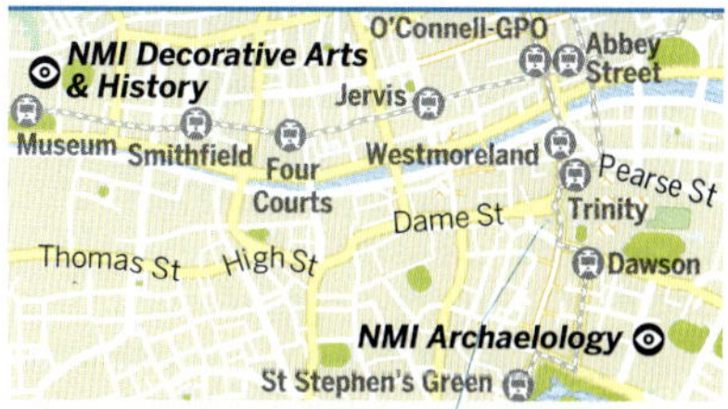

Infos pratiques

NMI – Archeology Plan p. 62 ; www.museum.ie ; Kildare St ; 10h-17h mar-sam, 13h-17h dim ; tous arrêts centre-ville ; GRATUIT

NMI – Decorative Arts & History Plan p. 66 ; www.museum.ie ; Benburb St ; 10h-17h mar-sam, 14h-17h dim ; 25, 66, 67 ou 90 depuis le centre-ville, Museum ; GRATUIT

Une petite faim ?

Vous trouverez des restaurants dans Merrion Row, juste au sud du musée d'Archéologie.

★ Bon plan

On peut circuler entre les deux musées grâce à un bus touristique.

Ór-Ireland's Gold

Dans un autre endroit du Trésor, l'exposition "Ór-Ireland's Gold" présente de merveilleux bijoux et objets décoratifs créés par des artisans celtes des âges du bronze et du fer. On y trouve notamment le Broighter Hoard (trésor de Broighter), qui comprend un grand collier d'or du Ier siècle av. J.C., sans égal en Europe, ainsi qu'un vaisseau miniature en or au travail extraordinairement délicat. Il y a aussi la trompe de guerre de Loughnashade (Ier siècle av. J.-C.) : longue de 1,86 m, elle est faite de feuilles de bronze rivées les unes aux autres et d'un pavillon à la décoration complexe. Elle produit un son analogue à celui du didjeridoo australien. Le long du mur se tient un bateau en bois long de 15 m ; naguère immergé pour en assouplir le bois, puis abandonné, il a été retrouvé 4 000 ans plus tard, la tourbière l'ayant laissé dans un état de conservation presque parfait.

Kingship and Sacrifice

L'une des plus impressionnantes collections du musée est celle des "hommes des tourbières" de l'âge de la pierre de l'exposition "Royauté et sacrifice" – quatre corps présentant des degrés de conservation variés, déterrés dans des tourbières des Midlands. Les détails exceptionnellement préservés de ces corps (une mèche de cheveux, des jambes noueuses et des doigts aux ongles intacts) sont inoubliables, de même que les explications qui les accompagnent : les chercheurs pensent désormais que ces témoins du passé n'étaient pas d'humbles victimes, mais des notables, sacrifiés rituellement – de douloureuse manière –, à fin de propitiation.

Autres expositions

Pas encore rassasié d'histoire ? Montez voir les expositions **Medieval Ireland 1150–1550, Viking Age Ireland**, où sont exposés des objets retrouvés lors des fouilles de Wood Quay, entre la Christ Church Cathedral et le fleuve et – notre préférée – une **collection de vêtements** de laine des XVIe et XVIIe siècles, découverts dans le marais.

National Museum of Ireland – Decorative Arts & History

Achevé en 1704, ce splendide édifice néoclassique en pierre grise, dressé sur la rive nord de la Liffey, fut en son temps la plus grande caserne au monde. Œuvre de Thomas Burgh (à qui l'on doit l'Old Library de Trinity College), le bâtiment

National Museum of Ireland – Decorative Arts & History

abrite désormais les superbes expositions permanentes Decorative Arts & History du National Museum of Ireland, retraçant notamment l'histoire de l'insurrection de Pâques ou encore la carrière de la célèbre designer irlandaise Eileen Gray (1878-1976).

Le bâtiment

La place centrale, où logeaient jadis six régiments, est un espace impressionnant entouré d'arcades et de bâtiments reliés par des passerelles. À l'indépendance, en 1922, les casernes ont été rebaptisées en mémoire de Michael Collins, héros de la lutte indépendantiste, tué la même année durant la guerre civile. Aujourd'hui, la plupart des Dublinois appellent ce musée "**Collins Barracks**" (caserne Collins). On peut y voir le manteau militaire à la manche tachée de boue que Collins portait le jour de sa mort, dans le cadre de l'exposition "**Soldiers and Chiefs**", qui retrace l'histoire des soldats irlandais dans l'île et à l'étranger, de 1550 au XXIe siècle.

★ Bon plan

Pour éviter la foule, le mieux est de visiter les musées un après-midi de semaine, après le départ des groupes scolaires ; évitez à tout prix les jours fériés.

TRABANTOS/SHUTTERSTOCK ©

Les expositions

Les collections du musée renferment des trésors – objets en argent, en céramique et en verre, armes, mobilier... – et le lieu accueille des expositions sur l'art de vivre à travers les siècles. La passionnante exposition "**Way We Wore**" est consacrée aux vêtements et aux bijoux des 250 dernières années. Cette étude socioculturelle souligne la valeur symbolique des bijoux et des vêtements destinés à représenter le deuil, l'amour et l'identité sociale.

L'ancienne école d'équitation abrite l'exposition"**Proclaiming a Republic: The 1916 Rising**" qui permet de découvrir le contexte socio-historique complexe du soulèvement, et présente des documents poignants témoignant de la violence des Blacks and Tans (des auxiliaires de police, principalement des anciens combattants, engagés par le gouvernement britannique) et des grèves de la faim qui ont suivi l'insurrection, ainsi que les certificats de décès des prisonniers républicains écrits à la main et leurs cartes postales envoyées depuis la prison de Holloway.

"**Curator's Choice**" rassemble 25 des objets les plus intéressants du musée, sélectionnés par différents conservateurs qui expliquent leur choix dans de brefs textes.

★ Bon à savoir

À 10 minutes à pied du musée d'Arts décoratifs en longeant la Liffey, le Legal Eagle (p. 76) sert une bonne cuisine de pub, le midi et le soir, dans un cadre agréable.

National Museum of Ireland

TRÉSORS NATIONAUX

Le National Museum est la plus grande institution culturelle irlandaise. Son antenne la plus importante, l'**Archaeology Museum (NMI – Archaeology)**, occupe le musée d'origine, aménagé dans un beau bâtiment néoclassique (ou palladien victorien) conçu par sir Thomas Newenham Deane et achevé en 1890. Il est enserré entre l'entrée arrière de Leinster House (le parlement irlandais) et un bâtiment anonyme des années 1960, et on peut facilement passer devant sans le voir. Ses locaux, quoique exigus, renferment le plus riche fonds européen d'objets en or des âges du bronze et du fer, ainsi que l'extraordinaire collection dite du Trésor (Treasury). Cette dernière comprend notamment le magnifique **1 calice d'Ardagh** et la **2 broche de Tara**, finement ouvragée. Ne manquez pas non plus le **3 collier d'or de Broighter** ni la **4 croix de Cong**, plus tardive, mais non moins splendide. Enfin, dans l'autre aile du bâtiment, découvrez les "hommes des tourbières" de l'exposition **5 Royauté et sacrifice,** l'une des plus impressionnantes collections du musée.

Ces joyaux admirables – tous fabriqués après l'arrivée du christianisme au Ve siècle – furent réalisés au moyen d'outils rudimentaires.

DUBLIN VIKING

Des fouilles menées à Dublin de 1961 à 1981 ont permis de vérifier l'existence d'une ville et de cimetières vikings le long de la Liffey. Les tombes recelaient des armes (épées, lances) ainsi que des bijoux et des effets personnels. La mise au jour d'outils, de poids, de balances, de lingots et de pièces d'argent renvoie à l'autre visage des Vikings qui, loin de cantonner leur activité au pillage, savaient se montrer d'excellents négociants. Ces objets font aujourd'hui partie des collections du National Museum.

PAUSE-DÉJEUNER

Brambles, le café du musée, est un excellent choix pour déjeuner. Pour une pause plus gourmande, rendez-vous chez Etto (18 Merrion Row), un restaurant italien d'exception.

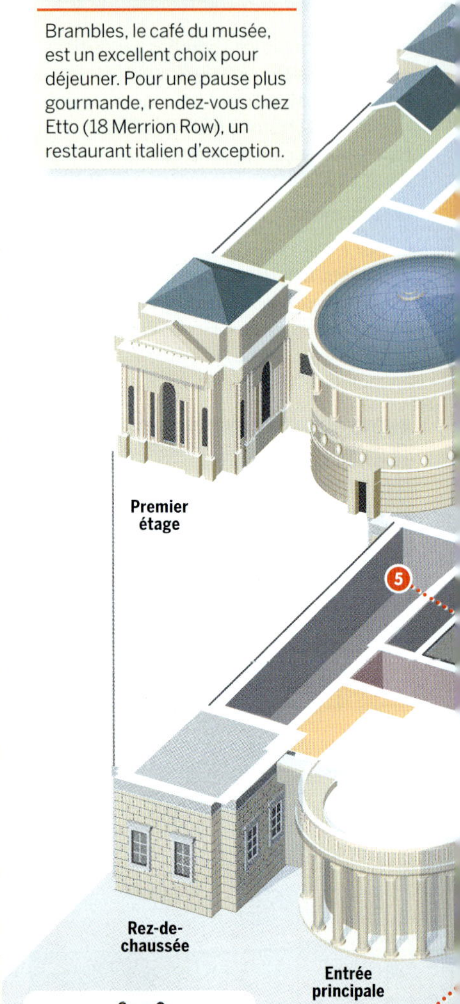

Croix de Cong
Fabriquée en 1123 comme reliquaire pour un fragment de la Vraie Croix, elle fut conservée par les augustiniens du monastère de Cong (comté de Galway). Le remarquable filigrane d'or ornant ses deux faces témoigne de son importance.

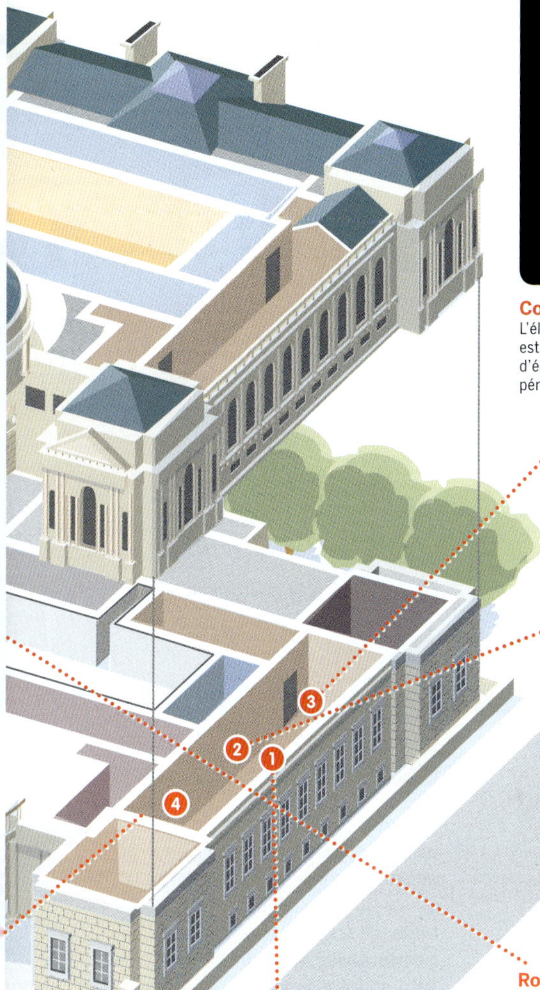

Collier d'or de Broighter

L'élément le plus raffiné du trésor de Broighter est ce torque, magnifique collier d'or décoré d'élégants motifs incurvés, et datant de la période celtique dite de La Tène.

Broche de Tara

Fabriquée vers l'an 700, cette broche servant à retenir les pans d'une cape est la seconde vedette de la collection : sa facture délicate est devenue le symbole de l'excellence de l'art irlandais.

Royauté et sacrifice

La collection "hommes des tourbières" de l'âge de la pierre compte quatre corps présentant des degrés de conservation variés, déterrés dans des tourbières des Midlands.

Calice d'Ardagh

Réalisé en or, argent, bronze, laiton, cuivre et plomb au XIIe siècle, ce calice est un des plus beaux exemples d'art celtique insulaire découverts à ce jour.

VANDERWOLF IMAGES/SHUTTERSTOCK ©

Guinness Storehouse

Plus qu'aucune autre bière, la Guinness a transcendé sa propre marque. Ce Disneyland des amateurs de bière est un hommage multimédia au plus célèbre des produits d'exportation irlandais et au symbole le plus immuable de la ville.

Pour ceux qui aiment...

☑ Ne ratez pas

Savourez la vue depuis le Gravity Bar devant une pinte (incluse dans le prix d'entrée)

Le mythe Guinness a la vie dure : elle ne supporterait pas le voyage, son goût inimitable proviendrait de l'eau de la Liffey, elle serait bonne pour la santé – sans parler de la croyance selon laquelle on ne pourrait comprendre l'âme irlandaise sans apprivoiser son breuvage noir... Tout cela explique que la Guinness Storehouse, au cœur de la St James's Gate Brewery, ne désemplisse pas et soit la curiosité touristique la plus visitée de Dublin. Ce grand showroom combine expositions élaborées, design spectaculaire et concepts marketing redoutablement efficaces.

Guinness Storehouse Museum

L'ancienne Fermentation House, la seule partie des 26 ha de la brasserie de St James Gate ouverte au public, est désormais un temple à la gloire de l'"or

COURTESY OF DIAGEO ©

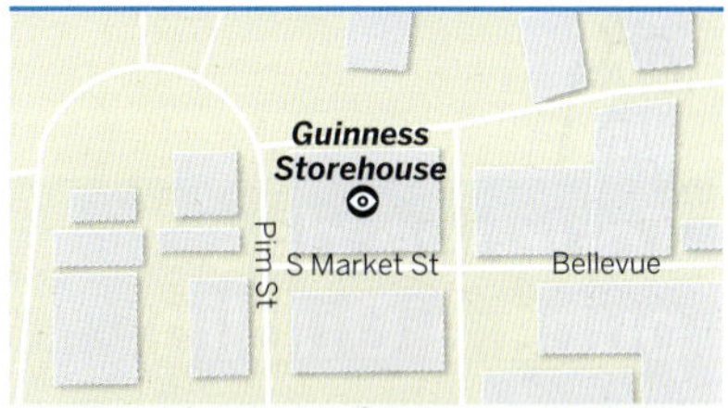

Infos pratiques

Plan p. 66 ; www.guinness-storehouse.com ; St James's Gate, S Market St ; tarif plein/enfant à partir de 18,50/16 €, formule connaisseur 55 € ; 9h30-19h sept-juin, 9h-20h juil-août ; 13, 21A, 40, 51B, 78, 78A, 123 depuis Fleet St, James's

Une petite faim ?

L'Arthur's Pub (p. 78), au 5e niveau, sert de délicieux plats de bar au déjeuner.

★ Bon plan

Évitez l'attente et économisez en achetant votre billet à l'avance sur Internet.

noir". Un spectaculaire atrium de verre en forme de pinte de Guinness traverse les sept niveaux de l'ensemble, où l'on découvre en détail à travers une foule d'expositions visuelles et interactives l'histoire de la brasserie et le processus de fabrication de la célèbre bière. Au sommet, les baies vitrées du Gravity Bar offrent un vaste panorama sur Dublin que les amateurs pourront contempler en sirotant un demi de Guinness – offert.

La pinte parfaite

En montant au bar, où vous attend la meilleure des Guinness, vous serez initié aux petits secrets de cette bière mythique : de la copie du bail de 9 000 ans (dans une vitrine incrustée dans le sol) au protocole scientifique sur la façon de verser la bière, tout vise à faire comprendre que la Guinness n'est pas une bière comme les autres.

Arthur Guinness

Entre autres anecdotes, vous apprendrez que le génie est parfois accidentel. Au XVIIIe siècle, un brasseur londonien fit brûler, par inadvertance, son houblon en préparant sa bière ; c'est ainsi qu'il inventa la bière brune. Elle reçut le nom de "porter", car les *porters* (portiers ou portefaix) de Londres en étaient particulièrement friands. Dans les années 1770, Arthur Guinness, qui brassait jusqu'alors de l'ale, se mit à s'intéresser à ce liquide brun pour se démarquer des autres brasseurs irlandais. En 1799, il décida de se consacrer exclusivement à cette bière. Il mourut quatre ans plus tard, à l'âge de 83 ans, après avoir jeté les fondations d'un empire.

Tournée des pubs à Dublin

Une chose ne changera jamais : les Dublinois sont toujours partants pour un verre. Qu'il vente ou qu'il pleuve, les pubs de la ville ne manquent pas de clients.

Départ Lower Camden Street
Distance 2,5 km
Durée 1 heure… ou beaucoup plus !

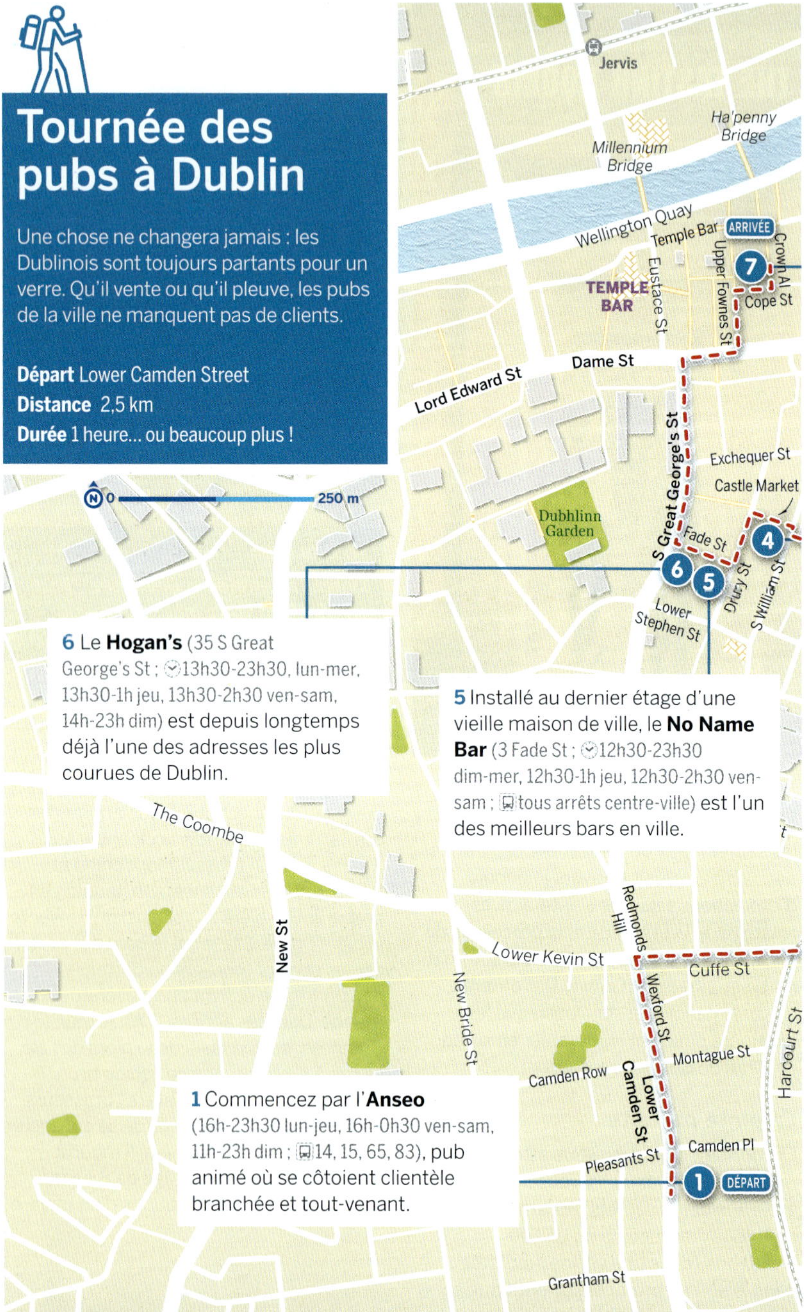

6 Le **Hogan's** (35 S Great George's St ; ⏲13h30-23h30, lun-mer, 13h30-1h jeu, 13h30-2h30 ven-sam, 14h-23h dim) est depuis longtemps déjà l'une des adresses les plus courues de Dublin.

5 Installé au dernier étage d'une vieille maison de ville, le **No Name Bar** (3 Fade St ; ⏲12h30-23h30 dim-mer, 12h30-1h jeu, 12h30-2h30 ven-sam ; 🚌tous arrêts centre-ville) est l'un des meilleurs bars en ville.

1 Commencez par l'**Anseo** (16h-23h30 lun-jeu, 16h-0h30 ven-sam, 11h-23h dim ; 🚌14, 15, 65, 83), pub animé où se côtoient clientèle branchée et tout-venant.

7 Enfin, sonnez à la porte du **Vintage Cocktail Club** (www.vintagecocktailclub.com ; Crown Alley ; 17h-1h30 lun-ven, 12h30-1h30 sam-dim ; tous arrêts centre-ville)... pour peu que vous ayez eu l'endurance de pousser jusque-là votre périple !

La photo à prendre : Grogan's Castle Lounge

4 Discutez de votre roman inachevé avec les éternels aspirants écrivains qui traînent au **Grogan's Castle Lounge** (p. 76).

2 Prenez-vous pour un personnage de la série *Mad Men* au bar à whiskeys du très chic **37 Dawson Street** (01-902 2908 ; www.37dawsonstreet.ie ; 10h30-23h30 lun-jeu, 10h30-0h30 ven-sam, 12h-23h dim ; tous arrêts centre-ville).

3 Descendez une pinte de Guinness dans le cadre charmant et douillet de **Kehoe's** (9 S Anne St ; 11h-23h30 lun-jeu, 11h-0h30 ven-sam, 12h30-23h dim ; tous arrêts centre-ville).

À VOIR

Reportez-vous également aux suggestions de la rubrique *À ne pas manquer*, p. 40 à 57.

Grafton Street et ses environs

National Gallery Musée

(plan p. 62 ; www.nationalgallery.ie ; Merrion Sq W ; 9h15-17h30 mar-mer, ven-sam, 9h15-20h30 jeu, 11h-17h30 dim-lun ; 4, 7, 8, 39A, 46A depuis le centre-ville). GRATUIT *L'Arrestation du Christ* du Caravage et une extraordinaire collection d'œuvres de Jack B. Yeats – frère cadet du poète – comptent parmi les temps forts de la visite à la National Gallery, dont l'excellente collection est riche de maîtres de la peinture irlandaise, ainsi que de nombreux grands noms de la peinture européenne, de Fra Angelico à Picasso en passant par Vermeer et Gainsborough.

Museum of Natural History Musée

(National Museum of Ireland – Natural History ; plan p. 62 ; www.museum.ie ; Upper Merrion St ; 10h-17h mar-sam, 13h-17h dim ; 7, 44 depuis le centre-ville) GRATUIT Affectueusement surnommé le "Zoo mort", ce musée vieillot, étrange et irrésistible exemplifie à merveille les découvertes scientifiques de l'époque victorienne. L'impressionnante collection de bêtes empaillées et de spécimens soigneusement étiquetés n'a pratiquement pas changé depuis la création du musée par le docteur David Livingstone en 1857 – avant qu'il ne disparaisse dans la jungle africaine lors d'un rendez-vous avec Henry Stanley.

Little Museum of Dublin Musée

(plan p. 62 ; 01-661 1000 ; www.littlemuseum.ie ; 15 St Stephen's Green N ; tarif plein/étudiant 10/8 € ; 9h30-17h, 9h30-20h jeu, dernière entrée 19h ; tous arrêts centre-ville, St Stephen's Green). Ce musée primé retrace l'histoire de Dublin au cours du dernier siècle à travers des documents, objets et photographies d'époque, donnés par des particuliers. L'impressionnante collection, répartie dans les pièces d'une élégante maison georgienne, comprend un pupitre utilisé par JFK lors de sa visite en Irlande

Museum of Natural History

en 1963 et une copie originale de la lettre remise aux émissaires irlandais envoyés pour négocier le traité de 1921, dont les instructions contradictoires furent à l'origine du conflit qui mena à la guerre civile.

Au deuxième niveau, une pièce entière est consacrée à l'histoire de U2 et aux archives personnelles d'Alfred "Alfie" Byrne (1882-1956), élu 10 fois à la mairie de Dublin – un record – et surnommé "l'homme qui serre les mains à Dublin" ("Shaking Hand of Dublin"). Visite guidée conseillée avec un départ toutes les heures. Le musée fait partie du Green Mile Walking Tour (p. 71) de St Stephen's Green.

St Stephen's Green — Parc

(plan p. 62 ; 7h30-crépuscule lun-sam, 9h30-crépuscule dim ; tous arrêts centre-ville, St Stephen's Green). En observant les enfants, les amoureux, les familles et les promeneurs solitaires qui se détendent dans les neuf hectares paysagers de **St Stephen's Green**, le poumon vert de Dublin, songez que ce territoire servait jadis à l'exécution des sentences par le fouet, le bûcher ou la pendaison. Désormais, le seul risque encouru est celui de se faire bannir du parc pour avoir dérangé le bel arrangement des parterres.

Temple Bar

On peut aisément faire le tour de Temple Bar en quelques heures, pourtant ce serait dommage d'y passer si peu de temps, car ce quartier aux rues pavées, depuis toujours le centre de la fête à Dublin, vaut encore plus pour son atmosphère que pour ses pubs. En journée y règne une ambiance bohème : vous pouvez y acheter des vêtements vintage, vous offrir un piercing, goûter des grillades mongoles, faire le plein de produits bio et dégoter le dernier album à la mode ainsi que des livres sur tous les sujets imaginables, admirer les dernières installations artistiques ou vous joindre au public autour des joueurs de djembé. La nuit et le week-end, c'est une autre chanson, les bars du quartier sont pris d'assaut par des hordes de fêtards, l'ambiance est bruyante, bourrue et l'on s'y amuse, la plupart du temps, beaucoup.

À la découverte du Dublin littéraire

Ouvert en septembre 2019, le **Museum of Literature Ireland** (plan p. 62 ; 01-477 9810 ; www.moli.ie ; 85-86 St Stephen's Green S ; tarif plein/ enfant /famille 8 €/ gratuit/17 €, visite guidée 12 €; 10h-18h; centre-ville, St Stephen's Green) rend hommage au patrimoine littéraire irlandais, du Moyen Âge à nos jours. Il célèbre les plus grands noms irlandais à travers l'exposition d'archives et de manuscrits. On y trouve notamment les cahiers d'*Ulysse* de James Joyce. Ce musée est établi dans deux hôtels particulier de style georgien qui forment un ensemble nommé Newman House. Un temps, s'y établit la Catholic University of Ireland.

La **Marsh's Library** (plan p. 62 ; www.marshlibrary.ie ; St Patrick's Close ; tarif plein/enfant 5 €/gratuit ; 9h30-17h lun et mer-ven, 10h-17h sam ; 50, 50A, 56A depuis Aston Quay, 54, 54A depuis Burgh Quay), une bibliothèque universitaire pratiquement inchangée depuis trois siècles, est l'un des plus grands trésors de Dublin. De beaux rayonnages en chêne foncé, surmontés de pignons sculptés et dorés, contiennent 25 000 livres, cartes et manuscrits dont certains remontent au XVe siècle.

Élégant musée logé dans deux maisons du XVIIIe siècle, le **Dublin Writers Museum** (plan p. 70 ; www.writersmuseum.com ; 18 N Parnell Sq ; tarif plein/enfant 7/6 € ; 9h45-16h45 lun-sam, 11h-16h30 dim ; 3, 7, 10, 11, 13, 16, 19, 46A, 123 depuis le centre-ville) illustre la tradition littéraire de Dublin à partir d'une multitude de témoignages, à voir ou à lire, exposés dans des vitrines.

Temple bar, Grafton Street et St Stephen's Green

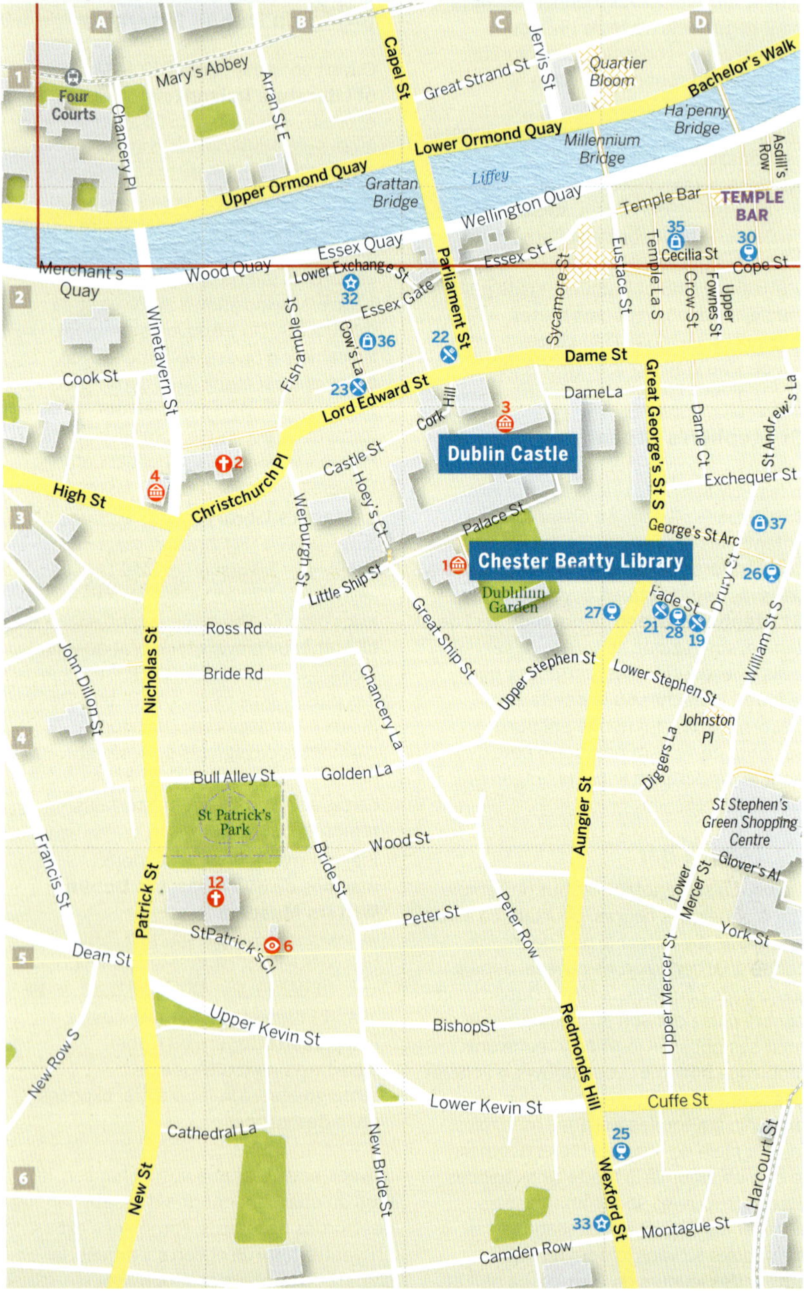

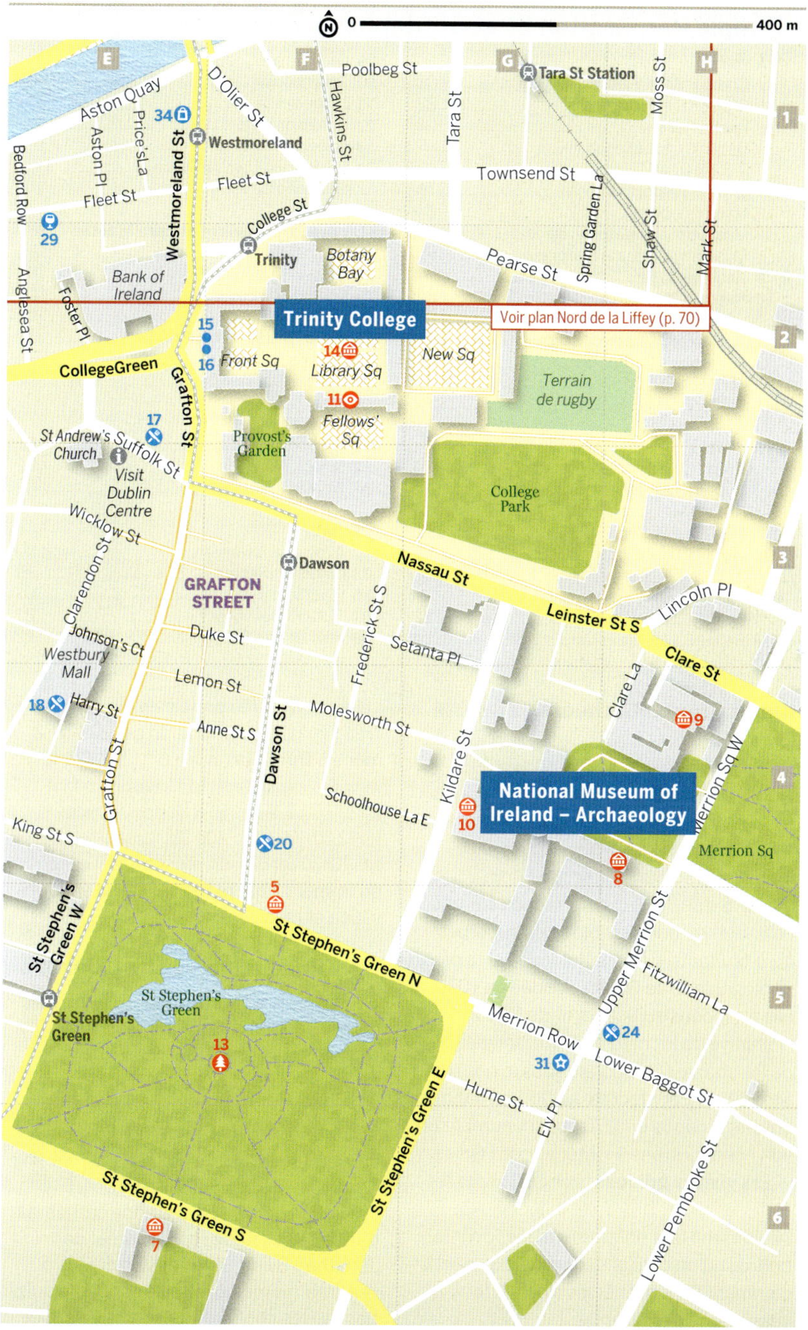
0
400 m
E
F
G
H
1
2
3
4
5
6
Aston Quay
Aston Pl
Price'sLa
Bedford Row
Fleet St
29
34
Westmoreland
Westmoreland St
D'Olier St
Hawkins St
Poolbeg St
Tara St
Tara St Station
Moss St
Townsend St
Fleet St
College St
Trinity
Botany Bay
Pearse St
Spring Garden La
Shaw St
Mark St
Bank of Ireland
Anglesea St
Foster Pl
Trinity College
Voir plan Nord de la Liffey (p. 70)
15
16
Front Sq
14
Library Sq
New Sq
CollegeGreen
Grafton St
11
Terrain de rugby
17
Fellows' Sq
Provost's Garden
St Andrew's Church
Suffolk St
Visit Dublin Centre
College Park
Wicklow St
Dawson
Nassau St
Clarendon St
GRAFTON STREET
Frederick St S
Leinster St S
Lincoln Pl
Johnson's Ct
Duke St
Setanta Pl
Clare St
Westbury Mall
Lemon St
Clare La
18
Harry St
Molesworth St
9
Anne St S
Dawson St
Kildare St
Merrion Sq W
Grafton St
Schoolhouse La E
National Museum of Ireland – Archaeology
10
Merrion Sq
King St S
20
8
5
St Stephen's Green W
St Stephen's Green N
Upper Merrion St
Fitzwilliam La
St Stephen's Green
St Stephen's Green
Merrion Row
24
13
31
Lower Baggot St
St Stephen's Green E
Hume St
Ely Pl
Lower Pembroke St
St Stephen's Green S
7

Temple Bar, Grafton St et St Stephen's Green

À voir

1 Chester Beatty Library C3
2 Christ Church Cathedral B3
3 Dublin Castle C3
4 Dublinia – Experience Viking & Medieval Dublin A3
5 Little Museum of Dublin F5
6 Marsh's Library B5
7 Museum of Literature Ireland E6
8 Museum of Natural History H4
9 National Gallery H4
10 National Museum of Ireland – Archaeology G4
11 Old Library & *Book of Kells* F2
12 St Patrick's Cathedral B5
13 St Stephen's Green F5
14 Trinity College F2

Activités

Christ Church Guided Tours .... (voir 2)
Dublin Musical Pub Crawl .... (voir 29)
Green Mile .... (voir 5)
15 Historical Walking Tour F2
16 Trinity College Walking Tour F2

Où se restaurer

17 Avoca E2
18 Balfes E4
19 Fade Street Social D3
20 Greenhouse F4
21 L'Gueuleton D3
22 Queen of Tarts C2
23 Queen of Tarts B2
24 Restaurant Patrick Guilbaud H5
Silk Road Café .... (voir 1)

Où prendre un verre et faire la fête

25 Against the Grain D6
26 Grogan's Castle Lounge D3
27 Long Hall D3
28 No Name Bar D3
29 Oliver St John Gogarty E1
30 Toner's H5
31 Vintage Cocktail Club D2

Où sortir

32 O'Donoghue's G5
33 Smock Alley Theatre B2
34 Whelan's C6

Achats

Avoca Handweavers .... (voir 17)
35 Claddagh Records E1
36 Claddagh Records D2
37 Gutter Bookshop B2
38 Irish Design Shop D3

Christ Church Cathedral — Église

(Church of the Holy Trinity ; plan p. 62 ; www.christchurchcathedral.ie ; Christ Church Pl ; tarif plein/étudiant/enfant 7/5,50/2,50 €, avec Dublinia 15/12,50/7,50 € ; 9h30-17h lun-sam, 12h30-17h dim tte l'année, horaires étendus mars-oct ; 50, 50A, 56A depuis Aston Quay, 54, 54A depuis Burgh Quay). Perchée sur une colline, et reconnaissable à ses superbes arcs-boutants, cette cathédrale est la plus photogénique de Dublin. Fondée en 1030, elle fut reconstruite à partir de 1172 à l'initiative de Richard de Clare, seigneur de Pembroke (plus connu sous le nom de Strongbow), aristocrate anglo-normand qui envahit l'Irlande en 1170 ; un monument en son honneur trône à l'intérieur de l'église.

Les **visites guidées** (plan p. 62 ; visite 11 € ; ttes les heures 11h-12h et 14h-16h lun-ven, 14h-16h sam) font notamment découvrir le beffroi, où un carillonneur vous expliquera comment faire sonner les cloches (oui, vous pourrez essayer !).

Depuis l'entrée principale, un pont créé lors de la restauration de 1871-1878 mène à **Dublinia** (plan p. 62 ; 01-679 4611 ; www.dublinia.ie ; tarif plein/étudiant/enfant 10/9/6,50 €, avec Christ Church Cathedral 15/12,50/7,50 € ; 10h-17h30 mars-sept, 10h-16h30 oct-fév), un musée aussi kitsch qu'immersif, qui redonne vie aux époques viking et médiévale.

Kilmainham et The Liberties

St Patrick's Cathedral — Cathédrale

(plan p. 62 ; 01-453 9472 ; www.stpatrickscathedral.ie ; St Patrick's Close ; tarif plein/étudiant 8/7 € ; 9h30-17h lun-ven, 9h-18h sam, 9h-10h30, 12h30-14h30 et 16h30-18 dim mars-oct, 9h30-17h lun-ven, de 9h sam, 9h-10h30 et 12h30-14h30 dim nov-fév ; 50, 50A, 56A depuis Aston Quay, 54, 54A depuis Burgh Quay). Plus grande cathédrale d'Irlande et lieu de repos éternel de Jonathan Swift, St Patrick se dresse à l'endroit même où le saint éponyme aurait baptisé les chefs celtes au Ve siècle. Que l'histoire soit vraie ou pas, c'est bien sur une terre déjà consacrée (à savoir l'emplacement d'une ancienne église) que St Patrick's fut construite entre 1101 et 1270. Le joli jardin à côté, jadis une zone défavorisée, est aujourd'hui un endroit où il fait bon s'asseoir et prendre le soleil.

Le bâtiment se dégrada, ainsi que Christ Church Cathedral, suite à des tempêtes et des incendies et connut plusieurs transformations (la plus douteuse remonte à 1864, année qui la vit se faire affubler d'arcs-boutants en raison de la passion du pays pour le néogothique). En 1649, Oliver Cromwell convertit St Patrick's en écurie pour les chevaux de l'armée, une humiliation dont il gratifia de nombreuses églises irlandaises. Jonathan Swift, l'auteur des *Voyages de Gulliver*, fut le doyen de la cathédrale de 1713 à 1745, mais par la suite, le bâtiment fut négligé jusqu'à sa restauration dans les années 1860. À l'égale de Christ Church – une fois de plus –, St Patrick's fait partie de l'Église d'Irlande, c'est-à-dire que Dublin, majoritairement catholique, possède deux cathédrales anglicanes !

L'entrée sud-ouest de la cathédrale vous mènera presque immédiatement à la tombe de Swift – sur votre droite – et de sa compagne Esther Johnson, alias Stella. À proximité, sur le mur, sont inscrites les deux épitaphes en latin rédigées par Swift lui-même. Son buste trône au même endroit.

Sur la gauche, le Boyle Monument fut construit en 1632 par Richard Boyle, comte de Cork, il est généreusement décoré de représentations peintes des membres de sa famille. Au centre, le fils du comte, Robert Boyle (1627-1691) âgé de cinq ans, qui devint plus tard un scientifique connu pour sa loi dite de Boyle, une des lois de la thermodynamique.

Irish Museum of Modern Art — Musée

(IMMA ; plan p. 66 ; www.imma.ie ; Military Rd ; 11h30-17h30 mar-ven, 10h-17h30 sam, 12h-17h30 dim, visites 13h15 mer et 14h30 sam-dim ; 51, 51D, 51X, 69, 78, 79 depuis Aston Quay, Heuston). GRATUIT La collection d'art moderne de l'IMMA, la plus importante d'Irlande, occupe les espaces élégants et aérés du

St Patrick's Cathedral

SAKHANPHOTOGRAPHY/SHUTTERSTOCK ©

Centre de Dublin

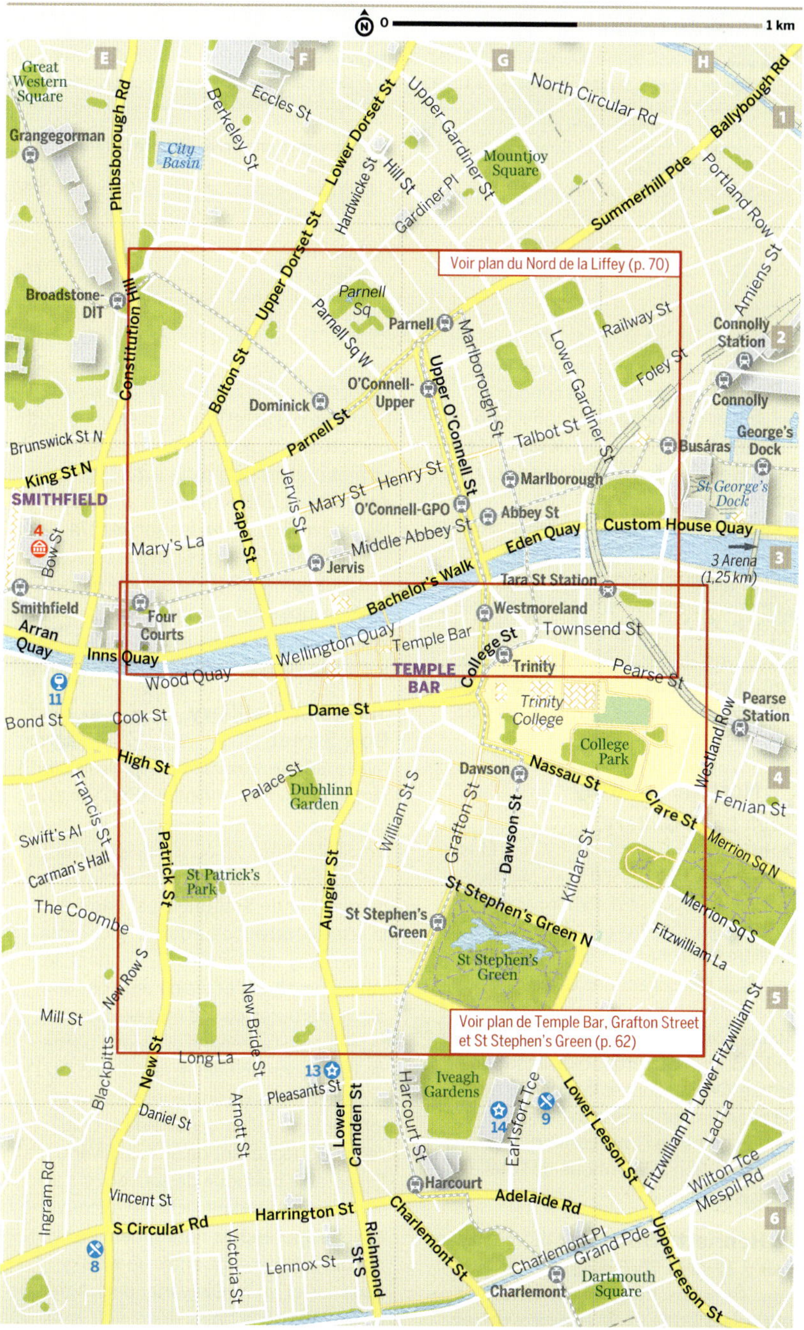
0
1 km
E
F
G
H
1
2
3
4
5
6
Great Western Square
Grangegorman
Phibsborough Rd
City Basin
Berkeley St
Eccles St
Lower Dorset St
Upper Gardiner St
North Circular Rd
Mountjoy Square
Hill St
Hardwicke St
Gardiner Pl
Summerhill Pde
Ballybough Rd
Portland Row
Upper Dorset St
Voir plan du Nord de la Liffey (p. 70)
Amiens St
Broadstone-DIT
Constitution Hill
Parnell Sq
Parnell Sq W
Parnell
Marlborough St
Lower Gardiner St
Railway St
Connolly Station
Foley St
Connolly
Bolton St
Dominick
O'Connell-Upper
Upper O'Connell St
Talbot St
Busáras
George's Dock
Brunswick St N
Parnell St
King St N
SMITHFIELD
Jervis St
Henry St
Mary St
Marlborough
St George's Dock
Capel St
O'Connell-GPO
Abbey St
Custom House Quay
4
Bow St
Mary's La
Middle Abbey St
Eden Quay
3 Arena (1,25 km)
Jervis
Bachelor's Walk
Tara St Station
Smithfield
Four Courts
Westmoreland
Townsend St
Arran Quay
Inns Quay
Wellington Quay
Temple Bar
College St
Trinity
Pearse St
Wood Quay
TEMPLE BAR
11
Bond St
Cook St
Dame St
Trinity College
Westland Row
Pearse Station
College Park
High St
Palace St
Dubhlinn Garden
Dawson
Nassau St
Francis St
William St S
Fenian St
Swift's Al
Grafton St
Dawson St
Clare St
Kildare St
Merrion Sq N
Carman's Hall
Patrick St
St Patrick's Park
Aungier St
St Stephen's Green N
The Coombe
St Stephen's Green
Merrion Sq S
Fitzwilliam La
New Row S
New Bride St
Mill St
Fitzwilliam St
Voir plan de Temple Bar, Grafton Street et St Stephen's Green (p. 62)
Blackpitts
New St
Long La
13
Iveagh Gardens
Lower Fitzwilliam St
Harcourt St
Earlsfort Tce
Lower Leeson St
Pleasants St
Lower Camden St
14
9
Daniel St
Arnott St
Lad La
Fitzwilliam Pl
Wilton Tce
Mespil Rd
Harcourt
Ingram Rd
Vincent St
Adelaide Rd
Harrington St
S Circular Rd
Charlemont St
Charlemont Pl
Grand Pde
Upper Leeson St
8
Victoria St
Lennox St
St S
Richmond
Charlemont
Dartmouth Square

Centre de Dublin

Royal Hospital Kilmainham. Ancienne maison de retraite militaire conçue par sir William Robinson et construite entre 1684 et 1687, elle fut désaffectée en 1928 et transformée en musée dans les années 1980.

Le musée qui associe merveilleusement l'ancien et le neuf accueille des artistes contemporains irlandais. La collection permanente, régulièrement complétée par des expositions temporaires, comprend des œuvres de Pablo Picasso et de Joan Miró. Librairie et café agréable sur place.

Des visites guidées gratuites ont lieu toute l'année.

Nord de la Liffey

Hugh Lane Gallery, Dublin — Musée

(plan p. 70 ; ☎01-222 5550 ; www.hughlane.ie ; 22 N Parnell Sq ; ⏲9h45-18h mar-jeu, 9h45-17h ven, 10h-17h sam, 11h-17h dim ; 🚌7, 11, 13, 16, 38, 40, 46A, 123 depuis le centre-ville). GRATUIT Les collections de ce musée installé dans la remarquable Charlemont House, construite par William Chambers en 1763, sont remarquables à tout point de vue. On y découvre le meilleur de l'art contemporain irlandais, quelques grands noms de l'impressionnisme et la reconstitution à l'identique de l'atelier de Francis Bacon.

14 Henrietta Street — Musée

(plan p. 70 ; ☎01-524 0383 ; www.14henriettastreet.ie ; 14 Henrietta St ; plein tarif/enfant 9/6 € ; ⏲visites guidées chaque heure 10h-16h mer-sam, à partir de 12h dim ; 🚌9, 13, 16, 40 depuis le centre-ville). GRATUIT Ayant bénéficié d'une restauration soignée, cette maison de ville georgienne expose par strates une histoire sociale qui s'étend sur 250 ans. Entre musée et archives, le lieu couvre aussi bien les années 1740 et l'existence raffinée de la classe aisée, que le début du XXe siècle lorsque la maison était occupée par quelque 100 locataires vivant dans des conditions sordides. Accès sur visite guidée uniquement (1 heure 15).

Jameson Distillery Bow Street — Musée

(plan p. 66 ; www.jamesonwhiskey.com ; Bow St ; tarif plein/étudiant/enfant 19/18/11 €, master class 60 € ; ⏲10h-17h lun-sam, 10h30-17h dim ; 🚌25, 66, 67, 90 depuis le centre-ville, 🚊Smithfield). Le principal site touristique du quartier de Smithfield est dédié à la *uisce beatha* ("eau-de-vie"), surnom du whiskey en irlandais. Cependant, les consommateurs et les curieux risquent d'être déroutés par ce musée un peu tape-à-l'œil (aménagé dans une partie de l'ancienne distillerie, fermée en 1971), où les groupes de visiteurs se suivent lors de la visite obligatoire de la distillerie reconstituée, avant de se retrouver dans l'inévitable boutique de souvenirs. La visite est cependant riche en découvertes, et vous apprendrez notamment ce qui fait la différence entre un whisky écossais et un whiskey irlandais. Agréable dégustation à la fin.

Four Courts Bâtiment historique
(plan p. 67 ; Inns Quay ; 9h-17h lun-ven ; 25, 66, 67 ou 90 depuis le centre-ville, Four Courts). GRATUIT Chef-d'œuvre de l'architecte James Gandon (1743-1823), l'imposant bâtiment du premier palais de justice d'Irlande s'étend sur 130 m le long de l'Inns Quay. C'est le plus bel exemple du style georgien de la ville. En 2010, la cour d'assises a été déplacée dans un bâtiment récent, le long de la Liffey, mais les Four Courts demeurent le cœur symbolique de la justice en Irlande. On peut explorer l'intérieur du bâtiment, mais les tribunaux et certains secteurs sont interdits d'accès.

General Post Office Bâtiment historique
(plan p. 70 ; Lower O'Connell St ; tous arrêts centre-ville, Abbey). Cet édifice n'est pas seulement la poste centrale du pays, ou un bâtiment néoclassique saisissant : le General Post Office fut au cœur du combat irlandais pour l'indépendance. Il servit de quartier général aux rebelles durant l'insurrection de Pâques 1916. Il accueille aujourd'hui un **musée** (www.gpowitnesshistory.ie ; tarif plein/enfant 13,50/8,50 €, audioguide disponible en français inclus ; 10h-17h30 lun-sam, 12h-17h30 dim, dernière entrée à 16h30) interactif commémorant cet épisode décisif, et détaillant son origine et ses répercussions.

Docklands

Custom House Bâtiment historique
(plan p. 67 ; Custom House Quay ; tous arrêts centre-ville). L'architecte georgien James Gandon (1743-1823) a acquis sa notoriété grâce à ce bâtiment imposant (1781-1791) construit juste après Eden Quay le long d'un large tronçon de la Liffey. Ce colosse néoclassique de 114 m de long est coiffé d'un dôme en cuivre.

EPIC The Irish Emigration Museum Musée
(plan p. 70 ; 01-906 0861 ; www.epicchq.com ; CHQ Bldg, Custom House Quay ; tarif plein/-16 ans 16,50/8 € ; 10h-18h45, dernière entrée 17h ; George's Dock). Une exploration high-tech et interactive de l'histoire de l'émigration en Irlande et de ses conséquences sur le pays, comme sur les 70 millions de personnes, qui, à travers le monde, ont aujourd'hui des ancêtres irlandais.

Phoenix Park à Dublin

Avec ses 709 ha, le **Phoenix Park** (plan p. 66 ; www.phoenixpark.ie ; 24h/24 ; 10 à partir d'O'Connell St, 25, 26 à partir de Middle Abbey St) GRATUIT est un des plus grands parcs citadins au monde ; vous y verrez des coureurs à pied, des mamies avec des poussettes, des dames promenant des caniches, des jardins, des lacs, un stade, un **zoo** (plan p. 66 ; www.dublinzoo.ie ; tarif plein/enfant/famille 19.50/14/53 € ; 9h30-18h mars-sept, fin de journée oct-fév ;) et quelque 300 daims. Mais il y a aussi un terrain de cricket et de polo, un circuit de motos et quelques belles résidences du XVIIIe siècle, dont celle du président irlandais et de l'ambassadeur américain.

Le **Phoenix Park Visitor Centre** (01-677 0095 ; 10h-18h avr-déc, 9h30-17h30 mer-dim jan-mars) GRATUIT propose une exposition sur l'histoire et les animaux sauvages du parc, à visiter librement, et l'achat de billets pour la visite guidée du samedi de l'**Áras an Uachtaráin** (www.president.ie ; visite guidée chaque heure 10h30-15h30 sam) GRATUIT, la résidence officielle du président irlandais.

Áras an Uachtaráin
SUETOT/SHUTTERSTOCK ©

Nord de la Liffey

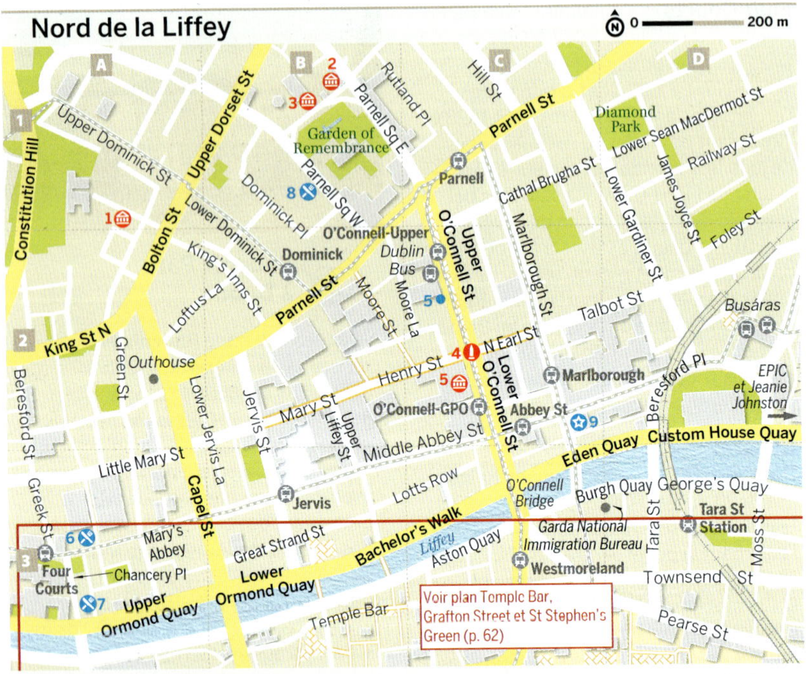

Nord de la Liffey

À voir

1 14 Henrietta Street A1
2 Dublin Writers Museum B1
3 Hugh Lane Gallery, Dublin B1
4 Spire C2
5 General Post Office C2

Activités

6 DoDublin Bus Tour C2

Où se restaurer

Chapter One .... (voir 2)
7 Fegan's 1924 .... A3
8 Legal Eagle A3
9 Mr Fox B1

Où sortir

10 Abbey Theatre C2

Jeanie Johnston — Musée

(plan p. 70 ; ☎01-473 0111 ; www.jeaniejohnston.ie ; Custom House Quay ; tarif plein/enfant 11/6 € ; ⏱visites guidées ttes les heures 10h-16h avr-oct, 11h-15h nov-mar ; 🚌tous arrêts centre-ville, 🚊George's Dock). L'un des sites touristiques les plus originaux de Dublin, le *Jeanie Johnston* est la reconstitution exacte d'un *coffin ship* ("bateau cercueil"), comme on surnommait ces bateaux utilisés pour emporter les émigrants affamés hors d'Irlande durant la Grande Famine. À bord, un petit musée retrace en détail l'horreur de ces voyages, qui duraient généralement quelque 47 jours.

CIRCUITS ORGANISÉS

Fab Food Trails — Visites à pied

(www.fabfoodtrails.ie ; visite 60 € ; ⏱10h sam). Ces visites gastronomiques de 2 heures 30-3 heures, chaudement recommandées, vous feront découvrir les meilleurs producteurs indépendants de Dublin et les cultures culinaires de chacun des différents quartiers, avec jusqu'à 8 boulangeries, des marchés et des *delis*.

Il y a aussi une balade "gastronomie et mode". Départ dans le centre-ville.

Green Mile Visites à pied

(plan p. 62 ; 01-661 1000 ; www.littlemuseum.ie ; Little Museum of Dublin, 15 St Stephen's Green N ; tarif plein/étudiant 15/13 € ; 11h sam-dim ; tous arrêts centre-ville, St Stephen's Green). L'historien local Donal Fallon propose ces excellentes visites d'une heure de St Stephen's Green, agrémentées d'anecdotes sur James Joyce, l'histoire du parc et la rédaction de la Constitution irlandaise. Veillez à réserver : ces visites sont très demandées. La visite guidée du Little Museum of Dublin (p. 60) est incluse dans le prix.

Historical Walking Tour Visites à pied

(plan p. 62 ; 01-878 0227 ; www.historicaltours.ie ; Trinity College Gate ; tarif plein/étudiant/enfant 14/12 €/gratuit ; 11h et 15h mai-sept, 11h avr et oct, 11h ven-dim nov-mars ; tous arrêts centre-ville). Ce sont des diplômés d'histoire de Trinity College qui animent ces "conférences de rue" avec pour thème la Grande Famine, la révolte de Pâques, la guerre civile ou la Partition. Les itinéraires passent par le Trinity College, le City Hall, le Dublin Castle et les Four Courts. L'été, des visites thématiques sur l'architecture, les femmes dans l'histoire de l'Irlande et la naissance de l'État irlandais sont aussi proposées. Départs à l'entrée de College Green.

Dublin Musical Pub Crawl Circuit pédestre

(plan p. 62 ; 01-475 8345 ; www.musicalpubcrawl.com ; Anglesea St ; tarif plein/étudiant 16/14 € ; 19h30 tlj avr-oct, 19h30 jeu-sam nov-mars ; tous arrêts centre-ville). L'histoire de la musique traditionnelle irlandaise et son influence sur les styles contemporains expliquées en musique par deux excellents musiciens dans plusieurs pubs de Temple Bar, en 2 heures 30. Le circuit débute à l'étage du pub **Oliver St John Gogarty** (plan p. 62 ; www.gogartys.ie ; 58-59 Fleet St ; 10h30-2h30 lun-sam, 12h-23h30 dim ; tous arrêts centre-ville).

Irish Design Shop (p. 72)

ACHATS

Vitrine commerciale du pays, Dublin affiche un large choix d'articles produits en Irlande – ou ailleurs. Grafton Street regroupe nombre de boutiques de marques haut de gamme, principalement britanniques, mais vous verrez dans les rues environnantes des magasins avec des produits *made in Ireland*. Au nord, Henry Street, rue piétonne, abrite des boutiques de marques internationales et Arnott's, le meilleur grand magasin de Dublin.

Avoca Handweavers Artisanat

(plan p. 62 ; ☎01-677 4215 ; www.avoca.ie ; 11-13 Suffolk St ; 9h30-18h lun-mer et sam, 9h30-19h jeu-ven, 11h-18h dim ; tous arrêts centre-ville). Boutique de vêtements et de décoration doublée d'un espace traiteur au sous-sol et d'un excellent **café** (plats 7-18 € ; 9h30-16h30 lun-ven, 9h30-17h30 sam, 10h-17h dim) au dernier étage, Avoca promeut un art de vivre moderne à l'irlandaise, chic et douillet. Beaucoup des vêtements sont tissés, tricotés et teints selon des procédés naturels dans une usine de Wicklow. Le rayon enfant est vraiment plaisant. L'une des meilleures adresses pour trouver un cadeau original.

Irish Design Shop Artisanat

(plan p. 62 ; ☎01-679 8871 ; www.irishdesignshop.com ; 41 Drury St ; 10h-18h lun-sam, 13h-17h dim ; tous arrêts centre-ville). Un choix merveilleux d'objets artisanaux (bijoux, ustensiles de cuisine), soigneusement sélectionnés par les propriétaires, Clare Grennan et Laura Caffrey. Idéal pour de jolis souvenirs et cadeaux *made in Ireland*.

Gutter Bookshop Livres

(plan p. 62 ; ☎01-679 9206 ; www.gutterbookshop.com ; Cow's Lane ; 10h-18h30 lun-mer, ven-sam, à 19h jeu, 11h-18h dim ; tous arrêts centre-ville). Tenant son nom d'un passage de *L'Éventail de Lady Windermere* d'Oscar Wilde – "Nous sommes tous dans le caniveau (*gutter*), mais parmi nous, certains contemplent les étoiles" – ce lieu fabuleux défend la position des libraires indépendants

TYLER W. STIPP/SHUTTERSTOCK ©

avec son choix de romans, de littérature jeunesse, de voyage et plus encore.

Claddagh Records Musique

(plan p. 62 ; ☎01-677 0262 ; www.claddaghrecords.com ; 2 Cecilia St ; ⏲10h-18h lun-sam, 12h-18h dim ; 🚌tous arrêts centre-ville). Position centrale pour cette boutique de disques proposant un beau choix de musique traditionnelle ou populaire de qualité. Le personnel, très compétent, saura vous dénicher les raretés les plus pointues. Il y a aussi une bonne section musiques du monde, et une autre **boutique** (plan p. 62 ; ☎01-888 3600 ; 5 Westmoreland St ; ⏲10h-18h lun-sam, 12h-18h dim ; 🚌tous arrêts centre-ville) dans Westmoreland Street ; achats en ligne également envisageables.

OÙ SE RESTAURER

Grafton Street et ses environs

Silk Road Café Proche-oriental €

(plan p. 62 ; www.silkroadkitchen.ie ; Chester Beatty Library, Dublin Castle ; plats 12 € ; ⏲10h-16h45 lun-ven, 11h-16h45 sam, 13h-16h45 dim mai-oct, fermé lun nov-avr ; 🚌50, 51B, 77, 78A, 123). Installé au rez-de-chaussée de la Chester Beatty Library (p. 48), ce petit bijou proche-oriental/nord-africain/méditerranéen n'a rien d'un café de musée ordinaire. Outre les spécialités maison de moussaka et de lasagnes aux épinards, il y a des plats du jour comme le *djaj mehshi* (poulet farci aux épices, riz, fruits secs, amandes et pignons de pin). Tous les plats sont halal et casher.

Queen of Tarts Café €

(plan p. 62 ; ☎01-670 7499 ; www.queenoftarts.ie ; 4 Cork Hill ; plats 5-13 € ; ⏲8h-19h lun-ven, 9h-19h sam-dim ; 🚌tous arrêts centre-ville). Cet adorable petit café propose un beau choix de tartes, meringues, crumbles, cookies et brownies, ainsi qu'un bon petit-déjeuner (nous recommandons les cakes bacon fumé-poireaux, servis avec œufs et tomates cerises). Il y a une autre adresse plus spacieuse au coin de **Cow's Lane** (plan p. 62 ; 3-4 Cow's Lane ; plats 5-13 € ; ⏲8h-19h lun-ven, 9h-19h sam-dim).

Le Spire de Dublin

Le **Spire** (plan p. 70 ; O'Connell St ; 🚌tous arrêts centre-ville, 🚊Abbey) est le monument le plus insolite de Dublin. Cette longue flèche de 3 m de diamètre et haute de 120 m, érigée en 2001, se dresse dans O'Connell Street, d'où elle projette un faisceau lumineux de 15 cm de large... C'est grand, ça brille, et c'est un lieu de rendez-vous bien pratique.

Œuvre de l'architecte londonien Ian Ritchie, cette sculpture serait la plus haute au monde. Les Dublinois sont pour leur part divisés quant à sa valeur esthétique et la tournent régulièrement en dérision. Parmi les surnoms dont ils l'affublent, citons "*the Erection in the Intersection*", "*the Stiletto in the Ghetto*" (l'aiguille dans le ghetto) et, notre préférée bien sûr, "*the Eyeful Tower*" (référence à la "*Eiffel Tower*")

O'Connell Street et le Spire

MADY70/GETTY IMAGES ©

Coburg Brasserie Français €€

(plan p. 66 ; ☎01-602 8900 ; www.thecoburgdublin.com ; Conrad Dublin, Earlsfort Tce ; plats 17-26 € ; ⏲6h30-23h ; 🚌tous arrêts centre-ville). Cet hôtel-brasserie récemment redécoré met l'accent sur les fruits de mer – huîtres, moules, homard en version chic ou version simple. La bouillabaisse réunit tous les parfums de la mer, mais la maison propose également un burger au crabe et aux crevettes ou encore une excellente salade niçoise. Délicieux.

Balfes Irlandais €€

(plan p. 62 ; ☎01-646 3353 ; www.balfes.ie ; 2 Balfe St ; plats 19-25 € ; ⌚8h-22h lun-jeu, 22h30 ven, 9h-22h30 sam, 9h-22h dim ; 🚌tous arrêts centre-ville). Cette brasserie qui sert tout au long de la journée affiche un style au chic new-yorkais, avec banquettes en cuir et petite terrasse chauffée où se presse une clientèle branchée. La carte fait la part belle aux plats de bistrot, comme le pâté au foie de canard ou le steak cuit sur gril Josper, mais inclut également des mets plus légers, tels que les pancakes protéinés et les salades complètes.

Fade Street Social Irlandais moderne €€

(plan p. 62 ; ☎01-604 0066 ; www.fadestreetsocial.com ; 4-6 Fade St ; plats 20-36 €, tapas 6-17 € ; ⌚17h-22h30 lun-mer, 12h30-15h et 17h-22h30 jeu, jusqu'à 23h ven-sam, jusqu'à 22h30 dim ; 📶 ; 🚌tous arrêts centre-ville). Deux restaurants en un ici, gérés par le célèbre chef Dylan McGrath. À l'entrée, dans le bar à tapas animé, sont servis des en-cas préparés dans une cuisine ouverte. À l'arrière, le restaurant, à l'ambiance plus feutrée, propose des viandes irlandaises – du veau, du lapin – agrémentées de légumes bio du jardin. Il y a aussi un bar à l'étage. Réservation conseillée.

Greenhouse Scandinave €€€

(plan p. 62 ; ☎01-676 7015 ; www.thegreenhouserestaurant.ie ; Dawson St ; midi 2-3 plats 45/55 €, soir 4-6 plats 110/129 € ; ⌚12h-14h et 18h-21h30 mar-sam ; 🚌tous arrêts centre-ville, 🚊St Stephen's Green). Mickael Viljanen pourrait bien être l'un des chefs les plus novateurs d'Irlande avec ses plats sous influence scandinave. Le menu du déjeuner est une occasion unique de déguster la cuisine d'un chef étoilé au Michelin pour moins de 50 €. Réservation impérative.

Restaurant Patrick Guilbaud Français €€€

(plan p. 62 ; ☎01-676 4192 ; www.restaurantpatrickguilbaud.ie ; 21 Upper Merrion St ; menu midi 2/3 plats 52/62 €, soir 135-203 € ; ⌚12h30-14h30 et 19h-22h30 mar-ven, 13h-14h30 et 19h-22h30 sam ; 🚌7, 46 depuis le centre-ville). Ce restaurant, deux étoiles au guide Michelin, est tenu pour la meilleure

Grogan's Castle Lounge (p.76)

NOEL BENNETT/SHUTTERSTOCK ©

DAVID L. MOORE - IRE/ALAMY STOCK PHOTO ©

Long Hall (p. 76)

table du pays. Guillaume Lebrun y porte l'art culinaire à sa plus haute expression. Excellente adresse, dont le menu de midi est une affaire dans cette catégorie. Innovant et superbement présenté.

Le lieu est tout en élégance contemporaine, le service est hautement qualifié, l'écoute est attentive et les détails soignés. Le propriétaire, Patrick Guilbaud, passe en général dans la soirée pour saluer les habitués et les nouveaux clients. Réservation obligatoire.

Kilmainham et The Liberties

1837 Bar & Brasserie Brasserie €

(plan p. 66 ; 01-471 4602 ; www.guinness-storehouse.com ; Guinness Storehouse, St James's Gate ; plats 14-18 € ; 12h-15h ; 21A, 51B, 78, 78A, 123 depuis Fleet St, James's). Ouverte à l'heure du déjeuner, cette brasserie propose des plats savoureux allant des huîtres on ne peut plus fraîches à un extraordinaire burger à la Guinness, accompagné de frites avec la peau et de chutney d'oignon rouge. Côté boissons, on peut déguster plusieurs variétés de Guinness, comme la West Indian Porter ou la Golden Ale. Ne manquez pas d'y déjeuner si vous visitez le musée.

Clanbrassil House Irlandais €€

(plan p. 66 ; 01-453 9786 ; www.clanbrassilhouse.com ; 6 Upper Clanbrassil St ; plats 19-28 € ; 17h-22h mar-ven, 11h30-14h30 et 17h-22h sam ; 9, 16, 49, 54A depuis centre-ville). Ce restaurant intimiste propose des plats délicieux cuits au charbon de bois. Imaginez une entrecôte avec os à moelle et anchois, une raie aux câpres au beurre de crevettes. Les frites dorées à point sont tout aussi remarquables. N'hésitez pas à commander le menu complet (50 €) pour découvrir le choix du chef.

Nord de la Liffey

Fegan's 1924 Café €

(plan p. 70 ; 01-872 2788 ; www.fegans1924.com ; 13 Chancery St ; plats 6-9 € ; 7h30-16h lun-ven, à partir de 11h sam et dim ; ; 25, 66, 67, 90 depuis le centre-ville, Four Courts). Une tranche d'Irlande rurale en plein cœur de la ville : ce merveilleux café au mobilier tout simple et au charme rustique se distingue par sa cuisine. Les œufs brouillés sont aériens, le toast léger et doré et les boissons délicieuses. Il s'agit d'un endroit où s'installer et passer le temps. Ateliers créatifs de 40 minutes pour les enfants (6 €) le week-end. Les espèces ne sont pas acceptées. Paiement uniquement par carte.

Legal Eagle Irlandais €€

(plan p. 70 ; 01-555 2971 ; www.thelegaleagle.ie ; 1/2 Chancery Pl ; plats 22-30 € ; 9h30-16h lun et mar, à 22h mer-ven, 12h-22h sam, 12h-21h dim ; Four Courts). Un style d'ancien pub dublinois combiné à une cuisine savoureuse haut de gamme, voici l'un des meilleurs restaurants de Dublin. Le four à bois sert à préparer du pain plat aux pommes de terre garnies de mozzarella et de queue de bœuf, et le menu du dimanche, version rétro, comprend les meilleures grillades de la ville.

Chapter One Irlandais €€€

(plan p. 70 ; 01-873 2266 ; www.chapteronerestaurant.com ; 18 N Parnell Sq ; midi 2 plats 36,50 €, soir 4 plats 80 € ; 12h30-14h ven, 17h-22h30 mar-sam ; 3, 10, 11, 13, 16, 19 ou 22 depuis le centre-ville). Grande cuisine et ambiance détendue pour ce restaurant étoilé au Michelin installé au sous-sol du Dublin Writers Museum. C'est notre adresse préférée pour dîner. La cuisine irlandaise y est revisitée en s'inspirant des standards français. La carte évolue selon la saison et le service est très professionnel. Le menu de trois plats (44 €) est parfait si vous allez au **Gate** (plan p. 70 ; 01-874 4045 ; www.gatetheatre.ie ; 1 Cavendish Row ; représentations 19h30 mar-ven, plus 14h30 et 19h30 sam ; tous arrêts centre-ville) voisin.

Mr Fox Irlandais €€

(plan p. 70 ; 01-874 7778 ; www.mrfox.ie ; 38 W Parnell Sq ; plats 20-30 € ; 12h-14h et 17h-21h30 mar-sam ; Parnell). Dans une superbe maison georgienne sur Parnell Sq., le fantastique Mr Fox prépare une cuisine qui célèbre avec brio les ingrédients irlandais avec une touche d'insolence – imaginez du gibier avec du *black pudding*, des châtaignes et des mûres ou du faisan aux lentilles et à la saucisse de Toulouse. Une étoile ne saurait être bien loin.

OÙ PRENDRE UN VERRE ET FAIRE LA FÊTE

Grafton Street et St Stephen's Green

Grogan's Castle Lounge Pub

(plan p. 62 ; www.facebook.com/groganscastlelounge ; 15 S William St ; 10h30-23h30 lun-jeu, 10h30-0h30 ven-sam, 12h30-23h dim ; tous arrêts centre-ville). Le Grogan's (du nom du premier propriétaire) est une véritable institution du centre-ville, appréciée de longue date des écrivains, peintres et autres personnages bohèmes de Dublin, qui viennent y boire une Guinness ou deux.

Long Hall Pub

(plan p. 62 ; 51 S Great George's St ; 12h-22h30 lun-jeu, à1h30 ven-sam, 12h30-23h dim ; tous arrêts centre-ville). Au nombre des favoris en ville, ce pub victorien en est aussi l'un des plus beaux. Admirez les boiseries sculptées derrière le bar et les magnifiques lustres. Les barmen excellent dans leur domaine, ce qui se fait rare à Dublin.

Vintage Cocktail Club Bar

(plan p. 62 ; 01-675 3547 ; www.vintagecocktailclub.com ; Crown Alley ; 17h-1h30 lun-ven, à partir de 12h30 sam-dim ; tous arrêts centre-ville). L'ambiance derrière cette porte non éclairée portant les initiales "VCC" évoque un club privé des années 1960. Il a tant de succès qu'il vous faudra sans doute réserver – mais les délicieux cocktails et la carte des petites choses à grignoter en valent la peine.

No Name Bar Bar

(plan p. 62 ; www.nonamebardublin.com ; 3 Fade St ; 13h30-23h30 lun-mer, à 1h jeu, 12h30-2h30 ven-sam, 12h-23h dim ; tous arrêts centre-ville). Une entrée discrète à côté d'un restaurant français tendance

L'Gueuleton (plan p. 64 ; 01-675 3708 ; www.lgueuleton.com ; 1 Fade St ; plats 20-31 € ; 12h30-16h et 17h30-22h lun-mer, à 22h30 jeu-sam, 12h-16h et 17h30-21h dim ; tous arrêts centre-ville) conduit à l'étage, où se trouve l'un des bars les plus plaisants de la ville. Celui-ci occupe trois grandes pièces d'une maison de ville victorienne restaurée, auxquelles s'ajoute un patio chauffé pour les fumeurs. Il n'a ni nom ni enseigne – c'est le "Bar Sans Nom".

Against the Grain — Bière artisanale

(plan p. 62 ; www.galwaybaybrewery.com/againstthegrain ; 11 Wexford St ; 12h-minuit lun-jeu, à 2h ven-sam, 12h30-minuit dim ; tous arrêts centre-ville). Un pub formidable – propriété de la Galway Bay Brewery – où déguster une bière artisanale. Grand choix parmi les ales et les bières à la pression. Les barmen pourront de surcroît vous faire goûter si vous n'arrivez pas à vous décider. Agréable accompagnement, les ailes de poulet vous permettront de tenir le coup si vous souhaitez rester plus longtemps...

Toner's — Pub

(plan p. 62 ; www.tonerspub.ie ; 139 Lower Baggot St ; 10-30-23h30 lun-jeu, à 1h30 ven-sam, 11h30-23h30 dim ; 7, 46 depuis le centre-ville). Le Toner's a peu changé au fil du temps, il rappelle le pub de campagne plus que tout autre pub à Dublin. Un espace extérieur se trouve juste à côté, au Toner's Yard. Les étagères et tiroirs sont un souvenir de son passé d'épicerie.

Kilmainham et The Liberties

Old Royal Oak — Pub

(plan p. 66 ; 11 Kilmainham Lane ; 17h-minuit lun-jeu, 15h-1h ven, 12h30-1h sam, 12h30-23h dim ; 68, 79 depuis le centre-ville). Les habitants du quartier cultivent l'atmosphère de ce magnifique pub traditionnel, ouvert en 1845 pour servir le personnel et les patients du Royal Hospital (aujourd'hui le Museum of Modern Art). Hormis la clientèle, rien n'a changé depuis, ce qui en fait l'un des plus beaux pubs de Dublin.

Arthur's (p. 78)

Brazen Head

Arthur's Pub

(plan p. 66 ; ☎01-402 0914 ; www.arthurspub.ie ; 28 Thomas St ; 11h-23h30 lun-jeu, 11h-0h30 ven-sam, 11h-23h dim ; 21A, 51B, 78, 78A, 123 depuis Fleet St, James's). Vu son emplacement, Arthur's aurait très bien pu tourner en piège à touristes et, de fait, nombreux sont ceux qui viennent y prolonger la visite de la Guinness Storehouse (p. 56). C'est pourtant une atmosphère chaleureuse et conviviale qui vous attend, ainsi que de bons plats de pub. La cheminée et l'éclairage à la bougie sont particulièrement enchanteurs en hiver.

Brazen Head Pub

(plan p. 66 ; ☎01-679 5186 ; www.brazenhead.com ; 20 Lower Bridge St ; 10h30-minuit lun-jeu, 10h30-0h30 ven-sam, 12h30-minuit dim ; 51B, 78A, 123 depuis le centre-ville). À l'origine une taverne normande, le Brazen Head, ouvert en 1198, est sans aucun doute le plus vieux pub de Dublin. Il est légèrement à l'écart du centre-ville : on y retrouve des étudiants de toutes nationalités, des touristes et quelques vieux Irlandais bourrus.

L'histoire du pub est incertaine, mais l'enfoncement de la cour indique combien la rue a connu de niveaux depuis sa construction. On dit que le chef nationaliste, Robert Emmet, était un client régulier tandis que dans *Ulysse*, James Joyce affirme que "le Brazen Head sert une assez bonne pinte".

OÙ SORTIR

Croyez-le ou non, il y a une vie hors du pub : *comedy clubs*, concerts classiques, récitals, lectures littéraires, marionnettes et musique – beaucoup de musique. Dublin est également réputée pour ses théâtres, où l'on peut voir des comédies musicales légères comme des œuvres plus sérieuses de Beckett, Yeats ou O'Casey – sans parler des nombreux talents d'aujourd'hui.

O'Donoghue's Musique traditionnelle

(plan p. 62 ; ☎01-660 7194 ; www.odonoghues.ie ; 15 Merrion Row ; à partir de 19h ; tous arrêts centre-ville). Le vieux bar de ce célèbre pub accueille tous les soirs des sessions de musique traditionnelle avec des célébrités locales telles que Tom Foley, Joe McHugh, Joe Foley et Maria O'Connell.

Devitt's Musique live

(plan p. 66 ; 01-475 3414 ; www.devittspub.ie ; 78 Lower Camden St ; à partir de 21h lun-mar, de 21h30 mer-jeu, de 19h45 ven-sam, de 18h30 dim ; 14, 15, 65, 83). Des musiciens talentueux se retrouvent lors des sessions de Devitt's – également appelé Cusack Stand. À ne pas manquer.

Whelan's Musique live

(Plan p. 62 ; 01-478 0766 ; www.whelanslive.com ; 25 Wexford St ; 16, 122 depuis le centre-ville). Jouxtant un pub traditionnel, cette salle de taille moyenne est l'une des plus appréciées de Dublin, notamment par les compositeurs-interprètes qui, une fois leurs talent exprimé sur scène, peuvent partager une tournée avec leur public dans le pub.

Smock Alley Theatre Théâtre

(plan p. 62 ; 01-677 0014 ; www.smockalley.com ; 6-7 Exchange St ; tous arrêts centre-ville). Ce théâtre, qui se cache dans un édifice du XVIIe siècle superbement restauré, affiche l'une des programmations les plus variées de Dublin (opéras, soirées "enquêtes policières", spectacles de marionnettes, Shakespeare, etc.) ; des réjouissances auxquelles on peut souvent assister en dînant.

Abbey Theatre Théâtre

(plan p. 70 ; 01-878 7222 ; www.abbeytheatre.ie ; Lower Abbey St ; tous arrêts centre-ville, Abbey). Le théâtre national d'Irlande, fondé en 1904 par W. B. Yeats, joua un rôle central dans la prise de conscience de l'identité culturelle irlandaise. Pièces écrites par des auteurs irlandais et tournées internationales de passage.

National Concert Hall Musique live

(plan p. 66 ; 01-417 0000 ; www.nch.ie ; Earlsfort Tce ; tous arrêts centre-ville). Le

National Concert Hall

ANNEMARIE MCCARTHY/LONELY PLANET ©

Smock Alley Theatre (p. 79)

National Concert Hall accueille un grand nombre d'événements au cours de l'année, qu'ils soient musicaux ou littéraires.

Offices du soir dans les cathédrales

En 1742, les chœurs des cathédrales St Patrick's et Christ Church se réunissaient exceptionnellement dans Fishamble Street pour la création du *Messie* de Haendel, dirigé par le compositeur en personne. Les deux cathédrales cultivent fièrement leur tradition chorale et l'office du soir (*evensong*) est un enchantement pour le visiteur. À St Patrick's, le chœur chante l'office du soir à 17h30 du lundi au vendredi, et à 15h15 le dimanche (moins fréquents en juillet-août) ; le chœur de Christ Church chante à 15h30 le dimanche, et à 18h du mardi au jeudi et le samedi. Si vous visitez Dublin durant la période de Noël, ne manquez pas les chants (*carols*) de Noël à St Patrick's.

Shelbourne Park Greyhound Stadium Courses de lévriers

(☎1890 269 969 ; www.igb.ie/go-greyhound-racing/our-stadiums/shelbourne-park-greyhound-stadium ; S Lotts Rd ; entrée 10 € ; ⏰18h30-22h30 mar et jeu-sam ; 🚌3, 7, 7A, 8, 45, 84 depuis le centre-ville, ou navette gratuite depuis Burgh Quay 19h ven-sam). Les courses de lévriers sont l'occasion d'une bonne soirée. Dans un restaurant surplombant la piste, grâce au service à la table (y compris pour les paris), vous n'aurez même pas à vous lever de votre siège. L'ambiance dans les gradins, d'un tout autre genre, promet un spectacle bien plus animé : bookmakers pittoresques et affairés, parieurs encourageant les chiens à grands cris.

RENSEIGNEMENTS

Visit Dublin Centre (plan p. 62 ; www.visitdublin.com ; 25 Suffolk St ; ⏰9h-17h30 lun-sam, 10h30-15h dim ; 🚌tous arrêts centre-ville). Pour obtenir des informations sur Dublin et l'Irlande, mais aussi sur les hébergements et pour faire des réservations.

DEPUIS/VERS DUBLIN

AVION

Situé à 13 km au nord du centre-ville, l'**aéroport de Dublin** (p. 346) possède deux terminaux. La plupart des vols internationaux arrivent au terminal 2 ; Air France, Swiss et Ryanair, notamment, utilisent le terminal 1. Pubs, restaurants, boutiques, DAB et agences de location de véhicules dans les deux terminaux.

BATEAU

Le **port de Dublin** (Dublin Port ; 01-855 2222 ; Alexandra Rd ; 53 depuis Talbot St) est à 3 km au nord-est du centre-ville.

BUS

La gare routière centrale de Dublin, **Busáras** (plan p. 70 ; 01-836 6111 ; www.buseireann.ie ; Store St ; Connolly) est située juste au nord de la Liffey, derrière Custom House. Service de consigne à bagages de 6 € à 10 € par jour.

TRAIN

Toutes les lignes de la république d'Irlande sont gérées par **Irish Rail** (p. 351). Dublin compte deux gares ferroviaires : **Heuston Station** (01-836 6222 ; Heuston), à l'ouest de la ville et non loin de la Liffey, et **Connolly Station** (01-703 2359 ; Connolly, Connolly Station), à une courte marche au nord-est de Busáras, derrière Custom House.

COMMENT CIRCULER

BUS

Les bureaux de **Dublin Bus** (plan p. 70 ; 01-873 4222 ; www.dublinbus.ie ; 59 Upper O'Connell St ; 9h-17h30 mar-ven, 9h-14h sam, 8h30-17h30 lun ; tous arrêts centre-ville) distribuent gratuitement les horaires de chacune de ses lignes. Les bus fonctionnent de 6h (5h30 pour certains) à 23h30 environ.

TAXI

De nombreuses compagnies de taxis, dont **National Radio Cabs** (01-677 2222 ; www.nrc.ie), ont un service de radio-taxis.

Dans les environs de Dublin

Les Dublinois disent souvent, sans ironie aucune, que ce qu'ils préfèrent dans leur ville, c'est qu'il est facile d'en sortir – et ils ne s'en privent pas. Sans nécessairement aller très loin : beaucoup passent simplement le week-end dans un des nombreux villages côtiers qui entourent la capitale. Au nord, les jolis villages de **Howth** et de **Malahide** résistent comme ils le peuvent à leur absorption inexorable par l'agglomération dublinoise. Au sud, **Dalkey** a depuis longtemps rendu les armes, parvenant cependant à conserver son atmosphère de village. Accessible en 45 minutes en bus ou 30 minutes en train depuis la capitale, le **domaine de Malahide** (www.malahidecastleandgardens.ie ; 01-816 9538 ; Malahide, comté de Dublin ; tlj 9h30-17h30, visite guidée toutes les heures, dernière visite du château à 16h30 avr-oct et 15h30 nov-mars ; tarif plein/étudiant/enfant 12,50/9/6,50 € ; 42, 102 ; Malahide) se situe dans le charmant village du même nom sur la côte. C'est un excellent but d'excursion à la journée. Son château datant des XIIe et XVIIe siècles est sis dans un domaine de 105 ha. Pendant près de 800 ans, il fut le fief de la famille Talbot, arrivée de France en Angleterre avec Guillaume le Conquérant, puis établie en Irlande en 1174. Le jardin botanique, de 8 ha, fut créé par lord Milo Talbot dans les années 1940 : voyageur et collectionneur enthousiaste, celui-ci rassembla près de 5 000 espèces végétales. Visite du château guidée uniquement.

Malahide Castle, comté de Dublin
SKALNY/STOCK.ADOBE.COM ©

Autrement, essayez l'application MyTaxi (www.mytaxi.com).

TRAIN

Le **Dublin Area Rapid Transport** (DART ; ☎01-836 6222 ; www.irishrail.ie) assure une desserte rapide de la côte jusqu'à Howth (30 minutes environ) au nord et jusqu'à Greystones (comté de Wicklow) au sud. Pearse Station pour le centre de Dublin au sud de la Liffey et Connolly Station pour le centre situé au nord de la Liffey. Des trains passent toutes les 10 à 20 minutes, plus souvent pendant les heures de pointe, de 6h30 à minuit du lundi au samedi ; ils sont moins fréquents le dimanche.

TRAM

Le Luas (www.luas.ie) dispose de deux lignes : la Green Line (toutes les cinq à 15 minutes) prend son départ à Broomridge au nord de la ville et descend par O'Connell St et St Stephen's Green jusqu'à Sandyford dans le sud de Dublin (via Ranelagh et Dundrum) ; la Red Line (toutes les 20 minutes) circule entre Point Village et Tallaght via les quais du nord (north quays) et Heuston Station.

Où se loger

Dublin attire les touristes toute l'année : réservez longtemps à l'avance, notamment pour un séjour de fin de semaine.

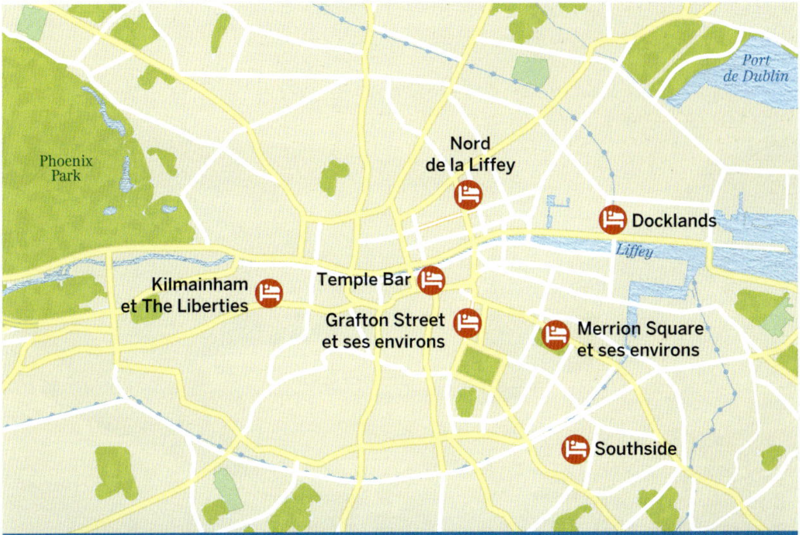

Quartier	Ambiance
Grafton Street et ses environs	Proche des principaux sites et de la vie nocturne ; bon choix d'hôtels de catégories moyenne et supérieure ; chambres généralement plus petites et tarifs souvent peu avantageux.
Merrion Square et ses environs	Quartier plaisant, hôtels élégants et B&B dans des maisons de ville ; certains des meilleurs restaurants de la capitale ; offre restreinte, surtout pour les petits budgets.
Temple Bar	Au cœur de la fête ; proche de tout ; bruyant, touristique ; rapport qualité/prix pas spécialement avantageux.
Kilmainham et The Liberties	Proche de la vieille ville et des sites de l'ouest de Dublin ; très peu de bons hébergements ; choix restreint de restaurants.
Nord de la Liffey	Grande variété d'hébergements accessibles à pied depuis les principaux sites et les lieux nocturnes ; adresses pour petits budgets pas toujours à la hauteur.
Docklands	Excellents hôtels modernes (certains haut de gamme) avec service de qualité ; quartier isolé et calme, nécessitant taxi ou transports publics pour rejoindre le centre.
Southside	Adresses de meilleur rapport qualité/prix, chambres plus grandes et propriétés avec jardins ; attention, quand on ne se trouve pas sur la ligne de tramway Luas, le transport en bus peut faire perdre beaucoup de temps.

COMTÉ DE WICKLOW

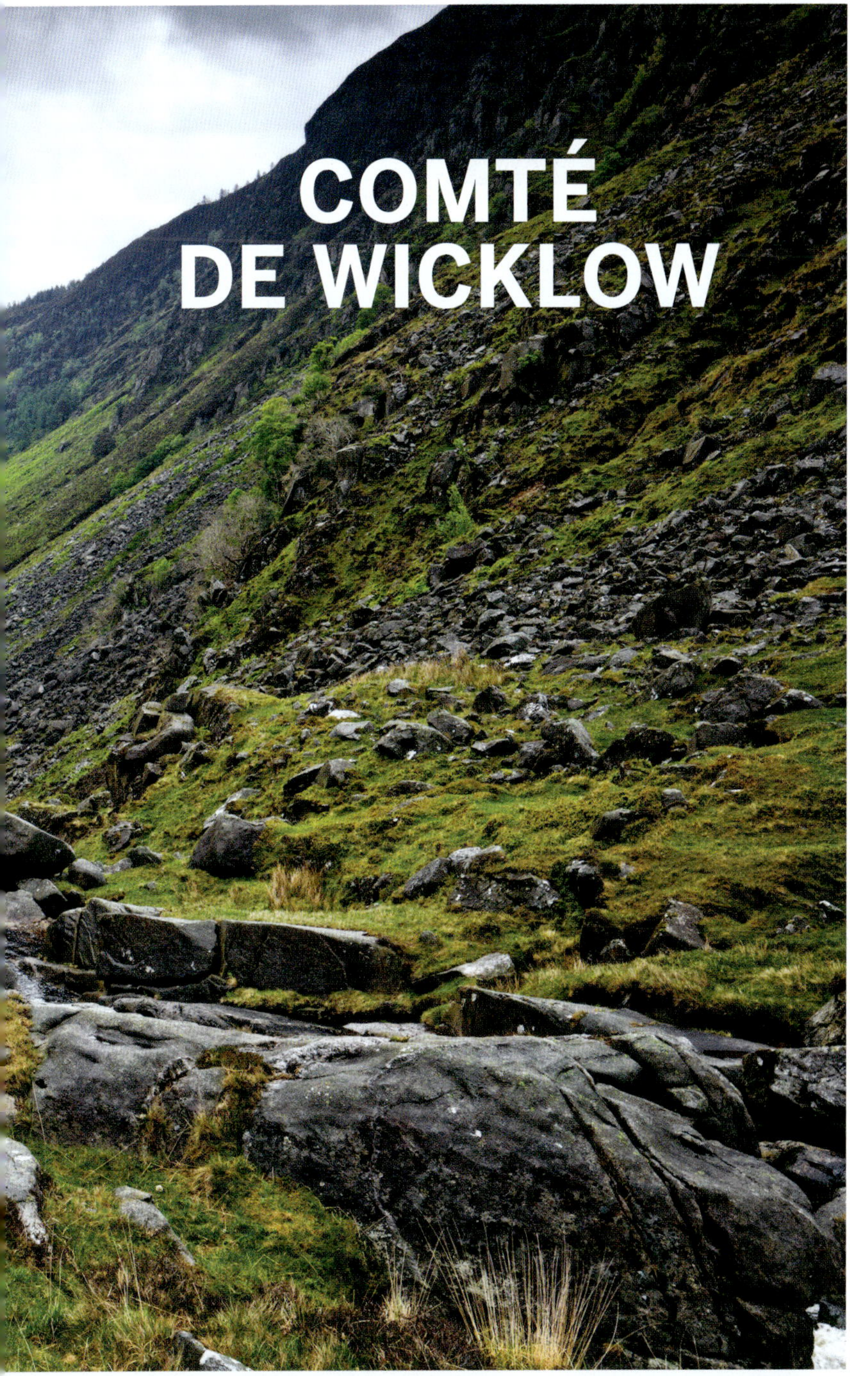

Comté de Wicklow

Situé immédiatement au sud de la capitale, le comté de Wicklow (Cill Mhantáin) est le terrain de jeu préféré des Dublinois, tout en paysages côtiers, bois et imposantes montagnes, que traverse un sentier de randonnée très prisé, la Wicklow Way. Ses reliefs, farouches, bruts et désolés, sont magnifiques, et des lacs ponctuent les profondeurs des vallées glaciaires (notamment Glenmacnass, Glenmalure et Glendalough). Dans les contreforts, des vestiges monastiques, de beaux jardins et de superbes manoirs du XVIIIe siècle invitent à l'exploration. Moins spectaculaires que les montagnes, les villes côtières et vallées de l'est de Wicklow ont pour elles un charme plus subtil.

Le comté de Wicklow en 1 jour

Si vous n'avez qu'une journée, filez tout droit vers **Powerscourt Estate** (p. 88) et passez la matinée à flâner dans les somptueux jardins. Après un déjeuner au café de Powerscourt House, cap au sud pour visiter le site monastique ancien de **Glendalough** (p. 90), avant une belle balade au bord de l'Upper Lake, en fin d'après-midi.

Le comté de Wicklow en 2 jours

Si vous disposez de deux jours, vous pourrez prendre votre temps. Le premier jour, direction **Powerscourt Estate** (p. 88) et la petite ville d'Enniskerry avant de filer pour chiner et déjeuner chez **Avoca Handweavers** (p. 97), à Kilmacanogue. Le deuxième, visitez **Glendalough** (p. 90) le matin et consacrez l'après-midi à l'un des célèbres jardins de Wicklow, comme **Mt Usher** (p. 97) ou les **Kilmacurragh Botanic Gardens** (p. 97).

Page précédente : Wicklow Mountains

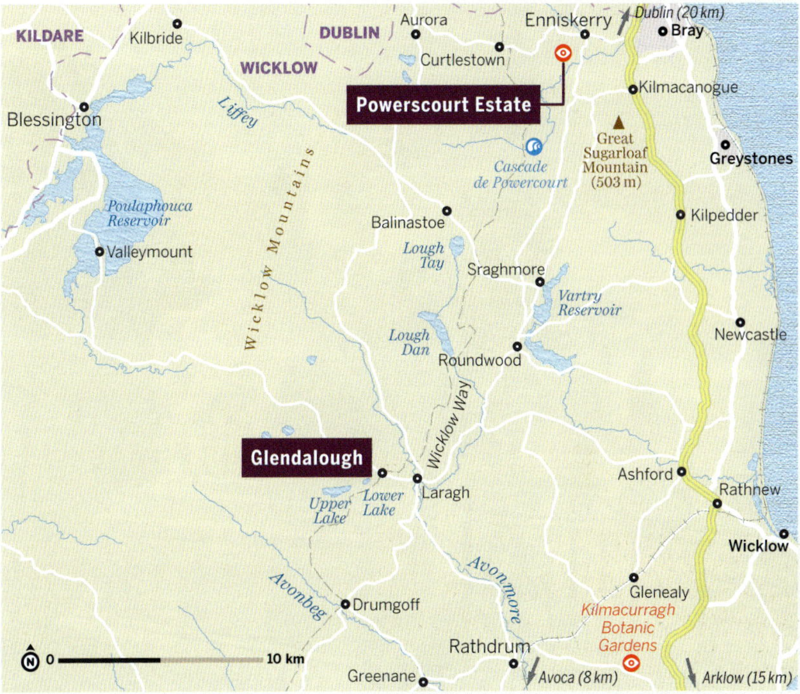

Comment s'y rendre

Enniskerry est situé à 18 km au sud de Dublin, à 3 km à l'ouest de la M11 sur la R117. On peut accéder sans difficulté à pied à la Powerscourt House, située à 500 m d'Enniskerry.

Les **bus St Kevin's** (www.glendaloughbus.com) relient Dublin et Bray à Roundwood et à Glendalough (2/jour). Le Dublin Bus 65 dessert les localités jusqu'à Blessington.

Où se loger

En matière d'hébergement, on trouve ici de tout, des auberges de jeunesse et campings pour randonneurs aux fermes aménagées en B&B et aux manoirs transformés en hôtels de luxe. Le comté est une destination de week-end appréciée des Dublinois : songez à réserver.

Enniskerry est une bonne base pour visiter Powerscourt ; pour explorer Glendalough, les villes d'Enniskerry ou de Blessington sont toutes deux pratiques.

Powerscourt Estate

Ce domaine remarquable de 64 km² est le site le plus visité du comté. Un manoir palladien occupe le cœur du parc, mais ce sont les jardins paysagers et leur vue exceptionnelle qui constituent les principaux atouts du lieu.

Pour ceux qui aiment...

☑ Ne ratez pas

Le cimetière des animaux, où reposent les animaux domestiques et les chevaux de la famille Wingfield.

Histoire

L'existence du domaine remonte à l'an 1300 environ, lorsque la famille LePoer (anglicisé en Power) fit construire un château. Powerscourt passa ensuite entre les mains de familles anglo-normandes, avant de devenir, en 1603, la propriété de Richard Wingfield, maréchal de l'armée d'Irlande. Ses descendants l'occupèrent pendant 350 ans. En 1730, l'architecte Richard Cassels (ou Castle) fut chargé d'édifier une demeure palladienne de 68 pièces près de l'ancien château.

Après le départ des Wingfield dans les années 1950, le bâtiment subit une importante restauration, mais à la veille de sa réouverture en 1974, un incendie le ravagea entièrement. Le domaine fut racheté par la famille Slazenger, qui entreprit une nouvelle restauration et

RICHARD SEMIK/SHUTTERSTOCK ©

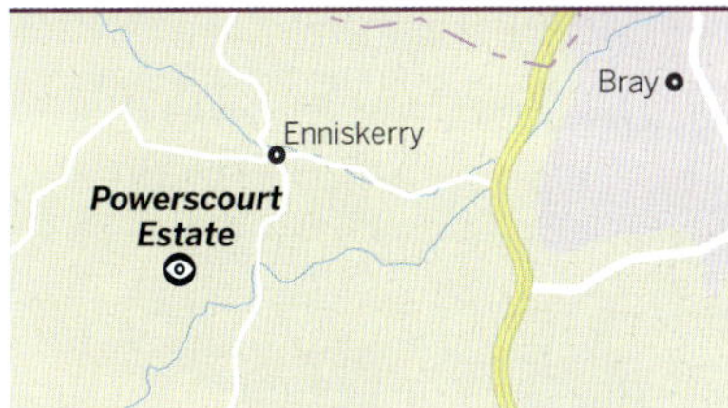

Infos pratiques

01-204 6000 ; www.powerscourt.com ; Bray Rd ; accès libre au bâtiment, jardins tarif plein/enfant 10/5 € mars-oct, 7,50/3,50 € nov-fév ; 9h30-17h30 mars-oct, 9h30-crépuscule nov-fév

Une petite faim ?

Déjeunez à la terrasse du café de Powerscourt House, qui jouit d'une belle vue sur le sommet du Great Sugarloaf.

Bon plan

Si vous êtes en voiture, pique-niquez à la chute d'eau de Powerscourt (à 5 km du domaine)

l'ajout d'équipements, notamment les deux terrains de golf et un hôtel (01-274 8888 ; www.powerscourthotel.com ; d/ste à partir de 244/333 € ; P) chic.

Les jardins

Point d'orgue du domaine, les 20 ha de jardins paysagers, créés dans les années 1740, furent réaménagés au XIXe siècle par Daniel Robinson, éminent horticulteur dont la passion pour les plantes n'avait d'égale que sa prédilection pour la boisson. On raconte qu'à partir d'une certaine heure de la journée, trop ivre pour tenir debout, il devait être transporté en brouette à travers le parc.

Son style imaginatif s'exprime à travers la grande variété des jardins, les vastes terrasses, les statues, les plans d'eau artificiels, les grottes dissimulées ou les sentiers tortueux, et dans les différents espaces clos où poussent plus de 200 variétés d'arbres et de végétaux. Une carte, indiquant des balades de 40 minutes à 1 heure, est fournie à l'entrée du parc.

La cascade

La bâtisse en impose autant que les jardins, mais l'essentiel en est fermé au public. Il n'y a donc pas grand-chose à en voir si ce n'est l'agitation du café et de la boutique de souvenirs au rez-de-chaussée. À 6 km en voiture, on rejoint une autre partie du domaine qui inclut la cascade de Powerscourt, haute de 121 m. Particulièrement impressionnante après de fortes pluies, c'est la plus grande cascade d'Irlande. Un chemin de randonnée en contourne le bas.

REMIZOV/SHUTTERSTOCK ©

Glendalough

Glendalough est l'un des plus beaux sites d'Irlande. Ses paysages sauvages et romantiques ont attiré maints voyageurs sur l'île d'Émeraude.

Pour ceux qui aiment...

☑ Ne ratez pas

La tour ronde, haute de 33 m et vieille de 1 000 ans, au cœur du site.

Histoire

En 498, un jeune moine, Kevin, arriva à Glendalough, plus précisément Gleann dá Loch (la "vallée des deux lacs"), en quête d'un lieu pour s'installer, méditer et ne faire qu'un avec la nature. Il s'abrita dans un ancien tombeau datant de l'âge du bronze, sur la rive sud de l'Upper Lake. De nombreux disciples affluèrent au fil des ans pour vivre auprès de l'ermite, et la communauté s'agrandit peu à peu. Plusieurs siècles plus tard, Glendalough devint la première cité monastique d'Irlande, dépassant même Clonmacnoise (p. 218) à partir du IXe siècle. Des milliers de disciples résidaient alors dans cette communauté prospère, à l'extension considérable. Revers de la médaille, le site de Glendalough devint la cible des

Entrée

AITORMMFOTO/GETTY IMAGES ©

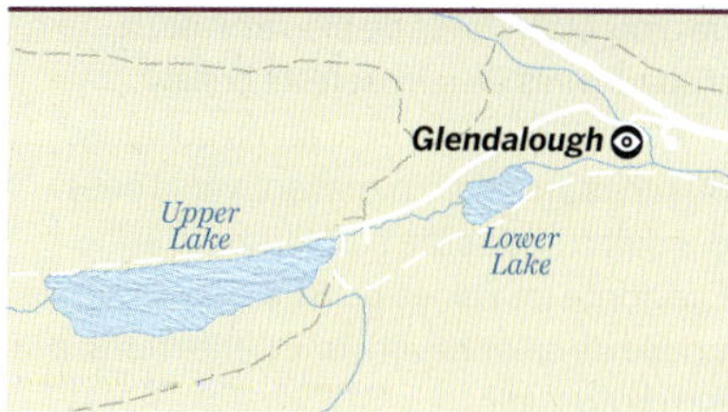

Infos pratiques

☎0404-45352 ; www.heritageireland.ie ; tarif plein/enfant 5/3 € ; ⏲9h30-18h mi-mars à mi-oct, 9h30-17h mi-oct à mi-mars

Une petite faim ?

Le **Wicklow Heather** (☎0404-45157 ; www.wicklowheather.ie ; Glendalough Rd, Laragh ; plats 13-29 € ; ⏲8h-21h30 lun-jeu, 8h-22h ven-sam, 8h-21h dim) est la meilleure adresse pour un vrai repas.

★ Bon plan

Avant d'explorer le site monastique, faites un tour au centre d'accueil des visiteurs pour vous familiariser avec son histoire.

Vikings, qui pillèrent le monastère à quatre reprises, entre 775 et 1071.

Le coup de grâce advint en 1398, quand une troupe anglaise venue de Dublin détruisit entièrement la cité monastique. Le site resta occupé par quelques moines jusqu'au XVIIe siècle, avant une désaffection complète.

Upper Lake (lac supérieur)

Au pied des falaises dominant la rive sud de l'Upper Lake, **Teampall na Skellig**, le campement originel de saint Kevin, n'est accessible que par bateau. Vous devrez vous contenter de deviner le site depuis la rive opposée, car aucun moyen de transport ne permet de l'atteindre. Les ruines reconstruites d'une église et d'un cimetière sont visibles sur la corniche en terrasse. Des huttes en bois se dressaient jadis sur le terrain surélevé attenant. Ici et là gisent de vieilles dalles funéraires et de simples croix de pierre.

Tout près à l'est, à 10 m au-dessus des eaux du lac, se cache une grotte artificielle profonde de 2 m, **St Kevin's Bed**, dans laquelle le saint aurait vécu. On sait par ailleurs désormais que la vallée était habitée bien avant l'arrivée du moine. Dans la zone verdoyante dominant l'actuel parking, le grand mur circulaire est sans doute le vestige d'un **fort en pierre** (*caher*) datant du début de l'époque chrétienne.

En suivant les rives du lac, au sud-ouest du parking, on rejoint les vestiges de la **Reefert Church**, qui domine le Poulanass, un cours d'eau. Il s'agit d'un petit édifice roman du XIe siècle dont certains arcs et murs ont été remontés. Le Reefert ("cimetière royal") était traditionnellement le lieu de sépulture des chefs des O'Toole, une famille de la région. Le cimetière voisin renferme un grand nombre de croix et de dalles de pierre brute, la plupart faites de micaschiste brillant.

Au bout du cimetière, après quelques marches, un chemin menant vers l'ouest conduit à une saillie surplombant le lac. Elle abrite les ruines de **St Kevin's Cell** (la cellule de saint Kevin), une petite hutte à la forme arrondie.

Lower Lake (lac inférieur)

Si le lac supérieur a l'attrait des meilleurs panoramas, c'est dans la partie basse de la vallée, à l'est du lac inférieur, que se concentrent les édifices les plus intéressants de l'ancien **site monastique**.

Au détour du chemin, après le Glendalough Hotel, se dresse l'arche de pierre de la **loge du monastère**, seul exemple en Irlande d'une entrée de monastère ayant résisté au temps. L'intérieur abrite une grande dalle gravée d'une croix.

À l'arrière, le **cimetière** est toujours utilisé. La **tour ronde** (Xe siècle), haute de 33 m, est d'une circonférence, à sa base, de 16 m. Les étages supérieurs et le toit conique ont été reconstruits en 1876. Au sud-est de la tour s'élève la **Cathedral of St Peter and St Paul**, dont la nef date du Xe siècle et le chœur et la sacristie du XIIe siècle.

Au centre du cimetière et au sud de la tour ronde, la **Priest's House**, étrange édifice construit vers 1170 et largement restauré, aurait abrité, selon la légende, les reliques de saint Kevin. Plus tard, au temps des lois pénales qui limitaient les droits des catholiques, elle devint un lieu de sépulture pour les prêtres locaux, d'où son nom. À 140 m au sud-ouest de la tour ronde, la **St Mary's Church** (Xe siècle) était

probablement située à l'extérieur des murs du monastère et appartenait à des nonnes. La porte ouest est remarquable. Un peu plus à l'ouest subsistent quelques ruines de la **St Kieran's Church**, la plus petite église de Glendalough.

À l'extrémité sud de la clôture s'élève la **St Kevin's Kitchen** (ou **Church**). C'est l'emblème de Glendalough. Son beffroi, qui rappelle une tour ronde miniature, sa sacristie en saillie et son toit incliné en pierre en font un chef-d'œuvre. Si les parties les plus anciennes datent du XIe siècle, la structure a été largement modifiée au cours des siècles. Elle reste néanmoins un remarquable exemple d'architecture religieuse classique.

Au croisement avec Green Road, franchissez la rivière au sud des deux églises et vous découvrirez la **Deer Stone**, au milieu d'un ensemble de pierres. Une légende raconte que saint Kevin, à la recherche de nourriture pour deux orphelins, trouva une biche qui se laissa traire. Il s'agit en réalité d'un *bullaun* (pierre utilisée pour broyer des herbes médicinales ou des aliments).

La route qui part vers l'est conduit à **St Saviour's Church**, ornée de minutieuses sculptures romanes. À l'ouest, un sentier forestier passe devant le Lower Lake et conduit à l'Upper Lake.

☑ Ne ratez pas

Si vous avez un peu de temps, suivez l'itinéraire qui longe à pied la rive sud du Lower Lake entre le site monastique et l'Upper Lake.

JIRICASTKA/SHUTTERSTOCK ©

Circuits organisés

Wild Wicklow Tours (☎01-280 1899 ; www.wildwicklow.ie ; tarif plein/enfant 33/28 € ; ⌚départ 8h50) organise des visites à la journée de Dublin à Glendalough, en passant par Avoca Handweavers (p. 97) et au Sally Gap ; les participants sont généralement enthousiasmés par l'ambiance et les paysages. La prise en charge se fait à Dublin et débute à l'hôtel Shelbourne. Retour vers 18h.

Depuis/vers Glendalough

St Kevins Bus (www.glendaloughbus.com) organise des dessertes en bus depuis St Stephen's Green North, à Dublin, tous les jours à 11h30 et 18h (aller simple/aller-retour 13/20 €, 1 heure 30) ; de mars à octobre, le bus du soir part à 19h le samedi et le dimanche. Les véhicules marquent également l'arrêt à l'hôtel de ville de Bray, et repartent de Glendalough à 7h et 16h30 en semaine, 9h45 et 17h40 le week-end. Billets en vente à bord des bus. En semaine durant les mois de juillet et août, un bus supplémentaire relie Glendalough à Dublin à 9h45.

Une petite faim ?

Il fait beau ? Pique-niquez sur la plage de galets à l'extrémité est de l'Upper Lake.

Glendalough

PROMENADE À PIED

La visite de Glendalough offre une plongée au cœur de l'histoire, doublée d'une belle balade dans des collines ponctuées de vestiges. Le site monastique, fondé par saint Kevin au Ve siècle, atteignit son apogée au IXe siècle, puis tomba dans un progressif oubli après 1398.

Un ensemble de ruines majeures vous attend dès l' 1 **entrée principale** de la cité monastique : la 2 **tour ronde**, édifice du IXe siècle quasiment intact, la 3 **Cathedral of St Peter and St Paul** ou encore l'église 4 **St Kevin's Kitchen**. Traversez le cours d'eau, passez devant la 5 **Deer Stone**, où l'on situe l'épisode de Kevin trayant une biche, puis bifurquez vers l'ouest. Une marche de 1,5 km vous conduira jusqu'à l' 6 **Upper Lake**. Sur la rive sud du lac s'étend un autre ensemble de vestiges, dont 7 **Reefert Church**, une église romane du XIe siècle dans laquelle la puissante famille O'Toole faisait enterrer ses défunts, et les restes de 8 **St Kevin's Cell**, cellule en nid d'abeille où aurait vécu saint Kevin.

SAINT KEVIN

Le jeune moine serait arrivé dans les environs de Glendalough vers 498. Un ange l'aurait mené à une tombe de l'âge de bronze qui lui aurait servi d'abri, appelée par la suite St Kevin's Bed. Pendant quelques années, il mena une vie d'ermite, dédiée à la méditation. Sa proximité avec la nature se retrouve dans sa légende. Il aurait ainsi amené une biche à donner chaque jour son lait à deux orphelins, lequel était recueilli dans une cavité de la pierre désormais connue sous le nom de Deer Stone (pierre de la biche). Un groupe de disciples ne tarda pas à rejoindre Kevin et le site se développa, par-delà sa mort, jusqu'à rivaliser avec Clonmacnoise au IXe siècle pour le titre de première ville monastique de l'île. Kevin aurait vécu jusqu'à l'âge de 120 ans. Il fut canonisé en 1903. En Irlande, Il est le patron de Dublin, et le deuxième saint le plus vénéré après Patrick.

Tour ronde
Le site le plus célèbre de Glendalough est sa tour ronde, haute de 33 m. Elle n'a pas changé depuis sa construction, il y a mille ans, à l'exception de son toit, remplacé en 1876 après avoir été endommagé par la foudre.

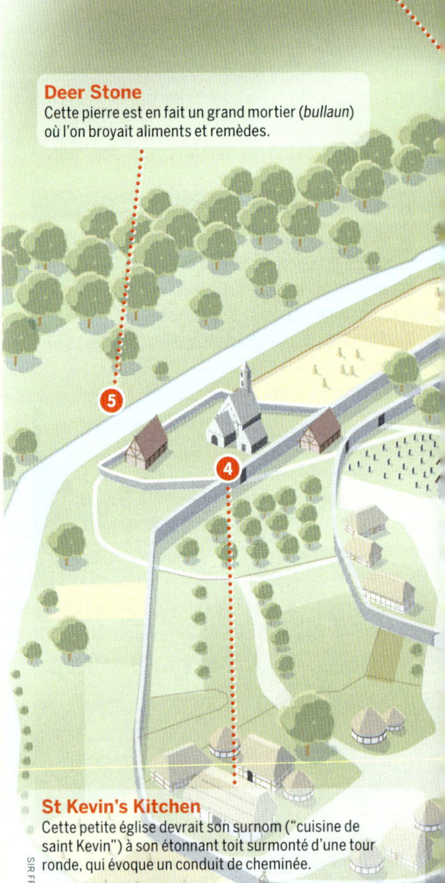

Deer Stone
Cette pierre est en fait un grand mortier (*bullaun*) où l'on broyait aliments et remèdes.

St Kevin's Kitchen
Cette petite église devrait son surnom ("cuisine de saint Kevin") à son étonnant toit surmonté d'une tour ronde, qui évoque un conduit de cheminée.

St Kevin's Cell
C'est dans cet abri en pierre sèche que saint Kevin aurait eu l'habitude de prier et de méditer – à ne pas confondre avec St Kevin's Bed, la grotte où il dormait.

Reefert Church
Son nom vient de l'irlandais *righ fearta*, qui signifie "lieu de sépulture des rois". Sept princes de la puissante famille O'Toole furent enterrés ici.

Upper Lake
Le site du campement d'origine de saint Kevin se trouve au bord de l'Upper Lake, l'un des deux lacs auxquels Glendalough (la "vallée des deux lacs") doit son nom.

RAFAL STACHURA/GETTY IMAGES ©

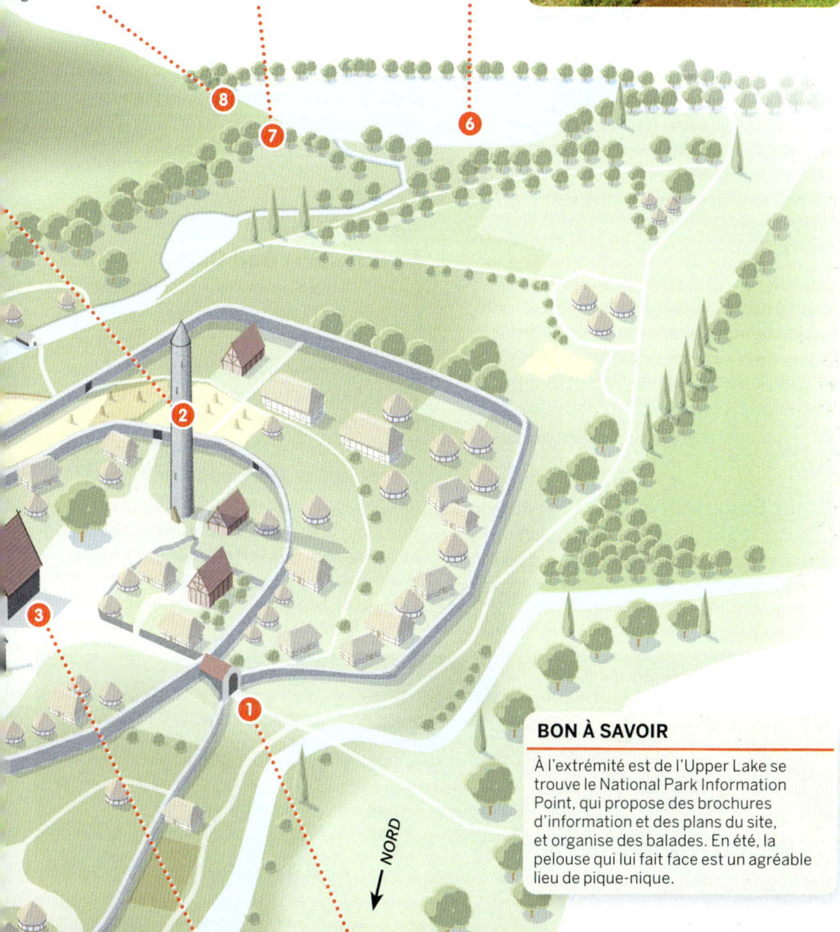

BON À SAVOIR
À l'extrémité est de l'Upper Lake se trouve le National Park Information Point, qui propose des brochures d'information et des plans du site, et organise des balades. En été, la pelouse qui lui fait face est un agréable lieu de pique-nique.

MICHAEL J THOMPSON/SHUTTERSTOCK ©

Cathedral of St Peter and St Paul
Cette cathédrale, la plus grande des sept églises de Glendalough, fut bâtie entre le Xe et le XIIIe siècle. La partie la plus ancienne en est la nef, où l'on peut encore observer l'ante (pilier légèrement saillant à la tête du mur) qui servait à soutenir le toit en bois.

Porte d'entrée principale
La dernière entrée du site encore debout est composée de deux arches, dont l'une est plus haute que l'autre, afin de compenser l'inclinaison de la chaussée.

GERARDO BORBOLLA/SHUTTERSTOCK ©

Enniskerry et ses environs

À VOIR

Powerscourt Waterfall Cascade
(www.powerscourt.com/waterfall ; Powerscourt Estate ; tarif plein/enfant 6/3,50 € ; 9h30-19h mai-août, 10h30-17h30 mars-avr et sept-oct, 10h30-16h nov-fév). En lisière de Powerscourt Estate (p. 89), à 6 km au sud de Powerscourt House, cette cascade de 121 m est la plus haute d'Irlande. Elle est particulièrement impressionnante après de fortes pluies. Elle est indiquée depuis l'entrée principale du domaine. Il est déconseillé de la rejoindre à pied, les routes étant étroites et dépourvues de trottoirs.

Un chemin de randonnée contourne le bas de la cascade et serpente entre séquoias, vieux chênes, hêtres, bouleaux et sorbiers. Vous croiserez des pinsons, des coucous, des pouillots véloces, des corbeaux et des pouillots fitis.

Great Sugarloaf Montagne
Si le Great Sugarloaf ("le grand pain de sucre"), culminant à 503 m, est loin d'être le plus haut sommet du comté de Wicklow, il n'en est pas moins l'un des plus emblématiques du pays, avec sa silhouette en forme de cône visible à des kilomètres à la ronde. L'éminence domine le village de Kilmacanogue, sur la N11, à 35 km au sud de Dublin ; on peut en faire l'ascension (raide mais simple ; 1 heure aller-retour) depuis un parking au bord de la route secondaire L1031 (par la R755, à 7,5 km au sud d'Enniskerry).

ACTIVITÉS

Powerscourt Golf Club Golf
(01-204 6033 ; www.powerscourtgolfclub.com ; Powerscourt Estate ; green fees avr-oct 75 €, nov-mars 55 € ; 8h-coucher du soleil). Un choix de deux magnifiques parcours par 72. Le West Course, conçu par David Mclay Kidd (également à l'origine des Bandon Dunes aux États-Unis en Oregon), agrémenté de cours d'eau et de ravins est un peu plus difficile que le second : l'East Course. Ce dernier, conçu par Peter McEvoy, est sans doute le plus pittoresque avec ses haies, ses vieux chênes et ses hêtres.

Cascade de Powerscourt

CIRCUITS ORGANISÉS

DoDublin Bus Tour En bus

(plan p. 70 ; www.dodublin.ie ; 59 Upper O'Connell St ; tarif plein/enfant 27/12 € ; 10h30 tlj mai-sept, 10h30 lun et ven-sam avr et oct-nov, 10h30 ven-sam mars). Partant du bureau de Dublin Bus à Dublin, ce circuit en bus permet de visiter Glendalough et Powerscourt, dans le comté de Wicklow. Retour à Dublin à 17h.

ACHATS

Avoca Handweavers Artisanat

(01-274 6900 ; www.avoca.com ; Main St, Kilmacanogue ; 9h-18h lun-ven, 9h30-18h sam-dim). Avoca possède 13 établissements dans toute l'Irlande et jouit d'une solide réputation pour la création d'élégants objets traditionnels d'artisanat rural. Le siège de la compagnie occupe un arboretum du XIXe siècle, à 5 km au sud-est d'Enniskerry. Dans ce magasin très animé, on trouve des tricots, des textiles, de la céramique, des jouets, des articles ménagers, des produits alimentaires et des livres de cuisine. Il y a également un excellent café qui sert des plats à base de produits cultivés par Avoca (entre 6 et 15 €).

OÙ SE RESTAURER

Poppies Country Cooking Café €

(01-282 8869 ; www.facebook.com/poppiesireland ; The Square ; plats 6,5-12 € ; 8h-17h lun-ven, 8h-18h sam-dim). Dans ce café à la façade rouge et à l'intérieur blanc cassé, on sert de copieux petit-déjeuner irlandais jusqu'à midi. On trouve aussi de quoi déjeuner : de bonnes salades, de généreux sandwichs et des spécialités du jour comme la *sheperd's pie* (sorte de hachis parmentier) ou la quiche aux légumes. Goûtez également leurs gâteaux, pâtisseries et leurs scones servis avec sa confiture de Kilmurry.

Johnnie Fox's Produits de la mer €€

(01-295 5647 ; www.johnniefoxs.com ; Glencullen ; plats 15-26 €, plateaux de fruits de mer 28-130 €, menu Hooley entrée-plat-dessert 59,50 € ; cuisine

Jardins du comté de Wicklow

Le surnom de Wicklow "le jardin de l'Irlande", prend tout son sens dans le paradis de verdure que sont par exemple les 8 ha du **Mt Usher Gardens** (0404-49672 ; www.mountushergardens.ie ; Ashford ; tarif plein/enfant 8/4 € ; 10h-17h), juste à la périphérie de la ville d'Ashford, à 10 km au sud de Greaystone sur la N11. Arbres, arbustes et herbacées forment une étendue de style Robinsonien, qui suit les principes naturalistes du célèbre jardinier irlandais William Robinson (1838-1935), et diffère du formalisme des jardins antérieurs.

Pour se restaurer et faire du shopping, un café Avoca et une cour avec des commerces proposent des viennoiseries, des glaces, des plantes, des meubles, des vêtements et des œuvres d'art, notamment de la photographie.

Aménagés autour d'un manoir du XVIIIe siècle, les jardins ornementaux **Kilmacurragh Botanic Gardens** (0404-48844 ; www.botanicgardens.ie ; Kilbride ; 9h-17h tlj mars-sept, 9h-16h30 lun-ven, 10h-16h30 sam-dim oct-fév) ont été créés en 1712 avant d'être repensés au XIXe siècle pour refléter le style plus sauvage de William Robinson. Les conifères sud-américains, les rhododendrons colorés et l'allée des ifs sont particulièrement remarquables. Le lieu est à 7 km à l'est de Rathdrum.

Kilmacurragh Botanic Gardens
ALEKSANDR KALININ/SHUTTERSTOCK ©

PETER BARRITT/ALAMY STOCK PHOTO ©

Johnnie Fox's (p.97)

12h30-21h30, bar 11h-23h30 lun-jeu, 11h-0h30 ven-sam, midi-23h dim ;). En passant la frontière du comté de Dublin, à 5,5 km au nord-ouest d'Enniskerry, se dresse le Johnnie Fox's, un pub traditionnel du XIXe siècle. Des cars entiers de touristes viennent voir le Hooley show, un spectacle de musique et de danse irlandaises. Mais c'est son dédale de petites pièces et de recoins qui en fait le charme ; on y déguste de délicieux produits de la mer : huîtres de Roaring Bay, crevettes de la baie de Dublin, crabe d'Annagassan, homard de Kilmore Quay, et bien plus.

Menus adaptés aux végétariens et aux enfants.

DEPUIS/VERS ENNISKERRY ET SES ENVIRONS

Voiture Enniskerry se trouve à 18 km au sud de Dublin, à 3 km à l'ouest de la M11 sur la R117. Powerscourt House ne se trouve qu'à 500 m d'Enniskerry.

Bus Dublin Bus (www.dublinbus.ie) rallie Dublin (Dublin City University) à Enniskerry (3,30 €, 1 heure 30, toutes les heures).

Bray

La plus grande agglomération du comté de Wicklow est à moins de 25 km de la capitale. Une plage de sable et de galets de 1,6 km ainsi qu'une promenade la bordent sur toute sa longueur.

C'est avec l'arrivée du chemin de fer en 1854 que Bray (Bré en irlandais), devient une station balnéaire. Même si le tourisme décline, d'imposants bâtiments datant de l'apogée de Bray au XIXe siècle bordent toujours le front de mer et la ville reste une destination populaire pour les excursions d'une journée. Les vacanciers sont particulièrement nombreux fin juillet, lors du Bray Air Display, le plus grand spectacle aérien du pays.

À VOIR

Killruddery House & Gardens Maison
(01-286 3405 ; www.killruddery.com ; Southern Cross Rd ; maison et jardins tarif plein/enfant 15,50/5,50 €, jardins uniquement 8,50/3 € ; maison 9h30-18h sam-jeu mai-sept, sam-dim seulement avril et oct, jardins 9h30h-18h tlj mai-

sept, sam-dim seulement avril et oct). Killruddery, un magnifique manoir rénové dans un style élisabéthain, appartient à la famille Barbazon (comtes de Meath) depuis 1618. Ses jardins sont parmi les plus vieux d'Irlande et l'Orangerie, construite en 1852, possède une impressionnante collection de statues et de plantes. Une visite, obligatoirement guidée, de 45 minutes vous permet de découvrir l'imposant manoir, dessiné par l'architecte Richard Morrisson et son fils William en 1820. Il se situe à 2 km de Bray, sur la route R768.

Un excellent marché s'y installe de 10h à 15h tous les samedis.

Brave Maeve Story Trail Art public

(www.bray.ie ; The Promenade ; tte la journée ;). Sur la promenade de Bray, un sentier adapté aux enfants permet de découvrir cinq fresques colorées créées par Chris Judge, auteur et illustrateur jeunesse, ainsi que 50 enfants de la ville. On suit l'histoire de Maeve, une géante à la recherche d'une maison pour sa famille, qui rencontre des monstres sur son chemin. Une carte de ce sentier de 1,5 km est disponible sur le site Internet (et sur l'application gratuite).

OÙ PRENDRE UN VERRE ET SE RESTAURER

Dockyard No 8 Café €€

(01-276 1795 ; www.dockyardno8.ie ; 8 Dock Tce ; petit-déj et déj 7-19 €, plats dîner 16-24 € ; 9h-16h30 dim-mer, 9h-16h30 et 17h30-21h30 jeu-sam ;). Dans la journée, ce café situé sur le port, en face du chantier naval, est parfait pour petit-déjeuner (œufs Bénédicte au jarret de porc, gaufres et bacon fumé) et déjeuner (chaudrée au chorizo et plateau de fruits de mer). L'endroit est d'autant plus agréable quand le toit rétractable est ouvert. Pour le dîner, les plats sont raffinés : cabillaud au jambon de Parme sur son cassoulet de haricots blancs.

Harbour Bar Pub

(www.theharbourbar.ie ; 1-4 Dock Tce ; 13h-23h30 lun-jeu, 13h-0h30 ven, 12h-0h30 sam, 12h-23h dim ;). Quatre anciennes maisons de pêcheurs composent ce labyrinthe de pièces décoré de bibelots maritimes d'époque. Les brasseries locales proposent leurs bières artisanales telles que la Wicklow Wolf du comté de Wicklow

Killruddery House & Gardens

(fabriquée à Bray), la Larkin's Brewing (de la ville voisine de Kilcoole) et la Whiplash du comté de Kildare (de Cellbridge). La terrasse est bondée lorsqu'il fait soleil. Des concerts ont lieu du mercredi au dimanche.

Blessington

Avec ses pubs, ses magasins et ses jolies maisons de ville du XVIIIe siècle, Blessington est un camp de base pratique pour explorer les environs.

À VOIR

Russborough House Bâtiment historique

(☎045-865 239 ; www.russboroughhouse.ie ; Blessington ; tarif plein/enfant visite guidée 12/6 € ; ⏰10h-17 tlj mai-sept, reste de l'année horaires restreints en semaine). Cette demeure palladienne située à 4 km de Blessington est l'une des plus belles d'Irlande. Elle fut construite pour Joseph Leeson (1701-1783), qui fut le premier comte de Milltown, avant de se faire appeler lord Russborough. Depuis 1952, le bâtiment abrite une remarquable collection d'œuvres d'art, dont des tableaux de Vélasquez, Vermeer, Goya et Rubens. Le ticket donne droit à une visite guidée de 45 minutes.

Vallée de l'Avoca

L'un des plus beaux paysages du comté de Wicklow est la vallée de l'Avoca, une vallée densément boisée qui s'ouvre à l'endroit où se rejoignent les rivières Avonbeg et Avonmore pour former la rivière Avoca. Une confluence qui porte bien son nom (Meeting of the Waters, "rencontre des eaux"), et qu'a rendue célèbre un poème de Thomas Moore de ce nom, écrit en 1808.

C'est dans le minuscule village d'Avoca (Abhóca en irlandais) qu'est née la plus célèbre des chaînes d'articles traditionnels irlandais, Avoca Handweavers.

ACHATS

Avoca Handweavers Artisanat

(☎0402-35105 ; www.avoca.com ; Main St ; ⏰boutique 9h30-17h, café 9h30-16h lun-ven,

Village d'Avoca

ARNDALE/SHUTTERSTOCK ©

Avoca Handweavers

9h30-17h sam-dim, moulin 9h30-16h30). C'est ici, dans le plus vieux moulin en activité d'Irlande, qu'est né Avoca Handweavers (p. 97). Dans ce moulin, on fabrique de la laine et d'autres tissus depuis 1723. Un grand nombre des vêtements et des articles de literie (couvertures, housse d'oreiller, etc.) vendus par Avoca sont produits ici et commercialisés dans le magasin voisin.

On se promène parmi les tisserands à l'œuvre (n'hésitez pas à discuter avec eux). Le café sert des soupes roboratives, des salades, des sandwichs, mais aussi des pâtisseries. Arrivez tôt, ou tard, pour éviter les cars de touristes.

OÙ SE RESTAURER

Mickey Finns Pub Pub restaurant **€€** (0404-41661 ; www.wicklowbrewery.ie ; Main St, Redcross ; plats 13-25 € ; cuisine 12h30-21h30, bar 12h30-minuit ;). Dans ce pub chaleureux, la bière brassée à la **Wicklow Brewery** (0404-41661 ; www.wicklowbrewery.ie ; Main St, Redcross ; visite 15 € ; brasserie 14h-23h sam-dim, visite sur réservation) voisine est mise à profit dans plusieurs plats. Chacun est proposé avec sa bière : tourte au bœuf et à la Wicklow Black Stout accompagnée de Black 16, ou burger maison avec bacon caramélisé à l'érable et Helles Lager chutney, accompagné de Hopknut Pale Ale. Des sessions de musique traditionnelle ont lieu tous les mercredis.

RENSEIGNEMENTS

Office du tourisme (0402-35022 ; www.visitwicklow.ie ; Old Courthouse, Main St ; 9h-16h lun-ven). Informations disponibles sur les randonnées autour du village d'Avoca.

DEPUIS/VERS LA VALLÉE DE L'AVOCA

Des **bus Éireann** (www.buseireann.ie) relient Dublin (Georges Quay), Meeting of the Waters (14 €, 1 heure 45, 2/jour) et le village d'Avoca (14 €, 2 heures).

COMTÉS DE MEATH ET DE LOUTH

Comtés de Meath et de Louth

Au nord de Dublin, les riches terres du comté de Meath ont connu des peuplements dès 8000 av. J.-C. Les hommes ont peu à peu remonté les rives de la Boyne, défrichant la forêt pour aménager des terres cultivables. Meath, l'une des cinq provinces de l'Irlande primitive, a joué des siècles durant un rôle crucial dans la politique de l'île. Sur l'autre rive de la Boyne, le comté de Louth, le plus petit du pays, fut le centre de la vie ecclésiastique aux Ve et VIe siècles, grâce à la prospérité du monastère de Monasterboice et de l'abbaye cistercienne de Mellifont. Dans ces comtés riches en vestiges se concentrent plusieurs sites incontournables.

Les comtés de Meath et de Louth en 1 jour

Depuis Dublin, rejoignez Brú na Bóinne et consacrez une bonne partie de la journée à la découverte des tombes à couloir de **Newgrange** (p. 106), **Knowth** (p. 108) et **Dowth** (p. 108). En milieu d'après-midi, visitez le **site de la bataille de la Boyne** (p. 112), sur la route de Drogheda, où vous pourrez passer la nuit.

Les comtés de Meath et de Louth en 2 jours

Le deuxième jour, après une balade à Drogheda, partez à la découverte des ruines monastiques de **Monasterboice** (p. 112) et de l'**Old Mellifont Abbey** (p. 112). L'après-midi, en retournant vers Dublin, visitez l'ancienne capitale des hauts rois d'Irlande, perchée sur la **colline de Tara** (p. 112).

Page précédente : Colline de Tara (p. 112)

Comment s'y rendre

De nombreux **bus Éireann** (www.buseireann.ie) se rendent dans le comté de Meath, mais l'idéal est de louer une voiture pour sortir des sentiers battus. Les tour-opérateurs proposent des circuits passant par les sites principaux, la plupart au départ de Dublin.

Les trains de la ligne Dublin-Belfast s'arrêtent à Drogheda et à Dundalk, également desservies par des bus. Des bus relient Carlingford à Dundalk.

Où se loger

On trouve de bons hébergements dans la plupart des villes et villages du comté de Meath, et la campagne est ponctuée de manoirs splendides.

Si l'on trouve quelques B&B, hôtels et auberges de jeunesse à proximité de Brú na Bóinne et de Tara, les localités de Drogheda et de Trim offrent le meilleur choix d'hébergements, ainsi qu'un bon réseau de transports. On peut aussi explorer les principaux sites des comtés de Louth et de Meath depuis Dublin.

Newgrange

Brú na Bóinne

La vaste nécropole néolithique de Brú na Bóinne est l'un des sites préhistoriques les plus remarquables d'Europe. Antérieur de mille ans à Stonehenge, c'est un témoignage majeur du savoir-faire des hommes de ce temps.

Pour ceux qui aiment

☑ Ne ratez pas

Les belles gravures sur pierre dans le passage d'entrée du tombeau de Newgrange.

La nécropole de Brú na Bóinne ("palais de la Boyne") était destinée à accueillir les dépouilles de personnages importants : ses tombes sont demeurées les plus grandes structures humaines d'Irlande jusqu'à l'édification des châteaux normands, quelque 4000 ans plus tard. Brú na Bóinne comprend plusieurs sites, dont les trois principaux sont Newgrange, Knowth et Dowth.

Des siècles durant, ils ont été laissés à l'abandon, envahis de végétation et à la merci des pillards – des Vikings aux chasseurs de trésors de l'époque victorienne, dont les initiales sont gravées sur les grandes pierres de Newgrange. Les environs sont parsemés de tertres (tumulus) et de pierres dressées.

Newgrange

Vu de l'extérieur, **Newgrange** (www.worldheritageireland.ie ; centre des visiteurs

Entrée de Newgrange

Infos pratiques

☎041-988 0300 ; www.worldheritageireland.ie ; Donore ; tarif plein/enfant centre des visiteurs 4/3 €, centre des visiteurs et Newgrange 7/4 €, centre des visiteurs et Knowth 6/4 €, les 3 sites 13/8 € ; 9h-19h juin à mi-sept, 9h-18h30 mai et mi-sept à début oct, 9h30-17h30 fév-avr et début oct à début nov, 9h-17h début nov à jan)

Une petite faim ?

Le café du Visitor Centre sert une cuisine honnête, avec des options végétariennes.

Bon à savoir

La visite se déroule principalement en extérieur. Équipez-vous de chaussures de marche ou de randonnée, ainsi que de vêtements de pluie.

et Newgrange 7/4 € ; 9h-19h juin à mi-sept, 9h-18h30 mai et mi-sept à début oct, 9h30-17h30 fév-avr et début oct à début nov, 9h-17h début nov-jan), est un immense tumulus herbeux, d'environ 80 m de diamètre pour 13 m de hauteur. Il abrite l'une des plus belles tombes à couloir de l'âge de la pierre irlandais et constitue l'un des sites préhistoriques les plus remarquables d'Europe. Datant d'environ 3200 ans avant J.-C., il est donc antérieur de six siècles aux grandes pyramides d'Égypte.

Son alignement avec le soleil lors du solstice d'hiver laisse supposer qu'il avait aussi une fonction de calendrier.

Solstice d'hiver à Newgrange

À 8h20, lors du solstice d'hiver, les rayons du soleil levant pénètrent par l'ouverture au-dessus de la porte pour s'étendre lentement dans le long passage, éclairant la chambre funéraire pendant 17 minutes. Confinant à l'expérience mystique, c'est sans doute l'un des moments les plus inoubliables qui puissent se vivre en Irlande.

Une simulation du solstice d'hiver attend les groupes qui visitent le tumulus. Pour avoir la chance d'assister au phénomène naturel, observable le matin pendant 6 jours autour du solstice (entre les 18 et 23 décembre), participez à la loterie gratuite qui a lieu fin septembre ; 50 noms sont tirés au sort et chacun des heureux gagnants peut amener un invité (sachez toutefois que plus de 30 000 personnes s'inscrivent chaque année). Remplissez votre bulletin de participation au centre des visiteurs de Brú na Bóinne ou adressez un message à brunaboinne@opw.ie.

Knowth

Au nord-ouest de Newgrange, le tumulus funéraire de **Knowth** (www.worldheritageireland.ie ; centre des visiteurs et Knowth 6/4 € ; 9h-19h juin à mi-sept, 9h-18h30 mai et mi-sept à début oct, 9h30-17h30 fév-avr et début oct à début nov, 9h-17h début nov à jan) fut édifié à la même époque. On y trouve la plus grande collection d'objets jamais mise au jour dans des tombes à couloir en Europe occidentale. Les premières fouilles ont dégagé un passage de 34 m conduisant à la chambre centrale, beaucoup plus long que celui de Newgrange. En 1968, un passage de 40 m a été découvert de l'autre côté du tumulus.

On trouve également les vestiges de six souterrains construits dans la paroi du site aux débuts du christianisme. Quelque 300 pierres ornées et 17 tombes satellites encerclent le tumulus principal.

Dowth

Le tumulus de **Dowth** (L1607) GRATUIT ou Dubhadh, qui signifie "sombre", proche par sa taille (63 m de diamètre) de celui de Newgrange, est légèrement plus élevé (14 m). Pour des raisons de sécurité, l'accès aux tombes de Dowth est interdit mais on peut voir le tumulus en empruntant la L1607 entre Newgrange et Drogheda.

Au nord se dressent les ruines de **Dowth Castle** et **Dowth House**.

Ferme de Newgrange

Idéale pour les enfants, cette ferme familiale pédagogique (041-982 4119 ; www.newgrangefarm.com ; Newgrange ; 9 € par personne, tour en tracteur 3 € ; 10h-18h mi-mars-août) de 135 ha propose plusieurs activités : nourrir les canards, les veaux

Knowth

ou les chèvres ; participer à la traite des vaches, faire un tour en tracteur. Les enfants peuvent aussi s'amuser dans un labyrinthe de foin. Il est possible de pique-niquer ou de se rendre au café. Suivez les panneaux sur la N51.

Visiter Brú na Bóinne

Mieux vaut organiser votre visite pour en profiter au maximum.

- Les visites de Brú na Bóinne démarrent du centre des visiteurs (p. 112), d'où une navette vous emmènera aux tombes. Si vous vous présentez à Newgrange ou à Knowth, on vous enverra à ce même centre, lequel est distant de 4 km de l'un et l'autre sites. Tout est fait pour décourager les marcheurs, car les routes, étroites, sont empruntées par de nombreux cars de touristes.

Où se loger

On trouve quelques B&B, hôtels et auberges de jeunesse près de Brú na Bóinne et Tara, mais le choix d'hébergements est plus vaste à Drogheda et à Trim.

DESIGN PICS / STUART WESTMORLAND/GETTY IMAGES ©

- Prévoyez beaucoup de temps : une heure pour le centre des visiteurs, deux pour la visite de Newgrange ou de Knowth, et une demi-journée pour tout voir.
- Les tombeaux de Dowth sont fermés au public, mais vous pourrez vous promener dans les sites voisins.
- Le site est parfois pris d'assaut en été, notamment le week-end, : vous ne serez pas assuré d'accéder aux deux tombes à couloir, le nombre maximal de visiteurs étant fixé à 750 par jour. Premier arrivé, premier servi : mieux vaut donc se présenter de bonne heure ou venir en semaine, et s'armer de patience ! Autrement, les visites organisées, comme celles de Mary Gibbons Tours, garantissent de tout voir.

Circuits organisés

Brú na Bóinne est l'un des sites les plus visités d'Irlande. De nombreux groupes viennent spécialement de Dublin en bus.

Mary Gibbons Tours Visites guidées (☎086 355 1355 ; www.newgrangetours.com ; visite guidée avec entrée tarif plein/enfant 40/35 €). Ces excellents circuits partent de nombreux hôtels de Dublin, à partir de 9h30 du lundi au vendredi, et de 7h30 le samedi et le dimanche. Ils traversent toute la vallée de la Boyne en passant par Newgrange et la colline de Tara. Des guides experts offrent un aperçu passionnant de la vie celtique et préceltique en Irlande. Visite en anglais seulement. Paiement en espèces dans le bus (pas de carte bancaire).

★ Le saviez-vous ?

En août 1843, 750 000 personnes se réunirent à Tara pour écouter parler Daniel O'Connell, leader de l'opposition à l'union avec la Grande-Bretagne.

Brú na Bóinne

La visite commence à l'excellent **1 centre des visiteurs**, où un bref film (version française) replace le site dans son contexte historique. De là, une navette mène à **2 Newgrange**. Vous passerez devant les **3 orthostates**, les pierres dressées qui gardent le **4 couloir principal** conduisant à la **5 chambre funéraire**. Un dispositif y reproduit l'arrivée des premiers rayons du soleil au matin du solstice d'hiver (mais vous pourrez tenter de gagner votre place à la loterie annuelle pour y assister). Pour visiter **6 Knowth**, vous devrez remonter dans la navette pour le centre des visiteurs et prendre un autre bus. Sinon, ralliez **7 Dowth** en voiture. On ne peut pas y pénétrer, mais des panneaux d'information présentent le site.

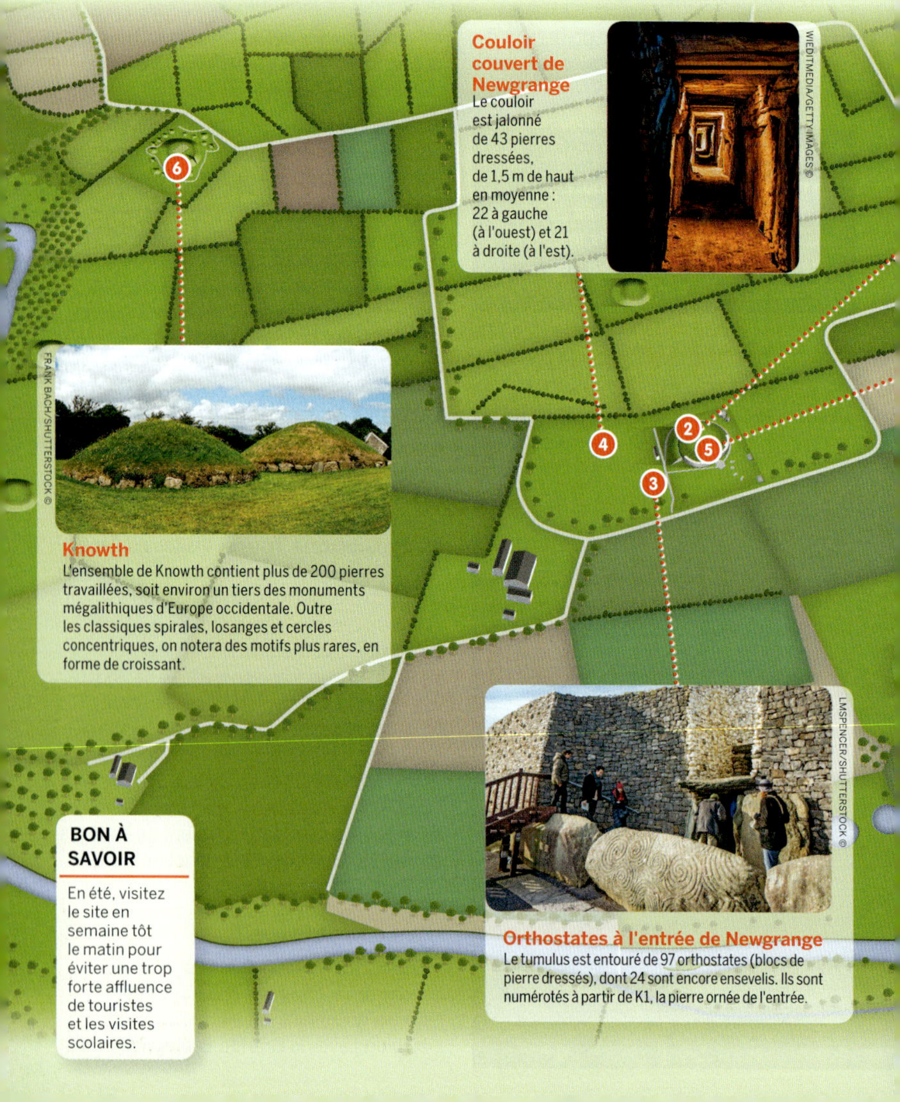

WIEDITMEDIA/GETTY IMAGES ©

Couloir couvert de Newgrange
Le couloir est jalonné de 43 pierres dressées, de 1,5 m de haut en moyenne : 22 à gauche (à l'ouest) et 21 à droite (à l'est).

FRANK BACH/SHUTTERSTOCK ©

Knowth
L'ensemble de Knowth contient plus de 200 pierres travaillées, soit environ un tiers des monuments mégalithiques d'Europe occidentale. Outre les classiques spirales, losanges et cercles concentriques, on notera des motifs plus rares, en forme de croissant.

LMSPENCER/SHUTTERSTOCK ©

Orthostates à l'entrée de Newgrange
Le tumulus est entouré de 97 orthostates (blocs de pierre dressés), dont 24 sont encore ensevelis. Ils sont numérotés à partir de K1, la pierre ornée de l'entrée.

BON À SAVOIR

En été, visitez le site en semaine tôt le matin pour éviter une trop forte affluence de touristes et les visites scolaires.

Newgrange
Newgrange a été conçu de manière à ce que le couloir s'aligne sur le soleil lors du solstice d'hiver.

POUR INFO

Cinquante personnes, accompagnées d'un invité de leur choix, peuvent assister au vrai solstice d'hiver à l'issue d'un tirage au sort. En 2018, 28 595 personnes ont participé à cette loterie.

Dowth
Les deux chambres à couloir de Dowth sont fermées aux visiteurs. Le cratère au sommet remonte à une tentative maladroite de fouilles, initiée en 1847.

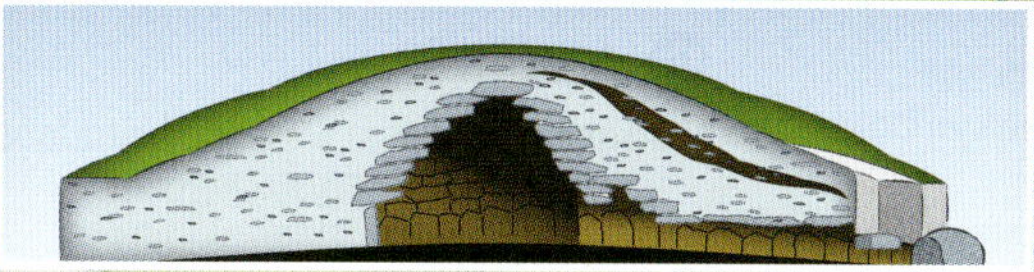

Chambre funéraire de Newgrange
La structure à encorbellement de la chambre funéraire, demeurée intacte depuis sa construction, est tenue pour l'une des plus belles du genre en Europe.

Brú na Bóinne Visitor Centre
Très critiqué à son inauguration en 1997, ce bâtiment contemporain est désormais salué pour la manière dont il se fond dans le paysage.

Environs de Brú na Bóinne

Colline de Tara

La colline de Tara occupe depuis des millénaires une place de choix dans la tradition irlandaise. La signification païenne de Tara semble s'expliquer par le lien qui l'unit à la déesse Mæve (ou Medbh) et aux pouvoirs des druides ou des chefs religieux qui régnaient depuis ce lieu sur une partie du pays. Tara devint par la suite la capitale cérémonielle des hauts rois d'Irlande (142 d'entre eux s'y succédèrent) jusqu'à l'avènement du christianisme au Ve siècle. C'est aussi l'un des plus importants sites préhistoriques d'Europe avec une tombe à couloir datant de l'âge de la pierre et des tumulus vieux de 5 000 ans.

Les vestiges de Tara n'ont rien de spectaculaire, mais leur portée symbolique et historique est immense.

L'entrée sur le site est gratuite et il ne ferme jamais.

Une ligne de bus régulière de la compagnie Éireann (www.buseireann.ie) part de Dublin et se rend à 1 km du site (10 €, 1 heure, toutes les heures). Demandez au chauffeur de vous déposer à Tara Cross, puis prenez à gauche depuis la route principale.

La bataille de la Boyne

En 1690, 60 000 soldats des armées des rois Jacques II et Guillaume III, tous deux prétendants au trône d'Angleterre, s'affrontèrent sur ce territoire, à la frontière des comtés de Meath et de Louth. Au terme de la bataille, le protestant Guillaume III l'emporta sur son rival catholique qui, soutenu par Louis XIV, s'exila pour la France.

Le **site de la bataille** (☎041-980 9950 ; www.battleoftheboyne.ie ; Drybridge ; tarif plein/enfant 5/3 € ; ⏲9h-17h mai-sept, 9h-16h oct-avr) comprend un centre d'information et des itinéraires de promenade. Il est situé à 6 km à l'ouest du centre de Drogheda, sur Rathmullan Road (le long de la rivière). Des bus circulent entre le site et Drogheda (4,80 €, 20 min, 2/jour).

Le centre des visiteurs dresse un panorama du conflit et présente des armes d'époque, mais on peut également partir pour une balade historique dans le parc et sur le site de la bataille.

Drogheda et ses environs

À 48 km au nord de Dublin, l'ancienne ville fortifiée de Drogheda, traversée par la Boyne, abrite d'imposants édifices anciens, une belle cathédrale et un musée historique passionnant. Bien desservie, elle compte des pubs pleins de charme, de bonnes tables, et de nombreux hébergements. Une base idéale pour explorer la région. La visite des sites historiques aux environs de Drogheda nécessite une voiture.

À VOIR

Monasterboice Site historique

(⏲aube-crépuscule). GRATUIT Facilement accessible par la M1 (Belfast), à 8 km environ au nord de Drogheda, ce site monastique à l'atmosphère mystérieuse (venez tôt le matin ou en fin de journée) abrite un cimetière, deux anciennes églises en ruine, l'une des tours rondes les plus belles et les plus élevées d'Irlande, et deux croix remarquables.

Old Mellifont Abbey Ruines

(☎041-982 6459 ; www.heritageireland.ie ; Tullyallen ; site gratuit, centre des visiteurs tarif plein/étudiant 5/3 € ; ⏲site 24h/24 tte l'année, centre des visiteurs 10h-18h juin à début sept). À son apogée, Mellifont fut l'abbaye cistercienne la plus influente d'Irlande. Ses ruines, qui respirent encore la grandeur passée des lieux, méritent amplement une visite. En 1142, saint Malachie fit appel à l'abbaye de Clairvaux, en France, pour fonder le monastère de Mellifont. Celui-ci a été le premier de 10 monastères cisterciens sur le sol irlandais.

L'édifice le plus reconnaissable du lieu, et l'un des plus beaux exemples d'architecture cistercienne d'Irlande, est le bâtiment octogonal du XIIIe siècle où les moines se lavaient. À 1,5 km de l'axe Drogheda-Collon (R168).

Croix à Monasterboice

OÙ SE RESTAURER ET PRENDRE UN VERRE

Kitchen Méditerranéen €€

(☎041-983 4630 ; www.facebook.com/thekitchenrestaurantdrogheda ; 2 South Quay ; plats déj 13-17 €, dîner 19-27 € ; ⏲11h-21h mer, 11h-22h jeu-sam, 12h-21h dim mars-oct, 12h-19h mer et dim, à partir de 11h jeu, 11h-21h ven-sam nov-fév ;). Passé la façade vert sauge de Kitchen, on découvre l'étincelante cuisine ouverte du meilleur restaurant de Drogheda. Des produits bio locaux y côtoient des ingrédients étrangers comme le *halloumi* ou le jambon Serrano. Pain fait sur place et bon choix de vins au verre.

Grey Goose Bar

(www.facebook.com/Thegreygoosewestst ; 89 West St ; ⏲10h30-23h30 lun-jeu, 10h30-0h30 ven-sam, 12h30-23h dim ;). Grey Goose dispose d'un vaste bar au rez-de-chaussée. À l'étage, le lounge à cocktails, Birdcage, dispose d'un piano à queue et accueille les DJ le vendredi et le samedi, les groupes le dimanche, et des sessions de musique traditionnelle le lundi. Outre les bières irlandaises et étrangères, on y sert des alcools locaux comme le gin Listoke et le whiskey Slane.

Les plats (pizzas au feu de bois, burgers, côtelettes fumées, salades ; entre 8 et 13 €), sont servis jusqu'à 21h.

DEPUIS/VERS DROGHEDA

La **gare routière** (angle de Donore Rd et George's St) se trouve sur la rive sud.

Des bus **Éireann** (www.buseireann.ie) relient Drogheda à Dublin (9 €, 1 heure 30, ttes les 30 min lun-sam, ttes les heures dim) et Dundalk (8 €, 55 min, ttes les heures).

Matthews (www.matthews.ie) propose des liaisons à destination de Dublin (10 €, 45 min, ttes les 30 min lun-ven, ttes les heures sam-dim) et Dundalk (10 €, 30 min, ttes les 30 min lun-ven, ttes les heures sam-dim).

La **gare ferroviaire** (www.irishrail.ie ; en retrait de Dublin Rd) est juste au sud de la rivière, à l'est du centre-ville. Drogheda est desservie par la ligne Belfast-Dublin (Dublin 12,90 €, 1 heure ; Belfast 14,50 €, 1 heure 30 ; ttes les heures ou plus).

KILKENNY

Kilkenny

Kilkenny ("Cill Chainnigh" signifie "église de St Canice" en irlandais) incarne l'Irlande fantasmée. Largement bâtie dans une pierre calcaire sombre constellée de fossiles, la cité est aussi connue sous le nom de "ville de marbre". Les ruelles et monuments historiques du "Medieval Mile", qui s'étend du château à la cathédrale sur les rives de la Nore, constituent l'un des principaux sites touristiques du sud-est du pays. Ce centre artisanal majeur compte maints restaurants, cafés, pubs et boutiques sympathiques. Son atmosphère unique mérite bien de braver la foule.

Kilkenny en 1 jour

Passez la matinée à arpenter les salles aristocratiques de **Kilkenny Castle** (p. 118), puis traversez la rue pour déjeuner et faire quelques achats au **Kilkenny Design Centre** (p. 124). L'après-midi, découvrez le **Medieval Mile Museum** (p. 120) et les trésors historiques de **St Canice's Cathedral** (p. 120) avant de vous attabler au restaurant étoilé **Campagne** (p. 125) pour dîner.

Kilkenny en 2 jours

Le lendemain matin, visitez le musée **Rothe House & Garden** (p. 122), puis, si vous avez une voiture, passez à l'office du tourisme chercher une brochure **Made in Kilkenny** (circuit d'artisanat) et consacrez le reste de la journée à sillonner les routes secondaires du comté, jalonnées d'ateliers de potiers, de souffleurs de verre et autres artisans.

Page précédente : St Canice's Cathedral (p. 120), Kilkenny

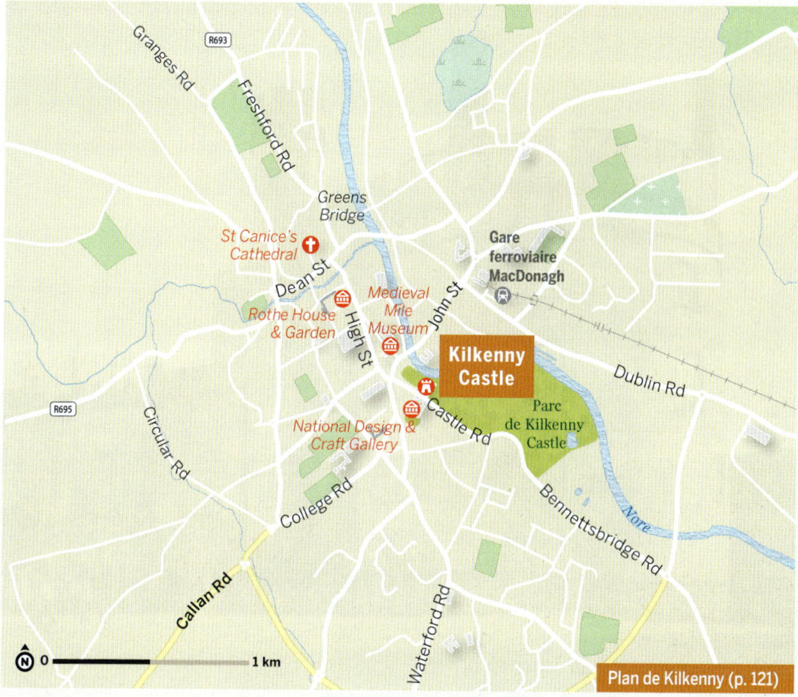

Plan de Kilkenny (p. 121)

Comment s'y rendre

Des liaisons régulières en train et en bus permettent de gagner Kilkenny depuis Dublin et Waterford. Pour Cork, le bus est la seule option.

La **gare ferroviaire Kilkenny MacDonagh** est à 10 minutes à pied au nord-est du centre-ville.

Les **bus Éireann** (www.buseireann.ie) et **Dublin Coach** (www.dublincoach.ie) desservent l'arrêt de bus de la gare ferroviaire et celui d'Ormonde Road (à côté du centre). Les bus **Kavanagh Coaches** (www.bernardkavanaghcoaches.com) au départ de l'aéroport desservent uniquement Ormonde Road.

Où se loger

Kilkenny compte un large choix d'hébergements, des campings et auberges de jeunesse aux hôtels de luxe. Ailleurs dans le comté, les B&B rustiques et les hôtels de type manoir ne manquent pas.

Réservez longtemps à l'avance pour le week-end, l'été et en période de festivals.

Kilkenny Castle

Dominant la Nore, Kilkenny Castle est l'un des sites historiques les plus visités d'Irlande. L'histoire de ce bastion de la famille Butler remonte au XIIe siècle. Il doit cependant le plus clair de son actuel aspect aux remaniements de l'ère victorienne.

Pour ceux qui aiment...

☑ Ne ratez pas

La superbe cheminée sculptée en marbre de Carrare de la Long Gallery.

Histoire

Richard de Clare, le conquérant anglo-normand de l'Irlande, plus connu sous le nom de Strongbow, choisit cet emplacement stratégique au bord de la Nore pour bâtir un donjon en bois en 1172. Vingt ans plus tard, son gendre, Guillaume de Clare (William Marshall), érigea un château en pierre flanqué de quatre tours, dont trois subsistent. Le château fut racheté en 1391 par la puissante famille Butler (qui allait recevoir plus tard les titres de comtes et ducs d'Ormonde), qui y vécut de génération en génération jusqu'en 1935. Les Butler durent vendre aux enchères une grande partie du mobilier pour financer l'entretien des lieux. La propriété fut finalement cédée à la ville en 1967 pour la modique somme de 50 £.

Long Gallery

BOULENGER XAVIER/SHUTTERSTOCK ©

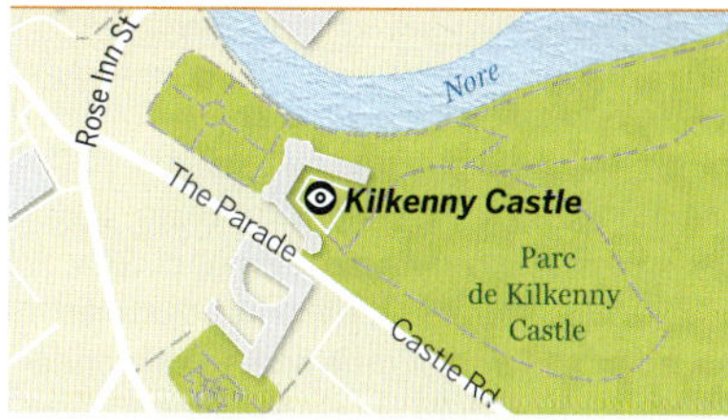

Infos pratiques

056-770 4100 ; www.kilkennycastle.ie ; The Parade ; tarif plein/enfant 8/4 € ; 9h-17h juin-août, 9h30-17h30 avr-mai et sept, 9h30-17h mars, 9h30-16h30 oct-fév

Une petite faim ?

Depuis le château, traversez la rue pour rejoindre le **restaurant du Kilkenny Design Centre** (www.kilkennydesign.com ; Castle Yard ; plats 7-15 € ; 10h-18h ;).

★ Bon à savoir

Un chemin descend du château jusqu'à la rivière. Vous pourrez rejoindre la ville à pied en suivant son cours.

Visite du château

On vient ici avant tout pour admirer les portraits de la famille Butler, accrochés aux murs de la **Long Gallery**, et dont le plus ancien date du XVIIe siècle. Le plafond en bois, partiellement vitré, de cette longue galerie est agrémenté de motifs celtiques, médiévaux et préraphaélites signés John Hungerford Pollen (1820-1902). On doit également à cet artiste et architecte la magnifique cheminée en marbre de Carrare dont les fines sculptures illustrent l'histoire de la famille Butler. En hiver (nov-jan), les visites sont nécessairement guidées (40 minutes). De février à octobre, la visite est libre. Un excellent salon de thé occupe les anciennes cuisines du château, toutes de marbre blanc et de cuivre étincelant.

Au sous-sol, la **Butler Gallery** (056-776 1106 ; www.butlergallery.com ; château de Kilkenny ; 10h-17h30 mai-nov, 10h-13h et 14h-16h30 déc-fév, 10h-13h et 14h-17h mai-avr) GRATUIT propose des expositions temporaires d'art contemporain. Elle aura probablement été déplacée à Evan's Home, Barrack Lane au moment de votre passage.

Les 20 ha de **parc public** (www.kilkennycastle.ie ; Castle Rd ; 8h30-20h30 mai-août, 8h30-19h avr et sept, horaires réduits oct-mars), au sud-ouest du château, donnent à voir une belle vue sur le mont Leinster. Au nord-ouest de la place forte s'étend une roseraie aux allées formant une croix celtique.

Kilkenny

Au Moyen Âge, Kilkenny fut par intermittence la capitale officieuse de l'Irlande, où siégeait en propre un parlement anglo-normand. Celui-ci vota, en 1366, les statuts de Kilkenny, destinés à empêcher l'aristocratie anglo-normande d'adopter la culture et la langue irlandaises – interdiction d'épouser des Irlandais, de pratiquer un sport irlandais, de parler gaélique, de s'habiller à l'irlandaise et de jouer de la musique irlandaise. Ces lois, restées en vigueur quelque deux siècles, n'ont jamais été véritablement appliquées, et ne purent non plus prévenir l'acculturation progressive des élites.

Lors de la Première Révolution anglaise des années 1640, Kilkenny prit le parti des catholiques royalistes. La Confédération de Kilkenny de 1641, alliance fragile entre Irlandais et Anglo-Normands, tenta de remettre la terre et le pouvoir entre des mains catholiques. Après l'exécution de Charles Ier, Cromwell assiégea la ville pendant cinq jours, détruisant le plus gros des remparts sud du château avant que la famille Ormonde ne rende les armes. Cette défaite signa la fin de l'influence politique de Kilkenny sur les affaires du pays.

Si la ville vit aujourd'hui essentiellement du tourisme, le comté de Kilkenny reste très agricole – on y voit ainsi des fermiers croiser en tracteur les cars de touristes.

À VOIR

Medieval Mile Museum — Musée

(056-781 7022 ; www.medievalmilemuseum.ie ; 2 St Mary's Lane ; tarif plein/enfant visite autonome 6,80/3 €, visite guidée de 45 min 12/5 € ; 10h-18h avr-oct, 11h-16h30 nov-mars). St Mary's Church (début du XIIIe siècle) a été transformée en un musée moderne retraçant l'histoire médiévale de Kilkenny. Admirez Rothe Chapel, où s'alignent de somptueuses tombes du XVIe et du XVIIe siècles taillées dans le calcaire, les vestiges du toit en bois du XVIIe siècle au-dessus de la croisée du transept et les dalles funéraires des XIIIe et XIVe siècles. Un immense plan interactif de Kilkenny permet d'explorer des cartes et d'autres documents relatifs à la cité médiévale.

St Canice's Cathedral — Cathédrale

(056-776 4971 ; www.stcanicescathedral.ie ; Coach Rd ; cathédrale/tour circulaire/billet combiné adulte 4,50/4/7 €, enfant 3,50/4/6,50 € ; 9h-18h lun-sam et 13h-18h dim juin-août, horaires restreints sept-mai). La deuxième plus grande cathédrale d'Irlande (après St Patrick's, à Dublin) est chargée d'histoire. Un monastère fut érigé sur le site dès le VIe siècle par saint Canice, patron de Kilkenny. L'édifice actuel fut construit entre le XIIIe et le XVIe siècle, puis largement rénové au XIXe siècle. Il abrite d'antiques pierres tombales, ainsi que le sépulcre de la dynastie des Butler, maîtres de Kilkenny Castle. Une tour circulaire de 30 m jouxte la cathédrale. C'est l'une des deux seules tours de ce type en Irlande ouvertes à la visite.

Une église en bois se dressait à ce même emplacement, avant d'être réduite en cendres en 1087. L'ossature de la cathédrale actuelle fut bâtie entre 1202 et 1285, avant de connaître une succession de désastres et de résurrections. La première catastrophe survint en 1322, lorsque le clocher s'effondra. Dame Alice Kyteler en fut tenue responsable et condamnée, avec sa servante Petronella, pour faits de sorcellerie. La malheureuse servante fut brûlée vive, mais Dame Alice parvint à s'enfuir à Londres. Son fils William Outlaw racheta sa vie en finançant la réfection de la toiture de St Canice avec des tuiles de plomb. En 1332, le clocher s'écroula de nouveau sous le poids du métal.

Les troupes de Cromwell endommagèrent fortement la cathédrale en 1650 en s'en servant d'écurie. Les réparations commencèrent en 1661 et le magnifique plafond de la nef fut achevé en 1863.

À l'intérieur, des **pierres tombales** polies par les siècles ornent les murs et le sol ; sur le mur nord se trouve celle portant des inscriptions en normand, de Jose de Keteller, mort en 1280. Malgré l'orthographe différente, on suppose qu'il s'agit du père d'Alice Kyteler. Le **trône**

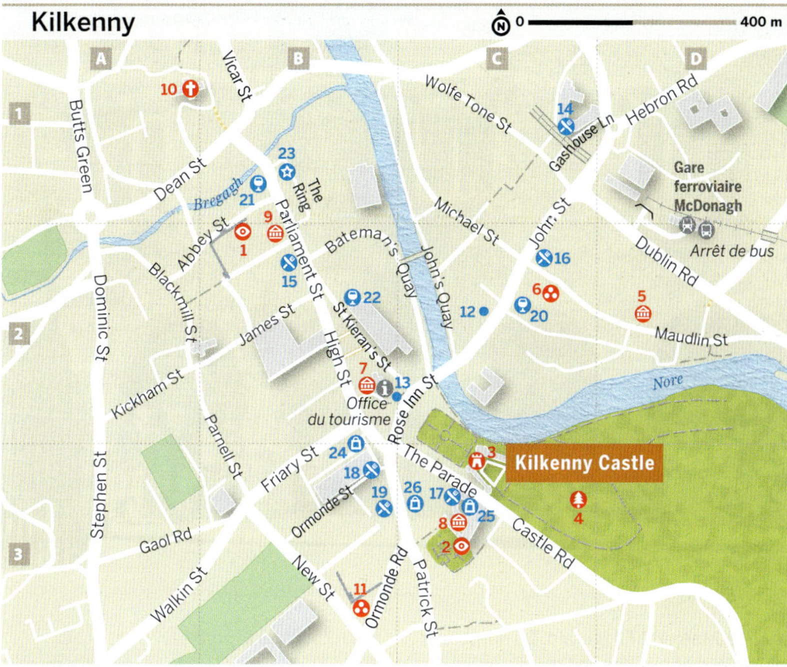

Kilkenny

À voir

1 Black Freren Gate B2
Butler Gallery .... (voir 3)
2 Butler House Gardens C3
3 Kilkenny Castle C3
4 Kilkenny Castle Park C3
5 Maudlin Castle D2
6 Maudlin Tower C2
7 Medieval Mile Museum B2
8 National Design & Craft Gallery C3
9 Rothe House & Garden B2
10 St Canice's Cathedral A1
11 Talbot's Tower B3

Activités

12 Kilkenny Cycling Tours C2
13 Pat Tynan Walking Tours B2

Où se restaurer

14 Campagne C1
15 Foodworks B2
17 Kilkenny Design Centre Foodhall & Restaurant C3
18 The Cutting Vedge B3
19 Zuni B3

Où prendre un verre et faire la fête

20 Bridie's General Store C2
21 John Cleere's B1
22 Kyteler's Inn B2
O'Hara's Brewery Corner .... (voir 21)

Où sortir

23 Watergate Theatre B1

Achats

24 Kilkenny Book Centre B2
25 Kilkenny Design Centre C3
26 Rudolf Heltzel Goldsmith C3

en pierre de St Kieran, solidaire de la paroi, date du XIIIe siècle. Le mausolée en l'honneur d'Honorina Grace, à l'extrémité ouest de l'aile sud, fut taillé dans le magnifique calcaire noir de la région. Le bras sud du transept abrite l'élégant **tombeau noir de Piers Butler**, comte d'Ormonde, mort en 1539, et de son

Rothe House

épouse, Margaret Fitzgerald. De nombreux mausolées et tombes en l'honneur des membres illustres de la famille Butler se trouvent également dans cette partie de la cathédrale (un panneau les recense dans l'aile sud). Il y a aussi une maquette de Kilkenny en 1642.

La **tour ronde** du IXe siècle est en excellent état, exception faite de son sommet manquant. L'intérieur est exigu, et l'ascension des 100 marches sur des échelles en pente raide est assez éprouvante (entrée interdite aux moins de 12 ans).

En vous dirigeant vers la cathédrale depuis Parliament Street, vous foulerez l'Irishtown Bridge et les **marches de St Canice** datant de 1614 ; le mur en haut de ces dernières est orné de fragments de sculptures médiévales. Des pierres tombales sont disséminées autour de la cathédrale.

Rothe House & Garden — Musée

(☎056-772 2893 ; www.rothehouse.com ; 16 Parliament St ; tarif plein/enfant maison et jardin 7,50/4,50 €, jardin seulement 4/2 € ; ⏲10h30-17h lun-sam et 12h-17h dim). Ce musée occupe la plus belle maison de marchand de style Tudor d'Irlande, laquelle, construite autour d'une enfilade de cours intérieures, est ceinte d'un jardin médiéval. Quelques objets représentatifs de l'histoire locale y sont exposés, dont une épée viking corrodée et un visage grimaçant taillé dans la pierre par un artiste celte. Mais l'intérêt principal du musée réside dans son jardin, séparé comme au XVIIe siècle par des murs en plusieurs sections : verger, potager, plantes aromatiques.

Dans les années 1640, la riche famille Rothe adhéra à la confédération de Kilkenny, ce qui valut plus tard à Peter Rothe, fils du propriétaire originel de la maison, de se voir confisquer tous ses biens. Sa sœur parvint à les récupérer, mais la famille prit ensuite fait et cause pour Jacques II juste avant la bataille de la Boyne et perdit sa demeure pour de bon. Une bannière de la confédération, retrouvée dans la propriété en 1850, est exposée au National Museum de Dublin.

National Design & Craft Gallery — Galerie

(☎056-779 6147 ; www.ndcg.ie ; Castle Yard ; ⏲10h-17h30 mar-sam, 11h-17h30 dim). GRATUIT La National Design & Craft Gallery, aménagée dans d'anciennes écuries en face du château et à côté du Kilkenny Design Centre, met à l'honneur l'artisanat irlandais contemporain. Le lieu fait la part belle à la céramique, mais du mobilier, des bijoux et des tapisseries signés de membres du Crafts Council of Ireland y sont aussi exposés. Des journées familiales ont lieu le deuxième samedi du mois, avec une visite des galeries et des ateliers gratuits pour les enfants.

Butler House Gardens — Jardin

(www.butler.ie ; The Parade ; ⏲10h-17h lun-ven, 10h-12h sam-dim sauf événement privé). GRATUIT Les magnifiques jardins de la Butler House abritent un plan d'eau surprenant aménagé sur les vestiges du pilier de Nelson, jadis érigé par les Britanniques dans la rue O'Connell de Dublin, et détruit par les nationalistes en 1966. L'accès se fait par une porte située à l'arrière de la cour, derrière la National Design & Craft Gallery. Les jardins sont fermés lors des mariages et autres événements privés.

CIRCUITS ORGANISÉS

Pat Tynan Walking Tours — Circuits à pied

(☎087 265 1745 ; www.kilkennywalkingtours.ie ; adulte/enfant 10/8 € ; ⏲11h et 14h lun-sam, 11h15 et 12h30 dim avr-oct, sur rdv nov-mars). Des parcours instructifs, d'une durée de 1 heure 10, à travers les ruelles de Kilkenny, ses escaliers et ses passages piétonniers. Départ de l'office du tourisme (p. 127).

Kilkenny Cycling Tours — Vélo

(☎086 895 4961 ; www.kilkennycyclingtours.com ; 16 John St ; circuit tarif plein/enfant à partir de 25/12,50 €, location vélo 20/10 € ; ⏲10h-18h). Explorez la ville et ses environs à la faveur d'un circuit guidé à vélo (2 heures) comprenant le déjeuner. Réservation indispensable, au moins 48 heures à l'avance. Les vélos peuvent aussi être loués.

Le meilleur de l'artisanat

Kilkenny compte la plus grande concentration d'artisans d'Irlande : quelque 130 sont en activité dans le comté, tirant profit de la qualité des matières premières et des paysages de la région.

Studio et galeries à visiter :

Rudolf Heltzel Goldsmith (☎056-772 1497 ; rudolfheltzel.com ; 10 Patrick St ; ⏲9h30-13h et 14h-17h30 lun-sam). Bijouterie d'art.

Jerpoint Glass Studio (www.jerpointglass.com ; Glenmore, Stoneyford ; ⏲10h-17h30 lun-sam et 12h-17h dim avr-sept, 10h-17h lun-sam oct-mars). GRATUIT Admirez les souffleurs de verre à l'ouvrage.

Moth to a Flame (☎056-772 7826 ; www.mothtoaflame.ie ; Kilkenny Rd ; ⏲9h-18h lun-sam). Bougies artistiques faites à la main.

Nicholas Mosse Irish Country Shop (☎056-772 7505 ; www.nicholasmosse.com ; Annamult Rd ; ⏲10h-18h lun-sam, 13h30-17h dim). Céramiques et vaisselle aux couleurs vives.

Bridge Pottery (☎056-772 9156 ; www.thebridgepottery.com ; sur la route N76, Burnchurch ; ⏲10h-18h lun-sam). Un petit studio avec de superbes céramiques.

Clay Creations (☎087 257 0735 ; www.bridlyonsceramics.com ; Low St ; ⏲10h-17h30 mer-jeu et sam, 10h-13h et 15h30-17h30 ven, sur rendez-vous mar). Une galerie présentant de singuliers objets en céramique.

Procurez-vous la brochure *Made in Kilkenny* (www.madeinkilkenny.ie) pour une liste complète.

Céramiques Nicholas Mosse

Remparts de Kilkenny

On peut admirer les vestiges des remparts médiévaux de Kilkenny (XIVe et XVe siècles) en plusieurs points de la ville, notamment autour de la **Talbot's Tower** (angle Ormonde Rd et New St), de la **Maudlin Tower** (Maudlin St) et de la **Black Freren Gate** (Abbey St) – la seule porte de la ville encore debout. Le **Maudlin Castle** (Maudlin St), bâti vers 1500, est un donjon plus massif qui protégeait jadis le flanc est de la ville.

Black Freren Gate
DOUGLAS PFEIFFER/SHUTTERSTOCK ©

ACHATS

Kilkenny Design Centre Art et artisanat
(☎056-772 2118 ; www.kilkennydesign.com ; Castle Yard ; ⏱9h-18h). Des œuvres d'art et des objets artisanaux haut de gamme faits par des artisans du comté sont vendus dans ce centre. Couvertures en laine de John Hanly, articles en laine Cushendale, écharpes Foxford et planches à découper Bunbury.

Kilkenny Book Centre Librairie
(☎056-776 2117 ; thebookcentre.ie ; 10 High St ; ⏱9h-18h lun-sam, 13h-17h dim). La plus grande librairie de Kilkenny : fiction irlandaise, périodiques et cartes routières. Café à l'étage.

OÙ SE RESTAURER

The Cutting Vedge Végétarien, végétalien €
(☎087 243 6754 ; www.facebook.com/helencostelloes ; 4 Ormonde St ; plats 5-11 € ; ⏱9h-17h lun-ven, 10h-17h sam ; ✎). Ce superbe café, ouvert en 2018, sert de délicieux plats à la pointe de la tendance végétarienne et végane.

Kilkenny Book Centre

BENJOE2001/SHUTTERSTOCK ©

La journée commence par un petit-déjeuner avec au menu un burrito de tofu, suivi au déjeuner de goulasch de haricots blancs, de crumble de chou-fleur et poireau, de feuilleté de pommes de terre et basilic, de courgettes en croûte d'amandes ou de soupes du jour. Les sandwichs sont préparés avec du pain à l'avoine biologique. Tout est fait maison.

Foodworks Bistrot €€
(056-777 7696 ; www.foodworks.ie ; 7 Parliament St ; plats 17,50-26,50 €, menu dîner 3 plats 26-29 € ; 12h-21h mer et jeu, 12h-21h30 ven-sam, 12h-17h dim ;). Les propriétaires de ce bistrot élèvent leurs cochons et cultivent leurs plants de salade. Aussi ne manquez pas la longe de porc farcie au boudin noir ou le pressé de pied de cochon : ils en valent le détour. Les plats sont délicieux, le café, excellent, et le service chaleureux. Rien d'étonnant à ce que l'endroit soit aussi populaire. Réservation conseillée.

Plats pour enfants (entre 7 et 9,50 € : poisson grillé et frites, pizza au feu de bois, saucisse et purée.

Zuni Irlandais €€
(056-772 3999 ; www.zuni.ie ; 26 Patrick St ; plats petit-déj et déj 8-15 €, dîner 19,50-28,50 € ; 8h-11h15, 12h30-14h30 et 18h-21h30 ;). Zuni est un lieu élégant et décontracté. Sa cuisine relève les bons petits plats et sert des scotch egg au boudin noir, de la terrine de canard confit, des papillotes de cabillaud aux épinards et aux panais à l'espagnole, ainsi qu'un délicieux cheese-cake à la betterave.

Hungry Moose Burgers €€
(056-775 1469 ; www.facebook.com/thehungrymoosekilkenny ; 60 John St ; burgers 15-20 € ; 12h-21h30 dim-jeu, 12h-22h ven-sam ;). Gagnant du prix du meilleur burger d'Irlande 2018 pour sa spécialité : le Hungry Moose (bacon, cornichons à l'aneth, cheddar et oignon panées à la bière), cet incontournable de Kilkenny propose aussi des burgers de poisson, et des burgers végétariens, tous servis avec des frites, des *potatoes* ou des *curly fries* (frites ondulées). La salle est toute de bois recyclé (pas de plats à emporter). Parmi les accompagnements : épis de maïs avec du beurre au piment, kimchi slaw et jalapeños frits ; les bières artisanales viennent du monde entier.

Festivals internationaux de Kilkenny

Kilkenny attire les festivaliers par milliers, à la faveur d'événements de classe mondiale :

Cat Laughs Comedy Festival (www.thecatlaughs.com ; mai-juin). Des humoristes de réputation internationale, dont notamment des vedettes irlandaises comme Dara Ó Briain et Aisling Bea, sont à l'affiche dans les hôtels et les pubs de Kilkenny le temps d'un long week-end, fin mai-début juin.

Kilkenny Arts Festival (www.kilkennyarts.ie ; août). Durant 10 jours vers début à mi-août, théâtre, cinéma, musique, littérature, arts visuels, animations pour enfants et spectacles de rue investissent la ville.

Kilkenny Rhythm & Roots (www.kilkennyroots.com ; avr-mai). Plus de 30 pubs et lieux divers participent pendant trois jours fin avril-début mai à ce grand festival, où country et musique traditionnelle américaine sont à l'honneur.

Kilkenny Arts Festival
BOULENGER XAVIER/SHUTTERSTOCK ©

Campagne Gastronomie €€€
(056-777 2858 ; www.campagne.ie ; 5 Gashouse Lane ; menu 3 plats et menu début de soirée 38 €, menu dîner 3 plats 60 € ; 18h-22h mer-jeu, 12h30-14h30 et 18h-22h ven-sam, 12h30-14h30 dim, fermé fin-juin à début juil et mi-jan à début fév). Le chef Garrett Byrne, natif de Kilkenny, mérite bien son étoile au Michelin.

Il apporte son soutien aux producteurs locaux tout en ajoutant une touche française à ses créations mémorables telles que les pieds de porc farcis au boudin noir ou le soufflé-crumble à la rhubarbe. Le menu de début de soirée (jusqu'à 21h du mercredi au vendredi et jusqu'à 18h le samedi) affiche un excellent rapport qualité/prix.

OÙ PRENDRE UN VERRE ET FAIRE LA FÊTE

Pour une vie nocturne animée, direction John Street et Parliament Street où se concentrent les pubs et les musiciens.

Kyteler's Inn Pub

(☎056-772 1064 ; www.kytelersinn.com ; 27 St Kieran's St ; ⏲11h-23h30 lun-jeu, 11h-2h ven-sam, 12h15-minuit dim). Construite en 1263, cette bâtisse renvoie à l'affaire de sorcellerie qui valut à sa propriétaire, Dame Kyteler, d'être mise en cause en 1323. Belle salle principale en pierre apparente et bois sombre, salle en sous-sol et grande salle à l'étage. Les concerts vont de la musique traditionnelle au blues (tous les soirs de mars à octobre).

O'Hara's Brewery Corner Pub

(☎056-780 5081 ; www.carlowbrewing.com/our-pub ; 29 Parliament St ; ⏲13h-23h30 lun-jeu, 13h-0h30 ven-sam, 13h-23h dim). Il n'y a pas, à Kilkenny, meilleur endroit où goûter des bières artisanales que ce pub tout en longueur de la Carlow Brewing Company. Le choix de cidres et d'ales, dont l'IPA maison, mérite le détour.

John Cleere's Pub

(☎056-776 2573 ; www.cleeres.com ; 28 Parliament St ; ⏲12h-0h30). L'un des meilleurs lieux de Kilkenny pour un concert : blues, jazz, rock, et musique traditionnelle le lundi et le mercredi. La cuisine est ouverte toute la journée et propose entre autres du ragoût irlandais (*Irish stew*).

Bridie's General Store Pub

(☎056-776 5133 ; www.facebook.com/bridiesbar ; 72 John St ; ⏲11h-22h dim-mer, 18h-2h jeu-sam). Les propriétaires du Langton House Hotel ont déployé tout leur talent pour restituer l'atmosphère d'un pub-épicerie d'antan. La boutique réunit un bric-à-brac de souvenirs, farces et attrapes, jouets et articles

Kyteler's Inn

LITTLENYSTOCK/SHUTTERSTOCK ©

John Cleere's

d'épicerie fine. Passez les portes battantes de ce pub lambrissé, au beau sol carrelé. Terrasse partiellement couverte à l'arrière.

OÙ SORTIR

Watergate Theatre Théâtre

(billetterie 056-776 1674 ; www.watergatetheatre.com ; Parliament St). La meilleure salle de Kilkenny accueille des pièces de théâtre, des spectacles comiques et des concerts. Profitez de l'entracte de 18 minutes pour aller boire une pinte au pub John Cleere's en face.

RENSEIGNEMENTS

Office du tourisme de Kilkenny (056-775 1500 ; www.visitkilkenny.ie ; Rose Inn St ; 9h-17h lun-sam, 10h-16h dim). Excellents guides de la ville et cartes de randonnées.

DEPUIS/VERS KILKENNY

BUS

Les **bus Éireann** (www.buseireann.ie) et **DublinCoach** (www.dublincoach.ie) s'arrêtent à l'**arrêt de bus** (Dublin Rd) de la gare erroviaire et à celui sur Ormonde Road (plus proche du centre).

Les bus Bernard Kavanagh Coaches (www.bernardkavanaghcoaches.ie) à destination de l'aéroport de Dublin partent uniquement d'Ormonde Road.

Aéroport de Dublin (20 €, 2 heures 30, toutes les 2 heures). Bernard Kavanagh Coaches.

Carlow (10 €, 35 minutes, 2/jour lun-sam, 1/jour dim). Bus Éireann.

Cork (15 €, 2 heures 30, toutes les 2 heures). Dublin Coach M9 Express.

Dublin (10 €, 1 heure 30, toutes les 2 heures). Dublin Coach M9 Express.

Waterford (5 €, 40 minutes, toutes les 2 heures). Dublin Coach M9 Express

TRAIN

La **gare ferroviaire MacDonagh** (Dublin Rd) de Kilkenny se trouve à 10 minutes de marche (800 m) au nord-est du centre-ville ; trains pour Dublin Heuston (13 €, 1 heure 30, 7/jour) et Waterford (7,50 €, 35 min, 7/jour).

COMTÉ DE TIPPERARY

Comté de Tipperary

Le comté de Tipperary, au cœur des terres, jouit d'un sol particulièrement fertile. Le centre de la région est occupé par une plaine de basse altitude, tandis qu'à sa lisière viennent aboutir les collines des comtés voisins. Des traditions aristocratiques perdurent, et en hiver la saison de la chasse à courre bat son plein.

Le comté, fort de son charme bucolique, est idéal pour les balades à pied ou à vélo, notamment dans le Glen of Aherlow près de la ville de Tipperary. Mais les sites touristiques mythiques de Rock of Cashel et Cahir Castle tiennent la vedette.

Le comté de Tipperary en 1 jour

Il vous faudra 2 heures pour admirer le **Rock of Cashel** (p. 132) : consacrez-lui la matinée puis déjeunez copieusement au **Cafe Hans** (p. 137). L'après-midi, visitez les musées de la ville, le **Brú Ború** (p. 136) et le **Cashel Folk Village** (p. 136), avant d'aller marcher jusqu'aux ruines pittoresques de **Hore Abbey** (p. 136).

Le comté de Tipperary en 2 jours

Le deuxième jour, rendez-vous à **Cahir** pour une visite de l'impressionnant **Cahir Castle** (p. 138), suivie d'une agréable promenade sur les rives boisées de la Suir pour rejoindre le merveilleux et improbable **Swiss Cottage** (p. 139). Si vous êtes en route vers le comté de Clare à l'ouest, profitez de l'après-midi pour emprunter la route panoramique menant au ravissant **Glen of Aherlow** (p. 138).

Page précédente : Glen of Aherlow (p. 138)

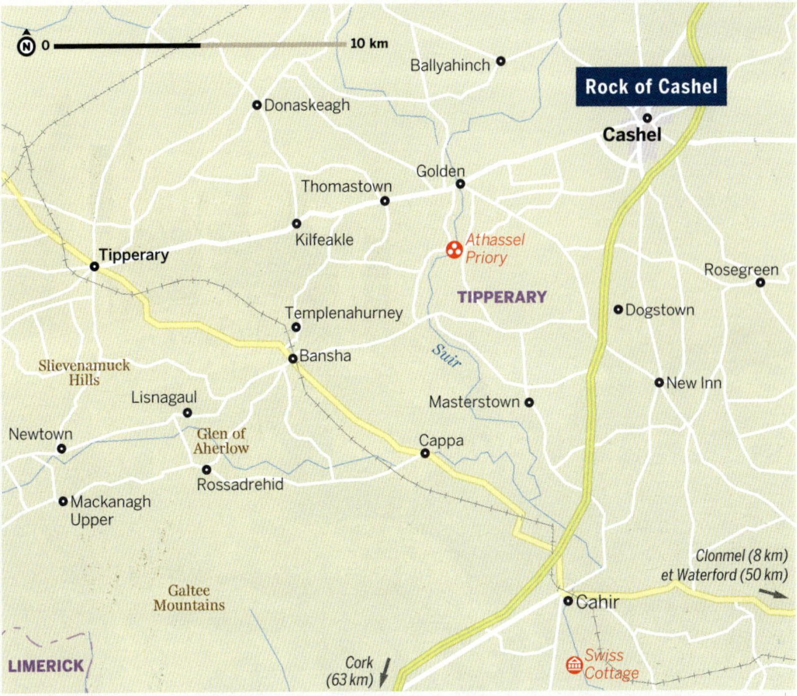

Comment s'y rendre

L'autoroute M8 relie Dublin à Cashel, Cahir et Mitchelstown. Clonmel et les principales agglomérations sont facilement accessibles en bus depuis Dublin et Cork. Le train n'est vraiment utile que pour se rendre de Waterford à Clonmel, Cahir et Tipperary. Les bus Éireann assurent, à raison de huit dessertes par jour, la liaison entre Cashel et Cork.

Où se loger

Le choix d'hébergements est plus important dans les grandes villes du comté comme Clonmel, Cashel et Cahir, mais on trouve quelques bonnes auberges rustiques et de nombreux B&B disséminés dans la campagne. Les meilleurs campings se trouvent dans les environs de Clonmel et dans le Glen of Aherlow, à l'ouest.

THOMAS BRESENHUBER/SHUTTERSTOCK ©

Rock of Cashel

Pendant plus de 1 000 ans, le Rock of Cashel fut un symbole de pouvoir et de légitimité pour les rois et les prêtres. Plongez dans le passé fascinant de l'Irlande en explorant cet édifice monumental.

Pour ceux qui aiment…

☑ Ne ratez pas

La gravure d'un centaure décochant une flèche à un lion dans Cormac's Chapel.

Le Rock of Cashel est l'un des sites historiques les plus spectaculaires du pays. C'est une colline couverte de végétation, ceinte d'affleurements de calcaire, dressée au milieu d'une plaine herbeuse où trônent les vestiges d'ouvrages fortifiés. On y trouve une tour ronde bien conservée, une cathédrale gothique du XIIIe siècle et une chapelle romane du XIIe siècle, sans doute la plus belle d'Irlande (avec ses fresques, parmi les plus anciennes du pays), le tout protégé par de solides remparts.

Cinq minutes de marche suffisent pour atteindre le Rock depuis le centre-ville. De là, la vue sur la campagne du comté est superbe.

Histoire

Le mot "*cashel*" est la version anglicisée de l'irlandais *caiseal* qui signifie "forteresse" (étymologiquement proche de l'anglais

"*castle*", du latin *castellum*). Au IVe siècle, le clan des Eóghanachta, originaire du pays de Galles, choisit de s'installer sur le Rock of Cashel, avant de conquérir une grande partie de la province de Munster et d'établir sa royauté sur la région. Pendant près de 400 ans, ce site rivalisa d'importance avec Tara, l'autre grand centre du pouvoir de l'Irlande d'alors. Le clan avait des affinités avec saint Patrick, d'où l'autre nom donné au lieu, St Patrick's Rock. Au Xe siècle, la forteresse tomba aux mains des O'Brien, ou Dál gCais, clan dirigé par Brian Ború. En 1101, le roi Muirchertach O'Brien offrit le Rocher à l'Église, en manière de propitiation visant à s'attirer les faveurs des évêques et à mettre fin à la rivalité séculaire avec les Eóghanachta, désormais connus sous le nom de MacCarthy.

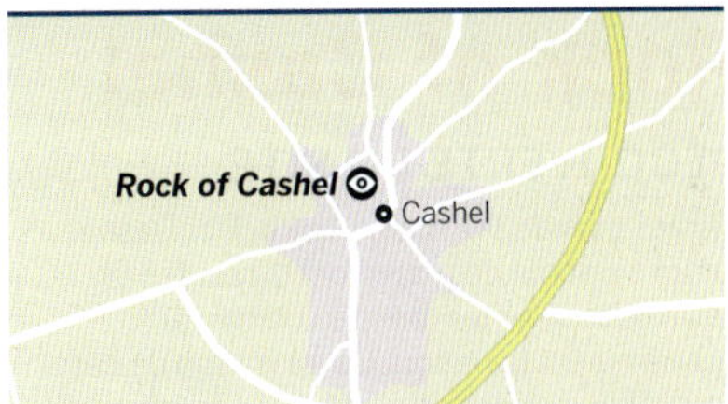

Infos pratiques

062-61437 ; www.heritageireland.ie ; tarif plein/enfant 8/4 €, avec la Cormac's Chapel 11/7 € ; 9h-19h début juin à mi-sept, 9h-17h30 mi-mars à début juin et mi-sept à mi-oct, 9h-16h30 mi-oct à mi-mars ; P

Une petite faim ?

Filez au Cafe Hans (p. 137) dans le village surplombé par le Rock.

★ Bon plan

Téléchargez gratuitement une visite audioguidée de Cashel sur le site Internet de l'office du tourisme (www.cashel.ie).

Monuments

Parmi les nombreux bâtiments édifiés sur la colline au fil des siècles, les vestiges religieux sont ceux qui ont le mieux survécu, malgré les dégâts causés par l'armée de Cromwell en 1647. La **cathédrale** est restée un lieu de culte jusqu'au milieu du XVIIIe siècle. Parmi les sépultures se trouvent une haute croix et un mausolée du XIXe siècle érigés pour la famille Scully, propriétaires terriens locaux. Le sommet de la croix fut détruit par la foudre en 1976.

Mais le clou du spectacle est incontestablement la **Cormac's Chapel**. Cette chapelle du début du XIIe siècle est un bijou d'architecture romane, avec ses portes magnifiquement sculptées et ses précieux vestiges de fresques. L'accès se fait uniquement à la faveur d'une visite guidée de 45 min (3 €, réservation à l'entrée).

Rock of Cashel

DÉCOUVERTE DU SITE

Durant plus de 1 000 ans, le Rock of Cashel fut un symbole de pouvoir et la résidence des rois et des membres du clergé qui gouvernaient la région. L'exploration de cet ensemble monumental offre une fascinante immersion dans l'Irlande d'antan.

Entrez par le ❶ **Hall of the Vicars Choral**, construit au XVe siècle pour loger les choristes de la cathédrale. Dans sa crypte sont notamment exposés des pièces d'argenterie rares, des reliefs en pierre et une croix de saint Patrick, érodée par le temps. Vous trouverez dans la cour une réplique de cette ❷ **croix de saint Patrick**. Un petit porche mène à la ❸ **cathédrale** gothique du XIIIe siècle. L'❹ **Archbishop's Residence** (résidence de l'archevêque) jouxte l'ouest de la nef. Dominant l'angle nord-est du bras nord du transept de la cathédrale, la ❺ **tour ronde**, du XIe ou XIIe siècle, est le plus ancien édifice du site. Nichée dans l'angle sud-est de la cathédrale, la magnifique ❻ **Cormac's Chapel** est le plus ancien édifice religieux de style roman conservé en Irlande. Bâtie en 1127, elle a gardé les traces d'une architecture marquée de diverses influences d'Europe continentale. L'intérieur de la chapelle abrite, du côté gauche, un sarcophage (daté d'entre 1125 et 1150), connu comme celui du roi Cormac. Avant de partir, prenez le temps d'admirer les ❼ **remparts et la tour d'angle**.

ANTON IVANOV/SHUTTERSTOCK ©

Hall of the Vicars Choral

Montez au-dessus de la billetterie pour voir la cuisine et le réfectoire des choristes, restaurés, lesquels renferment du mobilier, des tapisseries et des peintures d'époque sous un plafond et une galerie de chêne finement sculptés.

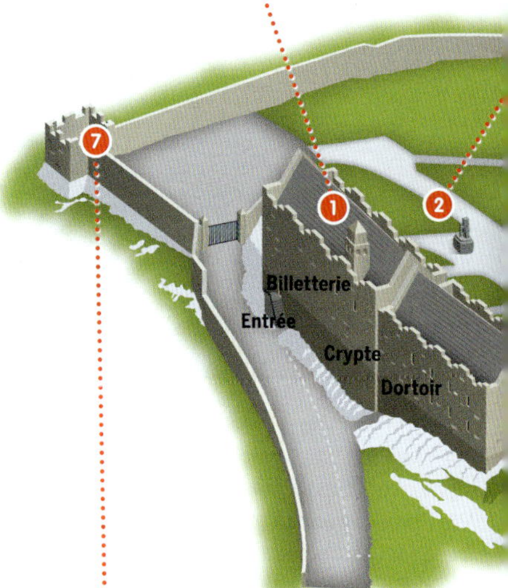

Remparts et tour d'angle

Construits avec du mortier de chaux vers le XVe siècle et comportant à l'origine cinq portes, les remparts en pierre font le tour du site. La tour d'angle qui subsiste servait vraisemblablement de tour de garde.

MATTHI/SHUTTERSTOCK ©

BON À SAVOIR

➡ Si vous souhaitez prendre en photo le Rock, le rond-point de Dublin Road (sur la route menant à Cashel) et les petites routes à l'ouest du centre offrent de beaux points de vue.

➡ L'idéal reste toutefois de photographier l'ensemble depuis les jolies ruines de Hore Abbey, à 1 km à l'ouest.

Croix de saint Patrick

Cette croix est une réplique de celle trônant dans le Hall of the Vicars Choral – une impressionnante croix celtique du XIIe siècle ornée d'une scène de Crucifixion d'un côté et de motifs zoomorphes de l'autre.

GEORGE MUNDAY/GETTY IMAGES ©

Archbishop's Residence

Le flanc ouest de la cathédrale est occupé par la résidence de l'archevêque, un château du XVe siècle haut de quatre étages dont la salle principale fut bâtie sur la nef, réduisant sa longueur. Elle fut habitée jusqu'au milieu du XVIIIe siècle.

Cathédrale

Une énorme tour carrée flanquée d'une tourelle à l'angle sud-ouest domine la cathédrale. Celle-ci contient notamment des monuments, un autel-tombeau du XVIe siècle, des armoiries et des effigies en pierre ornant les chapiteaux et les encorbellements.

ANTON IVANOV/SHUTTERSTOCK ©

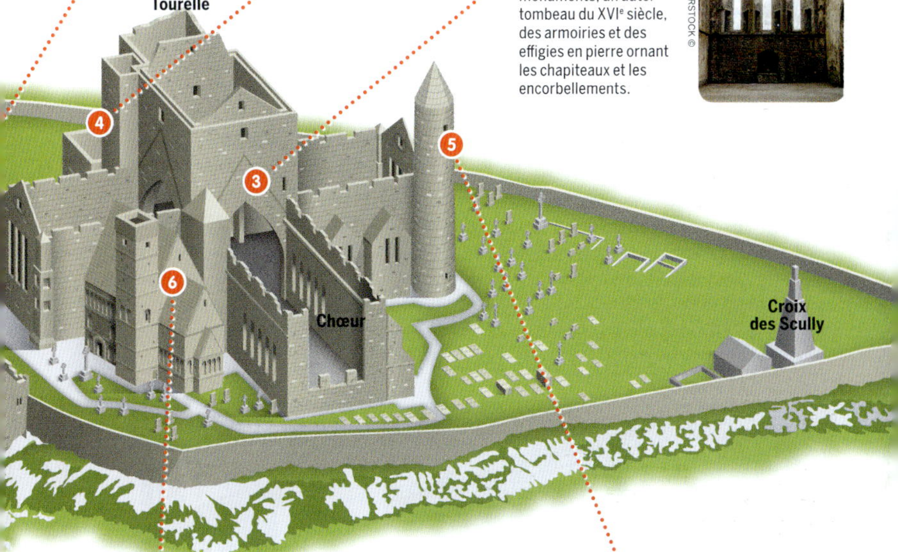

ATTILA JANDI/SHUTTERSTOCK ©

Tour ronde

La porte de cet édifice de 28 m de haut se situe à 3,5 m au-dessus du sol, sans doute pour des raisons architecturales plutôt que stratégiques. La tour pourrait avoir près de 1 000 ans.

Cormac's Chapel

Observez bien les arches de la porte, l'arche du grand chœur et la voûte en berceau à nervures, ainsi que les vignettes sculptées. Vous verrez notamment une figure grotesque à la queue en forme de trèfle et un centaure coiffé d'un casque normand, représenté décochant une flèche à un lion déchaîné.

ROBERT ZAHLER/SHUTTERSTOCK ©

Cashel

On ne s'étonnera guère de ce que Cashel (*Caiseal Mumhan*) soit très populaire : la reine en personne y fit un passage lors de sa visite historique de 2011. Les emblématiques édifices religieux qui couronnent le sommet battu par les vents de Rock of Cashel (p. 132) semblent nés du paysage escarpé, et c'est de surcroît un vrai plaisir que de se promener dans les rues pleines de charme de la petite ville en contrebas.

À VOIR

Hore Abbey Vestiges

(aube-crépuscule). GRATUIT Les ruines du XIIIe siècle de l'abbaye de Hore (également connue sous le nom de Hoare Abbey ou St Mary), peuplées de choucas et délicieusement lugubres, se dressent au milieu des champs, à moins de 1 km au nord du Rock. Des moines bénédictins venus de Glastonbury, en Angleterre, s'y installèrent à la fin du XIIe siècle. Ils furent chassés au XIIIe siècle par un évêque qui avait rêvé qu'ils complotaient pour l'assassiner, et qui offrit ensuite l'abbaye à l'ordre cistercien.

Brú Ború Musée

(062-61122 ; www.bruboru.ie ; The Kiln ; tarif plein/enfant 5/3 € ; 9h-17h lun-ven, horaires étendus juil à mi-août). Ce centre culturel privé est établi à côté du parking au pied du Rock of Cashel. On s'y imprègne de musique, de danse et de chansons traditionnelles irlandaises. L'exposition **Sounds of History** (les sons de l'histoire) y raconte l'histoire de l'Irlande et de sa musique au moyen d'installations sonores bien conçues. Des événements musicaux variés sont organisés l'été.

Cashel Folk Village Musée

(087 915 1316 ; www.cashelfolkvillage.ie ; St Dominic St ; tarif plein/enfant 7/4 € ; 10h15-19h30 lun-sam, 11h-17h30 dim mi-mars à mi-oct, sur rdv mi-oct à mi-mars). Exposition permanente sur la ville, ses vénérables édifices, ses vitrines de magasins, ainsi qu'une collection d'objets anciens.

Mikey Ryan's

GIANCARLO LIGUORI/SHUTTERSTOCK ©

La présentation, quoiqu'un peu brouillonne, ne manque pas de charme.

Cashel Heritage Centre Musée

(062-61333 ; www.cashel.ie ; Main St ; 9h30-17h30 lun-sam mi-mars à mi-oct, lun-ven reste de l'année). GRATUIT Aménagé dans l'hôtel de ville, à côté de l'office du tourisme, ce musée expose une maquette de Cashel au milieu des années 1640, accompagnée d'une bande-son.

OÙ SE RESTAURER

Cashel est connue en Irlande, et au-delà, pour son fromage fermier primé, le Cashel Blue, premier bleu produit dans le pays, toujours fabriqué à la main dans la région.

Mikey Ryan's Gastropub €€

(062-62007 ; www.mikeyryans.ie ; 76 Main St ; plats déj 9-16 €, dîner 17-30 € ; cuisine 12h-15h et 18h-21h30 ;). Ce bar installé de longue date a été transformé en gastropub élégant : à l'arrière se trouve une salle à manger lumineuse et ensoleillée ainsi qu'une terrasse végétalisée avec barbecue et bar extérieur. Au menu, de délicieux plats campagnards, à base de produits des fermes et artisans des alentours. Le Cashel Blue est à l'honneur dans le pesto, sur les pizzas et dans le burger.

Cafe Hans Café €€

(062-63660 ; Dominic St ; plats 15-26 € ; 12h-17h30 mar-sam ;). La concurrence est rude pour décrocher l'une des 32 places de ce café gastronomique tenu par la même famille que Chez Hans, dans la rue. Excellentes salades, tartines (dont de succulentes crevettes roses à la sauce Marie Rose – tomates, mayonnaise, citron) et de généreux plats de poisson, de crustacés, d'agneau ou encore végétariens. Très bon choix de vins, et alléchants desserts. Pas de paiement par carte. L'accès se fait via Moor Lane.

Arrivez avant ou après l'heure du déjeuner si vous voulez éviter d'attendre pour une table.

Les vestiges d'Athassel Priory

À 7 km au sud-ouest de Cashel, dans la vallée verdoyante et peu encaissée de la Suir, se dressent les ruines – aussi émouvantes le jour que lugubres à la tombée de la nuit – de l'**Athassel Priory** (Golden ; aube-crépuscule). L'édifice original date de 1205, époque où Athassel était l'un des monastères les plus riches et les plus puissants d'Irlande. Il reste le corps de garde et la herse du portail, le cloître (en ruine, mais reconnaissable) et certaines parties du mur d'enceinte, ainsi que quelques effigies de tombeaux médiévaux.

Pour parvenir au site, suivez la N74 jusqu'au village de Golden, puis prenez vers le sud, sur l'étroite route L4304 indiquant Athassel Abbey, pendant 2 km. Le stationnement en bord de route est limité et les places sont étroites.

Nef d'Athassel Priory
TRAVELPIXPRO/GETTY IMAGES ©

Chez Hans Irlandais €€€

(062-61177 ; www.chezhans.net ; Dominic St ; plats 28-39 €, menu déj 2/3 plats dim 28/35 € ; 18h-22h mer-sam, 12h30-15h30 dim). Cette église désaffectée est, depuis 1968, un lieu de recueillement pour les gastronomes d'Irlande et d'ailleurs. Toujours aussi frais et inventif, ce restaurant propose une carte qui change régulièrement et met en avant toutes sortes de produits irlandais : moules de Galway cuites à la vapeur, risotto de betteraves au fromage de chèvre frit et flétan cuit à la vapeur avec une purée de fenouil. Pas de paiement par carte.

Glen of Aherlow

La vaste et fertile vallée (*glen*) d'Aherlow, qui s'étend entre les pentes boisées des Slievenamuck Hills et les harmonieuses Galtee Mountains, est l'une des contrées les plus spectaculaires du comté de Tipperary et un trésor caché parmi les nombreux que recèle l'Irlande.

Indiquée depuis Tipperary, une magnifique **route panoramique** serpente tranquillement sur 25 km à travers le *glen*. À l'extrémité est du *glen*, entre Tipperary et Cahir, le village de Bansha (An Bháinseach) marque le point de départ d'un itinéraire de 20 km partant vers l'ouest en direction de Galbally, à parcourir à vélo ou en voiture le long de la pittoresque R663. Le parcours est un florilège des plus beaux paysages du *glen*.

La R663 en provenance de Bansha et la R664 arrivant du sud de Tipperary fusionnent à Newtown au niveau du **Coach Road Inn**, un vieux pub prisé des randonneurs. Derrière le pub se cache l'**office du tourisme** (☎062-56331 ; aherlow.com ; Coach Rd, Newtown ; ⌚9h-17h lun-ven, 10h-16h sam mai-sept) du Glen of Aherlow, tenu par un personnel enthousiaste, véritable mine d'informations sur la région, et notamment sur les sentiers de randonnée.

S. MUELLER/SHUTTERSTOCK ©

RENSEIGNEMENTS

Office du tourisme (☎062-61333 ; www.cashel.ie ; Town Hall, Main St ; ⌚9h30-17h30 lun-sam mi-mars à mi-oct, lun-ven mi-oct à mi-mars). Ce bureau accueillant propose quantité d'informations sur la région.

DEPUIS/VERS CASHEL

Les **bus Éireann** (www.buseireann.ie) assurent 8 liaisons par jour entre Cashel et Cork (16 €, 1 heure 45) via Cahir (6 €, 20 min, 6/jour). L'arrêt de bus pour Cork se trouve à l'extrémité nord-est de Main Street. Celui pour Dublin (16 €, 2 heures 30, 6/jour) est en face.

Le réseau de bus public **Local Link Tipperary** (☎076 106 6140 ; www.locallinktipperary.ie) dessert Cahir (3 €, 20 min) et la ville de Tipperary (3 €, 35 min) du lundi au vendredi.

Il est moins coûteux de se garer en ville que sur le parking aménagé au pied du Rock of Cashel, qui de surcroît est bondé.

Cahir

À 15 km au sud de Cashel, à l'extrême est des Galtee Mountains, Cahir (An Cathair) est une ville compacte et agréable, à proximité du beau Cahir Castle. Des sentiers pédestres, propices à des promenades d'une ou deux heures, longent la Suir, un cours d'eau qui fait les délices des pêcheurs de truite.

À VOIR

Cahir Castle Site historique

(☎052-744 1011 ; www.heritageireland.ie ; Castle St ; tarif plein/enfant 5/3 € ; ⌚9h-18h30 mi-juin à août, 9h30-17h30 mars à mi-juin et sept à mi-oct, 9h30-16h30 mi-oct à fév). Le château de Cahir trône sur une île au milieu d'une rivière. Il est doté d'épais remparts, de tours, d'un donjon, de fenêtres à meneaux, de cheminées singulières et d'un cachot. Érigé par Conor O'Brien en 1142 et occupé par la famille Butler à partir de 1375, c'est l'un des plus grands châteaux d'Irlande. Ses remparts furent détruits à coups de canon par le comte d'Essex en 1599, péripétie décrite au moyen d'une grande maquette exposée ici. Ne manquez pas le **Banquet Hall** et son mur orné d'impressionnants bois de cerf. Le **donjon** se visite également.

Le château, initialement bâti pour protéger une pêcherie de saumon et un gué important, fut finalement cédé à Cromwell en 1650 sans résistance. À l'époque, les châteaux étaient habituellement "déconstruits", mais celui-ci y échappa. Il fut restauré dans les années 1840, puis dans les années 1960 lorsqu'il fut acquis par l'état.

Une vidéo de 15 minutes compare Cahir avec d'autres châteaux irlandais. Les bâtiments dans l'enceinte du château ne sont que peu meublés, mais certaines expositions se révèlent intéressantes, notamment celle sur les femmes dans l'Irlande médiévale. Visites guidées fréquentes.

Swiss Cottage Bâtiment historique

(☎052-744 1144 ; www.heritageireland.ie ; Cahir Park ; tarif plein/enfant 5/3 € ; ⏲10h-18h mi-mars à oct). Au départ du parking de Cahir Castle (p. 138), une promenade de 30 minutes à pied le long de la rivière mène à ce cottage au toit de chaume entouré de roses, de lavande et de chèvrefeuille. Somptueux représentant du style pittoresque Régence, il fut construit en 1810 pour servir de retraite à Richard Butler, 12e baron de Cahir, et à son épouse. C'est l'œuvre de l'architecte londonien John Nash, également créateur du Royal Pavilion de Brighton. Les visites guidées de 30 minutes (obligatoires) sont fort agréables.

Le style "*cottage orné*" est né en Angleterre fin du XVIIIe–début du XIXe siècle, en réaction au goût dominant pour le pittoresque. Toits de chaume, bois naturel et bardeaux sculptés en étaient les principales caractéristiques. La plupart de ces bâtiments disséminés dans les propriétés étaient purement ornementaux. Le cottage a été restauré dans les années 1980, sous la direction de la décoratrice d'intérieur irlandaise Sybil Connolly.

OÙ SE RESTAURER

Ne manquez pas le **marché des producteurs** (www.facebook.com/cahirfarmersmarket ; parking du château ; ⏲9h-13h sam), le samedi matin, qui offre un aperçu des meilleurs produits du comté.

Lazy Bean Cafe Café €

(☎052-744 2038 ; www.thelazybeancafe.com ; The Square ; plats 7-10 € ; ⏲9h-18h ;). Grand favori de la clientèle locale, ce café à l'ancienne sert le petit-déjeuner à toute heure, et on y trouve un large choix de sandwichs, wraps, bagels et paninis. Le café, le chocolat chaud et les gâteaux y sont également délicieux.

Galileo Italien €€

(☎052-744 5689 ; www.galileocafe.com ; Church St ; plats 12-25 € ; ⏲12h-22h lun-sam, 13h-21h dim). Régalant les habitants de Cahir de ses délicieuses pizzas et pâtes depuis plus de 10 ans, Galileo est une pizzeria élégante à la déco moderne et au service irréprochable. Pas d'alcool : on apporte son propre vin.

RENSEIGNEMENTS

Office du tourisme (☎052-744 1453 ; www.tipperary.com ; parking de Cahir Castle ; ⏲9h30-13h et 13h45-17h30 mar-sam avr-oct). Informations sur la ville et la région.

DEPUIS/VERS CAHIR

BUS

Cahir se trouve sur plusieurs itinéraires des **bus Éireann** (www.buseireann.ie), notamment Dublin-Cork, Limerick-Waterford, Galway-Waterford, Kilkenny-Cork et Cork-Athlone.

Six bus par jour partent pour Cashel (6 €, 20 min). Les bus s'arrêtent sur le parking à côté du château.

TRAIN

Du lundi au samedi, le train Waterford-Limerick Junction dessert Clonmel et Cahir (16,50 €, 1 heure, 2/jour).

COMTÉ DE CORK

Comté de Cork

Découvrir ce comté, c'est se frotter au meilleur de l'Irlande. Deuxième ville du pays, Cork est une cité florissante, qui tire autant son renom de sa situation géographique que de l'hédonisme presque rabelaisien qui la caractérise. Ses innombrables marchés, ses restaurants aussi divers qu'animés, ses pubs, ses spectacles et autres événements culturels font la fierté de ses habitants. La ville est entourée de paysages verdoyants émaillés de charmants villages qui sont autant de promesses de moments d'indolence. Le littoral voisin, escarpé, est quant à lui ponctué de criques et de bourgs de pêcheurs.

Le comté de Cork en 2 jours

Après la visite de **Blarney Castle** (p. 146), explorez la cité de Cork sans omettre le **Cork City Gaol** (p. 149) et l'**English Market** (p. 144). Un déjeuner au **Farmgate Cafe** (p. 144) s'impose, tout comme un dîner dans l'un des nombreux restaurants de la ville.
Le lendemain, rejoignez en ferry la fascinante **Spike Island** (p. 158), depuis Cobh, l'agglomération voisine.

Le comté de Cork en 4 jours

Le troisième jour, lancez-vous dans les rues parfumées d'embruns de **Kinsale** (p. 155). Flânez jusqu'au **Charles Fort** (p. 156), puis dînez dans l'un des excellents restaurants de fruits de mer.
Le dernier jour, empruntez la route panoramique qui longe la côte de Cork jusqu'à la **Bantry House** (p. 158), puis régalez-vous au **Manning's Emporium** (p. 159) avant de reprendre la route pour Killarney.

Page précédente : ville de Cork (p. 148)

Comment s'y rendre

L'**aéroport de Cork** est à 8 km au sud du centre-ville. Des bus font la navette entre l'aéroport, la gare ferroviaire et la gare routière toutes les 30 minutes entre 6h et 22h (5,60 € aller-retour, 30 minutes).

La **gare ferroviaire de Kent** est située au nord de la Lee, à 10-15 minutes de marche du centre-ville.

La **gare routière de Cork** se trouve à Parnell Place, dans le centre-ville.

Où se loger

Cork compte des hébergements pour tous les budgets, des auberges de jeunesse aux hôtels de luxe, en passant par les hôtels de chaîne ou encore les B&B et pensions de charme de la périphérie. Accueillant de longue date les vacanciers, la côte est ponctuée de B&B rustiques, de campings et d'hôtels de bord de mer. Toutefois, les établissements sont nombreux à fermer l'hiver, en particulier dans les zones les plus reculées.

English Market

Cork gastronomique

Le plus grand comté d'Irlande peut légitimement revendiquer le titre de capitale gastronomique du pays. Ses marchés fermiers et ses restaurants sont à découvrir absolument.

Pour ceux qui aiment...

☑ **Ne ratez pas**

Fromages fermiers et charcuterie irlandaise chez **On the Pig's Back** dans l'English Market.

English Market Marché

(www.englishmarket.ie ; entrée principale Princes St ; ⌚8h-18h lun-sam). Le caractère victorien de l'architecture de la halle est très présent, aussi bien dans la structure que dans l'ornementation. Temple du bien manger local, l'English Market réunit étals de viandes, de fromages ou d'excellents plats tout prêts. Par beau temps, faites vos emplettes pour un délicieux pique-nique au Bishop Lucey Park voisin. Une institution du repas en plein air !

Farmgate Cafe Café €

(☎021-427 8134 ; www.farmgatecork.ie ; Princes St, English Market ; plats 8-14 € ; ⌚8h30-17h lun-sam). Expérience incontournable au cœur de l'English Market, le Farmgate est perché sur une terrasse surplombant les étals du marché, où il se procure ses produits

Farmgate Cafe

JAMES SMART/LONELY PLANET ©

frais – du crabe aux huîtres, en passant par l'agneau du ragoût irlandais. Prenez à gauche en haut des escaliers pour vous installer à une table ; à droite pour manger au bar.

On the Pig's Back Traiteur

(021-427 0232 ; www.onthepigsback.ie ; Unit 11, English Market ; 8h-17H30 lun-sam). Ce célèbre traiteur de l'English Market est niché entre les étals de fromages français et irlandais, de charcuteries, de pâtés et de pâtisseries maison.

Midleton Farmers Market Marché

(Main St ; 9h-13h sam). Le marché fermier de Midleton est l'un des meilleurs de Cork, grâce à la variété des produits locaux et la faconde des commerçants. Le marché est situé derrière le grand rond-point au nord de Main Street.

Infos pratiques

www.goodfoodireland.com recense les hôtels, les restaurants et les boutiques d'artisanat du pays, et le comté de Cork n'est pas en reste en la matière.

Une petite faim ?

Dûment approvisionné à l'English Market, joignez-vous aux nombreux habitants qui pique-niquent dans le Bishop Lucey Park voisin.

★ Bon à savoir

La ville de Cork est réputée pour ses cafés-boutiques. Essayez Cork Coffee Roasters (p. 151) ou Filter (p. 151).

Farmgate Restaurant Irlandais €€

(021-463 2771 ; www.farmgate.ie ; Broderick St ; plats déj 13-20 €, dîner 20-30 € ; 9h-17h mar-sam, 17h30-21h30 jeu-sam). Plus ancien des deux Farmgate de la ville, ce restaurant de Midleton propose un fabuleux mélange de saveurs irlandaises, entre tradition et modernité. Faufilez-vous à travers les étals de pâtisseries et produits régionaux du *deli* pour rejoindre le cadre feutré de ce café-restaurant.

Ballymaloe Cookery School Cours de cuisine

(021-464 6785 ; www.ballymaloecookeryschool.com ; Shanagarry). La célèbre école de cuisine de Ballymaloe est tenue par la médiatique Darina Allen, belle-fille de Myrtle Allen, de Ballymaloe House (p. 154). Sa belle-fille, Rachel Allen, cheffe et auteure connue, y donne régulièrement des cours. Comptez 75 € pour une simple démonstration de recettes, de 95 à 135 € pour une demi-journée de formation et 10 995 € pour préparer un certificat en 12 semaines. Ces leçons très courues affichent complet bien longtemps à l'avance. On peut dormir sur place dans de charmants cottages répartis sur un domaine de 40 ha. L'école se trouve à 3 km à l'est de Ballymaloe House.

Blarney Castle

Si vous êtes sensible à la puissance évocatrice des sites historiques, ne manquez pas ce château du XVe siècle, l'un des monuments les plus visités d'Irlande.

Pour ceux qui aiment...

☑ Ne ratez pas

Le superbe Poison Garden ("jardin empoisonné") et le Rock Close.

Les visiteurs s'agglutinent autour de la Blarney Stone ("pierre de Blarney") pour y coller leurs lèvres, rituel censé accorder le don d'éloquence. La Blarney Stone est perchée au sommet du château. On y accède par un étroit escalier en colimaçon. Puis on s'allonge sur le bord des remparts, le corps penché en arrière au-dessus du vide (une grille de sécurité et un employé préviennent tout drame) pour embrasser la pierre. La posture est d'un ridicule achevé, mais l'atmosphère est bon enfant. Essayez de ne pas prêter l'oreille aux rumeurs locales relatives aux fluides imprégnant la pierre (lesquels ne se limiteraient pas à de la salive). Voire : abstenez-vous de l'embrasser. N'oubliez pas d'admirer le panorama avant de redescendre.

Si la coutume consistant à embrasser la pierre est relativement récente, Blarney

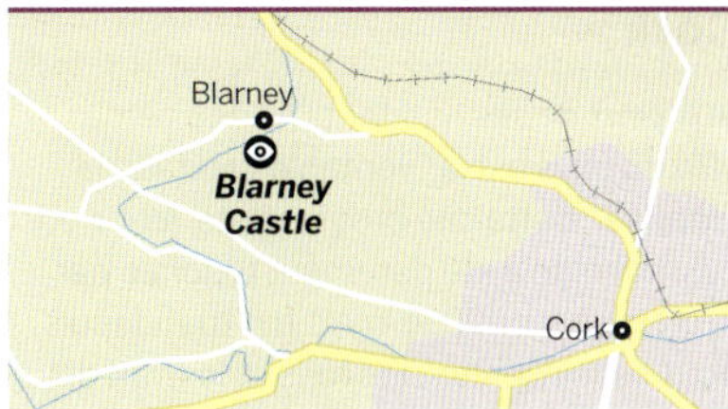

Infos pratiques

021-438 5252 ; www.blarneycastle.ie ; Blarney ; tarif plein/enfant 18/8 € ; 9h-19h lun-sam, 9h-18h dim juin-août, horaires réduits sept-mai ; P

Une petite faim ?

Un café donne sur la cour des écuries. À 700 m, **Square Table** (021-438 2825 ; www.thesquaretable.ie ; 5 The Square, Blarney ; plats 20-30 € ; 18h-21h mer-jeu, 18h-22h ven-sam, 12h30-16h dim) sert également de délicieux plats irlandais.

★ Bon plan

Bénéficiez d'une réduction en achetant vos billets en ligne, et évitez ainsi la queue.

et l'éloquence sont associés de bien plus longue date. On raconte que la reine Élisabeth Ire aurait inventé l'expression "parler Blarney" dans son exaspération face à la prodigieuse capacité de lord Blarney à palabrer sans pour autant jamais accéder à ses demandes. Et aujourd'hui encore, en anglais, "*to blarney*" signifie convaincre en utilisant l'éloquence et la flatterie.

Blarney Castle est un imposant donjon du XVIe siècle au cœur d'un somptueux domaine. Fuyez la foule en vous promenant dans l'Arboretum, qui réunit des variétés d'arbres du monde entier (notamment des ifs et châtaigniers vieux de plus de six siècles), et dans le pittoresque Fern Garden, le jardin aux fougères (hautes de 2 m !).

Digne de l'univers d'Harry Potter, le Poison Garden ("jardin du poison"), niché derrière les remparts du château, abrite diverses plantes hautement toxiques, voire mortelles, comme la belladone et la ciguë. On y trouve encore la mandragore, qui, de longue date, fait l'objet de fantasmes, autant pour l'aspect anthropomorphe de ses racines que pour sa toxicité et ses propriétés sédatives et hallucinogènes. Le spécimen de cette plante, dans le Poison Garden, est d'ailleurs protégé par une grille.

On peut aussi explorer les recoins rocheux artificiels du Rock Close, où des sentiers tracés au XVIIIe siècle serpentent parmi les arbres séculaires et les aménagements paysagers – pierres levées, Wishing Steps (marches des vœux), Fairy Glade (clairière des fées) et jardin de tourbière.

Blarney se trouve à 8 km au nord-ouest de Cork et est accessible en bus depuis la gare routière (5,60 € aller-retour, 20 min, 1/heure).

Cork

Aux yeux de ses habitants, la deuxième ville du pays est la “véritable capitale de l'Irlande”. Cette cité progressiste, jeune et cosmopolite a été durement touchée par la crise économique, mais fait tout depuis pour se réinventer : les rues et le front de mer ont été rénovés, et on trouve des cafés artisanaux (en apparence du moins) à chaque coin de rue. Si une scène branchée s'y développe, Cork reste, par essence, résolument traditionnelle, tant en matière de pubs que de restaurants – et de chaleur de l'accueil.

À VOIR

La meilleure manière d'appréhender Cork est d'arpenter la ville et de s'imprégner de son atmosphère. Un ensemble destiné à accueillir conférences et événements, et qui abritera une salle de concerts de 6000 places, un centre d'information

Cork

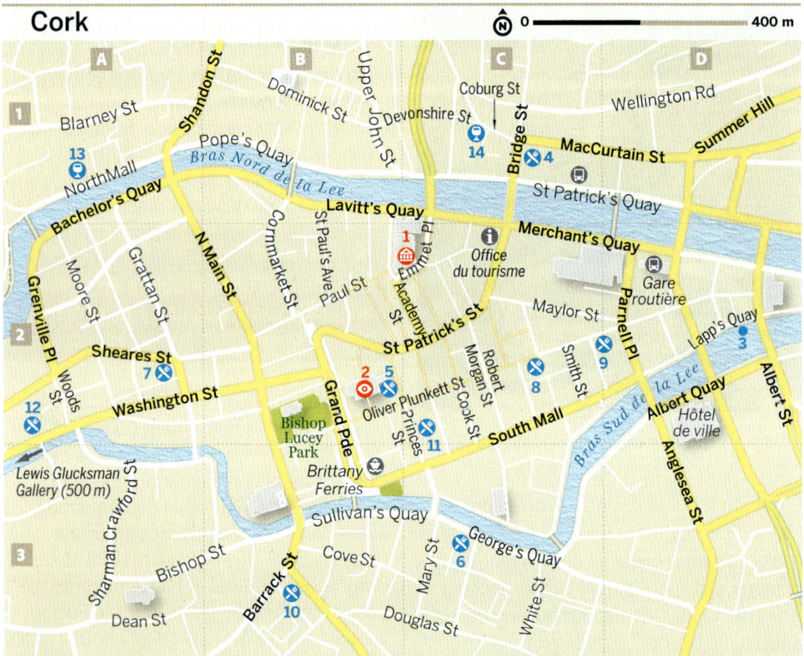

Cork

À voir

1 Crawford Art Gallery C2
2 English Market B2

Activités

3 Atlantic Sea Kayaking D2

Où se restaurer

4 Cork Coffee Roasters C1
5 Farmgate Cafe B2
6 Filter C3
7 Ichigo Ichie A2
8 Jacques Restaurant C2
9 Market Lane D2
10 Miyazaki B3
11 Nash 19 .... C2
12 Paradiso A2

Où prendre un verre et faire la fête

13 Franciscan Well Brewery A1
14 Sin É C1

Achats

On the Pig's Back .... (voir 2)

ANDREI NEKRASSOV/SHUTTERSTOCK ©

Cork City Gaol

touristique, des restaurants, des boutiques, des galeries, devait ouvrir en 2019, mais le projet a été retardé en raison de soucis financiers. Il constituera le cœur du nouveau **Brewery Quarter** (quartier de l'ancienne brasserie Beamish & Crawford, où se dresse notamment l'emblématique "maison des comptes" de style néo-Tudor), à un pâté de maisons à l'ouest de l'English Market.

Le quartier de **Shandon**, perché à flanc de colline et dominant le centre-ville plus au nord, vaut le détour ne serait-ce que pour la vue ; mais on y trouve aussi des galeries, des antiquaires et des cafés. Les rangées de petites maisons mitoyennes, où vécurent des générations d'ouvriers, sont aujourd'hui des logements recherchés. Prenez la brochure *Cork Walks – Shandon* à l'office du tourisme (p. 153) pour profiter de votre exploration.

Cork City Gaol — Musée

(021-430 5022 ; www.corkcitygaol.com ; Convent Ave ; tarif plein/enfant 10/6 € ; 9h30-17h avr-sept, 10h-16h oct-mars). Cette ancienne et imposante prison mérite amplement une visite, ne serait-ce que pour se faire une idée de l'horreur de la vie de détenu il y a un siècle. L'audioguide (2 € en sus) vous conduira aux cellules restaurées.

L'émouvante visite rend bien compte de la sévérité de la justice au XIXe siècle. Des visites pittoresques ont lieu tous les soirs en semaine à 17h45 (12 €, réservation obligatoire).

Pour gagner le musée, prenez le bus pour l'université de Cork (UCC), puis marchez vers le nord sur Mardyke Walk, traversez le fleuve et remontez la colline en suivant les panneaux (10 min).

La prison a fermé en 1923 avant d'accueillir, en 1927, une station de radio qui y est restée jusque dans les années 1950. Sur place, la maison du gouverneur a été reconvertie en **musée de la Radio** (Radio Museum ; 021-430 5022 ; www.corkcitygaol.com/radio-museum ; Cork City Gaol, Convent Ave ; Cork City Gaol inclus tarif plein/enfant 10/6 € ; 9h30-17h avr-sept, 10h-16h oct-mars ;), où vous pourrez voir une belle collection de vieux postes et écouter l'histoire de la conquête des ondes par le pionnier de la radio Guglielmo Marconi.

Crawford Art Gallery Musée

(021-480 5042 ; www.crawfordartgallery.ie ; Emmet Pl ; 10h-17h lun-mer et ven-sam, 10h-20h jeu, 11h-16h dim). GRATUIT Le musée d'art municipal de Cork présente une modeste mais excellente collection allant du XVIIe siècle à nos jours, les œuvres présentées changeant néanmoins tous les ans. Y sont notamment exposés des tableaux de sir John Lavery, de Jack B. Yeats et de Nathaniel Hone, ainsi que des femmes peintres irlandaises Mainie Jellet et Evie Hone.

Lewis Glucksman Gallery Musée

(021-490 1844 ; www.glucksman.org ; University College Cork, Western Rd ; don suggéré 5 € ; 10h-17h mar-sam, 14h-17h dim ;). Ce bâtiment primé est un singulier assemblage de bois, d'acier et de calcaire. Les trois niveaux de galeries affichent un florilège des meilleures œuvres contemporaines et d'installations irlandaises et internationales. Sur place, le **Bobo cafe** (021-490 1848 ; www.glucksman.org/visit/cafe ; plats 6-13 € ; 10h-17h mar-sam, midi-17h dim ;) est excellent.

CIRCUITS ORGANISÉS

Cork Culinary Tour Cuisine

(087 706 839 1 ; www.bonner-travel.com/itinerary/cork-culinary-tour ; 65 € par personne). Une visite des marchés et restaurants de Cork de quatre heures qui inclut des dégustations ainsi qu'un déjeuner dans l'un des restaurants de la ville.

Atlantic Sea Kayaking Kayak

(028-21058 ; www.atlanticseakayaking.com ; Lapp's Quay ; 50 €/pers ; mars-sept). Propose des circuits de "kayak urbain" sur les voies d'eau de Cork, de 18h30 à 21h (à réserver, 2 pers minimum), ainsi qu'une excursion d'une journée en kayak deux places à Cobh et Spike Island (p. 158 ; 100 €/pers).

Cork City Tour Bus

(021-430 9090 ; www.corkcitytour.com ; tarif plein/enfant 15/5 € ; mars-nov). Un bus à toit ouvert, d'où l'on monte et descend à l'envi, passe devant les principaux sites touristiques de la ville. Un circuit plus long (25 €/adulte) dessert le musée Jameson Experience (p. 154), à Midleton.

Lewis Glucksman Gallery

OÙ SE RESTAURER

Cork Coffee Roasters Café €

(☎021-731 9158 ; www.facebook.com/CorkCoffee ; 2 Bridge St ; plats 3-6 € ; ⏲7h30-18h30 lun-ven, 8h-18h30 sam, 9h-17h dim ; 📶). Tenu par des artisans torréfacteurs, ce charmant établissement, souvent bondé, sert l'un des meilleurs cafés de Cork, à accompagner d'une pâtisserie, d'un scone ou d'une part de tarte. Idéal pour commencer la journée.

Filter Café €

(☎021-455 0050 ; filtercork@gmail.com ; 19 George's Quay ; plats 4-7 € ; ⏲8h-18h lun-ven, 9h-17h sam, 10h-15h dim ; 📶). Voici un temple dédié au café, à la déco rétro et rustique. Le personnel concocte des expressos à partir de grains de café d'origines certifiées et torréfiés sur place. La carte des sandwichs au pain artisanal n'est pas en reste : pastrami, chorizo et jarret de porc, entre autres.

Nash 19 International €€

(☎021-427 0880 ; www.nash19.com ; Princes St ; plats 12-22 € ; ⏲7h30-16h lun-ven, 8h30-16h sam). Ce sensationnel bistrot-*deli* sert des petits-déjeuners et déjeuners à base de produits frais, à prendre sur place ou à emporter. Les scones tout juste sortis du four attirent une clientèle matinale, et l'établissement a aussi un grand succès au déjeuner avec ses plats du jour (soupes, salades, desserts, etc.), ses tourtes au poulet fermier et ses assiettes de poisson fumé. Superbe assiette-dégustation de produits locaux (Producers' Plate, 22 €).

Market Lane Irlandais €€

(☎021-427 4710 ; www.marketlane.ie ; 5 Oliver Plunkett St ; plats 14-25 € ; ⏲12h-21h30 lun-mer, 12h-22h jeu, 12h-22h30 ven-sam, 13h-21h30 dim ; 📶). On ne chôme pas dans ce bistrot bien éclairé, à l'angle de deux rues. Le menu est varié et copieux, il s'adapte aux produits frais de l'English Market. Craquez pour le colin rôti et le velouté à l'ail des ours ou le cake betterave, noix et feta. Réservations à partir de six personnes uniquement. Possibilité de s'installer au comptoir en attendant qu'une table se libère. Vaste choix de vins au verre.

Smokin' County Cork

On ne saurait quitter le comté sans rendre visite à un producteur local. Le sémillant Frank Hederman vous fera volontiers découvrir la **Belvelly Smokehouse** (☎021-481 1089 ; www.frankhederman.com ; Belvelly ; gratuit sauf pour les groupes ; ⏲sur réservation 10h-17h lun-ven), la plus ancienne et la dernière fumerie d'Irlande. Celle-ci est à 19 km à l'est de Cork, sur la R624 en direction de Cobh. Réservez par téléphone.

Fruits de mer et fromages – et même du beurre ! – sont fumés sur place, mais la spécialité maison est le poisson, en particulier le saumon. Le processus traditionnel prend 24 heures en tout : le poisson est découpé et salé, puis séché sur des copeaux de hêtre. Le résultat est d'une délicieuse subtilité.

Vous pourrez aussi passer voir Frank Hederman à son étal au marché fermier de **Cobh** (☎086 199 7643 ; www.facebook.com/cobhfarmers ; The Promenade ; ⏲10h-14h ven) ou de **Midleton** (p. 145). Ses produits sont également vendus à l'**English Market** (p. 144) de Cork.

Maquereaux fumés à la Belvelly Smokehouse
ROS DRINKWATER / ALAMY STOCK PHOTO ©

Paradiso Végétarien €€

(☎021-427 7939 ; www.paradiso.restaurant ; 16 Lancaster Quay ; menu 2/3 plats 39/47 € ; ⏲17h30-22h lun-sam ;). Paradiso compte parmi les meilleurs restaurants de la ville. On se laisse séduire par les crêpes au poireau, panais et fromage Dunmanus accompagné de sa sauce câpres et fenouil

DE KAM/SHUTTERSTOCK ©

et de ses tomates fumées. Réservation indispensable.

La formule dîner, nuit dans une chambre stylée et petit-déjeuner coûte au minimum 180/220 € pour une simple/double.

Jacques Restaurant Irlandais moderne **€€**

(☎021-427 7387 ; www.jacquesrestaurant.ie ; 23 Oliver Plunkett St ; plats déj 8-15 €, dîner 23-29 € ; ⏲10h-16h lun, 10h-22h mar-sam). Les sœurs Barry s'appuient sur leur vaste réseau de fournisseurs, qu'elles ont passé trois décennies à constituer, pour proposer les produits les plus frais de la ville, cuisinés sans chichis. Le menu (chevreuil rôti et gratin de navet au parmesan, coquilles Saint-Jacques et sauce aux amandes et raisins secs, etc.) varie tous les jours. Profitez du menu deux plats (28 €) le mardi et le jeudi soir, ainsi que le vendredi et le samedi soir avant 18h30.

Ichigo Ichie Japonais **€€€**

(☎021-427 9997 ; www.ichigoichie.ie ; 5 Fenns Quay, Sheares St ; 120-135 € par personne ; ⏲18h-22h30 mar-sam). Ce restaurant du chef Takashi Myazaki (étoilé au Michelin en 2019) offre une superbe immersion dans l'art de la cuisine *kappou* : un dîner en plusieurs plats préparés et dressés sous les yeux des convives. Le dîner comprend une dizaine de plats et dure quelque trois heures. Miyazaki possède aussi un **restaurant à emporter** (☎021-431 2716 ; www.facebook.com/miyazakicork ; 1A Evergreen St ; plats 12-15 € ; ⏲13h-15h30 et 17h-21h mar-dim).

OÙ PRENDRE UN VERRE ET FAIRE LA FÊTE

Franciscan Well Brewery Pub

(☎021-439 3434 ; www.franciscanwellbrewery.com ; 14 North Mall ; ⏲13h-23h30 lun-jeu, 13h-0h30 ven-sam, 13h-23h dim ; 📶). Comme le laissent deviner les fûts en cuivre derrière le bar, le Franciscan Well brasse sa propre bière, et ce depuis 1998. Installez-vous dans l'immense *beer garden* à l'arrière de la salle. Le pub organise des festivals de la bière avec d'autres brasseries indépendantes.

Sin É Pub

(☎021-450 2266 ; www.facebook.com/sinecork ; 8 Coburg St ; ⏲12h30-23h30 lun-jeu,

12h30-0h30 ven-sam, 12h30-23h dim). On passerait volontiers la journée dans ce pub authentique dont le nom signifie "C'est ça ! Bingo !". Sessions de musique traditionnelle avec parfois des surprises, tous les soirs à partir de 18h30 de mai à septembre, et les mardis, vendredis et dimanches le reste de l'année.

RENSEIGNEMENTS

Cork City Tourist Office (☎1850 230 330 ; www.purecork.ie ; 125 St Patrick's St ; ⏰9h-17h lun-sam ; 📶). Guichet de renseignements, cartes de la ville gratuites et itinéraires pour visite autonome.

DEPUIS/VERS CORK

AVION

L'aéroport de Cork (Cork Airport ; ☎021-431 3131 ; www.corkairport.com) est à 8 km au sud de la ville, sur la N27. Il accueille des vols Air France, Aer Lingus, Ryanair et Jet2.com.

BATEAU

Brittany Ferries (p. 348) dessert Roscoff, en Bretagne, au moins une fois par semaine de fin mars à fin octobre. La traversée dure 14 heures et les tarifs sont très variables. Le terminal des ferries se trouve à Ringaskiddy, à 15 minutes en voiture au sud-est de Cork par la N28.

BUS

Les **bus Éireann** (☎1850 836 611 ; www.buseireann.ie) partent de la **gare routière** (angle Merchant's Quay et Parnell Place), les bus **AirCoach** (☎01-844 7118 ; www.aircoach.ie), **Dublin Coach** (☎01-465 9972 ; www.dublincoach.ie), **GoBus** (☎091-564 600 ; www.gobus.ie ; 📶) et **Citylink** (☎091-564 164 ; www.citylink.ie ; 📶) partent de **St Patrick's Quay**, de l'autre côté de la Lee.

Dublin Bus Éireann ; 16,50 €, 3 heures 15, 6/jour

Dublin AirCoach ; 17 €, 3 heures, ttes les heures

Dublin GoBus ; 18 €, 3 heures, 6-9/jour

Aéroport de Dublin AirCoach ; 20 €, 3 heures 30, ttes les heures

Aéroport de Dublin GoBus ; 28 €, 3 heures 15, 6-9/jour

Galway Citylink ; 20 €, 3 heures, 5/jour

Kilkenny Dublin Coach ; 15 €, 2 heures 30, 8/jour

Killarney Bus Éireann ; 19 €, 1 heure 30, ttes les heures

Limerick Citylink ; 16 €, 1 heure 30, 5/jour

Waterford Dublin Coach ; 10 €, 2 heures, 9/jour

TRAIN

La **gare ferroviaire de Kent** (☎021-450 6766) se trouve au nord de la Lee, sur Lower Glanmire Road, à 10-15 minutes à pied du centre-ville. Le bus 205 vous conduira au centre-ville (2,20 €, 5 min, ttes les 15 min).

Dublin 59 €, 2 heures 15, 8/jour

Galway 57 €, 4 à 6 heures, 7/jour, deux ou trois changements

Killarney 25 €, 1 heure 30 à 2 heures, 9/jour

Waterford 33 €, 3 à 5 heures, 5/jour, un ou deux changements

COMMENT S'Y RENDRE ET CIRCULER

DEPUIS/VERS L'AÉROPORT

Le **bus Éireann** 226A fait la navette entre la gare ferroviaire, la gare routière et l'aéroport de Cork toutes les 30 minutes entre 6h et 22h (2,80/5,60 € aller/retour, 30 min). Un taxi coûte de 22 à 26 € dans un sens comme dans l'autre.

BUS

Du centre-ville, vous pourrez aisément rejoindre à pied la plupart des sites à visiter. Le ticket à l'unité coûte 2,20 €, le forfait journalier 5,40 €. Tous s'achètent à bord des bus.

VOITURE

Vous vous épargnerez les tracas du stationnement en centre-ville en vous garant dans le **Black Ash Park & Ride** sur la South City Link Road, la route de l'aéroport, moyennant 5 € la journée. Des bus se rendent dans le centre-ville toutes les 15 minutes au moins (trajet 10 min).

Festivals gastronomiques

Si vous êtes là mi-septembre, ne manquez pas le **Taste of West Cork Food Festival** (www.atasteofwestcork.com ; sept) et son marché, ses démonstrations culinaires, ses dégustations, ses conférences, ses expositions et ses activités pour les enfants.

Au **Cork Oyster & Seafood Festival** (www.corkoysterfestival.com ; sept), les fruits de mer sont à l'honneur. Cette manifestation propose sur trois jours démonstrations culinaires, randonnée Gourmet, compétition de lancer d'huîtres et concerts dans toute la ville.

Au **Kinsale Gourmet Festival** (www.kinsalerestaurants.com ; oct), trois jours de dégustations et de démonstrations de cuisine s'ouvrent par l'épreuve de sélection pour le concours national de soupe de poisson (All Ireland Chowder Cook-Off), dont la finale a lieu à Kinsale en avril.

Taste of West Cork Food Festival
APHPERSPECTIVE/ALAMY STOCK PHOTO ©

Taxi

Cork Taxi Co-op (021-427 22 22 ; www.corktaxi.ie)

Yellow Cabs Cork (021-427 22 55 ; www.yellowcabscork.com)

Midleton

Midleton est connu des amateurs de whiskey irlandais. La motivation principale d'un détour par ce bourg animé est d'ailleurs la possibilité de visiter l'ancienne distillerie Jameson – et de prendre un repas dans l'un des restaurants réputés de la ville. Mais les villages pittoresques et le littoral des alentours valent aussi le coup d'œil. La région compte de surcroît de merveilleux hôtels à l'image de la **Ballymaloe House** (021-465 2531 ; www.ballymaloe.ie ; Shanagarry ; ch à partir de 280 € ; P).

À VOIR

Jameson Experience Musée

(021-461 3594 ; www.jamesonwhiskey.com ; Old Distillery Walk ; visites guidées tarif plein/enfant 22/11 € ; boutique 10h-18h ; P). Les visiteurs se bousculent devant cette distillerie restaurée, vieille de deux siècles. Les visites guidées d'une heure et quart (entre 10h et 16h) retracent le processus de fabrication, de l'orge au fût (Jameson produit désormais son whiskey dans une usine moderne de Cork). La boutique est pleine d'idées de cadeaux et le **Malt House Restaurant** (12h-15h) programme de la musique live le dimanche.

DEPUIS/VERS MIDLETON

Midleton est situé à 20 km à l'est de Cork. La gare ferroviaire se trouve à 1,5 km (20 min à pied) au nord de **Jameson Experience**. Les trains depuis Cork sont fréquents (6 €, 25 min, ttes les heures au moins).

Il y a aussi de nombreux bus depuis la gare routière de Cork (7,70 €, 30 min, ttes les 15 à 45 min). Une voiture est en revanche indispensable pour explorer les environs.

Cobh

Cobh (prononcez "cove"), sur Great Island, est une charmante bourgade d'estuaire, ponctuée de maisons aux couleurs vives et dominée par une splendide cathédrale. On peine à imaginer qu'en d'autres temps, plus de 70 000 malheureux ont embarqué ici pour échapper à la Grande Famine (de 1848 à 1950, pas moins de 2,5 millions d'émigrants y embarquèrent). Cobh fut aussi le dernier port ayant vu le *Titanic* ; un musée rend hommage aux victimes du tragique naufrage.

À VOIR

Cobh, The Queenstown Story Musée

(021-481 3591 ; www.cobhheritage.com ; Lower Rd ; tarif plein/enfant 10/6 € ; 9h30-18h mi-avr à mi-oct, 9h30-17h lun-sam, 11h-17h dim mi-oct à mi-avr). Ce musée interactif, aménagé dans l'ancienne gare ferroviaire (et tout proche de la nouvelle gare), raconte au fil de mises en scène très vivantes les vagues de l'émigration irlandaise née de la Grande Famine.

Titanic Experience Cobh Musée

(021-481 4412 ; www.titanicexperiencecobh.ie ; 20 Casement Sq ; tarif plein/enfant 10/7 € ; 9h-18h avr-sept, 10h-17h30 oct-mars ;). Ouvert dans les anciens locaux de la White Star Line d'où 123 passagers embarquèrent sur le RMS *Titanic*, ce musée revient sur la dernière traversée du paquebot, en 1912. Les visites à heures fixes sont en partie guidées, en partie interactives, avec hologrammes, vidéos et expositions. Prévoyez au minimum une heure.

DEPUIS/VERS COBH

BUS

CobhConnect (www.cobhconnect.ie). Des bus partent toutes les heures de St Patrick's Quay et relient l'arrêt sur Park Rd à Cobh, en amont de la cathédrale St Colman (4 €, 30 min).

TRAIN

Liaison toutes les heures entre Cobh et Cork (6 €, 25 min), via Fota.

Kinsale

Le port de plaisance de Kinsale (Cionn tSáile) est l'un de ces nombreux joyaux colorés émaillant le littoral du comté de Cork. Les rues étroites et tortueuses sont ponctuées de galeries, de boutiques de souvenirs, de bars animés et de bons restaurants. De nombreux yachts sont amarrés dans le port naturel protégé par une forteresse du XVIIe siècle. Une ville pleine de charme où passer une journée.

Cobh

La larme de l'Irlande

Le **Fastnet Rock** était le dernier morceau d'Irlande qu'apercevaient les émigrants en route pour l'Amérique, d'où son triste surnom ("Ireland's teardrop", la larme de l'Irlande).

Point le plus méridional du pays, cette dent rocheuse isolée, surmontée d'un phare impressionnant, est située à 6,5 km de Cape Clear Island. Elle est visible par beau temps depuis de nombreux points du littoral entre Baltimore et Mizen Head. On la retrouve sur pléthore de cartes postales, en couverture de nombreux livres et en affiche sur bien des murs.

Le phare de Fastnet, tenu pour l'un des plus aboutis au monde, a été construit en 1904 avec des blocs de granit de Cornouailles ingénieusement imbriqués. Vous pourrez découvrir les secrets de sa construction au **Mizen Head Visitor Centre** (☎028-35115 ; www.mizenhead.ie ; Mizen Head ; tarif plein/enfant 7,50/4,50 € ; ⏱10h-18h juin-août, 10h30-17h mi-mars à mai et sept-oct, 11h-16h sam-dim nov à mi-mars ; P 🚸) et au **Cape Clear Heritage Centre** (☎028-39100 ; www.capeclearmuseum.ie ; tarif plein/enfant 2/1 € ; ⏱11h-13h et 14h-18h juil-août, horaires réduits juin et sept).

De mai à août, **Fastnet Tour** (☎028-39159; www.fastnettour.com ; adulte/famille 40/90 € ; ⏱mai-août) propose des croisières en bateau vers le Fastnet Rock (sans débarquement). Le départ se fait de Schull et Baltimore avec un passage sur Cape Clear Island.

COREY MACRI/SHUTTERSTOCK ©

À VOIR

Charles Fort — Fort

(☎021-477 2263 ; www.heritageireland.ie ; Summercove ; tarif plein/enfant 5/3 € ; ⏱10h-18h mi-mars à oct, 10h-17h nov à mi-mars ; P). Cette vaste forteresse du XVIIe siècle est l'un des forts d'artillerie en étoile les mieux préservés d'Europe. Le magnifique panorama justifierait en soi une visite, mais les vestiges des XVIIIe et XIXe siècles, à l'intérieur des murs, font tout le sel de sa découverte. Le fort est à 3 km au sud-est de Kinsale par la petite route qui traverse Scilly. Si vous en avez le temps, allez-y à pied par la **Scilly Walk**.

Old Head Signal Tower & Lusitania Museum — Phare, musée

(☎021-419 1285 ; www.oldheadofkinsale.com ; Signal Tower, Old Head of Kinsale ; tarif plein/réduit 5/3,50 € ; ⏱10h-18h tlj Pâques-oct, fermé lun-ven mars-Pâques ; P). Ce phare vieux de 200 ans abrite un musée dédié au RMS *Lusitania*, lequel fut torpillé en 1915 par un *U-boat* (sous-marin) allemand, un drame qui coûta la vie à quelque 1 200 passagers. Une balade sur les falaises autour du musée gratifie le promeneur d'une vue impressionnante sur l'Old Head au sud, la terre la plus proche du lieu du naufrage. Un **golf privé** (☎021-477 8444 ; www.oldhead.com ; green fees 200-350 €) bloque l'accès au phare situé à l'extrémité de la péninsule. Le musée se trouve à 13 km au sud de la ville par la R604.

OÙ SE RESTAURER

OHK Cafe — Café €

(O'Herlihy's ; ☎087 950 2411 ; www.oherlihyskinsale.com ; The Glen ; plats 6-12 € ; ⏱9h-15h30 mar-sam, 10h-16h dim ; 🍴🚸). OHK sert un menu aux saveurs méditerranéennes, et notamment des petit-déjeuner originaux comme des sardines à la portuguaise, du jambon Serrano ou des toasts au fromage avec du pain au levain. Les assiettes de salade du midi sont à la fois copieuses et équilibrées, avec des garnitures à base de houmous et de grenade.

Black Pig Wine Bar Irlandais €€
(021-477 4101 ; www.facebook.com/theblackpigwinebar ; 66 Lower O'Connell St ; plats 10-19 € ; 17h30-23h mer-jeu et dim, 17h30-23h30 ven-sam). Cet établissement éclairé à la bougie est installé dans une remise à calèches du XVIIIe siècle. Les amuse-bouches, plateaux de charcuterie et de fromage sont tous de provenance locale. La carte des vins, primée, aligne pas moins de 200 crus à la bouteille et 100 au verre, dont de nombreux vins bio. Réservation recommandée.

Bastion Irlandais moderne €€€
(021-470 9696 ; www.bastionkinsale.com ; angle Main St et Market St ; plats 18-35 € ; 17h-22h mer-dim ;). Titulaire d'un Bib Gourmand depuis 2016, la maison fournit une introduction détendue au monde de la haute cuisine. Les serveurs vous présenteront volontiers les options à la carte (huîtres, bœuf, poisson et chevreuil du cru), mais laissez-vous plutôt tenter par le menu dégustation de 7 plats (78 €) ou le menu "début de soirée" de 5 plats (avant 18h ; 58 €).

Finn's Table Irlandais moderne €€€
(021-470 9636 ; www.finnstable.com ; 6 Main St ; plats 30-40 € ; 18h-22h lun-mar et jeu-sam). Les restaurants gastronomiques de Kinsale ne manquent pas de compétiteurs et celui de John et Julie Finn est à la hauteur. À l'accueil, chaleureux, s'ajoute un menu de saison à base de produits locaux. Les fruits de mer viennent du comté de Cork et la viande est fournie par les bouchers de la famille.

RENSEIGNEMENTS

L'**office du tourisme** (021-477 2234 ; www.kinsale.ie ; angle Pier Rd et Emmet Pl ; 9h15-17h mar-sam tte l'année, 9h15-17h lun avr-oct, 10h-17h dim juil-août) distribue une carte détaillée des randonnées à Kinsale et dans ses alentours.

DEPUIS/VERS KINSALE

Le **bus Éireann** (021-450 8188 ; www.buseireann.ie) 226 relie Kinsale à la gare routière de Cork (9,50 €, 1 heure, ttes les heures) en passant par l'aéroport de Cork. L'arrêt de bus se trouve sur Pier Road, près de l'office du tourisme.

Charles Fort

Spike Island

Au large du port de Cork, cette **île** (☎021-237 3455 ; www.spikeislandcork.com ; Cork Harbour ; tarif plein/enfant, ferry inclus 20/10 € ; ⊙départs ferries 10h-15h juin-août, 12h et 14h mai et sept, plus sam-dim fév-avr et oct) verdoyante, surmontée d'un fort d'artillerie du XVIIIe siècle, était un élément de défense essentiel du port. Elle servit de prison dans la deuxième moitié du XIXe siècle, pendant la guerre d'Indépendance irlandaise, puis à nouveau entre 1984 et 2004, ce qui lui a valu le surnom d'"Alcatraz irlandais". Aujourd'hui, on peut suivre la visite guidée des bâtiments de l'ancienne prison, puis explorer seul les lieux. Le ferry part de Kennedy Pier, à Cobh.

La visite comprend la nouvelle prison, les anciennes cellules d'isolement, le dépôt d'obus (autrefois une prison pour enfants) et le bastion n°2, avec son énorme canon de marine de 6 pouces (152 mm), sans oublier le **Gun Park** et son imposante collection d'artillerie (principalement du XXe siècle), et le **Mitchel Hall** qui retrace l'histoire de l'*Aud*, navire allemand dédié au trafic d'armes pendant la Première Guerre mondiale, qui fut coulé à l'entrée du port de Cork. Depuis le **Glacis Walk**, un sentier de 1,5 km qui fait le tour du fort, on jouit d'une magnifique vue sur Cobh et l'entrée du port. Comptez environ 4 heures pour profiter au mieux de la visite. Un café et des toilettes se trouvent sur l'île.

RIEKELT HAKVOORT/SHUTTERSTOCK ©

Bantry

Nichée entre les collines de Sheep's Head et les Caha Mountains, la vaste et magnifique baie de Bantry offre l'un des paysages littoraux les plus beaux d'Irlande. Protégée par les îles à l'entrée de la baie, la ville du même nom est une cité proprette, avec ses rues étroites jalonnées de commerces à l'ancienne et son pittoresque front de mer.

Le site principal de la ville est la Bantry House, où résida Richard White, resté dans l'histoire pour avoir prévenu les autorités de l'arrivée du patriote Wolfe Tone et de son armada française, venus soutenir la rébellion des United Irishmen, en 1798. Une tempête empêcha finalement les navires d'accoster, changeant ainsi le cours de l'histoire de l'Irlande. Une statue et une place à son nom célèbrent la mémoire de Wolfe Tone.

À VOIR

Bantry House & Garden Édifice historique

(☎027-50047 ; www.bantryhouse.com ; Bantry Bay ; manoir et jardin tarif plein/enfant 11/3 €, jardin seul 6 €/gratuit ; ⊙10h-17h tlj juin-août, mar-dim mi-avr à mai et sept-oct ; P). La visite de cette demeure du XVIIIe siècle est à ne pas manquer. Le clou est le jardin, aux immenses pelouses plongeant vers l'océan. Montez les 100 marches du splendide jardin italien à l'arrière du manoir pour contempler le panorama. L'entrée du domaine se trouve à 1 km au sud-ouest du centre-ville par la N71.

Bantry House appartient à la famille White depuis 1729, et ses pièces débordent des souvenirs de voyage de plusieurs générations. Le sol du vestibule est couvert de mosaïques de Pompéi, les murs sont ornés de tapisseries françaises et flamandes, des coffres du Japon y côtoient des autels russes et une magnifique bibliothèque à colonnades. Les chambres à l'étage ont une vue époustouflante sur la baie. Les bons pianistes sont invités à essayer l'antique piano à queue de la bibliothèque.

OLOS/SHUTTERSTOCK ©

Bantry House & Garden

Les propriétaires ont ouvert un **B&B** (☎027-50047 ; www.bantryhouse.com ; Bantry Bay ; d à partir de 189 € ; ⊙avril-oct ; P 📶) dans l'une des ailes du bâtiment.

OÙ SE RESTAURER

Manning's Emporium Café €

(☎027-50456 ; www.manningsemporium.ie ; N71, Ballylickey ; plats 8-13 € ; ⊙10h-17h dim-jeu, 10h-21h ven-sam ; P 📶). Ce café-*deli* gastronomique est une caverne d'Ali Baba des délices de l'ouest de Cork. Asseyez-vous à une table pour consulter la carte et commandez au comptoir. Les assiettes de dégustation se prêtent à goûter la production artisanale locale et les fromages fermiers. Fréquentes animations culinaires. Sur la N71 à Ballylickey (à droite quand on arrive de Bantry).

Des pizzas cuites au feu de bois sont servies du vendredi au dimanche.

Organico Café €

(☎027-55905 ; www.organico.ie ; 2 Glengarriff Rd ; plats 7-11 € ; ⊙9h-18h lun-sam ; 📶). Ce café-épicerie lumineux et animé propose des salades on ne peut plus fraîches, des sandwichs, des soupes, et des plats du jour au déjeuner. Café et gâteaux sont délicieux.

Fish Kitchen Fruits de mer €€

(☎027-56651 ; thefishkitchen.ie ; New St ; plats déj 10-14 €, dîner 16-28 € ; ⊙12h-15h et 17h30-21h mar-sam). Dans ce petit restaurant, aménagé au-dessus d'une poissonnerie, on prépare à merveille les fruits de mer, notamment les huîtres, directement tirées du vivier (servies avec citron et Tabasco), et les moules de Bantry Bay au vin blanc. Si vous n'êtes pas amateur, optez pour un steak juteux.

RENSEIGNEMENTS

Office du tourisme (☎027-50229 ; www.visitbantry.ie ; Wolfe Tone Sq ; ⊙10h-18h lun-sam avr-oct). Le service étant assuré par des bénévoles, les horaires varient.

DEPUIS/VERS BANTRY

Les **bus Éireann** (www.buseireann.ie) assurent 4 à 6 liaisons quotidiennes entre Bantry et Cork (22 €, 2 heures).

COMTÉ DE KERRY

Comté de Kerry

Le Kerry compte certains des paysages les plus mémorables d'Irlande : falaises battues par la houle, plages de sable doré, prés verdoyants bordés de murets, marécages et éminences nimbées de brume. Avec pour jardin l'un des plus beaux parcs nationaux du pays, la ville touristique de Killarney compte pléthore de boutiques, ainsi que des pubs où l'on entend de la musique traditionnelle. Killarney est aussi le point de départ de deux circuits routiers célèbres. Le plus long est le Ring of Kerry, qui fait le tour de la péninsule d'Iveragh, montagneuse et entourée de nombreuses îles. La péninsule de Dingle, plus compacte, est une sorte de condensé de sa voisine méridionale.

Le comté de Kerry en 2 jours

Après avoir flâné dans Killarney, faites une **balade en calèche** (p. 172) jusqu'à **Muckross House** (p. 169), puis embarquez pour une excursion au Lough Leane. Le lendemain, faites le tour du **Ring of Kerry** (p. 164) en voiture, avec une pause-déjeuner chez **Quinlan & Cooke** (p. 176), à Cahersiveen, ou à la **Boathouse** (p. 176) de Kenmare.

Le comté de Kerry en 4 jours

Le troisième jour, vous aurez le choix. Si le temps est clément (entre mai et septembre), optez pour l'excursion inoubliable à **Skellig Michael** (p. 160). Sinon, rejoignez tranquillement le pittoresque **Gap of Dunloe** (p. 173) en bateau et à vélo (ou bien en bus et en calèche). Le dernier jour, allez à **Dingle** (p. 177) pour déjeuner, et consacrez l'après-midi à explorer Slea Head en voiture.

Page précédente : Ross Castle (p. 169)
STEFANO_VALERI/SHUTTERSTOCK

Comment s'y rendre

L'**aéroport de Kerry** (p. 174) se trouve à Farranfore, à 17 km au nord de Killarney sur la N22.

La **gare ferroviaire de Killarney** est située derrière le Malton Hotel, légèrement à l'est du centre.

Les **bus Éireann** desservent Killarney et Dingle Town une ou deux fois par jour depuis Dublin et Cork. **Citylink** dessert également Killarney au départ de Galway.

Où se loger

Comptant maints campings, auberges de jeunesse, B&B et grands hôtels, Killarney constitue une excellente base pour explorer le comté. La ville de Dingle est également bien fournie en hébergements. Réservez bien à l'avance pour l'été et les périodes de festivals. Ailleurs, vous trouverez quelques charmants B&B rustiques, auberges et pubs avec chambres, mais attention : certains ferment en hiver.

Le Ring of Kerry en voiture

Plages battues par les vents, falaises escarpées malmenées par la houle, ruines médiévales, montagnes et lacs scintillants vous attendent sur le Ring of Kerry.

Départ Killorglin
Distance 179 km
Durée 1 à 2 jours

La photo à prendre : île de Valentia

3 Prenez le ferry pour l'**île de Valentia**, un coin somptueux et trop peu visité, à l'histoire passionnante.

4 Empruntez la boucle peu fréquentée du **Skellig Ring** qui relie Portmagee à Waterville en traversant une région *gaeltacht* (où l'on parle gaélique).

Une petite faim ?

À Portmagee, joli port aux maisons colorées, l**e Bridge Bar (**066-947 7108 ; www.moorings.ie ; plats 13-18 € 8h-23h30 lun-sam, 8h-23h, cuisine jusqu'à 21h), est idéal pour déjeuner.

1 Donnant sur la N70 entre Killorglin et Glenbeigh, le **Kerry Bog Village Museum** (www.kerrybogvillage.ie ; Ballincleave, Glenbeigh ; tarif plein/enfant 6,50/4,50 € ; ⏲9h-18h) est la reconstitution d'un village de marais du XIXᵉ siècle.

2 L'ancienne caserne de Cahersiveen a été transformée en musée, l'**Old Barracks Heritage Centre** (p. 176), et la campagne environnante se prête à de belles balades.

★ Bon plan

Sur la route, pour éviter les voyages de groupes en autocar, il est conseillé de partir très tôt ou très tard ou de faire le trajet dans le sens des aiguilles d'une montre.

5 Continuez jusqu'à **Waterville**, station balnéaire à l'ancienne réputée pour son golf et pour la pêche. Charlie Chaplin y passa des vacances dans les années 1960.

7 L'arrivée se fait à **Kenmare**, joli village aux rues jalonnées de boutiques d'artisanat, de galeries, de cafés et de bons restaurants.

6 À **Caherdaniel** se dresse la maison ancestrale de Daniel O'Connell, "le Libérateur". Sa famille – des contrebandiers – opérait depuis la Derrynane House, près des dunes.

Skellig Michael

Une excursion dans les îles Skellig, deux pitons rocheux livrés à la houle, à 12 km au large des côtes, est une expérience inoubliable. On y trouve notamment le monastère le plus ancien et le plus isolé de toute l'Irlande.

Amas rocheux acéré culminant à 217 m au-dessus de l'océan, Skellig Michael (ou rocher de l'archange saint Michel), le plus grand des deux îlots, est inscrit au patrimoine mondial de l'Unesco. Les premiers moines chrétiens y ont établi au VIe siècle une communauté qui survécut jusqu'au XIIe ou XIIIe siècle. Accrochés à la falaise à 150 m au-dessus des flots, les bâtiments monastiques sont accessibles par 600 marches abruptes, taillées dans la paroi rocheuse.

Les oratoires et **cellules en nids d'abeilles**, bâtis au VIe siècle, diffèrent par la taille ; la plus grande des cellules mesure 4,50 m sur 3,60 m au sol. On peut voir, au sud, le potager des moines et leur citerne. Les plateformes faites de terre et de murs de pierres sèches qu'ils aménagèrent dans la pente pour établir leur ermitage restent leur ouvrage le plus impressionnant.

Pour ceux qui aiment...

☑ Ne ratez pas

Les cellules en pierre en forme de nids d'abeilles du VIe siècle au sommet de Skellig Michael.

Croix de pierre

BASTIAN BODYL/SHUTTERSTOCK ©

Infos pratiques

www.heritageireland.ie ; mi-mai à sept GRATUIT

Une petite faim ?

Il n'y a aucun commerce à Skellig Michael, pensez à emporter un pique-nique.

★ Bon plan

Pour voir les îles de près, sans accoster, embarquez pour une excursion avec Skellig Experience (066-947 6306 ; www.skelligexperience.com ; tarif plein/enfant 5/3 €, avec croisière 35/20 € ; 10h-19h juil-août, 10h-18h mai-juin et sept, 10h-16h30 ven-mer mars-avr et oct-nov ; P) depuis l'île de Valentia.

Influencée par l'Église copte et l'œuvre de saint Antoine le Grand dans les déserts d'Égypte et de Libye, la quête contemplative des moines les conduisit sur ces pitons rocheux, isolés et battus par les vents. Si la vie du monastère demeure obscure, il existe des récits concernant des raids vikings en 812 et en 823, au cours desquels certains moines périrent ou furent enlevés. La communauté perdura malgré tout. Un oratoire rectangulaire fut érigé au XIe siècle, puis agrandi au XIIe siècle. Pourtant, ce fut vers cette époque que les moines abandonnèrent le rocher.

Après l'introduction du calendrier grégorien, en 1582, l'interdiction de se marier pendant le carême fit de Skellig Michael un site privilégié. Le maintien de l'ancien calendrier julien aux Skellig permettait en effet, à qui le souhaitait, de ne pas attendre Pâques pour convoler, moyennant une simple traversée jusqu'aux îles.

Ici ont également été tournées plusieurs scènes des films *Star Wars VII : le Réveil de la Force* (2015) et *Star Wars VIII : les Derniers Jedi* (2017), ce qui vaut à cette île d'une beauté spectaculaire une nouvelle vague de visiteurs.

Alors que Skellig Michael est constitué de deux triangles reliés entre eux par un éperon, l'îlot de Little Skellig est plus long, plus bas et plus escarpé encore. Y réside une colonie de plus de 20 000 couples de fous de Bassan, soit la deuxième plus importante au monde. La plupart des bateaux font le tour de l'île pour permettre à leurs passagers d'observer les oiseaux, voire des phoques qui se prélassent parfois sur les rochers. Il est à noter que, Little Skellig étant une réserve ornithologique protégée, il est interdit d'y accoster.

Killarney National Park

On oublie bien vite, à explorer les lacs et les forêts du sublime Killarney National Park, le kitsch des boutiques de souvenirs.

Pour ceux qui aiment...

☑ Ne ratez pas

Une croisière sur les lacs de Killarney.

Au cœur du parc national se trouve le Muckross Estate, donné à l'État irlandais par le sénateur Arthur Vincent en 1932. Le parc a été classé réserve de biosphère par l'Unesco en 1982. Les lacs de Killarney – Lough Leane (lac bas, ou "Lac du savoir"), le lac Muckross (lac du milieu) et l'Upper Lake (lac haut) – représentent environ un quart de sa superficie. Environnés de landes, ils sont bordés de chênes sauvages et de forêts d'ifs, et dominés par les hauts pitons de Purple Mountain (832 m), à l'ouest, et de Knockrower (552 m), au sud.

Une riche faune sauvage hante ces paysages : des cerfs se jettent à l'eau pour aller brouter l'herbe des îles qui parsèment les lacs, des écureuils roux et des martres des pins gambadent dans les forêts, et les eaux du parc sont peuplées de saumons et de truites brunes. Quinze aigles barbus

Muckross House

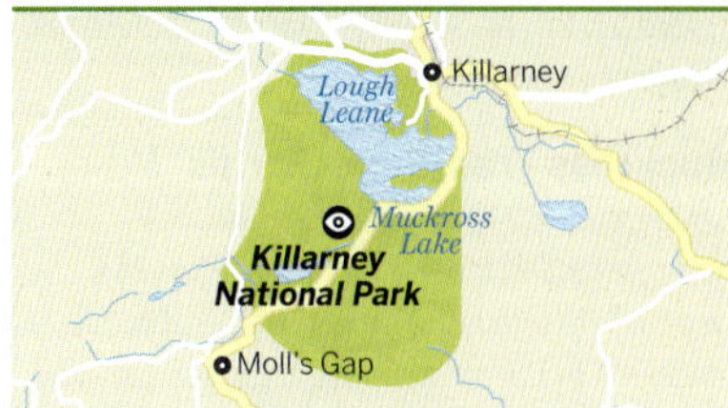

Infos pratiques

www.killarneynationalpark.ie GRATUIT

Une petite soif ?

Le centre des visiteurs, près de Muckross House, comprend un bon café.

★Bon à savoir

Muni de jumelles, vous aurez une chance d'apercevoir des pygargues à queue blanche, une espèce rare, tournoyant au-dessus du lac Muckross.

ont été réintroduits dans le parc en 2007. En 2015, on en comptait au moins quatre couples dans le comté de Kerry, dont l'un a donné naissance à des aiglons.

Killarney House & Gardens Édifice historique

(plan p. 172 ; www.facebook.com/killarneynationalpark ; Muckross Rd ; 8h30-19h30 mai-sept, 9h-17h30 oct-avr). GRATUIT Construite au début du XVIIIe siècle, Killarney House faisait jadis partie d'un domaine plus vaste mais aujourd'hui démoli. Restauré en 2016, le bâtiment abrite le centre des visiteurs du Killarney National Park. Visites guidées gratuites toutes les trente minutes et visites saisonnières des beaux jardins du parc.

Ross Castle Château

(064-663 5851 ; www.heritageireland.ie ; Ross Rd, Killarney ; visite guidée tarif plein/enfant 5/3 € ; 9h30-17h45 début mars à oct ; P). Ross Castle, construit au XVe siècle par le clan des O'Donoghue, fut la dernière forteresse de la province celtique du Munster à tomber aux mains de Cromwell. Son escalier en spirale, dont chaque marche a une hauteur distincte, devait ralentir l'ascension des assaillants. Une agréable promenade de 3 km à partir de l'entrée piétonne du parc permet de rejoindre le château et de croiser parfois des cerfs.

Muckross House Édifice historique

(064-667 0144 ; www.muckross-house.ie ; Muckross Estate ; visite guidée uniquement tarif plein/enfant 9,25/6,25 €, avec Muckross Traditional Farms 15,50/10,50 € ; 9h-19h juil-août, 9h-18h avr-juin et sept-oct, 9h-17h nov-mars ; P). Cet impressionnant manoir victorien recèle d'intéressants objets d'époque. Des portraits signés John Singer Sargent ornent les murs, entre les trophées de chasse et les truites empaillées. Du mobilier ancien de Killarney, reconnaissable aux paysages de la région gravés dans le bois, pare les somptueux appartements, à côté des tapisseries, des tapis persans, de l'argenterie et de la porcelaine commandés pour la visite de la reine Victoria en 1861. Le domaine se trouve à 5 km au sud de Killarney ; suivre les panneaux depuis la N71.

Muckross Traditional Farms Musée

(☎064-663 0804 ; www.muckross-house.ie ; Muckross Estate ; tarif plein/enfant 9,25/6,25 €, avec Muckross House 15,50/10,50 € ; ⏲10h-18h juin-août, 13h-18h avr, mai et sept, 13h-18h sam-dim mars et oct). Ces reconstitutions de fermes des années 1930 évoquent les images, les sons et les odeurs de la vie agricole – bouse de vache, foin, terre mouillée et feu de tourbe, ainsi qu'une cacophonie de poules, de canards, de cochons et d'ânes. Des guides en costumes font vivre ces fermes traditionnelles, et les enfants peuvent faire connaissance avec les porcelets, agneaux, canetons et poussins. Les fermes sont situées sur le côté est de Muckross House ; comptez 2 heures pour profiter pleinement de la visite.

Muckross Abbey Ruines

(Muckross Estate ; ⏲24h/24). GRATUIT Ces ruines bien conservées sont en fait celles d'un couvent (même si tout le monde en parle comme d'une abbaye) fondé en 1448 et incendié par les troupes de Cromwell en 1652. On y découvre une église à clocher carré et un petit cloître, avec un grand if en son centre (selon la légende, l'arbre serait aussi vieux que le couvent). Dans le chœur, on trouve le tombeau des chefs du clan McCarthy Mór, ainsi qu'un mémorial, érigé en l'honneur de la philanthrope locale Lucy Gallwey. Le couvent est situé à 1,5 km au nord de Muckross House (suivre les panneaux).

Inisfallen Île

Le premier monastère d'Inisfallen Island (la plus grande des îles du parc) aurait été fondé au VIIe siècle par saint Finian le

Muckross Abbey

Lépreux. Les vastes ruines d'un **prieuré augustinien** du XIIe siècle et d'un oratoire au portail roman sculpté se dressent sur le site originel de St Finian. Vous pourrez accéder à l'île en bateau à moteur avec pilote (environ 10 €, 10 min) depuis Ross Castle. Par temps calme, vous pourrez vous y rendre à la force de vos bras, en barque (5 €/heure, comptez 30 minutes de traversée dans chaque sens).

Knockreer House & Gardens — Parc

GRATUIT La Killarney House, construite pour le comte de Kenmare dans les années 1870, fut réduite en cendres en 1913. L'actuelle Knockreer House, bâtie sur le même emplacement en 1958, abrite un centre éducatif sur la nature. Le centre n'est pas accessible au public, mais ses jardins avec pelouses en terrasses et résidence d'été ont une vue splendide sur les montagnes par-delà les lacs. Suivez le sentier à droite de l'entrée du parc en face de St Mary Cathedral sur environ 500 m.

Infos pratiques

Pour les randonneurs : l'office du tourisme de Killarney dispose de guides et de plans du parc national.

JIRICASTKA/SHUTTERSTOCK ©

Killarney Lake Tours — Excursion en bateau

(MV Pride of the Lakes ; ☎064-663 2638 ; www.killarneylaketours.ie ; Ross Castle Pier ; tarif plein/enfant 10/5 € ; ⊙avr-oct). Les croisières sur le Lough Leane se font à bord de bateaux confortables, qui partent du ponton jouxtant Ross Castle (4/jour). On y découvre (sans y débarquer) l'île d'Inisfallen, ainsi que la cascade O'Sullivan (une chute d'eau sur la rive ouest).

Explorer le parc

La marche, le vélo et les excursions en bateau sont les meilleurs moyens d'explorer le parc.

Depuis l'entrée de la cathédrale, comptez 2,5 km (30 minutes à pied) jusqu'à Ross Castle. Pour rejoindre Muckross Estate à pied ou en vélo, suivez la piste cyclable qui longe la N71 pendant 3 km direction sud, après quoi la piste se dirige vers le lac (il y a 5 km en tout jusqu'à Muckross House, p. 169).

Des calèches partent de Kenmare Place au centre de Killarney, et de la Jaunting Car Entrance de Muckross Estate, sur un parking à 3 km au sud de la ville sur la N71. Comptez de 15 à 20 € par personne pour une promenade aller-retour de Killarney à Ross Castle. Prix variables, négociez pour une longue promenade.

Muckross Lake Loop Trail

Cette boucle de randonnée donne à voir certains des plus beaux paysages du parc, notamment la "rencontre des eaux" où se rejoignent des canaux issus des trois lacs de Killarney.

Killarney

La ville, qui accueille des visiteurs depuis plus de 250 ans, est une mécanique touristique bien huilée alimentée par les paysages sublimes du parc national (p. 168) où lacs, cascades et forêts se nichent au pied de pics d'une hauteur de plus de 1 000 m. L'offre très large garantit de bons repas, de bons pubs et des hébergements confortables pour tous les budgets. La fin du printemps ou le début de l'automne sont parfaits pour la visiter, avec moins de monde et une douceur qui permet de profiter des activités en extérieur.

CIRCUITS ORGANISÉS

Jaunting Car Tours Calèches

(plan p. 172 ; ☎064-663 3358 ; killarneyjauntingcars.ie ; Kenmare Pl ; 40-80 €/calèche, max 4 pers/calèche). Ces calèches traditionnelles proposent des promenades jusqu'à Ross Castle et Muckross Estate (p. 169), avec commentaires du cocher (appelé *jarvey*). Les tarifs dépendent de la

Killarney

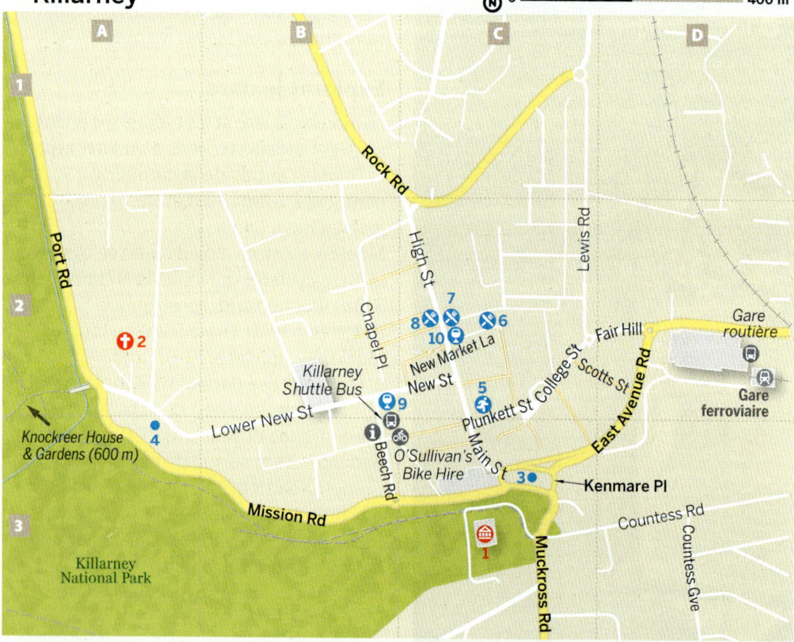

Killarney

À voir

1 Killarney House & Gardens C3
2 St Mary's Cathedral A2

Activités

Gap of Dunloe Tours .... (voir 10)
3 Jaunting Car Tours C3
4 Killarney Guided Walks A3
5 O'Neill's C2

Où se restaurer

Celtic Whiskey Bar & Larder .... (voir 9)
6 Curious Cat Café C2
7 Murphy Brownes C2
8 Treyvaud's C2

Où prendre un verre et faire la fête

9 Celtic Whiskey Bar & Larder B2
10 O'Connor's C2

distance. Le départ, surnommé le "Ha Ha" ou "the Block" est sur Kenmare Place.

Killarney Guided Walks Promenade

(plan p. 172 ; ☎087 639 4362 ; www.killarneyguidedwalks.com ; tarif plein/enfant 12/6 €). Rendez-vous tous les jours à 11h à l'extrémité ouest de New Street, face à **St Mary's Cathedral** (plan p. 172 ; www.killarneyparish.com ; Cathedral Pl ; ⏰8h-18h30), pour 2 heures de visite guidée du parc. La réservation est obligatoire de novembre à avril. Après avoir exploré les Knockreer Gardens (p. 171), vous verrez le lieu où le général de Gaulle passa près de six semaines en 1969, après s'être retiré de la présidence, celui où David Lean a tourné *La Fille de Ryan* et celui où Brother Cudda, un moine, aurait dormi deux siècles durant.

Sorties à d'autres horaires sur demande.

Killarney Golf & Fishing Club Golf

(☎064-663 1034 ; www.killarneygolfclub.com ; Mahony's Point ; green fees 60-125 €). Ce club qui a accueilli plusieurs fois l'Open d'Irlande possède trois terrains de golf de championnat en bordure de lac, avec vue sur la montagne. À 3,4 km à l'ouest de Killarney, via la N72.

Gap of Dunloe

Le Gap of Dunloe est un col de montagne à la splendeur sauvage, émaillé de pitons rocheux, de lacs et de cascades, en bordure ouest du parc national de Killarney, coincé entre la Purple Mountain et les hauts sommets de Macgillycuddy's Reeks (la plus haute chaîne de montagnes du pays).

Une croisière sur les lacs suivie d'un itinéraire à vélo au Gap of Dunloe est une combinaison classique pour découvrir Killarney. Votre auberge de jeunesse, hôtel ou camping pourra s'occuper des réservations (bateau 20 €/pers, plus location de vélo 12-15 €/jour).

Gap of Dunloe Tours (plan p. 172 ; ☎064-663 0200 ; www.gapofdunloetours.com ; 7 High St ; ⏰mars-oct) propose des itinéraires à pied comprenant le Gap (17,50 €), des circuits vélo-bateau, vivement recommandés (20 €), ou encore bus-bateau (35 €). Départ des bus d'**O'Connor's pub** (p. 174).

Rivière Loe au Gap of Dunloe

OÙ SE RESTAURER

Curious Cat Café Café €

(plan p. 172 ; ☎087 663 5540 ; www.facebook.com/curiouscatcafe ; 4 New Market Lane ; plats 9-15 € ; ⏰9h-21h ven-sam, à 16h dim-lun). Ce petit café original de New Market Lane, où des tambours d'enroulement de câbles font office de tables, propose une carte variée – smoothies et pain chocolat-banane, pancakes sucrés et salés, soupes maison et petits plats, dont les ailes de poulet avec une sauce au bleu. Excellent café.

La sangria, délicieuse, est une aubaine quand la météo est de la partie.

Murphy Brownes Cuisine internationale €€

(plan p. 172 ; ☎064-667 1446 ; www.facebook.com/murphybrownesrestaurant ; 8 High St ; plats 14-25 € ; ⏰17h-21h30 mars-début jan). Tout à la fois élégant et informel, ce restaurant est parfait pour un dîner décontracté. Service prévenant sans être importun, menu consensuel qui associe classiques irlandaiset internationaux, comme les moules de provenance locale, l'agneau du Kerry, le fish and chips, les lasagnes, le curry au poulet et la salade César.

Treyvaud's Irlandais €€

(plan p. 172 ; ☎064-663 3062 ; www.treyvaudsrestaurant.com ; 62 High St ; plats 10-30 € ; ⏰17h-22h lun, 12h mar-jeu et dim,

Pêcher dans les lacs de Killarney

La pêche à la truite brune, dans les lacs du Killarney National Park (p. 168), ne requiert pas de permis. La saison s'étend du 15 février au 12 octobre. Il est possible de s'installer sur la rive, mais le plus amusant est de louer un bateau. Vous en trouverez à **Ross Castle** (085 174 2997 ; Ross Castle Pier ; 9h30-17h avr-oct, sur réservation nov-mars) ou chez **Sweeney's** (064-664 4207 ; www.theinvicta.com ; Invicta B&B, Tomies, Beaufort), à l'extrémité ouest de Lough Leane, pour 40 €/jour (moteur hors-bord compris ; jusqu'à 3 pers).

Saumon La rivière Laune, qui coule de Lough Leane vers l'océan, est l'une des plus riches en saumons d'Irlande. La saison dure du 17 janvier au 30 septembre, et la meilleure période pour pêcher commence fin juillet. Il faut un permis (20 €/jour) et une licence de pêche d'État (1 jour/3 semaines 20/40 €). Vous pourrez aussi pêcher le saumon dans les lacs de Killarney (sans permis, mais avec une licence d'État).

O'Neill's (plan p. 172 ; 064-663 1970 ; www.facebook.com/oneillsofkillarney ; 6 Plunkett St ; 9h30-22h lun-ven, 9h30-21h sam, 10h30-20h dim), magasin de pêche de Killarney, fournit des renseignements, loue des cannes à pêche et du matériel, et vend des permis et des licences.

Pêcher dans le Killarney National Park
GABRIEL12/SHUTTERSTOCK ©

12h-22h30 ven-sam). Ce restaurant à la façade moutarde a la réputation de servir une cuisine subtile où se combinent tradition et influences continentales. Le *seafood chowder*, une soupe onctueuse aux moules, crevettes et saumon, constitue un repas en soi. Les plats sont à base de produits locaux, tel le cabillaud rôti avec purée au raifort, sauce tomate et câpres, et un savoureux ragoût de bœuf à la Guinness.

OÙ PRENDRE UN VERRE ET FAIRE LA FÊTE

O'Connor's Pub

(plan p. 172 ; 064-663 942 ; 7 High St ; 12h-23h30 dim-jeu, 12h-0h30 ven-sam ;). Derrière la porte à petits carreaux, c'est l'un des rendez-vous les plus courus de Killarney, notamment pour ses concerts quotidiens. D'autres tables vous attendent à l'étage et, par beau temps, la clientèle déborde volontiers sur la ruelle adjacente.

Celtic Whiskey Bar & Larder Bar

(plan p. 172 ; 064-663 5700 ; www.celticwhiskeybar.com ; 93 New St ; 10h30-23h30 lun-jeu, 10h30-0h30 ven-sam, 10h30-23h dim ;). Cet incroyable bar contemporain a plus de 1000 whiskeys en stock, dont quelque 500 variétés irlandaises, à l'exemple du Willie Napier 1945, du comté d'Offaly, et du Writers' Tears du comté de Carlow (12 ans d'âge). Séances de dégustation d'une heure et master class (à partir de 15 €) fournissent une bonne introduction au whiskey irlandais. Une dizaine de bières artisanales sont disponibles. Excellente cuisine (plats 9-27 € ; service 12h-21h45) servie par ailleurs.

RENSEIGNEMENTS

L'**office du tourisme** (plan p. 172 ; 064-663 1633 ; killarney.ie ; Beech Rd ; 9h-17h lun-sam ;) renseigne en particulier sur les transports.

DEPUIS/VERS KILLARNEY

AVION

L'aéroport le plus proche de Killarney est le **Kerry Airport** (KIR ; 066-976 4644 ; www.

kerryairport.ie ; Farranfore). Il se trouve à Farranfore à 17 km au nord de Killarney sur la N22. Vols quotidiens pour Dublin, London Luton et London Stansted ainsi que des vols réguliers pour Berlin et Francfort.

BUS

Les bus Éireann partent de la **gare routière** (plan p. 172) de Park Road. Changement à Cork pour Dublin. Le train est beaucoup plus rapide.

Cork (18,05 €, 2 heures, ttes les heures)

TRAIN

La **gare ferroviaire** de Killarney (☎064-663 1067 ; Fair Hill) se trouve derrière la gare routière, à l'est du centre.

Il y a un ou deux trains directs par jour pour Cork et Dublin ; sinon, il y a une correspondance à Mallow.

Cork (25 €, 1 heure 30)

Dublin (62 €, 3 heures 15)

COMMENT CIRCULER

BUS

Le **Killarney Shuttle Bus** (plan p. 172 ; ☎087 138 4384 ; www.killarneyshuttlebus.com ; aller 2-5 €, ticket journée 10 € ; ⊙mars-oct) fait la navette tous les jours entre l'office du tourisme (p. 174) et toutes les principales curiosités, notamment le Gap of Dunloe, Ross Castle, Muckross House, Torc Waterfall et Ladies' View. Les tickets sont à acheter auprès du chauffeur. Le ticket à la journée, qui permet un accès illimité à la navette, est avantageux.

VÉLO

Le vélo est idéal pour explorer les sites touristiques disséminés dans la région de Killarney. Certains ne sont d'ailleurs accessibles que par ce moyen ou à pied.

Nombre d'auberges de jeunesse et hôtels de Killarney louent des vélos. Vous en trouverez aussi chez **O'Sullivan's Bike Hire** (plan p. 172 ; ☎064-663 1282 ; www.killarneyrentabike.com ; Beech Rd ; à partir de 15/85 € par jour/semaine).

Point de vue : Aghadoe

Depuis plusieurs siècles, on vient admirer Killarney, les lacs, les monts et Inisfallen Island du haut de cette colline, à 5 km à l'ouest de la ville. À la pointe est de la prairie se dressent les ruines d'une église romane et de Parkavonear Castle (XIIIe siècle), dont le donjon cylindrique, encore debout, est l'un des rares construits par les Normands en Irlande.

Il n'y a aucun transport public, mais de nombreux cars de tourisme font escale ici.

Porte de la cathédrale à Aghadoe

COLLPICTO/ALAMY STOCK PHOTO ©

Cahersiveen

Ville principale de la péninsule d'Iveragh, Cahersiveen (prononcez *caar-seu-viin*, du gaélique *cathair saidhbhín*, "petit fort circulaire de Sarah") est intimement liée à l'histoire de la lutte pour l'indépendance de l'Irlande. C'est ici que Daniel O'Connell, "le Libérateur", vit le jour et que retentirent les premiers coups de feu du soulèvement des *fenians* de 1867.

À VOIR

Ring Forts Ruines

(Ballycarbery). GRATUIT À environ 3 km au nord-ouest de Cahersiveen se dressent deux magnifiques forts circulaires en pierre, distants de 600 m l'un de l'autre. On y accède par le parking commun. **Cahergal**, le plus grand et le plus impressionnant des deux, date du Xe siècle. Il comprend un escalier intérieur, un *clochán* (bâtiment circulaire en pierre en forme de ruche)

DOMINICK CORRADO/SHUTTERSTOCK ©

Dingle

et ce qui reste d'une tour. Le plus petit, **Leacanabuile** (IXe siècle), abrite les ruines de quatre maisons. Les deux forts dominent **Ballycarbery Castle** (Ballycarbery) GRATUIT et le port de Valentia, et offrent un superbe panorama sur les montagnes du Kerry.

Old Barracks Heritage Centre Musée
(066-401 0430 ; www.theoldbarrackscahersiveen.com ; Bridge St ; tarif plein/enfant 4/2 € ; 10h-17h lun-sam, 11h-16h dim mars-nov ; P). Construite en réponse au soulèvement des *fenians* en 1867, la caserne de la Police royale d'Irlande de Cahersiveen arbore un style excentrique rappelant un château de Bavière, avec sa tourelle pointue et ses pignons à redents. Incendié en 1922 par les forces antitraité, l'imposant bâtiment a été rénové et accueille aujourd'hui des expositions sur le soulèvement des *fenians* et la vie et les œuvres du héros local, Daniel O'Connell.

OÙ SE RESTAURER

Quinlan & Cooke Fruits de mer €€
(066-947 2244 ; www.qc.ie ; 3 Main St ; plats 18-27 € ; cuisine 18h-21h, bar 15h-22h jeu-lun Pâques-sept, autres horaires oct-Pâques ;). Cette version moderne du pub traditionnel est parfaite pour boire une pinte en fin de journée. Excellente cuisine à base de produits locaux, notamment la pêche du propriétaire, qui possède sa propre flotte. Mention spéciale pour le *fish and chips* et la bisque aux crabes et crevettes. Horaires variables, téléphonez avant de venir.

Kenmare

Kenmare (prononcez "ken-*mair*") est idéalement situé pour explorer le Ring of Kerry (p. 164) et la péninsule de Beara, sans les cars de touristes de sa célèbre voisine Killarney, Kenmare (*An Neidín* en gaélique, ce qui signifie "petit nid") est un village dont le joli triangle de rues abrite boutiques d'artisans, galeries, cafés et bons restaurants.

OÙ SE RESTAURER

Boathouse Bistro Bistrot €€
(064-664 2889 ; www.dromquinnamanor.com ; Dromquinna Manor, Sneem Rd ; plats

15-28 € ; 12h30-21h tlj mi-mars à sept, fermé lun-jeu oct à mi-mars ; P). Au bord de l'eau, cet ancien hangar à bateaux bleu et blanc des années 1870, à 4,5 km à l'ouest de Kenmare, est désormais une élégante bâtisse de bord de mer, avec pour spécialité les fruits de mer (livrés chaque jour sur le quai). Plats préparés avec savoir-faire (pinces de crabes de Kenmare Bay au beurre pimenté et aillé, *fish and chips* panure à la bière) accompagnés d'un beau choix de vins au verre et de gins artisanaux.

Tom Crean Fish & Wine Irlandais €€
(064-664 1589 ; tomcrean.ie ; Main St ; plats 17-31 € ; 17h-21h30 jeu-lun sept-juin, tlj juil-août ;). Baptisée en l'honneur d'un explorateur natif du Kerry, pionnier des expéditions dans l'Antarctique, cette institution, tenue par sa petite-fille, propose le meilleur des produits bio, fromages et fruits de mer frais de provenance locale. Le homard de Sneem est à la carte en saison, les huîtres au naturel exhalent le parfum de la baie et le gratin de fruits de mer, servi dans des coquilles Saint-Jacques, est divin.

À l'étage de cette maison de ville du XIXe siècle, sont louées des chambres stylées avec des grands lits (double à partir de 75 €).

DEPUIS/VERS KENMARE

Les bus Éireann (www.buseireann.ie) relient Kenmare et Killarney (12,40 €, 45 min, 1-3/jour), en plus d'assurer quotidiennement la desserte de tout le Ring of Kerry de fin juin à fin août.

Péninsule de Dingle

L'un des trésors de la Wild Atlantic Way, la péninsule de Dingle (Corca Dhuibhne) marque le point le plus occidental de l'Irlande. Dans l'ombre sacrée du mont Brandon, les *boreens* (chemins de campagne) bordés de fuchsias serpentent à travers un paysage tout en forts circulaires préhistoriques, huttes en nids d'abeilles, chapelles, croix et puits sacrés paléochrétiens, hameaux pittoresques et villages déserts.

Moll's Gap

Construite en 1820 pour remplacer l'ancien chemin vers l'est (l'Old Kenmare Road, aujourd'hui empruntée par le chemin de randonnée Kerry Way), la route N71 reliant Killarney à Kenmare (32 km) serpente entre la roche et les lacs, avec de nombreuses aires pour s'arrêter, admirer la vue et reprendre son souffle entre deux virages en épingle à cheveux. Soyez prudent : de nombreux cars circulent sur la route.

À environ 17 km au sud de Killarney se trouve le point d'observation de **Ladies' View** (N71).

Le col de Moll's Gap, 5 km plus au sud, mérite une escale pour profiter de la vue et d'un rafraîchissement à l'**Avoca Cafe** (064-663 4720 ; www.avocahandweavers.com ; N71, Moll's Gap ; plats 5-9 € ; 9h30-17h lun-ven, 10h-17h sam-dim mars-nov ;)

LOUIELEA/SHUTTERSTOCK ©

La péninsule, avec en son cœur la charmante bourgade du même nom, est de longue date un refuge pour les artistes, artisans et musiciens. On les rencontre dans les ateliers, musées, festivals et inoubliables sessions de musique traditionnelle qui égaient ses petites localités.

Dingle

Avec son port de pêche, la "petite capitale" de la péninsule homonyme respire un charme naturel. De nombreux pubs font également boutique, si bien qu'on peut, par exemple, boire une pinte et chanter en chœur au milieu

Dingle

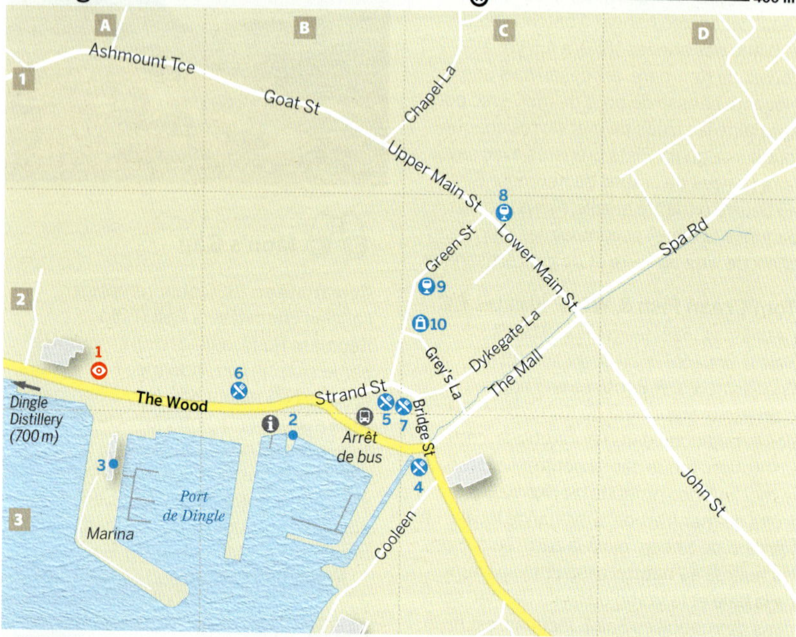

Dingle

À voir
1 Dingle Oceanworld A2

Activités
2 Dingle Dolphin Tours B3
3 Dingle Traditional Rowing A3

Où se restaurer
4 Chart House C3
5 Murphy's B2
6 Out of the Blue B2
7 Reel Dingle Fish Co C2

Où prendre un verre et faire la fête
8 Curran's C2
9 Dick Mack's C2

Achats
10 Little Cheese Shop C2

d'articles de quincaillerie. Cette localité a longtemps attiré des personnes du monde entier, ce qui en fait un lieu cosmopolite et créatif.

À VOIR ET À FAIRE

Dingle Oceanworld Aquarium

(plan p. 178 ; ☎066-915 2111 ; www.dingle-oceanworld.ie ; The Wood ; tarif plein/enfant/famille 15,50/10,75/47 € ; ⏲10h-19h juil-août, 10h-18h sept-juin). L'aquarium de Dingle est très amusant à visiter ; il comprend un tunnel et un réservoir tactile. Des poissons hauts en couleur y évoluent dans des aquariums où sont recréés les habitats naturels du lac Malawi, du fleuve Congo et de l'Amazone infestés de piranhas. Le bassin aux requins accueille des squales de récif et des raies pastenagues, et le bassin "Ocean tunnel", rempli d'eau prélevée dans le port, des espèces locales dont l'aiguillat, le mulet, la plie, le congre et le cernier commun.

Dingle Distillery Distillerie
(☎066-402 9011 ; www.dingledistillery.ie ; Ventry Rd ; visite guidée 15 € ; ⏲visite guidée 12h-16h mars-sept, à partir de 14h oct-fév). Annexe de la microbrasserie Porterhouse, à Dublin, cette petite distillerie artisanale a démarré son activité en 2012 et la mise en bouteille de son whiskey single malt en 2016. Le gin et de la vodka qu'elle produit par ailleurs remportent régulièrement des prix.

Dingle Traditional Rowing Bateau
(Naomhòg Experience ; Plan p. 178 ; ☎087 699 2925 ; dinglerowing.com ; Dingle Marina ; cours 25 €). Le *currach ou Naomhòg* dans le comté de Kerry (coracle en français) est un bateau traditionnel irlandais fabriqué à partir d'une armature en bois recouverte d'une toile badigeonnée de goudron. Ces embarcations étaient utilisées pour la pêche par les habitants de l'île de Blasket et servent aujourd'hui pour des courses qui soulèvent l'enthousiasme des habitants. On peut réserver une séance d'une heure dans le port de Dingle (2 pers minimum) pour apprendre à les manœuvrer.

Sont également proposées des visites guidées du port et des croisières au coucher du soleil (25 €/pers et par heure, 2 pers minimum).

Dingle Dolphin Tours Excursion en bateau
(plan p. 178 ; ☎066-915 2626 ; www.dingledolphin.com ; The Pier ; tarif plein/enfant 16/8 €). Les bateaux de la coopérative Dingle Boatmen's Association partent chaque jour du ponton pour des croisières d'une heure permettant d'observer le résident le plus célèbre de la péninsule, Fungie le dauphin. La croisière est gratuite s'il ne se montre pas (ce qui est rare). Billetterie à côté de l'office du tourisme (p. 181).

OÙ SE RESTAURER

Reel Dingle Fish Co Fish & Chips €
(plan p. 178 ; ☎066-915 1713 ; Bridge St ; plats 5-15 € ; ⏲13h-22h). On fait la queue pour le poisson frais (haddock, cabillaud, maquereau, lotte ou merlu) et les frites de cette petite échoppe. D'aucuns disent que ce sont là les meilleures frites du Kerry, voire d'Irlande.

Fungie le dauphin

En 1983, un grand dauphin a élu domicile dans la baie de Dingle, révolutionnant le tourisme local. Il montra rapidement de singulières affinités avec les humains, passant son temps à nager autour des bateaux des pêcheurs. Quelqu'un finit par avoir l'idée de faire payer aux touristes le droit de voir de près cet animal sociable, surnommé Fungie. Aujourd'hui, jusqu'à 12 bateaux fendent simultanément les eaux de la baie pour montrer aux quelque 1 000 touristes quotidiens la mascotte de Dingle, devenue un pilier de l'économie locale. Au point que Fungie a sa statue de bronze devant l'office du tourisme (p. 181).

Un dauphin en liberté vit en moyenne 25 ans, et certains dépassent les 40 ans en captivité. Fungie ayant fait sa première apparition il y a plus de 37 ans (et il s'agit bien d'un seul et même dauphin, reconnaissable à ses cicatrices uniques), les spéculations vont bon train quant au jour fatidique où il disparaîtra, laissant Dingle orpheline.

PETRAKOSONEN/GETTY IMAGES ©

Murphy's Glaces €
(plan p. 178 ; www.murphysicecream.ie ; Strand St ; 1/2/3 boules 4,50/6,50/8,50 € ; ⏲11h30-22h mai-oct, 11h30-20h nov-avr ; 📶). Ces somptueuses glaces artisanales affichent des parfums différents chaque jour (pain complet, sel de mer, gin de Dingle et café irlandais nappé de whiskey). Les

sorbets sont confectionnés avec de l'eau de pluie. Outre la seconde boutique, donnant sur la jetée face à l'office du tourisme (p. 181), d'autres antennes ont fleuri un peu partout en Irlande.

Out of the Blue Fruits de mer €€€

(plan p. 178 ; 066-915 0811 ; www.outoftheblue.ie ; The Wood ; plats 19-39 € ; 17h-21h30 lun-sam, 12h30-15h et 17h-21h30 dim). Cette cabane de pêcheur bleu et jaune sur le front de mer est l'une des meilleures tables de Dingle. Ici, les frites sont proscrites et on accorde une importance capitale à la fraîcheur du menu, composé exclusivement de fruits de mer. C'est simple : si la pêche du jour n'inspire pas le chef, il n'ouvre pas. Mention spéciale à la bisque de crevettes de la baie de Dingle au homard, et au bar grillé flambé au cognac.

Chart House Irlandais €€€

(plan p. 178 ; 066-915 2255 ; www.thecharthousedingle.com ; The Mall ; plats 22-32 € ; 18h-22h juin-sept, horaires variables oct-déc et mi-fév-mai). Des jardinières ornent les fenêtres de ce pavillon de pierre, tandis qu'à l'intérieur, les murs rouge sombre, les plancher poli et la flamme des bougies créent une atmosphère intime. Cuisine créative et produits irlandais : moules de Cromane et crevettes de Dingle Bay, boudin noir d'Annascaul et crabe de Brandon Bay, bœuf du Kerry et bleu de Cashel. En haute saison, il faut parfois réserver plusieurs semaines à l'avance.

Little Cheese Shop Fromagerie

(plan p. 178 ; www.facebook.com/thelittlecheeseshop ; Grey's Lane ; 11h-18h lun-ven, 11h-17h sam). La minuscule boutique de Maja Binder, formée au métier en Suisse, déborde de fromages venus de toute l'Irlande, dont sa propre sélection de produits de la péninsule de Dingle.

OÙ PRENDRE UN VERRE ET FAIRE LA FÊTE

Dick Mack's Pub

(plan p. 178 ; www.dickmackspub.com ; Green St ; 11h-23h30 lun-jeu, 11h-0h30 ven-sam, 12h-23h dim). Les étoiles sur le trottoir portent le nom des clients célèbres du Dick Mack's.

Gallarus Oratory

L'intérieur est tout en recoins et bois patiné, et des tables sont disposées dans la cour. *Food trucks* en été. En 2017, la brasserie du XIXᵉ siècle d'à côté a été restaurée, et l'on y brasse désormais la bière servie au pub.

Curran's Pub
(plan p. 178 ; Main St ; 10h-23h). Un pub-épicerie traditionnels, proposant aussi bien des bottes de pluie que des pommes de terre. Le lieu est, lui aussi, tout en coins et recoins – plusieurs petites salles arborent des vitraux, et la Guinness est excellente. Fréquentes sessions de musique traditionnelle, lancées spontanément.

RENSEIGNEMENTS

Souvent bondé mais bien utile, l'**office du tourisme** (plan p. 178 ; 1850 230 330 ; www.dingle-peninsula.ie ; The Pier ; 9h-17h lun-sam) de Dingle propose des cartes, des guides et une foule de renseignements sur la péninsule.

DEPUIS/VERS DINGLE

L'**arrêt de bus** (plan p. 178 ; The Tracks) se trouve devant le parking situé derrière le supermarché. Pour rejoindre Killarney en bus, il faut prendre une correspondance à Tralee (15,20 €, 2 heures, 3/jour).

Dingle Shuttle Bus (087 250 4767 ; www.dingleshuttlebus.com) propose un service de minibus entre l'aéroport de Kerry et la péninsule de Dingle (sur réservation) ainsi que des circuits guidés dans la péninsule et le Ring of Kerry.

Slea Head Drive

Renfermant une foule de vestiges superbement préservés du passé lointain de Dingle – huttes en nids d'abeilles, forts circulaires, inscriptions sur les rochers et sites paléochrétiens – Slea Head se détache sur des paysages côtiers à couper le souffle. Le panorama est spectaculaire à travers la brume légère. Malheureusement, il est parfois masqué par un épais brouillard marin.

Le Slea Head Drive est un parcours en boucle signalé de 47 km qui traverse Ventry, Dunquin, Ballyferriter et Ballydavid, rejoint l'ouest de Dingle et inclut les sites principaux.

À VOIR

Gallarus Oratory Site historique
(www.heritageireland.ie ; Gallarus ; P). GRATUIT Structure en pierres sèches semblable à la coque retournée d'un bateau, l'oratoire de Gallarus est l'un des plus beaux édifices anciens d'Irlande. Il se dresse, sur ce site isolé au pied des collines brunes, depuis quelque 1 200 ans, témoignant d'une impressionnante résistance aux éléments. Il ne comprend que deux ouvertures : une porte étroite côté ouest et une fenêtre semi-circulaire à l'est. Gallarus est bien indiqué depuis la R559, à 8 km au nord-ouest de Dingle. Il est situé à,400 m à l'est du parking (payant) du **Gallarus Visitor Centre** (www.gallarusoratory.ie ; Gallarus ; 3 € ; 9h-18h Pâques-oct).

Église de Kilmalkedar Ruines
(Kilmalkedar ; 24h/24). GRATUIT Sis dans un magnifique cadre, le plus important site chrétien de la péninsule de Dingle a une vue plongeante sur le port de Smerwick. Construite au XIIᵉ siècle sur le site d'un monastère fondé par Saint Maolcethair au VIIᵉ siècle, l'église, sans toit, est un superbe exemple d'architecture romane irlandaise. La porte ouest, surmontée d'un arc en plein cintre, est décorée de chevrons et d'une tête humaine sculptée. Dans le cimetière se trouvent une pierre couverte d'oghams (plus ancienne forme d'écriture de l'irlandais) et un cadran solaire taillé dans le roc. À 2 km au nord-est de Gallarus.

COMTÉ DE CLARE ET LIMERICK

Comté de Clare et Limerick

La côte du comté de Clare, longée par la Wild Atlantic Way, est martelée sans relâche par l'océan, qui creuse la roche en falaises abruptes, à l'exemple de celles de Moher ou de l'extrémité de la péninsule de Loop Head. Sur le littoral, plusieurs écoles de surf investissent, l'été venu, les plages du comté.

La terre du comté de Clare est dure mais son âme est vibrante : la culture et la musique traditionnelles sont vivaces. Dans les bourgs, comme dans les simples villages, des musiciens se produisent à tout moment de l'année. Aux portes du comté, la ville de Limerick est également une destination animée.

Comté de Clare et Limerick en 1 jour

Explorez la ville d'**Ennis** (p. 190) et **Ennis Friary** (p. 190), puis déjeunez copieusement au pub **Nora Culligans** (p. 190). Partez ensuite vers l'ouest, appareil photo en main, pour admirer les **falaises de Moher** (p. 186). Passez la nuit à Doolin, non loin, pour contempler le couchant du haut des falaises et assister à une **session de musique traditionnelle** (p. 188) dans un pub.

Comté de Clare et Limerick en 2 jours

Tout dépend de votre itinéraire général. Si vous vous dirigez vers le Kerry, au sud, allez à **Loop Head** (p. 195) admirer encore un peu la côte avant de traverser le Shannon en ferry pour rejoindre Tarbert et la route de Dingle. Si vous prévoyez plutôt d'aller à Galway, au nord, réservez un **circuit guidé** (p. 194) à travers les extraordinaires paysages karstiques du **Burren** (p. 196).

Page précédente : une ferme à Doolin près des falaises de Moher
SHERI WAKE/SHUTTERSTOCK ©

Comment s'y rendre

Explorer le comté de Clare en transports en commun est difficile et demande d'avoir du temps. Si vous n'êtes pas motorisé, le mieux est de séjourner à Galway et de vous rendre aux falaises de Moher et à Doolin dans le cadre d'un circuit organisé en car, par exemple avec **Burren Wild Tours** (p. 194).

Plusieurs bus Éirann et trains relient chaque jour Ennis et Limerick.

Où se loger

Ennis est un bon point de chute pour visiter le comté de Clare. On trouve toutefois des campings, auberges de jeunesse, B&B, pubs et hôtels dans tout le comté, notamment à Doolin et Lahinch, et alentour. Beaucoup d'établissements n'ouvrent qu'entre Pâques et octobre et affichent rapidement complet le week-end et pendant les vacances scolaires – il faut alors réserver. Limerick est plus éloignée, mais si vous y faites étape, tâchez de trouver un hébergement proche du centre-ville et de son animation.

PHOTOGRAPHY BY ROBERT RIDDELL/GETTY IMAGES ©

Falaises de Moher

Les falaises de Moher sont d'une beauté à couper le souffle, et quand la visibilité est bonne, la vue s'étend jusqu'aux îles d'Aran et aux collines du Connemara. Au crépuscule, le ciel devient une mosaïque d'ambre, de rose et de grenat.

Pour ceux qui aiment...

☑ Ne ratez pas

La vue à l'ouest sur les falaises au coucher du soleil, quand le paysage est plus grandiose que jamais.

Culminant à 203 m, ces falaises plongent à la verticale dans une mer la plupart du temps agitée. Les promontoires qui se suivent au loin et les différentes strates de roche sombre dessinent un relief captivant. Par temps clair, le regard porte jusqu'aux îles d'Aran, au cœur de Galway Bay, et à l'ouest on distingue les collines du Connemara dans le comté de Galway.

Le site, souvent envahi par les touristes débarqués par cars entiers, ne se prête guère à la contemplation solitaire. Cependant, les vents d'ouest couvrent le bruit des groupes et l'on peut s'éloigner pour éviter la foule. À l'endroit où l'accès est autorisé, un grand centre des visiteurs a été aménagé à flanc de colline, tandis qu'un haut mur garde-fou (un peu trop, 1,50 m) protège les visiteurs du danger, tant sur les sentiers que sur les points de vue.

O'Brien's Tower

MALLEY PHOTOGRAPHY/SHUTTERSTOCK ©

Infos pratiques

065-708 6141 ; www.cliffsofmoher.ie ; R478 ; tarif plein/enfant avec parking 8 €/gratuit ; 8h-21h mai-août, 8h-19h mars-avr et sept-oct, 9h-17h nov-fév

Une petite faim ?

Évitez les cafés bondés du centre d'accueil en apportant un pique-nique à manger le long des falaises.

Bon à savoir

Pour un point de vue différent et voir les falaises depuis la mer, réservez une sortie en bateau au départ de Doolin.

Sentiers de randonnée

Dix minutes de marche à pied suffisent pour retrouver un peu de liberté, et surtout jouir d'un panorama unique. Passé le Moher Wall au sud, un sentier longe les falaises jusqu'à Hag's Head (5,5 km). On peut poursuivre jusqu'à Liscannor (12 km, 3 heures 30). L'autre option est de remonter au nord, en suivant le Doolin Trail qui rallie le village de Doolin (7 km, 2 heures 30) en passant par O'Brien's Tower. La totalité du parcours entre Liscannor et Doolin, via les falaises, est désormais balisée. Attention, le sentier monte et descend beaucoup et compte nombre de sections étroites en bord de falaise.

Centre d'accueil des visiteurs

Le centre d'accueil des visiteurs, relativement récent, abrite de nombreuses boutiques, quelques cafés et une intéressante exposition sur la faune, la flore, la géologie et le microclimat de ce territoire balayé par vents et marées. Deux films (l'un, immersif, de 5 minutes, l'autre de 10 minutes) passent en boucle pour conclure la visite. Un espace ludique destiné aux enfants leur permet de créer des images numériques. Brochure d'informations à disposition.

Circuits en bateau

Doolin Ferry Co Croisière

(065-707 5555 ; www.doolinferry.com ; Doolin Pier ; 15 €; mi-mars-oct). Croisière inoubliable au pied des falaises de Moher au départ de Doolin, à 6 km au nord-est. Les animaux sont souvent au rendez-vous et la lumière crée des effets spectaculaires. N'hésitez pas, réservez.

Musique traditionnelle au McGann's

Musique traditionnelle

Que ce soit dans un authentique pub de village ou dans l'ambiance enfiévrée d'un bar d'Ennis, le comté de Clare est l'une des meilleures destinations du pays pour écouter de la musique traditionnelle.

Pour ceux qui aiment...

☑ Ne ratez pas

Une session au Vaughan's, à Kilfenora, l'une des meilleures adresses sur l'île.

Ennis

Il est possible, presque chaque soir, de s'offrir une tournée des pub musicaux, en particulier l'été. Des musiciens de tout le pays se produisent à Ennis, où les bonnes adresses sont légion.

Brogan's Pub

(065-684 4365 ; www.brogansbarandrestaurant.com ; 24 O'Connell St ; 12h-minuit). Les salles de ce grand pub à l'angle de Cooke's Lane accueillent de très bons musiciens garantissant une ambiance endiablée. À partir de 21h environ du lundi au jeudi (davantage en été).

Doolin

Ce village compte plusieurs pubs où l'on entend, tous les soirs, de la musique traditionnelle. Sachez toutefois que vous

devrez sans doute jouer des coudes pour en profiter.

McGann's Pub

(☎065-707 4133 ; www.mcgannspubdoolin.com ; Roadford ; ⏰10h-23h30 lun-mer, 10h-0h30 jeu-sam, 10h-23h dim ; 📶). C'est le pub musical irlandais par excellence. Les nombreux clients débordent souvent jusque dans la rue, sur une petite terrasse couverte. Des trois pubs du village, c'est celui où l'on mange le mieux (plats 11-18 €, essayez les pinces de crabe !). Les habitués sont occupés à jouer aux fléchettes dans le dédale de petites salles où, dans l'âtre, se consume un feu de tourbe.

Kilfenora

Un petit village à la tradition musicale bien ancrée comme en témoigne le Vaughan's, l'excellent pub local.

Infos pratiques

Avant votre départ, consultez les sites Internet des pubs pour connaître la programmation et les dates de sessions, et réservez vos hébergements en conséquence.

Une petite faim ?

La plupart des pubs proposent une cuisine de pub correcte. Le McGann's, à Doolin, est l'une des meilleures tables.

★ Bon plan

Arrivez au moins 1 heure avant le début de la session pour avoir une chance d'être assis près des musiciens.

Vaughan's Pub Pub

(☎065-708 8004 ; www.vaughanspub.ie ; Main St ; ⏰10h30-23h30, horaires variables). Réputée parmi les mélomanes irlandais, cette adresse sert du poisson et des fruits de mer, et des plats traditionnels à base de produits locaux. Savourez votre pinte à l'ombre du grand arbre. Musique au bar tous les soirs en été et assez souvent le reste de l'année. La grange voisine accueille de formidables **spectacles de quadrille irlandais** (*set-dancing*) les jeudis (22h) et dimanches (21h).

Ennistimon

L'authenticité des quelques pubs de ce discret village agricole de l'arrière-pays de Doolin attire les meilleurs talents locaux.

Eugene's Pub

(☎065-707 1777 ; Main St ; ⏰10h30-23h30 lun-jeu, 10h30-0h30 ven-sam, 12h30-23h dim). Reconnaissable à sa façade décorée de peintures, Eugene's est un classique du genre. Intime et douillet, il se distingue par son intérieur tapissé de cartes de visite, mais également par sa belle collection de whiskeys et ses magnifiques vitraux.

Ennis

Sur les rives de la Fergus, la charmante Ennis (Inis) est la capitale du comté. Elle compte peu de sites touristiques mais les ruelles piétonnes du centre invitent à la flânerie. À quelque 23 km au nord de l'**aéroport de Shannon** (Shannon Airport ; p. 346), Ennis permet de rallier en moins de 2 heures n'importe quel point du comté.

À VOIR

Ennis Friary Église

(☎065-682 9100 ; www.heritageireland.ie ; Abbey St ; tarif plein/enfant 5/3 € ; ⊙10h-18h Pâques-sept, 10h-17h oct). Au nord du Square, cette abbaye fut fondée par Donnchadh Cairbreach O'Brien, roi de Thomond, entre 1240 et 1249. Riche de différents éléments construits entre le XIIe et XIXe siècle, elle se distingue notamment par une fenêtre en cinq parties de la fin du XIIIe siècle, le tombeau d'un McMahon (1460) orné de scènes de la Passion sculptées sur des panneaux d'albâtre et un très bel *Ecce Homo*, bas-relief représentant le Christ et les symboles de la Passion.

OÙ SE RESTAURER ET PRENDRE UN VERRE

Food Heaven Café €

(☎065-682 2722 ; www.food-heaven.ie ; 21 Market St ; plats 6-12 € ; ⊙8h30-18h lun-sam ; 📶). Au bien nommé "Paradis de la nourriture", l'on sert une cuisine créative et fraîche : pancakes à l'américaine, sandwichs à l'écrevisse et spécialités de *l'afternoon tea*. Prévoyez de l'attente à midi, avant de pouvoir vous régaler d'un friand à la saucisse maison.

Nora Culligans Pub

(☎065-682 4954 ; www.noraculligans.com ; Abbey St ; ⊙16h-23h30 lun-jeu, 16h-2h ven, 12h-2h sam, 12h-minuit dim ; 📶). Habilement rénové, l'immense Nora Culligans a gardé plusieurs de ses éléments d'origine, à l'exemple des somptueux placards à whiskey à deux étages, derrière le comptoir, et des boiseries de l'arrière-salle.

Ennis Friary

Il accueille des musiciens de tous les styles, depuis le jazz et le blues jusqu'aux auteurs-compositeurs-interprètes acoustiques, en passant par le reggae et la musique traditionnelle.

Poet's Corner Bar Pub
(☎065-682 8127 ; www.oldgroundhotelennis.com/poets-corner-bar.html ; Old Ground Hotel, O'Connell St ; ⌚11h-23h30 lun-jeu, minuit 30 ven-sam, 12h-23h dim). Ce sont les sessions de musique traditionnelle (mercredi à dimanche, mai à septembre ; vendredi et samedi, octobre à avril), les boiseries et les emplacements privés ainsi que l'ambiance accueillante qui font du pub de l'**Old Ground Hotel** (www.oldgroundhotelennis.com ; s 130 €, d 180-200 €, ste 230-275 €) le rendez-vous préféré des visiteurs comme des habitants.

RENSEIGNEMENTS

L'**office du tourisme** d'Ennis (☎1850 230 330 ; www.visitennis.com ; Arthur's Row ; ⌚9h30-17h30 mar-ven, 9h-17h sam) occupe le même bâtiment que le **Clare Museum**.

DEPUIS/VERS ENNIS

La rocade de la M18 Limerick-Galway contourne Ennis par l'est.

BUS

Les **bus Éireann** (www.buseireann.ie) stationnent à la **gare routière** (Station Rd), à côté de celle du chemin de fer. Correspondance à Galway ou Limerick pour Dublin.

Liaisons pour les destinations suivantes :

Cork Bus 51 ; 19 €, 3 heures, ttes les heures

Doolin Bus 350 ; 9,50 €, 50 minutes, 5/jour, via Corofin, Ennistimon, Lahinch, Liscannor, les falaises de Moher

Galway Bus 51 ; 9,50 €, 1 heure 30, ttes les heures, via Gort

Limerick Bus 51 ; 7 €, 1 heure, ttes les heures, via Bunratty

Festivals de musique traditionnelle

La musique traditionnelle est jouée en continu dans les pubs et les salles durant l'**Ennis Trad Festival** (www.ennistradfest.com ; ⌚début-milieu nov) qui se déroule sur cinq jours en novembre. Le dernier week-end de février à Doolin, le festival **Russell Memorial Weekend** (☎065-707 4168 ; www.michorussellweekend.ie ; ⌚fév) rend hommage au légendaire musicien Micho Russell et à ses frères. Ateliers, cours de danse et sessions de musique traditionnelle ont lieu partout dans la ville.

MICHAEL KEVIN DALY/FUSE/GETTY IMAGES ©

Aéroport de Shannon Bus 51 ; 8,50 €, 30 minutes, ttes les heures

TRAIN

Irish Rail (www.irishrail.ie) assure une liaison pour Limerick (6 €, 40 min, 9/jour), d'où partent des trains pour des destinations plus lointaines, notamment Dublin.

La ligne Ennis-Galway (7,50 €, 1 heure 15, 4-5/jour), traverse les beaux paysages du Burren.

Bunratty

Bunratty (Bun Raite) abrite un magnifique château, adossé à un parc thématique reconstituant un village irlandais d'autrefois – un duo gagnant, qui lui vaut une belle affluence de touristes, et ce d'autant plus que l'aéroport de Shannon n'est qu'à 13 km à l'ouest.

Un festival incontournable

La **Willie Clancy Summer School** (☎065-708 4148 ; scoilsamhraidhwillieclancy.com ; ⊙juil) est l'un des plus grands événements musicaux du pays. Elle rend hommage chaque année au musicien Willie Clancy (1918-1973), natif de Miltown Malbay, et qui reste, dans les mémoires, l'un des plus grands joueurs de cornemuse d'Irlande. Début juillet, pendant neuf jours, des sessions impromptues fleurissent jour et nuit et les pubs de la ville ne désemplissent pas. Elle propose en parallèle cours et ateliers.

Uileann pipes
STEVIE O'CUANA/SHUTTERSTOCK ©

À VOIR

Bunratty Castle & Folk Park Château

(☎061-711 222 ; www.bunrattycastle.ie ; tarif plein/enfant/famille 16/12/45 € ; ⊙9h-17h30). Carré et massif, le château de Bunratty date du XVe siècle, mais n'est que le dernier d'une succession d'édifices bâtis à cet emplacement, au bord de la Ratty. Site viking jusqu'au Xe siècle, le château est devenu dans les années 1250 la résidence de Thomas de Clare, seigneur hiberno-normand. On y accède via le Folk Park, écomusée qui reconstitue un village irlandais d'antan. Il compte des maisons aux toits de chaume et aux cheminées qui fument, une forge et un forgeron à l'ouvrage, des tisserands, une poste, un pub-épicerie, un petit café et d'autres curiosités.

OÙ SE RESTAURER

Gallagher's of Bunratty Fruits de mer €€€

(☎061-363 363 ; www.gallaghersofbunratty.com ; Old Bunratty Rd ; plats 15-40 € ; ⊙17h30-21h30 tlj, 12h30-15h dim). Murs en pierre, poutres apparentes, boiseries et poêle à bois dessinent un intérieur aussi enchanteur que l'extérieur. Mais si l'on réserve une table ici, c'est surtout pour déguster les incomparables produits de la mer : saint-pierre infusé au safran avec de la salicorne, sole entière de Douvres, pinces de crabe au beurre aillé... Le menu (deux/trois plats 32/37 €) est d'un excellent rapport qualité/prix.

OÙ SORTIR

Irish Evening at Bunratty Spectacle dînatoire

(☎061-711 222 ; www.shannonheritage.com/IrishEvening ; tarif plein/enfant 43/35 € ; ⊙19h-21h30 avr-oct). Ces soirées pleines d'entrain se déroulent dans une halle aux grains du Folk Park du château de Bunratty (p. 192). Les serveurs apportent des classiques irlandais (ragoûts, saumon poché, tarte aux pommes), sur fond de contes, danses et musiques traditionnels. Le vin aidant, vous ne tarderez pas à pousser la chansonnette.

Killaloe et Ballina

Deux localités distinctes à cheval sur deux comtés, mais un site unique, à la pointe sud du Lough Derg. Enjambant le chenal, un beau pont (sens unique) de 13 arches les relie.

Killaloe (Cill Da Lúa) incarne le comté de Clare dans ce qu'il a de plus charmant. La localité est située sur la berge occidentale du Loch Deirgeirt, et adossée à la chaîne des Slieve Bernagh. À l'est, les Arra Mountains créent un équilibre harmonieux.

Moins pittoresque, Ballina (Béal an Átha), dans le comté de Tipperary, compte quelques pubs et restaurants agréables

Limerick

L'ambiance de cette cité sur le Shannon contraste avec la tranquillité de la campagne alentour. Troisième ville du pays, forte d'une belle population estudiantine, Limerick connaît de l'animation tout au long de l'année, et on y trouve suffisamment d'activités culturelles et de sites historiques pour s'occuper une bonne journée. Durement frappée par la crise de la fin des années 2000, la ville s'est rapidement rétablie, et fut en 2014 la première cité irlandaise à devenir Capitale de la culture européenne. Les investissements qui en ont découlé ont conduit à de nombreux travaux de restauration. Limerick, riche de ses édifices médiévaux et georgiens, accueille par ailleurs de plus en plus de galeries d'art et d'adresses pour gourmets.

À VOIR

King John's Castle Château

(www.shannonheritage.com ; Nicholas St ; tarif plein/enfant 12/9 € ; 9h30-18h avr-sept, 9h30-17h oct-mars). La rive ouest du Shannon est sans doute le meilleur endroit pour admirer les tours et les remparts massifs de cet emblème de Limerick. Le château fut érigé par le roi Jean sans Terre entre 1200 et 1212. Les tours jumelles encadrant la porte du château sont encore debout.

Une expérience multimédia fournit une excellente introduction à l'histoire de l'Irlande en général, et de Limerick en particulier. Elle est suivie par une exposition archéologiques dans la crypte et une visite de la cour et des fortifications.

Ne ratez pas, au-dessus du café, l'exposition sur l'archéologie du château et le développement de la ville à l'époque georgienne, ni la vue depuis les tours – même si le panorama le plus saisissant reste celui qu'on a du château, depuis la berge opposée du Shannon. Des réductions sont appliquées lorsqu'on réserve en ligne.

Hunt Museum Musée

(www.huntmuseum.com ; Custom House, Rutland St ; tarif plein/-16 ans 7,50 €/gratuit ; 10h-17h lun-sam, 14h-17h dim). Ce musée propose une véritable chasse au trésor à ses visiteurs, qui sont invités à y ouvrir et explorer une multitude de tiroirs, et à flâner parmi plus de 2 000 objets des âges du bronze et du fer, et du Moyen Âge. Ouvrez l'œil pour ne pas manquer la pièce d'argent qui serait l'une des 30 perçues par Judas pour trahir le Christ, les sculptures des Cyclades, un dessin de Giacometti et des œuvres de Renoir, Picasso et Jack B. Yeats. Des visites guidées gratuites d'une heure sont effectuées par des bénévoles enthousiastes. Le musée, qui dispose d'un bon café, est établi dans l' élégant édifice de style georgien de Custom House.

Limerick City Gallery of Art Musée

(gallery.limerick.ie ; Carnegie Building, Pery Sq ; 10h-17h30 lun-mer et ven-sam, 10h-20h jeu, 12h-17h30 dim). GRATUIT Cet excellent musée de Limerick jouxte le paisible People's Park, au cœur de la ville georgienne. La collection permanente de peintures des trois derniers siècles comprend des œuvres de Sean Keating et Jack B. Yeats. Les expositions temporaires sont souvent consacrées à l'art contemporain conceptuel. Les années paires, la galerie accueille également des expositions de l'**Eva International** (www.eva.ie ; mi-avr à mi-juil), la biennale d'art contemporain irlandais. Informations sur le site web. Agréable café (9h30-17h).

St Mary's Cathedral Cathédrale

(061-310 293 ; www.cathedral.limerick.anglican.org ; Bridge St ; tarif plein/étudiant/-10 ans 5/3,50 €/gratuit ; variables, environ 9h-17h lun-ven, 9h-16h sam-dim). La cathédrale de Limerick fut fondée en 1168 sur l'ordre de Donal Mór O'Brien, roi de Munster. Il reste de cette époque des portions de style roman

Randonnées guidées

Burren Guided Walks & Hikes (☎065-707 6100, 087 244 6807 ; www.burrenguidedwalks.com ; à partir de 20 € ; ⏲sur réservation). Mary Howard, guide chevronnée, emmène des groupes lors de balades variées. Au programme : randonnée hors des sentiers battus sur des itinéraires pleins de surprises.

Burren Wild Tours (☎087 877 9565 ; www.burrenwalks.com ; 35 € ; ⏲sur rendez-vous). Itinéraires de niveau modéré ou plus exigeant, proposés par John Connolly. Parmi les thèmes abordés : botanique, folklore et patrimoine.

Heart of Burren Walks (☎087 292 5487 ; www.heartofburrenwalks.com ; 30 € ; ⏲sur réservation mar-sam). Balades et randonnées archéologiques (2 heures 30) avec l'auteur Tony Kirby, spécialiste du Burren. Espèces uniquement.

Plateau karstique du Burren
PETER ZELEI IMAGES/GETTY IMAGES ©

du portail ouest, de la nef et des allées. Les magnifiques miséricordes (assises placées sur les sièges relevables des stalles permettant, durant les offices, de s'appuyer tout en ayant l'air d'être debout) en chêne noir du XVᵉ siècle sont uniques en Irlande, et sont ornées de créatures fantastiques sculptées. Appelez pour vous renseigner sur la programmation musicale.

OÙ SE RESTAURER

Hook & Ladder — Café €€

(☎061-413 778 ; www.hookandladder.ie ; 7 Sarsfield St ; plats 11-15 € ; ⏲8h-17h lun-mer, 8h-18h jeu-sam, 9h-17h dim). Installé dans une ancienne banque, ce café qui promeut les produits locaux est un véritable havre de paix. Il incarne le meilleur de la scène gastronomique de Limerick. Délicieux sandwichs au crabe de Doonbeg sur pain au miel et graines de courge et plats chauds variés.

Milk Market — Marché €

(www.milkmarketlimerick.ie ; Cornmarket Row ; ⏲10h-15h ven, 8h-15h sam, 11h-15h dim). Faites votre choix de fruits et légumes bio, de fromages et de produits régionaux, ou flânez entre les boutiques d'objets artisanaux dans la vieille halle du marché de Limerick. De la musique traditionnelle ajoute encore à l'atmosphère.

DEPUIS/VERS LIMERICK

AVION

L'aéroport de Shannon (p. 346) se trouve à 26 km au nord-ouest de Limerick (30 min de voiture) et accueille des vols intérieurs et internationaux.

BUS

Des **bus Éireann** (☎1850 836 611 ; www.buseireann.ie ; Parnell St), notamment, relient Limerick à Galway, Ennis, Dublin et de nombreuses autres villes. Les autres compagnies incluent **Citylink** (☎091-564 164 ; www.citylink.ie) et **JJ Kavanagh & Sons** (☎0818 333 222 ; www.jjkavanagh.ie).

TRAIN

Des trains (www.irishrail.ie) partent de la **gare ferroviaire de Limerick** (☎061-315 555 ; Parnell St) notamment pour Dublin Heuston (2 heure 15, 1/h), Ennis (40 min, 9/j) et Galway (22,70 €, 5/j). D'autres lignes, comme celle de Cork, arrivent à **Limerick Junction**, à 20 km au sud-est de Limerick.

Loop Head

Prise entre l'estuaire du Shannon et l'Atlantique rugissant, cette péninsule battue par les vents a des airs de bout du monde. En empruntant vers le sud-ouest la R487, on en rejoint la pointe solitaire. Par temps clair, le promontoire de Loop Head (Ceann Léime) couronné d'un phare, point le plus méridional du comté de Clare, ménage une vue magnifique sur les comtés de Kerry et Galway. Cette péninsule sauvage et déserte se prête merveilleusement à la découverte. Cependant, restez prudent et ne vous approchez pas des bords de la falaise qui risquent à tout moment de s'effondrer sous le pas d'un marcheur imprudent.

Côté nord, des crevasses dans la falaise offrent un habitat à de vastes populations d'oiseaux, que vous entendrez avant de les voir. Guillemots, *Pyrrhocorax* et pingouins tordas y nichent en masse.

Un sentier longe les falaises jusqu'à Kilkee, le plus grand des villages de la péninsule, dont la jolie plage de sable fin est très courue l'été. D'autres minuscules bourgades ponctuent la péninsule.

À VOIR ET À FAIRE

Phare de Loop Head Phare

(www.loophead.ie ; Loop Head ; tarif plein/enfant 5/2 € ; 10h-18h mi-mars-début nov). Perché à 90 m de hauteur, ce phare en activité de 23 m de haut, équipé de lentilles Fresnel, domine la péninsule. La visite guidée (comprise dans le droit d'entrée) vous conduira au sommet de la tour et sur le balcon. Par beau temps, on distingue les îles Blasket et le Connemara. Un phare se dresse ici depuis 1670, mais l'édifice actuel ne date que de 1854. L'électricité y a été installée en 1871 et l'ensemble est automatisé depuis 1991.

Dolphinwatch Croisière

(065-905 8156 ; www.dolphinwatch.ie ; The Square, Carrigaholt ; circuit tarif plein/enfant 35/20 € ; avr-oct). Quelque 200 grands dauphins s'ébattent dans l'estuaire du Shannon. Pour les rencontrer, embarquez pour une croisière de deux heures avec Dolphinwatch. En automne, vous apercevrez peut-être des baleines de Minke et des rorquals communs. La navigation dépend de la marée et des conditions météorologiques. Embarquement au Carrigaholt's

Autres falaises du comté de Clare

Les routes menant à la pointe sud de Loop Head offrent des panoramas à couper le souffle.

En direction de l'ouest, à Carrigaholt, prendre vers le sud le long de Church St pendant environ 2 km jusqu'au carrefour où un panneau marron indique Loop Head Drive sur la droite. Cette route pittoresque du nom de Coast Rd (L2002) longe une côte rocheuse, bordée de roselières et de prairies vertes offrant une vue splendide sur la mer. La route traverse Rhinevilla avant de rejoindre la R487 à Kilbaha et d'arriver devant le phare de Loop Head.

En direction de l'est depuis le phare de Loop Head, revenez sur la R487 pendant quelques minutes jusqu'à croiser un panneau indiquant à gauche une autre Coast Road (L2000). À partir d'ici, vous arriverez à Kilkee. Vous rejoindrez la R487, mais pourrez repartir vers le nord en empruntant, juste après Oughterard ou Cross, des petites routes allant dans cette direction et ponctuées de vues splendides sur de majestueuses falaises côtières.

Falaises de Loop Head

Castle Pier, pensez à garer la voiture près du bureau de réservations de Dolphinwatch's à une centaine de mètres du quai.

Miltown Malbay

Fief florissant de la musique irlandaise dans le comté de Clare, Miltown Malbay accueille chaque année la Willie Clancy Summer School, l'une des plus importantes manifestations de musique traditionnelle du pays. Cette ancienne station balnéaire, chère aux classes aisées de la période victorienne, est pourtant loin de la mer : la plage la plus proche se trouve en effet à 2 km au sud-ouest de **Spanish Point**. À 12 km au nord par la N67, la belle plage de Lahinch, réputée chez les surfeurs, est très fréquentée l'été.

OÙ PRENDRE UN VERRE ET FAIRE LA FÊTE

Les pubs de Miltown Malbay accueillent toute l'année de fabuleuses sessions de musique traditionnelle.

Hillery's Pub

(☎065-708 4188 ; Main St ; ⏲15h-1h). Ouvert en 1891, le plus vieux pub de la ville encore en activité est agrémenté de vitraux et ses murs sont tapissés de photos encadrées. Sessions musicales tous les week-ends de l'année et presque tous les soirs d'été. Sa page Facebook annonce les concerts à venir.

Friel's Bar Pub

(Lynch's ; ☎065-708 5883 ; Mullagh Rd ; ⏲18h-minuit lun-jeu, à 1h ven-sam, 14h-minuit dimanche). Les murs de ce pub au charme ancien sont recouverts de photos et de livres. Musique traditionnelle la plupart des soirs en été et le vendredi, le samedi et le dimanche en hiver.

Même si le pub s'appelle Friel's, l'enseigne indiquant Lynch's en noir sur blanc est bien plus grande.

Le Burren

Dans le nord du comté de Clare, cette région rocailleuse et battue par les vents offre un spectacle unique. Ses paysages karstiques gris striés, d'aspect lunaire, ont été façonnés sous les mers des premiers âges, avant de s'élever et de s'assécher sous l'effet d'un cataclysme géologique. Le Burren s'étend sur 560 km², dont 250 km² de roche calcaire nue.

Au printemps, les fleurs sauvages parsèment de notes colorées sa beauté désolée. Plusieurs villages de la région méritent le détour, comme Doolin, haut lieu musical de la côte ouest, Kilfenora, dans l'arrière-pays, ou le ravissant Ballyvaughan, plus au nord, dans la baie de Galway.

ACTIVITÉS

Le Burren est un paradis pour les randonneurs. C'est à pied qu'on profite le mieux de la beauté de ses paysages, ainsi que des nombreux sentiers et sites anciens. Les *green roads*, anciennes routes en partie balisées, courent à travers collines et vallées pour rallier les coins les plus reculés de la région. La plupart, non pavées, ont été tracées pendant la Grande Famine pour donner du travail aux plus pauvres. Elles sont désormais surtout empruntées par les randonneurs et, à l'occasion, par les agriculteurs.

Prenant son départ à Lahinch et aboutissant à Corofin, le **Burren Way** compose un réseau de 123 km destiné aux marcheurs : sur route, chemin et sentier. Sept sentiers fléchés traversent également le parc national avec des parcours allant de 30 minutes à 3 heures.

Des promenades guidées axées sur la nature, l'histoire, l'archéologie et la vie sauvage, sont proposées (généralement de 10 à 35 €). Les options ne manquent pas, y compris en individuel. Vous pouvez contacter notamment **Burren Guided Walks & Hikes** (burrenguidedwalks.com) ou **Heart of Burren Walks** (www.heartofburrenwalks.com).

Gus O'Connor's (p. 198)

Le **Burren National Park** (www.burrennationalpark.ie) propose aussi des circuits guidés de randonnée ; dates et cartes téléchargeables sur son site Internet.

DEPUIS/VERS LE BURREN

Les **bus Éireann** (www.buseireann.ie) de la ligne Limerick-Ennis-Galway, la 350, desservent différentes villes du Burren, notamment Ballyvaughan, Corofin, Doolin, Fanore et Lisdoonvarna.

Depuis Kilfenora, de rares bus rallient Ennis et quelques villes côtières du comté de Clare. Quelques bus circulent entre New Quay et la ville de Galway. Il vous faudra rallier Carron par vos propres moyens.

Doolin

Haut lieu de la musique traditionnelle, Doolin affiche trois pubs musicaux, qui accueillent des sessions toute l'année. Situé à 6 km au nord-est des falaises de Moher (p. 186), dans un paysage criblé de grottes et parcouru de sentiers, le lieu est aussi le point de départ des tours en bateau vers les falaises et des ferries des îles d'Aran.

Dépourvue de centre, cette localité étendue est formée de trois proches petits villages ne comptant chacun que quelques bâtiments : le ravissant **Fisherstreet** est bordé de maisons traditionnelles pittoresques et l'on a, depuis son port, une vue spectaculaire sur les vagues (suivez la côte vers l'ouest sur 1,5 km). Doolin se trouve à environ 1 km à l'est de la petite rivière Aille. **Roadford** est situé 1 km plus à l'est.

Si la musique égaie les pubs de Doolin, sa qualité est parfois, pression touristique oblige, en deçà de celle que l'on trouve dans des villages moins courus du comté de Clare.

OÙ PRENDRE UN VERRE ET FAIRE LA FÊTE

Les célèbres pubs de Doolin – Gus O'Connor's à Fisherstreet, et McGann's (p. 189) et McDermott's (p. 198) à Roadford – accueillent des sessions toute l'année, ainsi que le Fitz's (p. 198). Pour écouter de la musique traditionnelle dans l'intimité d'une maison irlandaise, réservez une soirée à la **Doolin Music House** (☎086 824 1085 ; www.doolinmusichouse.com ; R478, Caherkinalla ; 20 € ; ⏰sur réservation 19h-20h30 lun, mer et ven).

Gus O'Connor's Pub

(☎065-707 4168 ; www.gusoconnorsdoolin.com ; Fisherstreet ; ⏰9h-minuit lun-jeu, 9h-2h ven-dim). À l'embouchure du fleuve, ce vaste pub, fondé en 1832, est gagné par une joyeuse ambiance lorsque des musiciens viennent y jouer. En été, l'accès est même difficile tant les clients sont nombreux. Les sessions commencent à 21h30 tous les soirs de fin février à novembre, et tous les week-ends de l'année.

Le petit-déjeuner et les plats de pub classiques servis à midi (plats 8-17 €) et le soir (13-27 €) sont largement au-dessus de la moyenne.

McDermott's Pub

(MacDiarmada's ; ☎065-707 4328 ; www.mcdermottspub.com ; Roadford ; ⏰10h-23h dim-mer, 10h-0h30 jeu-sam). Ce pub rouge et blanc doit son succès à son énergie tapageuse. Des tables de pique-nique font face à la rue ; à l'intérieur, il y a de la musique live de qualité chaque soir à 21h entre Pâques et octobre, et plusieurs fois par semaine le reste de l'année.

En-cas et petits plats (12-23 €) servis entre 13h et 21h.

Fitz's Pub

(☎065-707 4111 ; www.hoteldoolin.ie ; Doolin ; ⏰12h-23h30 lun-jeu, 12h-0h30 ven-sam, 12h-23h dim). Assez récent, le pub de l'hôtel Doolin (d/f/tr 145/188/205 € ; P 📶) 🍃 accueille deux sessions de musique traditionnelle par soirée, d'avril à octobre, et au moins trois par semaine de novembre à mars. Dégustez sa superbe sélection de whiskeys, ses excellents cidres et bières artisanales et sa bière Dooliner brassée maison.

Excellente cuisine de pub (plats 9-24 €). Parmi les cocktails bien pensés, le MV Plassy on the Rocks, nommé d'après le naufrage des îles d'Aran (p. 209), le martini du Burren et le Father Jack Espresso (d'après le prêtre acariâtre de la série britannico-irlandaise *Father Ted*).

Phare de Loop Head (p. 195)

JOHANNES RIGG/SHUTTERSTOCK ©

Ferry au Doolin Pier

RENSEIGNEMENTS

Le **point d'informations touristiques** (065-707 5649 ; Doolin; 8h-20h Pâques-sept) de la ville se trouve au centre à côté de l'Hôtel Doolin. Le site Internet www.doolin.ie propose des informations touristiques très complètes.

DEPUIS/VERS DOOLIN

BATEAU

De mi-mars à octobre, **Doolin Pier** (près de la R439) est l'un des deux points de départ pour les îles d'Aran (l'autre étant le **Rossaveal Ferry Terminal**, à Rossaveal, à 37 km à l'ouest de Galway, desservi toute l'année). La traversée est parfois annulée quand la mer agitée ou le niveau de la marée rendent le petit quai inaccessible.

Doolin 2 Aran Ferries (065-707 5949 ; www.doolin2aranferries.com ; Doolin Pier ; mi-mars à oct) et **Doolin Ferry Co** (O'Brien Line ; 065-707 5555 ; www.doolinferry.com ; Doolin Pier ; mi-mars à oct) proposent des traversées vers Inisheer (aller simple/retour 10/20 €, 30 min, 3-4/jour), Inishmore (15/25 €, 1 heure 15, 2-3/jour) et Inishmaan (15/25 €, à partir de 45 min, 2-3/jour). Avec un billet de ferry inter-îles, comptez 10-15 € par traversée.

Billets combinés et des offres spéciales en ligne.

BUS

Le bus 350 des bus Éireann (www.buseireann.ie) relie :

Ballyvaughan 8 €, 1 heure, 5/j

Falaises de Moher 3,30 €, 15 minutes, 2 à 5/j

Ennis 9,50 €, 50 minutes, 5/j

Galway 19 €, 2 heures, 5/j

ÎLES D'ARAN

Îles d'Aran

Au large des côtes des comtés de Galway et de Clare, la beauté désolée de ces trois cailloux fouettés par les vents, que l'on aperçoit aisément depuis la Wild Atlantic Way, attire de nombreux visiteurs à la journée. Quiconque voudra y faire étape se sentira bientôt à des années-lumière du reste de l'Irlande, pourtant seulement à 45 minutes de ferry ou 10 minutes en avion.

Prolongement du plateau karstique du Burren, dans le comté de Clare, les îles sont tapissées de fleurs sauvages où broute le bétail le long de falaises. Les forts qui s'y dressent sont parmi les plus vieux vestiges archéologiques d'Irlande.

Les îles d'Aran en 1 jour

Il est difficile de visiter plus d'une île par jour ; si vous n'avez qu'une journée, optez pour **Inishmore** (p. 206) et l'impressionnant fort protohistorique de **Dún Aengus** (p. 204), ainsi que ses petits cousins **Dún Eochla** (p. 204) et **Dún Eoghanachta** (p. 205). S'il vous reste du temps, déjeunez dans le chaleureux **Tí Joe Watty's Bar** (p. 207).

Les îles d'Aran en 2 jours

Une visite de 2 jours permet de passer la nuit sur Inishmore et de profiter, en soirée, de la musique traditionnelle au **Tí Joe Watty's Bar** (p. 207), ou bien de retourner à Galway pour la nuit avant de filer vers **Inisheer** (p. 208) et de découvrir l'**O'Brien's Castle** (p. 208) ainsi que l'épave du **Plassy** (p. 209).

Page précédente : O'Brien's Castle (p. 208)

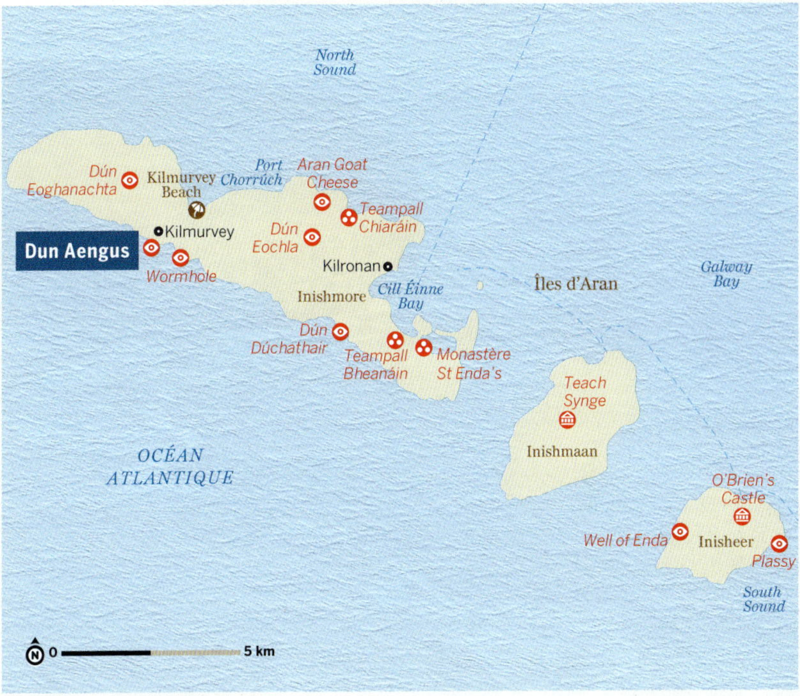

Comment s'y rendre

Vols depuis/vers l'aéroport du Connemara, à 35 km à l'ouest de Galway. La compagnie **Aer Arann Islands** (www.aerarannislands.ie) dessert les îles plusieurs fois par jour (10 min, ttes les heures en été).

Les **ferries pour les îles d'Aran** (www.aranislandferries.com) partent de Rossaveal, à 40 km à l'ouest de Galway. Des bus effectuent la liaison Galway/Rossaveal (depuis Queen St) qui coïncident avec les traversées. De mi-mars à octobre, départs également du port de **Doolin** (p. 199).

Où se loger

Les soirs d'été, après le départ des excursionnistes, les îles retrouvent leur tranquillité. Toutes trois comptent des B&B et des chambres en pubs, et il y a des auberges sur Inishmaan et Inishmore. Cette dernière est dotée d'un superbe camping et d'une auberge de jeunesse (il y en a une autre sur Inisheer). Il est essentiel de réserver pour un séjour en été et pendant les festivals. À noter, certains établissements n'acceptent que les règlements en espèces, et beaucoup ferment en hiver.

Vue aérienne d'Inishmore (p. 206)

Dún Aengus

Trois forts érigés voici quelque deux à trois millénaires montent la garde sur Inishmore. Le plus imposant, Dún Aengus, compte trois épais remparts en pierres sèches, qui filent jusqu'aux à-pics plongeant dans l'océan.

Le fort est protégé par de remarquables "chevaux de frise", un rempart défensif composé de pierres pointues dressées. Un petit centre des visiteurs propose une mise en contexte avec panneaux d'information. Un sentier assez raide serpente sur 900 m jusqu'au fort. Dún Aengus se trouve à 7 km à l'ouest de Kilronan.

Attention ! Afin de conserver le site tel qu'à l'origine, il n'a été installé aucun garde-fou ; or il y souffle parfois des vents violents. Par le passé, des touristes ont fait des chutes mortelles.

Pour ceux qui aiment...

☑ Ne ratez pas

Le panorama depuis les falaises à l'ouest de Dún Aengus.

Sites historiques des environs

Sur la route entre Kilronan et Dún Aengus se dresse le petit fort parfaitement circulaire de **Dún Eochla** (plan p. 203) GRATUIT, que l'on rejoint au terme d'une bonne marche depuis la route principale.

Infos pratiques

Dún Aonghasa ; plan p. 203 ; ☎099-61008 ; www.heritageireland.ie ; tarif plein/enfant 5/3 € ; ⏲9h30-18h avr-oct, 9h30-16h nov-mars

Une petite faim ?

Essayez le *fish and chips* du Tí Joe Watty's Bar (p. 207).

★ Bon plan

Le vélo est le moyen de locomotion idéal pour explorer les curiosités de l'île.

Les ruines de nombreuses églises en pierre témoignent du passé monastique de l'île, comme le petit **Teampall Chiaráin** (église Saint-Kieran ; plan p. 203) et son cimetière doté d'une croix celtique, près de Kilronan.

À l'ouest de Kilmurvey trône le **Clochán na Carraige**, un abri en pierres sèches du début de l'ère chrétienne, de 2,5 m de hauteur, ainsi qu'un ensemble de la même époque, les **Na Seacht dTeampaill** (sept églises) ; il s'agit d'églises en ruine, d'habitats monastiques et de fragments d'une croix celtique du VIIIe ou IXe siècle. Au sud, le **Dún Eoghanachtab** (plan p. 203) GRATUIT est un autre fort circulaire.

Sur la côte nord, moins élevée, la petite baie abritée de **Port Chorrúch** héberge quelques dizaines de phoques gris, qui s'y prélassent parfois au soleil. Plus loin, la plage de **Kilmurvey** est un endroit agréable pour faire une pause.

Au sud-est, à proximité de la baie de Cill Éinne Bay, se dresse une église du début de l'époque chrétienne, **Teampall Bheanáin** (église Saint-Benen ; plan p. 203). À proximité de la piste d'atterrissage de l'aérodrome, se trouvent les vestiges engloutis d'une église, qui serait le site du **monastère St Enda's** (Teaghlach Éinne ; p. 203) du Ve siècle, bien que les datations relevées indiquent plutôt le VIIIe siècle.

Au sud-ouest de Kilronan, le fort de **Dún Dúchathair** (le fort noir ; p. 203) GRATUIT occupe un site spectaculaire sur un étroit promontoire cerné par la falaise sur trois côtés.

Inishmore

La plupart des visiteurs qui s'aventurent sur les îles d'Aran ne se rendent pas au-delà de l'île la plus grande et la plus proche de Galway, Inishmore (Inis Mór). Au sommet des falaises de l'île se dresse Dun Aengus (p. 204), une spectaculaire forteresse en pierre de l'époque préhistorique.

L'île mesure 14 km de long, pour une largeur de 4 km maximum. Les bateaux arrivent et partent à **Kilronan** (Cill Rónáin), village principal de l'île, qui en occupe l'extrémité sud-est. Les paysages arides de l'ouest sont sillonnés de murs de pierre et parsemés de rochers, d'une poignée de maisons et de quelques parcelles d'herbe ou de pommes de terre.

Le tourisme est aujourd'hui au centre de l'économie locale, et des minibus accueillent de mai à septembre les voyageurs débarqués des ferries et des avions, pour leur proposer des visites de l'île.

À VOIR

Aran Goat Cheese — Fromagerie

(plan p. 203 ; ✆087 222 6776 ; www.arangoatcheese.com ; Oughill ; visite guidée 15-30 €). Leur fromage est sur la carte d'innombrables restaurants en Irlande de l'Ouest. Pour participer à une visite guidée de cette petite fromagerie où quelque 160 chèvres de race anglo-nubienne et saanen produisent 1000 litres de lait par semaine pour la fabrication du fromage de chèvre frais, pensez à téléphoner.

Wormhole — Piscine naturelle

(Poll na bPeist ; plan p. 203.). Une extraordinaire formation naturelle accessible après 750 m de marche le long de la falaise au sud-est de Dun Aengus (p. 204) ou par un sentier de 1 km de long depuis le hameau Gort na gCapall. Surnommé le "Serpent's Lair" (l'antre du serpent), cette piscine naturelle est l'attraction des plongeurs audacieux qui se lancent d'une hauteur égale à trois fois celle d'un plongeoir olympique. Prudence,

Wormhole

la zone est dangereuse par mauvais temps et à marée haute.

OÙ SE RESTAURER ET PRENDRE UN VERRE

Paudy's Ice Cream Glace €

(Kilmurvey ; en-cas à partir de 3 € ; 11h-17h Pâques-oct, horaires variables en hiver). Des crêpes, des gaufres et des glaces délicieuses.

Bayview Restaurant International **€€**

(086 792 9925 ; www.bayviewrestaurantinishmore.com ; plats midi 8-15 €, soir 19-35 € ; 12h-21h ;). Au Bayview, les artistes locaux décorent les murs, et les assiettes sont présentées avec art. Parmi les suggestions : fromage de chèvre d'Aran accompagné d'une tapenade de champignons, homard entier, steak au feu de bois ou pêche du jour préparée avec de la coriandre ou du citron vert.

Teach Nan Phaidi Café **€€**

(099-20975 ; Kilmurvey ; plats 5-12 € ; 11h-17h). Les tables de pique-nique et les brassées de fleurs du minuscule cottage au toit de chaume et aux murs chaulés accueillent une clientèle friande du gâteau à l'orange maison, de la salade de maquereau ou du ragoût au bœuf et à la Guinness, entre autres délices.

Tí Joe Watty's Bar Pub

(086 049 4509 ; www.joewattys.ie ; Kilronan ; 12h-minuit dim-jeu, 11h30-0h30 ven-sam avr-oct, et 16h-minuit lun-ven, 12h-minuit sam-dim nov-mars). Chauffé à la tourbe, le plus vieux pub de l'île (et le plus populaire) accueille des sessions de musique traditionnelle à partir de 21h ou 22h tous les soirs d'été et le week-end le reste de l'année. Les soirées fléchettes du mercredi sont une institution locale. Vaste *beer garden* et un grand choix de gins, bières artisanales et whiskeys.

Excellent menu (plats 14-25 €) de poisson et fruits de mer ; réservez pour le dîner en été.

Shopping sur Inishmore

Les pulls traditionnels en laine d'Aran sont réalisés au **Kilmurvey Craft Village** (Kilmurvey ; horaires variables), reconnaissable à ses charmants cottages au toit de chaume. Chandails, lin irlandais, pierre sculptée et bijoux celtiques figurent parmi les produits artisanaux proposés à la vente.

Habituellement ouvert tous les jours en été, mais il vaut mieux vérifier les horaires auprès du centre des visiteurs.

Sur le carrefour principal de Kilronan, le **Man of Aran Gift Shop** (085 710 5254 ; Kilronan ; film tarif plein/enfant 5/3 € ; 9h-20h Pâques-sept, horaires variables en hiver ;) vend des souvenirs, des tee-shirts, du verre coloré et des bijoux celtiques, entre autres, et projette le célèbre documentaire de Robert Flaherty, *L'Homme d'Aran*, cinq fois par jour, dans un petit cinéma de 24 places. Wi-Fi (gratuit si vous achetez quelque chose) et bon bar servant du café italien.

Kilmurvey Craft Village
MARIA_JANUS/SHUTTERSTOCK ©

The Bar Pub

(099-61130 ; www.inismorbar.com ; Kilronan ; 12h-23h dim-jeu, 11h30-minuit ven-sam). Autrefois, le Bar servait une dernière pinte aux Irlandais qui émigraient aux États-Unis, d'où son ancien nom d'American Bar (et les photos d'Elvis, Bob Dylan etc.). Musiciens chaque soir de mai à mi-octobre et les week-ends toute l'année.

La cuisine, servie entre 10h30 et 21h30, est bonne (plats 8-24 €), allant du hamburger aux moules au vin blanc.

RENSEIGNEMENTS

Cet **office du tourisme** (☎099-61263 ; www.aranislands.ie ; Kilronan ; 10h-17h, à 18h juil-août) accueillant est installé sur le front de mer à 50 m au nord-ouest de l'embarcadère des ferries à Kilronan.

COMMENT CIRCULER

De mai à septembre, des minibus proposent des visites de 2 heures 30 à travers l'île (15 €) en groupes, avec commentaires. Comptez 45 minutes de route entre Kilronan et **Dún Aengus** (p. 204). Possibilité d'organiser une visite avec un groupe déjà constitué.

Pour découvrir l'île à un rythme plus tranquille, on optera pour une balade en calèche avec cocher de Pâques à septembre, entre Kilronan et Dún Aengus (aller-retour 50-100 € pour un groupe de 4 personnes maximum).

De nombreux hébergements proposent des vélos gratuits ou à louer ; autrement, **Aran Bike Hire** (☎099-61132 ; www.aranislandsbikehire.com ; Inishmore Pier ; location vélos et VTT 10 €/j, vélos électriques à partir de 30 €, caution 20-30 € ; 10h-17h) loue vélos de route, électriques et VTT. Possibilité de faire livrer vos vélos ou vos bagages (si vous préférez pédaler) à votre hébergement sur toute l'île.

Inishmaan

La moins visitée et la moins peuplée des îles d'Aran, Inishmaan (Inis Meáin) est un rocher désolé d'environ 5 km de long sur 3 km de large, qui attira jadis les premiers moines chrétiens en quête de solitude, et où le dramaturge et poète irlandais John Millington Synge passa cinq étés, entre 1898 et 1902.

Le cottage à toit de chaume de **Teach Synge** (plan p. 185 ; ☎099-73036 ; 3 € ; sur rendez-vous avr à mi-sept), vieux de 300 ans, où logeait l'auteur dramatique, abrite aujourd'hui un petit musée.

À l'extrémité ouest de l'île, **Synge's Chair** (la chaise de Synge) est un point de vue au bord d'une falaise calcaire abrupte qui surplombe les eaux de Gregory's Sound. Le lieu est relativement abrité du vent ; à la façon de Synge, vous pourrez vous y installer pour contempler la beauté des lieux.

Inisheer

La plus petite des îles d'Aran (3 km de large par 3 km de long), Inisheer (Inis Oírr) doit son atmosphère enchanteresse à ses étendues couvertes de fleurs sauvages et à sa culture traditionnelle, nourrie de mythes ancestraux.

À VOIR

Well of Enda — Site historique

(Tobar Éanna ; plan p. 203). Certains habitants accomplissent encore ce pèlerinage du nom de Turas au puits d'Enda (aussi nommé Éinne ou Endeus), une source bouillonnante cachée dans l'étendue rocheuse du sud-ouest. Il faut, pour accomplir le rituel complet, revenir trois dimanches d'affilée, ramasser sept pierres et faire sept fois le tour du puits en récitant le rosaire et en déposant une pierre à chaque tour jusqu'à ce qu' une anguille apparaisse au fond de l'eau.

Si lors du rituel, vous avez la chance de voir l'anguille, votre langue disposera d'un pouvoir guérisseur, vous permettant de soigner les plaies.

O'Brien's Castle — Bâtiment

(Caisleán Uí Bhriain ; plan p. 203). GRATUIT Cette tour fut construite sur le point culminant de l'île au XIVe siècle, au milieu des ruines d'un fort circulaire appelé Dún Formna, lequel remonterait au Ier siècle. Une ascension de 100 m conduit à un panorama à 360° sur des prairies de trèfles plongeant vers la plage et le port. La vue est particulièrement enchanteresse au coucher du soleil. N'hésitez pas à vous promener parmi les ruines.

Le *Plassy*

Plassy Épave

(plan p. 203). Chalutier à vapeur mis à l'eau en 1940, le *Plassy* s'échoua sur des rochers le 8 mars 1960, avant d'être poussé à terre, quelques semaines plus tard, par une nouvelle tempête. Si sa cargaison de whiskey ne put être sauvée, tous les marins à bord le furent, par miracle. On peut voir au pub Tigh Ned une collection de photographies et autres documents sur les opérations de sauvetage. Un plan aérien de l'épave apparaît dans la séquence d'ouverture de la série anglo-irlandaise culte *Father Ted*.

OÙ SE RESTAURER

Teach an Tae Café €

(☎099-75092 ; cafearan.ie ; plats 5-12 € ; ⏰11h-17h mai à début nov). Les recettes de ce café incorporent framboises et myrtilles sauvages de l'île, légumes cultivés sur place, œufs du poulailler et fruits des vénérables pommiers du verger. Parmi les délices proposés par le café : maquereaux pêchés le jour même, tarte au fromage de chèvre d'Aran et aux herbes et cake *Irish Porter* parfumé à la Guinness. Règlement en espèces.

Tigh Ned Cuisine de pub €

(☎099-75004 ; www.tighned.com ; plat 7-15 € ; ⏰cuisine 12h-16h avr-oct, bar 10h-23h30 avr-oct). La pêche du jour est constituée des prises du propriétaire : voilà qui en dit long. Le Tigh Ned, douillet et accueillant, existe depuis 1987, servant sandwichs, *cottage pie* et, bien sûr, *fish and chips* à bon prix. À déguster dans le jardin avec vue sur le port ou à l'intérieur au son d'un des groupes de musique traditionnelle (le week-end, juin-août).

COMTÉ DE GALWAY

Comté de Galway

L'exubérante ville de Galway, au cœur du comté du même nom, est le seul centre urbain d'importance de la Wild Atlantic Way : les boutiques colorées y côtoient de vénérables pubs où se joue de la musique traditionnelle, et des restaurants servant une cuisine élaborée.

Par-delà la ville s'étendent des paysages parmi les plus beaux d'Irlande, notamment sur la péninsule du Connemara, dont la côte, bordée d'îles et de splendides plages, est sillonnée de routes étroites reliant de jolis villages. L'intérieur de la péninsule est une vaste étendue de tourbières tapissées de bruyère, ponctuée de lacs scintillants, de montagnes et de vallées isolées.

Le comté de Galway en 2 jours

Consacrez le premier jour à la ville de Galway – visitez le **City Museum** (p. 220), puis déjeunez au café **Ard Bia** (p. 223). Le week-end, direction le **marché de Galway** (p. 221). Le soir, accordez-vous une tournée des pubs au son de la musique traditionnelle. Le deuxième jour, offrez-vous une croisière sur le **Lough Corrib** (p. 223).

Le comté de Galway en 4 jours

Le troisième jour, suivez la **route côtière du Connemara** (p. 214) jusqu'au joli village de **Clifden** où vous pourrez passer la nuit, après un dîner chez **Mitchell's** (p. 228) ; pensez à réserver. Le quatrième jour, retournez à Galway via **Kylemore Abbey** (p. 229) et les tourbières sauvages du **Connemara National Park** (p. 228).

Page précédente : ville de Galway (p. 220)

Comment s'y rendre

La voiture est le meilleur moyen de visiter le comté. Si vous utilisez les transports publics, logez à Galway et choisissez les circuits organisés en bus pour découvrir les environs.

Il y a jusqu'à neuf trains par jour entre Dublin (Heuston Station) et Galway (à partir de 18 €, 2 heures 30). Les bus Citylink relient Galway à Cork (18 €, 3 heures, 5-8/jour).

Où se loger

Il est possible d'explorer le comté en enchaînant les excursions d'une journée au départ de Galway, où vous trouverez un vaste choix d'hébergements (pensez à réserver aux périodes d'affluence). Mais, si vous souhaitez vous y attarder, la campagne recèle son lot d'auberges de jeunesse, de B&B, d'auberges et de splendides hôtels. Notez toutefois que les hébergements ruraux sont souvent fermés hors saison – renseignez-vous à l'avance.

Route côtière du Connemara

Lacs noirs aux reflets d'argent, montagnes aux teintes pâles, vallées solitaires et arcs-en-ciel à foison : le Connemara est un lieu magique. Les panneaux en anglais ne sont pas légion ; mieux vaut s'équiper d'une bonne carte routière.

Départ Barna Woods
Distance 90 km
Durée 5-7 heures

6 Le village de pêcheurs de **Carna** se prête à d'agréables balades à pied, vers Moyrus, au nord, ou jusqu'au cap de Mace Head.

5 **Kilkieran Bay** est un écosystème complexe de marais littoraux, tourbières et bassins de marée où s'épanouit une faune riche et diverse.

3 Le paysage se fait plus sauvage à l'ouest de Spiddal. On trouve à **Carraroe** de jolies plages, dont le Coral Strand, tapissé de coquillages et de débris de coraux.

La photo à prendre : Patrick Pearse's Cottage

4 Patrick Pearse's Cottage (Teach an Phiarsaigh ; www.heritageireland.ie ; R 340, Ros Muc ; tarif plein/enfant 5/3 € ; 9h30-18h Pâques-sept, 10h-16h oct-Pâques) était jadis la demeure de l'homme qui mena l'insurrection de Pâques aux côtés de James Connolly, en 1916.

1 Dense et verdoyante, la forêt de **Barna Woods** abrite les plus grands chênes sauvages de l'ouest de l'Irlande.

Une petite faim ?

Détendez-vous devant un café et une pâtisserie au café **Builín Blasta** (www.builinblasta.com ; repas 5-16 € ; 10h-17h lun-ven, 11h-17h sam-dim Pâques-sept), près de Spiddal.

2 Faites la tournée des ateliers d'artisanat et de design de Ceardlann an Spidéil, dans le village joliment préservé de **Spiddal**, avant de déguster une part de gâteau chez Builín Blasta.

Tigh Neachtain

Tournée des pubs à Galway

La ville compte pléthore de pubs traditionnels où se produisent des musiciens, ainsi que de beaux bars à vins et à cocktails. Tous ont la faveur d'une clientèle nombreuse et joviale, notamment le week-end.

Pour ceux qui aiment...

☑ **Ne ratez pas**

Un *céilí* (concert dansant) au Tig Cóilí, un pub authentique et toujours bondé.

Tigh Neachtain — Pub

(www.tighneachtain.com ; 17 Upper Cross St ; 11h30-minuit lun-jeu, 11h30-1h ven, 10h30-1h sam, 12h30-23h30 dim). Peint en bleu vif, ce pub du XIXe siècle, que les habitants appellent simplement Neáchtain's (*nock-tans*) ou Naughtons, a, aux beaux jours, des tables en terrasse. L'intérieur lambrissé est on ne peut plus agréable, avec sa grande cheminée. Outre la Guinness, on y sert plus de 130 whiskeys et un choix de bières brassées spécialement par Galway Hooker.

Crane Bar — Pub

(091-587 419 ; www.thecranebar.com ; 2 Sea Rd ; 10h30-23h30 lun-jeu, 10h30-1h ven, 12h30-1h sam, 12h30-23h30 dim). À l'ouest du Corrib, ce pub sur deux niveaux, invariablement bondé, est le meilleur endroit en ville pour assister à un *céilí*. Musique tous les soirs.

Tig Cóilí

Tig Cóilí Pub

(☎091-561 294 ; www.tigcoiligalway.com ; Mainguard St ; ⏲10h30-23h30 lun-jeu, 10h30-0h30 ven-sam, 12h30-23h dim). Deux *céilí* quotidiens (à 18h et 21h30) attirent les foules dans ce pub authentique, d'un superbe rouge pompier, voisin de High Street. Les murs portent les photos des musiciens qui ont joué en ces lieux. Tout le monde vient boire et jouer de la musique dans un joyeux mélange. Ambiance garantie !

O'Connor's Pub

(☎091-523 468 ; www.oconnorsbar.com ; Upper Salthill Rd, Salthill ; ⏲19h30-tard). Ce pub ouvert en 1942 abrite dans ses moindres recoins des antiquités en tou genre : horloges, vaisselle, outils agricoles, lampes à gaz, machines à coudre, matériel de pêche, un trophée de chasse et une statue au réalisme saisissant de John Wayne dans *L'Homme tranquille*. Tous les soirs, on joue et on chante de la musique traditionnelle.

Une petite faim ? L' ardoise précise que "la soupe de whiskey et ses croûtons de glace" est le seul plat servi dans ce pub !

Róisín Dubh Pub

(☎091-586 540 ; www.roisindubh.net ; 9 Upper Dominick St ; ⏲17h-2h dim-jeu, 17h-2h30 ven-sam). Cette adresse vaut pour son toit-terrasse, avec vue panoramique sur Galway, et sa programmation d'artistes, peu connus, mais prometteurs. On vient y écouter de la bonne musique, mais aussi des humoristes.

Monroe's Tavern Pub

(☎091-583 397 ; www.monroes.ie ; 14 Upper Dominick St ; ⏲10h-23h30 lun-sam, 12h-22h30 dim). Souvent photographié pour sa façade traditionnelle noir et blanc, ce pub est au cœur de la vie nocturne de Galway depuis plus de 50 ans. Des concerts de tout genre ont lieu tous les soirs dans une ambiance festive.

Bon à savoir

La plupart des pubs de Galway programment de la musique live (traditionnelle ou non) au moins deux soirs par semaine.

Une petite faim ?

Allez savourer les succulents *fish and chips* de **McDonagh's** (☎091-565 001 ; www.mcdonaghs.net ; 22 Quay St ; café et plats à emporter 7-16 €, plats restaurant 15-30 € ; ⏲café et à emporter 12h-23h lun-sam, 14h-21h dim, restaurant 17h-22h lun-sam).

★ Bon plan

Goûtez les bières artisanales (à la pression partout en ville) de la brasserie locale **Galway Hooker** (www.galwayhooker.ie), en plein essor. Son nom vient des emblématiques bateaux de pêche de la région.

Clonmacnoise

Dominant majestueusement le Shannon, Clonmacnoise est un ancien monastère qui fut l'un des plus importants d'Irlande. Le lieu se trouve dans le comté d'Offaly, mais est aisément accessible depuis Galway.

Pour ceux qui aiment...

☑ Ne ratez pas

La Scripture Cross (croix des Écritures) est l'une des plus remarquables croix celtiques d'Irlande.

Lorsque saint Ciarán fonda le monastère en l'an 548, Clonmacnoise était déjà un carrefour important, à l'intersection de l'artère de trafic nord-sud constituée par le Shannon et du grand axe est-ouest, l'Esker Riada (route des rois).

Les débuts du monastère furent chaotiques, et Ciarán mourut sept mois après en avoir fait bâtir la première église. Toutefois, au fil des siècles, Clonmacnoise s'affirma comme un bastion de la religion, de la littérature et de l'art irlandais, attirant moines et laïcs. Entre le VIIe et le XIIe siècle, ce fut un haut lieu de l'enseignement et de la spiritualité dans l'Europe chrétienne, un de ces centres qui valurent à l'Irlande son surnom de "terre des saints et des érudits".

L'enceinte monastique abrite plusieurs monuments remarquablement conservés : églises primitives (temples), hautes croix

Scripture Cross

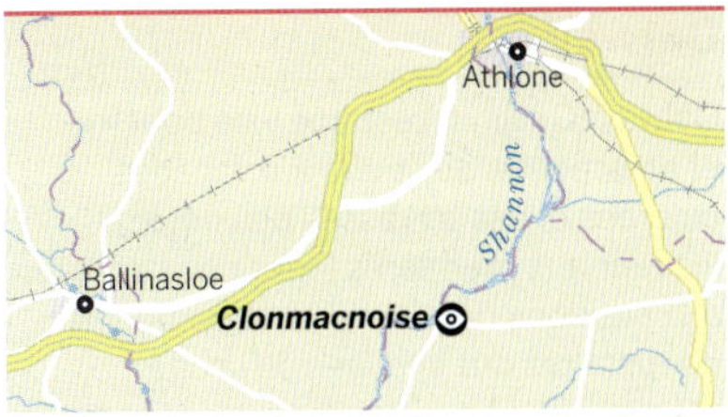

Bon à savoir

www.heritageireland.ie ; R444 ; tarif plein/enfant 8/4 € ; 9h-18h30 juin-août, 10h-18h mi-mars à mai et sept-oct, 10h-17h30 nov à mi-mars

Une petite faim ?

Le café du centre des visiteurs est le seul établissement servant à boire et à manger à proximité.

★ Bon plan

Si vous prévoyez de visiter plusieurs sites labellisés Heritage Ireland, envisagez l'achat de la Heritage Card (40 €) de l'OPW.

(*high crosses*), tours rondes et dalles funéraires. Les alentours marécageux, appelés Shannon Callows, abritent de nombreuses plantes rares et des oiseaux tel le râle des genêts (un cousin de la foulque, à la robe pastel), menacés d'extinction.

L'essentiel de ce que l'on voit aujourd'hui date des Xe-XIIe siècles. Les moines vivaient alors dans de petites huttes autour du monastère. Le site fut incendié et pillé des dizaines de fois, par les Vikings comme par les Irlandais. Après le XIIe siècle, le monastère amorça son déclin. Au XVe siècle, seul un évêque désargenté y résidait encore, avant que la garnison anglaise d'Athlone n'anéantisse le site en 1552.

Centre d'accueil des visiteurs

Trois bâtiments conçus pour rappeler les huttes rondes en pierres abritent le **musée du centre d'accueil** (090-967 4195 ; www.heritageireland.ie ; R444 ; tarif plein/enfant 8/4 € ; 9h-18h30 juin-août, 10h-18h mi-mars à mai, sept et oct, 10h-17h30 nov à mi-mars, dernière entrée 1 heure avant la fermeture). La présentation audiovisuelle (20 min) est une excellente introduction.

L'espace d'expositions renferme les hautes croix originales (des répliques ont été placées à leurs emplacements initiaux, à l'extérieur) et des artefacts mis au jour durant les fouilles, dont des broches en argent, des perles de verre et une pierre gravée d'oghams.

Cathédrale

Plus vaste bâtiment de Clonmacnoise, la **cathédrale**, bâtie en l'an 909, a largement été remaniée au fil des siècles. Les sculptures des saints François, Patrick et Dominique coiffent l'entrée principale, un portail gothique du XVe siècle. L'acoustique de l'intérieur du bâtiment permettait aux prêtres de confesser les fidèles atteints de lèpre tout en se tenant à distance.

Galway

Galway (Gaillimh) est une ville bohème et attachante. Ses pubs aux façades colorées et ses terrasses placent le visiteur aux premières loges pour assister aux sessions de musique et spectacles de rue. Près des vestiges de la cité médiévale, les boutiques vendent anneaux de Claddagh, livres et instruments. Des ponts enjambent le Corrib, foisonnant de saumons, et une promenade mène à Salthill, où sont élevées les huîtres de Galway Bay.

Sa riche histoire ne l'empêche pas d'être une ville animée et moderne : elle le doit en partie aux étudiants qui représentent un cinquième de la population. Son énergie et sa créativité lui ont valu le titre de Capitale européenne de la culture en 2020.

À VOIR

Galway City Museum Musée
(plan p. 185 ; ✆091-532 460 ; www.galwaycitymuseum.ie ; Spanish Pde ; ⏲10h-17h mar-sam, 12h-17h dim Pâques à sept). GRATUIT Dans ce musée moderne, aménagé sur trois niveaux, des expositions racontent l'histoire archéologique, politique, culturelle et sociale de Galway. Ne manquez pas le *Galway hooker* (un bateau de pêche typique de la région), la collection de *currachs* (des esquifs fabriqués avec des lattes de bois recouvertes de toile enduite) et l'exposition sur le rôle de Galway dans les événements qui ont façonné la république d'Irlande.

Spanish Arch Site historique
(plan p. 185). Cette arche était à l'origine un tronçon des remparts de l'époque médiévale destinés à protéger les bateaux amarrés au port pendant qu'ils déchargeaient les marchandises en provenance d'Espagne. Les remparts furent en partie détruits par le tsunami lié au tremblement de terre de Lisbonne (1755). L'endroit vibre désormais au rythme des percussions, les habitants investissant berges et pelouses par beau temps pendant que les kayakistes

Spanish Arch

AMBERC65/BUDGET TRAVEL ©

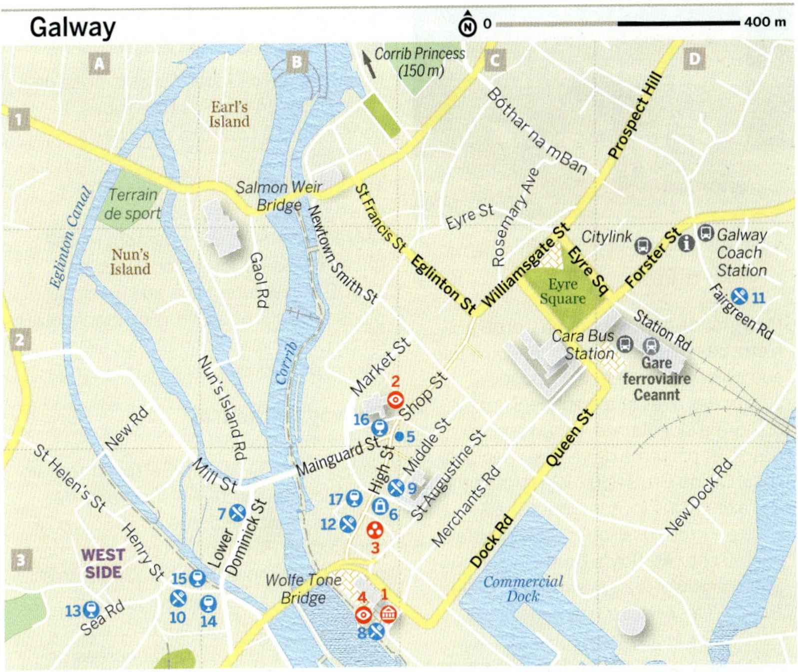

Galway

À voir
1 Galway City Museum B3
2 Galway Market B2
3 Hall of the Red Earl B3
4 Spanish Arch B3

Activités
5 Galway Food Tours C2

Achats
6 Thomas Dillon's Claddagh Gold B3

Où se restaurer
7 Aniar B3
8 Ard Bia at Nimmo's B3
9 Cava Bodega B3
10 John Keogh's A3
11 Loam D2
12 McDonagh's B3

Où prendre un verre et faire la fête
13 Crane Bar A3
14 Monroe's Tavern B3
15 Róisín Dubh A3
16 Tig Cóilí B2
17 Tigh Neachtain B3

négocient les rapides liées à la marée sur la Corrib.

Galway Market — Marché

(plan p. 185 ; www.galwaymarket.com ; Church Lane ; 8h-18h sam, 12h-18h dim). L'esprit bohème de Galway s'exprime dans ce marché de rue installé là depuis des siècles. Le samedi, les fermiers des environs s'installent à côté des stands d'artisanat et vendent de délicieux plats à emporter. Le marché a également lieu de 12h à 18h les jours fériés, le vendredi en juillet-août et tous les jours pendant le Galway International Arts Festival (p. 225). Les spectacles de rue contribuent à l'atmosphère festive.

Les vestiges chrétiens d'Inchagoill

Plus grande île sur le Lough Corrib à n'être pas reliée d'une manière ou d'une autre aux berges du lac, Inchagoill, à 5 km des rives et à quelque 8 km au nord d'Oughterard, est un endroit désolé et parsemé de vestiges anciens. L'été, Corrib Cruises (p. 226) y organise des excursions tous les jours, mais vous pourrez aussi louer votre propre bateau chez **Molloy's Boats** (☎091-866 954 ; Baurisheen ; bateau à moteur/à rames 70/40 €/jour, bateau à moteur avec guide 150 € ; ⌚sur rendez-vous).

Quoique d'aspect modeste, le vestige le plus mémorable de l'île est la **Lie Lugnaedon Macc Li Menueh** ("pierre de Lugnaedon, fils de Menueh"), une stèle du VIe siècle de 75 cm marquant un site funéraire près de Saints' Church.

L'inscription chrétienne en latin qu'elle comporte serait la deuxième plus ancienne d'Europe à nous être parvenue, après celles des catacombes de Rome.

La plus belle église est **Teampall na Naoimh** (Saints' Church), de style roman, sans doute construite au IXe ou Xe siècle et reconnaissable à sa porte à voussure sculptée. **Teampall Phádraig** (église St Patrick) est un oratoire de conception primitive ayant subi des ajouts.

Teampall na Naoimh
STEPHEN BARNES/SHUTTERSTOCK ©

Hall of the Red Earl — Site archéologique

(plan p. 185 ; www.galwaycivictrust.ie ; Druid Lane ; ⌚9h-17h45 lun-ven, 11h-15h sam). GRATUIT Au XIIIe siècle, alors que la famille Burgh régnait sur Galway, Richard, le "Comte Rouge", fit ériger un vaste édifice pour réunir le pouvoir local. Après la prise de pouvoir des 14 familles (ou "tribus"), consécutive à l'octroi d'une charte par Richard II, en 1396, le bâtiment fut abandonné. On n'en retrouva la trace que dans les années 1990, lors de l'agrandissement de la Custom House qui en révéla les fondations. Plus de 11 000 objets furent mis au jour, dont pipes en argile et boutons de manchettes en or. Le nouveau bâtiment fut élevé sur pilotis, pour laisser visibles les vestiges.

Galway Cathedral — Église

(www.galwaycathedral.ie ; Gaol Rd ; don à l'entrée ; ⌚8h30-18h30). Cette cathédrale de taille imposante, en surplomb de la Corrib, fut consacrée en 1965 par le cardinal de Boston. L'intérieur, joliment restauré, comprend une coupole, des arcades romanes, des mosaïques remarquables et des ouvertures taillées dans la pierre et décorées de vitraux. Une chapelle latérale abrite une mosaïque de la Résurrection qui montre John Kennedy priant. L'acoustique du bâtiment fait des merveilles lors des **récitals d'orgue** (renseignements sur le site Internet).

Depuis la Spanish Arch, un sentier longe la rivière et traverse le Salmon Weir Bridge pour rejoindre la cathédrale.

Salmon Weir — Barrage

En amont du Salmon Weir Bridge, qui enjambe la rivière au nord-est de la cathédrale, ce barrage permet de réguler le niveau du Lough Corrib. Au moment de la migration des saumons, on peut observer les bancs de poissons qui attendent à cet endroit avant de remonter la rivière pour frayer. La saison du saumon et de la truite de mer dure de février à septembre, mais la plupart des poissons franchissent le Salmon Weir en mai-juin.

L'endroit est prisé des pêcheurs à la ligne, bien que la pêche soit limitée à une prise par jour en mai-juin. Un saumon peut peser jusqu'à 7 kg ! Contacter Inland Fisheries Ireland (www.fisheriesireland.ie) pour les permis.

CIRCUITS ORGANISÉS

Corrib Princess Croisière

(☎091-563 846 ; www.corribprincess.ie ; Waterside, Woodquay ; tarif plein/enfant 17/8 € ; ⏲mai-sept). Une croisière de 90 min à bord d'un bateau découvert de 157 places. Passez devant des châteaux et d'autres sites historiques le long de la rivière Corrib pour vous rendre vers le plus grand lac de la république d'Irlande : Lough Corrib. En haute saison, il y a deux ou trois départs par jour. Départs de Woodquay, derrière le Salmon Weir Bridge.

Galway Food Tours Gastronomie

(☎086 733 2885 ; www.galwayfoodtours.com ; 21 Shop St ; 50 € ; ⏲tlj mer-dim). Découvrez la scène gastronomique de Galway à la faveur de ces visites guidées. Fromages, pains artisanaux et huîtres de la baie de Galway raviront vos papilles. Réservation obligatoire. Départ devant Griffin's Bakery.

D'autres circuits sont proposés : une tournée des pubs de Galway et du Connemara de 6 heures, un circuit à vélo sur le thème de la gastronomie et du whiskey. Toutes les visites sont disponibles en français.

OÙ SE RESTAURER

Ard Bia at Nimmo's Irlandais €€

(☎091-561 114 ; www.ardbia.com ; Spanish Arch, Longwalk ; plats café 7-12 €, plats dîner 20-28 € ; ⏲café 10h-15h30 lun-ven, 10h-15h sam-dim, restaurant 18h-21h ;). Décontracté et branché, Ard Bia ("haute gastronomie" en irlandais) est décoré avec des œuvres d'artistes locaux et d'anciens meubles recyclés. Les produits bio, locaux et de saison y sont bien représentés. Vous pourrez ainsi goûter à la lotte de Cork, au haddock fumé du Burren ou au yaourt au lait de chèvre de Galway. Optez pour le restaurant à l'étage ou préférez-lui le café au rez-de-chaussée, qui sert des petits-déjeuners, des brunchs et des déjeuners savoureux.

Le gaélique, langue vivante

L'une des plus grandes régions *gaeltacht* (parlant le gaélique) d'Irlande commence autour de Spiddal, à l'est du Connemara, et s'étend vers l'ouest jusqu'à Cashel et vers le nord jusqu'au comté de Mayo.

Le gaélique connaît actuellement une renaissance.

La station de radio nationale irlandaise en gaélique, Radio na Gaeltachta (www.rte.ie/radio), émet depuis 1972 et sa chaîne de TV, TG4 (www.tg4.ie), a été lancée dans les années 1990. Leur succès ne s'est pas démenti depuis.

Spiddal
LISANDRO LUIS TRARBACH/SHUTTERSTOCK ©

Cava Bodega Tapas €€

(☎091-539 884 ; www.cavarestaurant.ie ; 1 Middle St ; tapas 7-14 € ; ⏲17h-22h lun-jeu, 16h-23h ven, 12h-23h30 sam, 12h-21h30 dim ;). Plus de 50 variétés régionales de tapas espagnoles sont revisitées par le chef étoilé J.-P. McMahon, qui possède un autre restaurant, Aniar, également étoilé au Michelin. Parmi les plats les plus populaires, on trouve le saumon fumé, le beignet de canard à la confiture d'algues et l'agneau des montagnes du Connemara mariné à la harissa. S'y ajoutent plus de 100 vins espagnols.

Le bar de la bodega ferme tard le vendredi et le samedi.

John Keogh's Gastropub €€
(Lock Keeper ; ☎091-449 431 ; www.johnkeoghs.ie ; 22 Upper Dominick St ; plats 11-24 € ; ⏲cuisine 17h-21h lun-ven, 13h-21h sam-dim). Un *gastropub* d'exception qui offre un cadre cosy, entre boiseries sombres, mobilier confortable, vitraux, miroirs anciens, étagères garnies de livres et feux de cheminée. Le John Keogh's ne prend pas les réservations : arrivez tôt pour profiter des moules accompagnées du fameux pain irlandais et d'aïoli, ou des huîtres irlandaises avec un shot de Guinness.

Loam Gastronomie €€€
(☎091-569 727 ; www.loamgalway.com ; Fairgreen Rd ; 2/3/7/9 plats 45/56/119/159 € ; ⏲18h-22h mar-sam). Enda McEvoy, l'un des chefs les plus novateurs d'Irlande (une étoile au Michelin), élabore des saveurs inspirées, à partir de produits cultivés sur place ou dans la région, voire cueillis dans la nature : foin séché, mousse fraîche, fleurs comestibles, avoine sauvage, groseilles à maquereau, légumes marins de Salthill et tourbe récoltée à la main (avec laquelle McEvoy fait une extraordinaire glace fumée).

Aniar Irlandais €€€
(☎091-535 947 ; www.aniarrestaurant.ie ; 53 Lower Dominick St ; 6/8/10 plats 72/89/99 €, avec accords mets-vins 107-169 € ; ⏲18h-21h30 mar-jeu, 17h30-21h30 ven-sam). Le chef de ce restaurant spécialisé dans les produits du terroir, J. P. McMahon, se passionne pour les saveurs et les petits producteurs de Galway et de l'Ouest irlandais. Les menus dégustation ont valu au restaurant une étoile au Michelin, mais la salle d'un vert printanier est restée d'une agréable simplicité. La carte des vins fait la part belle aux petits domaines. Réservez au moins 2 semaines à l'avance.

★ Les 5 meilleurs sites historiques de Galway

Clonmacnoise (p. 218)

Kylemore Abbey (p. 229)

Inchagoill (p. 222)

Hall of the Red Earl (p. 222)

Aughnanure Castle (p. 226)

OÙ PRENDRE UN VERRE ET FAIRE LA FÊTE

On ne s'ennuie jamais le soir à Galway ; voir *Tournée des pubs à Galway* (p. 216).

RENSEIGNEMENTS

Vaste et efficace, l'**office du tourisme** (☎1850 230 330 ; www.discoverireland.ie ; Forster St ; ⏲9h-17h lun-sam) de Galway peut réserver des visites. Une mine d'informations sur la ville et la région.

DEPUIS/VERS GALWAY

BUS

Bus Éireann (www.buseireann.ie ; Cara Bus Station, Station Rd) propose des départs quotidiens vers toutes les grandes villes de la république d'Irlande et vers le Nord à la gare routière **Cara Bus Station** (☎091-562 000 ; Station Rd), près de la gare ferroviaire.
Les services incluent des départs toutes les heures pour :

Cork bus 51, 20 €, 4 heures 30

Dublin bus 20/X20, 16 €, 3 heures 30

Les lignes Citylink (www.citylink.ie ; 17 Forster St ; ⏲guichet 9h-18h lun-sam, 10h-18h dim ; 📶) partent de la **Galway Coach Station** (New Coach Station ; Fairgreen Rd), au nord-est d'Eyre Sq. Elles desservent les destinations suivantes :

Clifden (Connemara) 14 €, 1 heure 30, 6/jour

Cork 18 €, 3 heures, 5 à 8/jour

GoBus (☎091-564600 ; www.gobus.ie ; gare routière de Galway ; 📶) propose également des bus fréquents au départ de la Galway Coach Station pour Dublin (13 €, 2 heures 30), et l'aéroport de Dublin (18 €, 2 heures 30).

TRAIN

La **gare ferroviaire** (www.irishrail.ie ; Station Rd), près d'Eyre Square, compte 6-9 trains directs par jour depuis/vers la gare Heuston de Dublin (18 €, 2 heures 30), et 3-5 par jour pour Ennis (8 €, 1 heure 15). Il est possible de rejoindre d'autres lignes ferroviaires, mais il faut parfois changer à Athlone (11 €, 1 heure, 4 à 10/jour).

Kinvara

Le petit port de Kinvara (parfois orthographié Kinvarra) occupe fièrement l'angle sud-est de Galway Bay, d'où son nom irlandais, Cinn Mhara (chef de la mer). Ce village séduisant constitue une halte idéale entre les comtés de Galway et de Clare.

À 900 m au nord de la ville, **Dunguaire Castle** (www.shannonheritage.com ; par la N67 ; tarif plein/enfant 7,20/4,95 € ; ⏲10h-17h avr-sept) fut construit dans les années 1520 par le clan O'Hynes. Le château occuperait l'ancien emplacement du palais royal (VIe siècle) de Guaire Aidhne, roi du Connaught. La vue sur Galway Bay et Kinvara est superbe depuis le dernier étage.

Connemara

Connemara signifie "les bras de la mer", en référence aux routes qui filent vers le littoral dentelé et longent les criques de l'époustouflante côte ouest de l'Irlande.

Le spectacle mélancolique de l'intérieur des terres, traversé par la N59, non moins saisissant, est un kaléidoscope de tourbières couleur rouille, de vallées isolées et de lacs noirs aux reflets argentés. Au centre se dressent les Maumturk et la chaîne des Twelve Bens, ces montagnes de quartzite gris d'étain sillonnées de pistes de randonnées à parcourir à pied ou à vélo. Les murets de pierres sont omniprésents.

RENSEIGNEMENTS

L'**office du tourisme** de Galway (p. 224) fournit abondance d'informations.

Le meilleur des festivals de Galway

Les festivals font de la ville et des alentours le cadre d'une fête quasi permanente. Les rues débordent de fêtards et les pubs prolongent le plaisir.

Galway Food Festival (www.galwayfoodfestival.com ; ⏲Pâques). La gastronomie est à l'honneur pendant 5 jours autour de Pâques : dégustations, circuits "cueillette", démonstrations de cuisine. et marché.

Cúirt International Festival of Literature (www.cuirt.ie ; ⏲avr). Des auteurs se retrouvent à Galway pour l'un des plus prestigieux festivals littéraires d'Irlande. Déclamations de poèmes, représentations théâtrales et lectures pendant huit jours, fin avril.

Galway Film Fleadh (www.galwayfilmfleadh.com ; ⏲début juil). Projections de films d'avant-garde pendant 6 jours, début juillet.

Galway International Arts Festival (www.giaf.ie ; ⏲mi juil- fin juil). Riche programmation d'expositions et de spectacles proposés par des troupes de théâtre, des musiciens, humoristes et autres artistes pendant deux semaines.

Galway International Oyster & Seafood Festival (www.galwayoysterfest.com ; South Park ; ⏲fin sept). La plus ancienne fête de l'huître au monde attire des milliers de visiteurs depuis 1954, avec concours d'ouverture d'huîtres, concerts, carnaval et activités pour les enfants.

Galway International Arts Festival
JOSE IGNACIO RETAMAL/SHUTTERSTOCK ©

Anneaux de Claddagh

Le village de pêche de Claddagh a été absorbé par le centre-ville de Galway il y a longtemps, mais ses célèbres anneaux rappellent l'histoire ancestrale du lieu.

Portés par maints membres de la diaspora irlandaise, ces anneaux sont ornés d'un cœur (l'amour) enserré de deux mains (l'amitié) et coiffé d'une couronne (la loyauté). Parmi les bijoutiers qui en vendent se trouve à Galway le plus ancien d'Irlande, **Thomas Dillon's Claddagh Gold** (☎091-566 365 ; www.claddaghring.ie ; 1 Quay St ; ⏱10h-17h lun-sam, 12-16h dim).

Bijou de Thomas Dillon

Connemara Tourism (www.connemara.ie) et Go Connemara (www.goconnemara.com) fournissent sur leur site Internet des informations et des liens sur la région.

COMMENT S'Y RENDRE ET CIRCULER

BUS

Bus Éireann (www.buseireann.ie) dessert presque tout le Connemara. Les bus sont parfois peu fréquents, et quelques-uns ne circulent que de mai à septembre, voire de juillet à août.

Citylink (www.citylink.ie) propose des liaisons quotidiennes entre la ville de Galway et Clifden via Oughterard ; les bus poursuivent vers Cleggan et Letterfrack.

Il est parfois possible de demander au chauffeur de pouvoir descendre entre les villes et les villages.

VOITURE

La voiture est le meilleur moyen de transport pour sortir des sentiers battus. Prenez garde aux murets (les routes sont étroites) et aux moutons égarés.

Oughterard et ses environs

Le village charmant et sans prétention d'Oughterard (Uachtar Árd) est posé sur la rive du plus grand lac de la république d'Irlande, Lough Corrib. Cette étendue d'eau longue de quelque 64 km pour une surface d'environ 175 km^2 isole quasiment l'ouest de Galway du reste du pays, et compte plus de 360 îles.

À VOIR ET À FAIRE

Aughnanure Castle Château
(☎091552 214 ; www.heritageireland.ie ; en retrait de la N59 ; tarif plein/enfant 5/3 € ; ⏱9h30-18h mars-oct). Cette forteresse du XVIᵉ siècle superbement préservée, à 4 km à l'est d'Oughterard, était le bastion de la famille O'Flaherty. Le clan régna sur la région pendant des siècles après en avoir chassé les Normands. Haut de six étages, le **donjon**, restauré, se dresse de nos jours sur un affleurement rocheux en surplomb du Lough Corrib.

Les vestiges d'un double enclos (zone entourée de remparts autour du château) sont visibles, ainsi qu'une salle de banquet et une petite **tour de guet** au toit conique. La rivière Drimneen encerclait jadis le château sur trois côtés, mais passe aujourd'hui sous l'édifice via des grottes naturelles.

Corrib Cruises Croisière
(☎087 994 6380 ; www.corribcruises.com ; Oughterard Pier ; tarif plein/enfant 28/14 € ; ⏱12h mer-lun juil-août). Croisières au départ d'Oughterard vers l'île d'**Inchagoill**

NORADOGA/SHUTTERSTOCK ©

Kylemore Abbey (p. 229)

(p. 222) et le château d'Ashford, près de Cong, dans le comté de Mayo (6 heures aller-retour). Horaires des départs sur le site Internet.

DEPUIS/VERS OUGHTERARD

Bus Éireann (www.buseireann.ie), avec le bus n°419, propose jusqu'à 8 liaisons par jour depuis/vers Galway (9 €, 35 min) et Clifden (15,50 €, 2 heures). Il se rend également à Roundstone 3 fois par semaine (14,50 €, 50 min).

Citylink (www.citylink.ie) propose 6 liaisons par jour depuis/vers Galway (9 €, 35 min) et Clifden (12 €, 55 min).

Roundstone

Le village de carte postale de Roundstone (Cloch na Rón) est lové autour d'un port rempli de bateaux. Des maisons mitoyennes colorées et des pubs accueillants sont posés en rang d'oignon au bord de l'étincelante Bertraghboy Bay, où chalutiers de homards et traditionnels *currachs*, à la coque en toile goudronnée tendue sur une armature en osier, profitent de spectaculaires marées.

OÙ SE RESTAURER

O'Dowd's Poisson, fruits de mer **€€**

(☎095-35809 ; www.odowdsseafoodbar.com ; Main St ; 14-29 € ; ⏲restaurant 17h-21h30, menu bar 12h-21h30 ; 📶). Les cuisiniers de ce pub délicieusement authentique n'ont que quelques mètres à parcourir pour s'approvisionner, sur le vieux quai de pierre, en homard de Roundstone, colin des îles d'Aran, plie, bar, crabe et maquereau (fumé sur place). Légumes du potager. Excellent choix de bières et cidres artisanaux irlandais.

Ouvert en été, le **café** (☎095-35809 ; www.odowdsseafoodbar.com ; Main St ; plats 5,50-11,50 € ; ⏲9h-18h mars-oct ; 📶) d'à côté sert petits-déjeuners et déjeuners.

National Museum of Country Life

Ce captivant **musée** (☎094-903 1755 ; www.museum.ie ; sur la N5, Turlough Park ; ⏲10h-17h mar-sam, 13h-17h dim ; GRATUIT) célèbre l'Irlande rurale à travers une exploration de ses traditions et techniques. L'édifice, construit tout exprès au bord d'un lac dans le somptueux domaine du manoir de Turlough (comté de Mayo), est une annexe du National Museum of Ireland (p. 50). On y apprend beaucoup : importance de la pomme de terre, construction de bateaux, médecine traditionnelle à base d'herbes, habitudes vestimentaires... Les expositions se concentrent sur la période allant de 1850 à 1950. Le café et la boutique méritent un passage. Le musée est à 8 km au nord-est de Castlebar.

Clifden et ses environs

Escale incontournable lors d'une visite du Connemara, la capitale de la région, Clifden (An Clochán, "pierre de gués" en gaélique) est une jolie ville victorienne qui surplombe la baie là où l'Owenglin se jette dans la mer.

ACTIVITÉS

Sky Road Route panoramique

Indiqué depuis la N59 en direction du nord au départ de Clifden, ce circuit routier et cycliste de 15 km, bien nommée, trace une boucle vertigineuse jusqu'au hameau de Kingston, en passant par des paysages escarpés d'une beauté époustouflante. Pour profiter au mieux du panorama, parcourez la route dans le sens des aiguilles d'une montre en commençant par le sud et visez le coucher du soleil.

Errislannan Manor Équitation

(☎095-21134 ; www.errislannanmanor.com ; à partir de 35 €/heure ; ⏲sur réservation lun-ven mars-oct). Pour prendre une leçon et faire de belles randonnées sur la plage ou dans les collines sur les poneys emblématiques de la région, accompagné d'un guide. Tout niveau, mais les leçons pour enfant sont une spécialité (25 € pour 30 min).

À 7,5 km de Clifden : prenez la Ballyconneely Rd (R341) vers le sud sur 4 km, tournez vers le nord-ouest sur l'Errislannan Peninsula, puis suivez les panneaux.

OÙ SE RESTAURER

Mitchell's Poisson, fruits de mer €€

(☎095-21867 ; www.mitchellsrestaurantclifden.com ; Market St ; plats déj 8-16 €, dîner 18-28 € ; ⏲12h-21h mars-oct). Les fruits de mer pêchés localement sont à l'honneur dans cet élégant restaurant. Au déjeuner, on trouve du velouté ou des sandwichs au crabe, tandis que des plats raffinés sont servis au dîner. La vedette est le plateau de fruits de mer (26 €), composé de crevettes de Ros A Mhil, de moules de Killary, d'huîtres d'Oranmore, de saumon fumé du Connemara et de crabe de Cleggan. Belle carte des vins. Réservez.

Letterfrack et ses environs

Ce site quaker du milieu du XIXe siècle appelé Letterfrack (Leitir Fraic) se résume à un carrefour doté de quelques pubs et B&B, mais attire les amoureux de la nature, séduits par l'environnement boisé et la côte proche. La randonnée de 4 km menant au sommet de la **Tully Mountain** (356 m) dure 40 minutes environ ; belle vue sur l'océan.

À VOIR

Connemara National Park Parc national

(☎076-100 2528 ; www.connemaranationalpark.ie ; sur la N59 ; ⏲24h/24). GRATUIT Le splendide

Connemara National Park s'étend juste au sud de Letterfrack, sur 2 000 ha de tourbières, montagnes, landes et forêts.

Le parc compte plusieurs des monts **Twelve Bens**. En son centre s'étend le **Gleann Mór** (Grand Glen), traversé par la rivière Polladirk. Le *glen* et les montagnes alentour se prêtent à de belles randonnées, ainsi qu'à des balades plus courtes.

Des **randonnées nature** (☎076-100 2528 ; www.connemaranationalpark.ie) GRATUIT guidées par les gardes forestiers du parc partent du **centre des visiteurs** (☎076-100 2528 ; www.connemaranationalpark.ie ; près de la N59, Letterfrack ; ⏲9h-17h30 mars-oct).

Kylemore Abbey Édifice historique

(☎095-52001 ; www.kylemoreabbey.com ; près de la N59 ; tarif plein/enfant 13 €/gratuit ; ⏲9h-19h juil-août, 9h30-17h30 sept-oct, 9h-18h avr-juin, 10h-16h30 nov-mars). Joliment située sur la rive du Pollacapall Lough, à 4 km à l'est de Letterfrack, Kylemore est une fantaisie néogothique construite au XIXe siècle pour Mitchell Henry (1826-1910), riche homme d'affaires anglais. Le rez-de-chaussée se visite, et on peut se promener jusqu'à l'**église gothique**, ainsi que visiter les extravagants **jardins victoriens**, à 20 minutes de marche (navette gratuite d'avril à octobre).

DEPUIS/VERS LETTERFRACK

Le bus 923 de **Citylink** (www.citylink.ie) se rend à Letterfrack depuis Galway (15 €, 2 heures, 3/jour), via Clifden (5,50 €, 20 min).

COMTÉS DE SLIGO ET DE DONEGAL

Comtés de Sligo et de Donegal

Dans ces comtés du Nord-Ouest, poésie, mythe et folklore semblent intrinsèquement mêlés à la mélancolie des paysages. Le comté de Sligo est le "pays des Yeats" : les frères William et Jack Butler Yeats ont nourri l'image pastorale des lieux à travers la poésie, pour l'un, et la peinture, pour l'autre.

Quant au Donegal, c'est un peu l'enfant turbulent de l'Irlande. Ses paysages accidentés, son isolement relatif et son climat impétueux ont contribué à en forger le caractère. Il a beaucoup à offrir aux visiteurs, ne serait-ce que par son littoral magnifique, ses formidables spots de surf et son arrière-pays merveilleusement rural.

Comment s'y rendre

L'**aéroport du Donegal** est relié à Dublin (55 min, 2 vols/jour). Les **bus Éireann** (☎01850 836 611 ; www.buseireann.ie) relient Donegal à Sligo (1 heure 15, 6/jour), à Galway (4 heures, 6/jour) et à Dublin (4 heures, 5/jour). Les bus **Patrick Gallagher Coaches** (☎087 233 0888 ; www.gallagherscoaches.com) relient Donegal à Belfast (3 heures 30) et à Derry (2 heures).

Où se loger

La ville de Sligo constitue une base agréable pour visiter la campagne et la côte ; on y trouve auberges de jeunesse et hôtels de toutes catégories. La ville de Donegal est bien située pour explorer la côte sud et compte de bons B&B et de paisibles hôtels. Pour visiter le nord du comté, vous pouvez opter pour l'une des petites localités de la côte, qui offrent des hébergements allant du B&B à l'hôtel prestigieux. Réservez, surtout l'été.

Page précédente : Entre Ardara et Glencolumbcille, Donegal (p. 244)

0 20 km
Ballyhillin
Ballyliffin
Malin
Dunaff
Clonmany
Carndonagh
Inishowen Peninsula
Tory Island
Tory Sound
Rosguill Peninsula
Portsalon
Dunree
Dunfanaghy
Carrigart
Buncrana
Crana
Muckish Mountain (670 m)
Brinlack
Gortahork
Rathmullan
Fahan
Derrybeg
Mt Errigal (752 m)
Milford
Inch Island
Muff
Bunbeg
Fanad Peninsula
Burnfoot
Rosses Bay
Lough Nacung
Glenveagh National Park
Rathmelton
Arranmore Island
Crolly
Dunlewy
Grianán d'Aileach
Derry
Leabgarrow
Lough Gartan
Lough Swilly
Dungloe
DONEGAL
Letterkenny
Newmills
Doochary
OCÉAN ATLANTIQUE
Fintown
Deele
Raphoe
Foyle
Portnoo
Lough Finn
Strabane
Narin
Castlefin
Glenties
Ballybofey
Finn
Maghera
Ardara
Glencolumbcille
Lough Eske
Malinmore
Donegal
Carrick
Inver
Lough Derg
Slieve League
Kilcar
Mountcharles
Teelin
Muckross
St John's Point
Rossnowlagh
Donegal Bay
Bundoran
Mullaghmore
Inishmurray Island
Lough Melvin
Cliffony
Dartry Mountains
Grange
Truskmore (643 m)
Drumcliff
Benbulben (525 m)
FERMANAGH
County Sligo Golf Club
Sligo Bay
Sligo
Easkey
Strandhill
Lough Gill
Nécropole mégalithique de Carrowmore
Ballysadare Bay
Dromore West
Ballysadare
Ballygawley
Easkey
CAVAN
Ballinacarrow
SLIGO
Riverstown
Moy
Lough Arrow
Ballyfarnon
Tubbercurry
Kesh
Nécropole mégalithique de Carrowkeel
Lough Key
LEITRIM
Gurteen
Boyle
Charlestown
Lough Gara
MAYO
ROSCOMMON

Slieve League

Si les falaises de Moher sont plus réputées, celles de Slieve League, plus élevées, sont encore plus impressionnantes.

Pour ceux qui aiment...

☑ Ne ratez pas

Les falaises sont particulièrement splendides au soleil couchant, lorsque les vagues s'écrasent en fanfare en contrebas et que l'océan reflète les derniers rayons du jour.

Avec quelque 600 m de hauteur, ces spectaculaires parois, bien qu'imparfaitement verticales, sont parmi les plus hautes d'Europe. En regardant vers le bas, vous apercevrez deux rochers surnommés, et on comprend aisément pourquoi, "la chaise et le bureau du géant".

Sentiers de randonnée

Depuis Teelin (p. 244), une route traversant un paysage désolé conduit au parking inférieur (avec des panneaux destinés aux randonneurs), au niveau d'une barrière sur la route. Il est possible de poursuivre sur 1,5 km au-delà de cette barrière jusqu'au parking supérieur (souvent complet l'été), situé juste à côté du point de vue. N'oubliez pas, en ce cas, de refermer la barrière.

Depuis le parking supérieur, un sentier grimpe le long de la paroi quasi verticale

Falaises de Slieve League

Infos pratiques

Slieve League Cliffs Centre (☎074-973 9077 ; slieveleaguecliffs.ie ; Teelin ; ⏰10h30-17h30 tlj Pâques-sept, ven-mar fév-Pâques et oct-nov ; 📶)

Une petite faim ?

Le **Tí Linn Café** du Slieve League Cliffs Centre sert de quoi se remettre de ses émotions : du café et tout un assortiment de gâteaux (scones, cookies), faits maison, mais aussi des soupes et des salades. Une boutique de produits artisanaux jouxte le café.

★ Bon à savoir

Suivre les indications "Teelin Pier" depuis Carrick (An Charraiag), puis "Bunglass : The Cliffs".

jusqu'au bien nommé **One Man's Pass** ("col d'un seul homme"), étroite arête menant au sommet de Slieve League (595 m ; 10 km aller-retour). Soyez prudent, d'autant que la brume ou la pluie peuvent se déclarer sans crier gare, rendant le sentier glissant. Vous pouvez aussi vous contenter de marcher sur 500 m, la vue est déjà spectaculaire.

Autre possibilité : emprunter depuis Carrick le **Pilgrim Path** (indiqué sur la route secondaire partant sur la droite avant la route menant aux falaises) conduisant au sommet, puis revenir par le One Man's Pass et la route panoramique (12 km, 4-6 heures).

Sorties en mer

La vue sur les falaises depuis la mer est spectaculaire. Jusqu'à six fois par jour, et si le temps le permet, **Nuala Star Teelin** (☎087-628 4688 ; www.sliabhleagueboattrips.com ; Teelin Pier ; ⏰avr-oct) propose des croisières (20-25 €/pers) au départ de l'embarcadère de Teelin, ainsi que des sorties de pêche et de plongée. On aperçoit souvent des dauphins et des phoques, voire des baleines et des requins-pèlerins.

Glenveagh National Park

Dans une vallée montagneuse, le Glenveagh National Park (Páirc Náisiúnta Ghleann Beatha) déroule des paysages sauvages et majestueux.

Pour ceux qui aiment...

☑ Ne ratez pas

Au fil de magnifiques balades, vous apprécierez la richesse de la faune, notamment l'aigle royal, réintroduit en 2000, et les cerfs élaphes.

L'une des meilleures manières d'apprécier les paysages sublimes et variés du parc est de le longer en empruntant les routes R251 et R254. À l'intérieur du parc, différents sentiers permettent de découvrir lacs, étendues rocheuses, tourbières, lande couverte de bruyère et forêts de chênes ou de bouleaux, qui alternent sur 16 500 ha de zone protégée. En particulier, une belle promenade longe le Lough Beagh. À une courte distance à pied derrière le château, on accède également à un point de vue.

Centre d'accueil des visiteurs

Le **Glenveagh Visitor Centre** (☎076-100 2537 ; www.glenveaghnationalpark.ie ; sur la R251; ⏲9h-17h30 mi-mars à oct, 9h-17h nov-mars) dispense cartes et conseils.

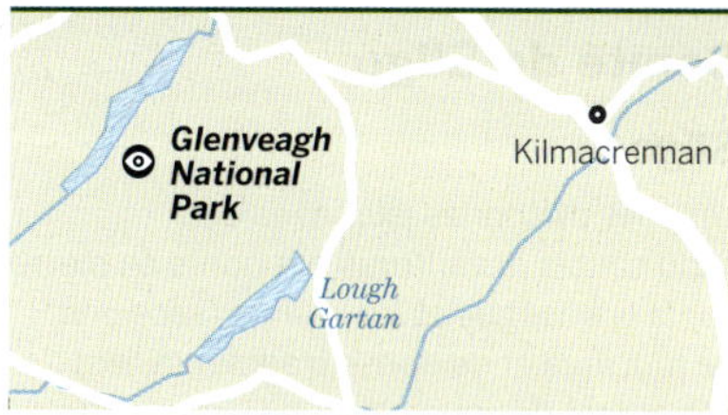

Infos pratiques

Les voitures doivent stationner au niveau du Glenveagh Visitor Centre : l'agréable route de 3,6 km, en bord de lac, qui le sépare du château se parcourt à pied, à vélo ou en navette (4/heure).

Une petite faim ?

Le **café** (☎087 755 3547 ; plats à partir de 5 € ; ⏲10h-17h30 mars-oct juin-sept) situé dans le centre d'accueil des visiteurs sert des plats chauds et des en-cas.

★ Bon à savoir

Le centre d'accueil des visiteurs vend des produits répulsifs anti-moustiques, indispensables (comme les chaussures de marche et les imperméables). Le camping est interdit dans le parc.

Glenveagh Castle

Glenveagh Castle (www.glenveaghnationalpark.ie ; près de la R251 ; visite guidée tarif plein/enfant 7 €/gratuit, navette au départ du centre d'accueil des visiteurs tarif plein/enfant 3 €/gratuit ; ⏲9h-18h avr-oct, 9h-17h nov-mars, dernière visite 45 min avant la fermeture) a été construit sur le modèle du château de Balmoral, en Écosse, résidence estivale de la famille royale britannique. La visite guidée (30 minutes), seul moyen de découvrir les lieux, révèle une série de pièces à la décoration flamboyante. La tour ronde abrite les plus somptueuses, telles la salle de musique décorée de bois de cerfs et de tartan, ou encore la chambre rose bonbon où aurait dormi Greta Garbo.

Le château compte aussi de spectaculaires **jardins** exotiques, avec des terrasses, un jardin à l'italienne, un potager... Leur aspect soigné contraste avec le caractère sauvage du paysage alentour.

Comté de Sligo

Sligo

Les rues piétonnes jalonnées de séduisantes devantures, les ponts en pierre sur la Garavogue et les *céilithe* (sessions de musique et de danse traditionnelles) débordant des pubs jusque sur les trottoirs contrastent avec l'art contemporain et les immeubles à façade de verre. La ville de Sligo constitue une base idéale pour découvrir le pays cher au cœur des frères Yeats : le poète, prix Nobel de littérature William Butler Yeats (1865-1939) et son frère Jack (1871-1957) l'ont immortalisé, l'un dans ses écrits, l'autre dans ses tableaux.

À VOIR À FAIRE

The Model Musée

(☎071-914 1405 ; www.themodel.ie ; The Mall ; prix d'entrée variable ; ⏲10h-17h30 mar-sam, 10h30-15h30 dim). The Model abrite une excellente collection d'art moderne et contemporain irlandais, incluant des œuvres de Jack Butler Yeats (frère de William et éminente figure de l'art irlandais du XXᵉ siècle) et de Louis Le Brocquy. On y trouve également des expositions temporaires et des installations, une programmation de spectacles expérimentaux ainsi qu'un très bon café.

Sligo County Museum Musée

(☎071-911 1679 ; www.sligoarts.ie ; Stephen St ; ⏲9h30-12h30 mar-sam tte l'année, et 14h-16h50 mar-sam mai-sept). GRATUIT Principal intérêt de cette institution, la salle Yeats expose des photographies, des lettres et des coupures de presse relatives à William Butler Yeats, ainsi que des dessins de son frère Jack.

Tread Softly Culture

(www.treadsoftly.ie ; ⏲fin juil). Dans le cadre de la "saison de Yeats", cette manifestation célèbre les frères Yeats, poète et peintre, dix jours durant, notamment à travers des visites et des spectacles.

Benbulben, comté de Sligo

OÙ SE RESTAURER

Hargadons Pub €€

(☎071-915 3709 ; www.hargadons.com ; 4/5 O'Connell St ; plats 10-25 € ; ⊙cuisines 12h-15h30 et 16h-21h lun-sam). Un superbe pub de 1868 offrant un cadre pittoresque, chaleureux et plein de charme, mais aussi une cuisine *gastropub* de saison d'un bon rapport qualité/prix, utilisant des ingrédients locaux comme les huîtres. Pas de réservation possible, mais on peut déguster des bières de microbrasseries en attendant d'avoir une table. Musique traditionnelle certains soirs.

RENSEIGNEMENTS

L'office du tourisme (www.sligotourism.ie ; angle O'Connell St & Wine St ; ⊙9h-17h lun-ven, 9h30-17h sam) communique des informations sur toute la région nord-ouest et sur les itinéraires de promenades.

DEPUIS/VERS SLIGO

BUS

Les **bus Éireann** (☎01850 836 611 ; www.buseireann.ie ; Lord Edward St) partent de la gare routière, située sous la gare ferroviaire. Entre autres destinations : Ballina (15 €, 1 heure 30, 1-6/jour) et Donegal (15 €, 1 heure 30, 6/jour).

TRAIN

Les trains rallient Dublin (17-24 €, 3 heures, 4/jour) via Boyle, Carrick-on-Shannon et Mullingar, au départ de la gare de Lord Edward Street.

Rosses Point

Rosses Point est une pittoresque ville de bord de mer dont les dunes herbeuses dégringolent jusqu'à la grève dorée. Benbulben (ci-contre), l'emblème le plus reconnaissable du Sligo, se dresse à l'arrière-plan. Au large, le surprenant (et sympathique) **Metal Man**, une balise arborant une grande statue d'un officier de marine, indique le chemin du port depuis 1821. On aperçoit **Coney Island** et **Oyster Island**.

Outre ses deux merveilleuses **plages**, Rosses Point possède l'un des golfs les plus pittoresques et renommés d'Irlande, le **County Sligo Golf Club** (☎071-917 7186 ; www.countysligogolfclub.ie ; parcours 18 trous du championnat 175-195 € ; ⊙avr-oct), superbement situé, qui attire des golfeurs du monde entier.

DEPUIS/VERS ROSSES POINT

Située à 8 km au nord-ouest de Sligo, sur la R291, Rosses Point est régulièrement desservie par bus au départ de Sligo.

Drumcliff et Benbulben

Impassible éminence gris-vert de 525 m visible depuis toute la côte nord du Sligo, le **Benbulben** (ou Ben Bulben), se compose d'un plateau calcaire exceptionnellement plat et de parois presque verticales striées d'entailles. Son ascension n'est pas conseillée aux amateurs.

La beauté du Benbulben n'échappa pas à W. B. Yeats. Avant sa mort à Roquebrune-Cap-Martin, en 1939, le poète avait émis cette dernière volonté : "Si je meurs ici [en France], enterrez-moi dans la montagne puis, un an plus tard, exhumez mes restes et transférez-les dans le Sligo." C'est ainsi qu'en 1948, une nouvelle inhumation eut lieu dans le cimetière de l'église de **Drumcliff** (là même où l'arrière-grand-père de Yeats avait officié comme recteur). On a longtemps cru que la dépouille du poète reposait près de l'entrée de l'église protestante, toutefois il a été prouvé récemment que les restes envoyés de France n'étaient pas les siens, ses ossements ayant été éparpillés dans un ossuaire en France durant la Seconde Guerre mondiale.

Au VIe siècle, saint Colmcille (ou saint Columba) établit à Drumcliff son monastère. Sur la route principale, à proximité du cimetière, on peut encore observer les vestiges massifs d'une tour ronde, frappée par la foudre en 1396.

Boyle Abbey

Magnifiquement préservée, **Boyle Abbey** (☎071-966 2604 ; www.heritageireland.ie ; Abbeytown Rd ; tarif plein/enfant 5/3€ ; ⏲10h-18h avril-fin sept) orne la rive de la rivière du même nom. Fondée en 1161 par des moines de Mellifont (comté de Louth), elle illustre la transition entre les périodes romane et gothique. Ainsi, dans les vestiges de la nef, deux séries d'arches, une gothique et une romane, se font face. Sur les chapiteaux sont sculptés des personnages et des animaux, ornements inhabituels dans une abbaye cistercienne. Plus déconcertant encore, le *sheela-na-gigs*, un symbole païen de fertilité.

Après la dissolution des monastères, l'édifice fut occupé par l'armée et devint le château de Boyle. La cheminée de pierre dans la partie sud de l'abbaye, qui servait de réfectoire, date de cette époque. Des visites guidées de 40 minutes sont parfois proposées. Boyle se trouve dans le comté de Roscommon.

Dans le cimetière également se dresse une magnifique haute croix du IXe siècle, gravée de scènes bibliques élaborées, représentant notamment Adam et Ève, et Daniel dans la fosse aux lions.

Lough Gill

Ce lac tranquille à la surface en miroir est au cœur de kyrielles de légendes et inspira beaucoup William Butler Yeats. Situé tout près de Sligo, Lough Gill est notamment bordé par deux bois féeriques, **Hazelwood** et **Slish Wood**, parcourus chacun par un sentier de promenade circulaire. Celui de Slish Wood offre une belle vue sur Innisfree Island.

Dooney Rock

Immortalisé par Yeats dans son poème *The Fiddler of Dooney* (*Le Violoneux de Dooney*), cet immense promontoire calcaire surplombe la rive sud de Lough Gill. D'en haut, on jouit d'une formidable vue sur le lac. Il est possible de se garer au pied du rocher. À 7 km au sud-ouest de Sligo, sur la R287.

Innisfree Island

Cette île minuscule (Inis Fraoigh), si proche de la rive sud-est du lac, est hélas inaccessible et on doit se contenter de l'admirer depuis la berge. Son charme paisible a tant ému William Yeats qu'il lui a rendu hommage dans un poème, *L'Île sur le lac, à Innisfree*, où il évoque le rêve d'y construire "une hutte, faite d'argile et de joncs" ; il poursuit ainsi : "et là j'aurai quelque paix, car goutte à goutte la paix retombe".

Pour accéder au meilleur point de vue sur l'île, suivez sur 4,2 km la petite route sinueuse qui part de l'intersection entre la R287 et la R290, jusqu'à une petite aire de stationnement au bord de l'eau.

DEPUIS/VERS LOUGH GILL

Le lac se trouve à 6 km au sud-est de Sligo. Pour en avoir la vue la plus belle, longez la rive nord via la R286. Jusqu'à Dooney Rock, l'itinéraire sud via la R287 est moins intéressant.

Nécropole mégalithique de Carrowmore

Plus grande nécropole mégalithique d'Irlande, voire d'Europe, le **Carrowmore Megalithic Cemetery** (☎071-916 1534 ; www.heritageireland.ie ; tarif plein/enfant 5/3 € ; ⏲10h-18h Pâques à oct, dernière entrée à 17h ; P) gagne progressivement le statut de site incontournable du Sligo.

Quelque 60 monuments – comprenant tombes à couloir, dolmens ou cercles de pierres pouvant remonter jusqu'au IVe millénaire av. J.-C. – ponctuent les collines de ce site évocateur, probablement antérieur de 700 ans au tumulus de Newgrange (comté de Meath). Nombre de pierres ont été abîmées au fil des siècles, mais les fouilles continuent de mettre au jour de nouveaux vestiges, tant sur le site ouvert au public que sur le terrain privé adjacent.

DEPUIS/VERS CARROWMORE

Pour parvenir à la nécropole, prenez la R292 à l'ouest de Sligo sur 4 km et suivez les panneaux.

Nécropole mégalithique de Carrowkeel

Avec pareille vue sur le comté, on ne s'étonnera guère que les hommes préhistoriques aient perçu ce lieu, dans les hauteurs des Bricklieve Mountains, comme un site sacré. Battu par les vents et au bout de nulle part, l'endroit est à la fois étrange et exaltant, sauvage (on n'y croise que quelques moutons) et spectaculaire. Jalonnée de 14 cairns, de dolmens et d'autres vestiges funéraires épars, cette nécropole date de la fin du néolithique (entre 3 000 et 2 000 avant J.-C.).

La seule vue panoramique sur le sud du Sligo, depuis le parking, suffirait à justifier le détour. Mais celle que l'on a un peu plus loin, sur le Lough Arrow, est tout aussi belle. Comptez 1 km de marche depuis le parking jusqu'au premier site, le cairn G. Comme la célèbre tombe à couloir de Newgrange (comté de Meath), plus tardive, il a été aménagé de sorte que le soleil éclaire la chambre intérieure lors du solstice (d'été et non d'hiver comme à Newgrange), grâce à un petit orifice au-dessus de la porte. Où que l'on regarde alentour, on observe des traces de vie immémoriales, dont quelque 140 cercles de pierres – vestiges des fondations d'un grand village qui aurait été habité par les bâtisseurs des tombes.

Plus proche de Boyle que de Sligo, Carrowkeel se trouve à 5 km à l'est de la R295 et à l'ouest de la N4. Suivez les indications.

Devenish Island

En Irlande du Nord, à Devenish Island (*Daimh Inis*, "île aux bœufs"), la grande "île sainte" du Lough Erne, se dressent les vestiges du **monastère augustinien** fondé au VIe siècle par saint Molaise : une superbe **tour circulaire** du XIIe siècle, quasi intacte, les ruines de St Molaise Church et de St Mary's Abbey, une haute croix du XVe siècle et de nombreuses pierres tombales.

L'île est accessible en bateau depuis Enniskillen avec **Erne Tours** (☎028-6632 2882 ; ernetours.com ; Brook Park, Round 'O' Quay ; tarif plein/enfant 10/6 £ ; ⏲tlj juin-août, mar et sam-dim mai et sept ; 👪) ou **Erne Water taxi** (☎07719 770588 ; www.ernewatertaxi.com ; jetée du Lakeland Forum, Wellington Rd ; 1 heure 30 ; 1 à 8 pers, 80 £/h).

Ruines du monastère, Devenish Island.
NORADOA/FOTOLIA ©

Comté de Donegal

Reportez-vous à la p. 234 pour les falaises de Slieve League. et à la p. 236 pour le Glenveagh National Park.

Donegal

Sa position stratégique à l'embouchure de Donegal Bay, avec les Blue Stack Mountains pour arrière-plan, fait de Donegal une excellente base pour explorer la côte. Cette cité au château éminent et à la population chaleureuse offre en outre de nombreuses opportunités pour se loger et se restaurer.

[redacted]

Castle Coole

En 1821, lors de la visite du roi George IV en Irlande, le comte de Belmore fit préparer une chambre d'État à **Castle Coole** (☎028-6632 2690 ; www.nationaltrust.org.uk ; sur l'A4 ; visite guidée demeure tarif plein/enfant 10,50/5,25 £, domaine 4/2 £ ; ⊙demeure 11h-17h tlj juil-août, ven-mer juin, sam-dim et jours fériés mi-mars à mai et sept, domaine 10h-19h mars-oct, 10h-16h nov-fév). Le roi, trop occupé à batifoler avec sa maîtresse au château de Slane, ne vint jamais. Dépité, le comte fit mettre dans la chambre tendue de soie rouge des tableaux représentant "La Carrière du libertin" (*The Rake's Progress*).

Ce manoir palladien signé James Wyatt fut construit entre 1789 et 1797 pour le premier comte de Belmore Armar Lowry-Corry. C'est sans doute le plus pur exemple d'architecture néoclassique de la fin du XVIIIe siècle en Irlande.

Au cœur du parc de 600 ha se trouve un lac où a élu domicile l'unique colonie sédentaire d'oies cendrées du Royaume-Uni. On raconte que si les oies partent un jour, les comtes de Belmore perdront leur château.

Castle Coole se trouve à 2,5 km au sud-est d'Enniskillen, en Irlande du Nord. On peut emprunter à pied ou à vélo l'agréable sentier de 5 km depuis le château d'Enniskillen.

À VOIR

Donegal Castle Édifice historique

(☎074-972 2405 ; www.heritageireland.ie ; Castle St ; tarif plein/enfant 5/3 € ; ⊙10h-18h tlj Pâques à mi-sept, 9h30-16h30 jeu-lun mi-sept à Pâques). Veillant sur un coude pittoresque de l'Eske, ce château bâti par le clan O'Donnell en 1474 fut le bastion de leur pouvoir jusqu'en 1607. Lorsque les Anglais résolurent de se débarrasser définitivement des chefs de clan irlandais, Rory O'Donnell incendia le château avant de gagner la France lors du célèbre épisode de la "fuite des comtes". En 1623, le capitaine anglais Basil Brooke fit reconstruire l'édifice, lui adjoignant un bâtiment jacobéen de 3 étages. La restauration des années 1990 a rendu aux lieux leur splendeur d'antan. Visites guidées toutes les heures.

OÙ SE RESTAURER

The Olde Castle Bar Poisson et fruits de mer €€

(☎074-972 1262 ; www.oldecastlebar.com ; Castle St ; plats 11-32 € ; ⊙cuisines 12h-21h ; 👪). Ce pub animé situé à deux pas du Diamond sert une cuisine haut de gamme, probablement la meilleure des environs. Les classiques incluent les huîtres de la baie de Donegal, les moules, l'Irish stew (ragoût d'agneau) et les plateaux de fruits de mer (32 €), ainsi que des steaks et des burgers. Le pub a beaucoup de succès dans les environs et sert une excellente pale-ale, la Red Hugh Brew.

DEPUIS/VERS DONEGAL

BUS

Les **bus Éireann** (☎01850 836 611 ; www.buseireann.ie) relient Donegal à Sligo (15 €, 1 heure 15, 6/jour), Galway (21 €, 4 heures, 4/jour), et Dublin (20 €, 4 heures 30, 5/jour).

Les **Bus Feda** (☎074-954 8114 ; www.busfeda.ie) rallient Gweedore, Dunfanaghy et Letterkenny (11 € pour ces trajets) deux à trois fois par jour.

La compagnie **Patrick Gallagher Coaches** (☎087 233 0888 ; www.gallagherscoaches.com) assure des liaisons en bus entre Donegal et Belfast (2 heures) et Derry.

L'arrêt de bus se situe sur la place nommée "The Diamond".

Lough Eske

Environné par les Blue Stack Mountains, ce lac paisible et pittoresque se prête idéalement à une exploration à pied ou à vélo. Lough Eske, le "lac des poissons",

JOHN/STOCK.ADOBE.COM ©

Le Lough Eske Castle

porte bien son nom, et attire beaucoup de pêcheurs.

Aucun transport public ne mène jusqu'au lac, mais il ne se trouve qu'à 9 km de Donegal et est facilement accessible à vélo ou en voiture.

OÙ SE RESTAURER

Lough Eske Castle Hôtel-restaurant €€€

(074-972 5100 ; www.lougheskecastlehotel.com ; Lough Eske ; Lounge Bar plats 17-26 € Cedar's grill plats 24-38 € ; fermé dim-mer nov-mars ; @). Minutieusement rebâti après un incendie en 1939 et restauré, cet imposant château du XIXe siècle incarne la quintessence de l'élégance d'une retraite champêtre. Le domaine conserve une note classique mâtinée d'un style contemporain impeccable : chambres minimalistes, spa luxueux et restaurant raffiné.

Rossnowlagh

Familles, surfeurs, kitesurfeurs et marcheurs apprécient l'idyllique étendue de sable de 3 km labellisée "Pavillon bleu". La plage de Rossnowlagh est parfaite pour apprendre à surfer ou pour perfectionner sa technique – ou simplement pour un pique-nique dans les dunes.

À VOIR ET À FAIRE

Franciscan Friary Monastère

(071-985 1342 ; www.franciscans.ie ; sur la R231 ; 11h-17h30 mer-sam et lun, 11h-20h mar, 11h45-17h30 dim). GRATUIT Niché au fond d'une forêt au sud de la plage, ce monastère franciscain moderne, construit dans les années 1950, ouvre ses splendides et paisibles jardins au public. Un sentier balisé, "The Way of the Cross" (le chemin de la Croix), gravit un coteau couvert de rhododendrons, jusqu'à un panorama spectaculaire.

Fin McCool Surf School Surf

(071-985 9020 ; www.finmccoolsurfschool.com ; Beach Rd ; location matériel 39 €/jour, cours 2 heures matériel inclus tarif plein/enfant 35/25 € ; 10h-17h juin-août, 10h-17h sam et dim sept-mai). Outre les cours et la location de matériel, vous trouverez même une possibilité d'hébergement dans cet accueillant centre de surf géré par le juge du Pro Tour, Neil Britton, avec l'aide de sa famille élargie, dont nombre de membres ont disputé le circuit international.

DEPUIS/VERS ROSSNOWLAGH

Aucun transport public ne dessert Rossnowlagh, située à 17 km au sud-ouest de Donegal.

Bundoran

Mélange tapageur de machines à sous, manèges à l'ancienne et snack-bars à l'américaine, la station balnéaire la plus réputée du Donegal réserve aussi des vagues splendides. Elle réunit l'été une population composite de jeunes familles, de retraités et de surfeurs de plus en plus nombreux. L'été terminé, l'atmosphère carnavalesque s'estompe et Bundoran peut s'avérer passablement désolée.

Kilcar, Teelin et Carrick

Kilcar (Cill Chártha) et sa voisine plus séduisante Teelin (Teileann) constituent de bonnes bases pour explorer la côte sud-ouest du Donegal, notamment les stupéfiantes falaises de Slieve League (p. 234). Plus à l'intérieur des terres, Carrick (An Charraig) a également du charme. La région offre de belles possibilités de promenades.

Glencolumbcille et ses environs

L'approche de Glencolumbcille (Gleann Cholm Cille) par le Glengesh Pass (p. 245) permet de mesurer à quel point ce minuscule havre côtier à l'âpre beauté est isolé. On parcourt des kilomètres de collines et de tourbières avant qu'apparaisse l'océan, puis une étroite vallée verdoyante et le petit village gaélophone qui y niche. Dans ce lieu habité depuis 3000 ans av. J.-C., vous trouverez quantité de vestiges préhistoriques, ainsi que quelques plages et un joli petit musée folklorique.

Ardara

Porte d'accès aux lacets du Glengesh Pass et à la belle route de Maghera Strand (p. 245), Ardara (Ard an Rátha) est la capitale du tissage du tweed et du lainage. On peut y observer les tisserands à l'œuvre.

À VOIR

Ardara Heritage Centre Musée

(087 286 8657 ; Main St ; en général 10h-17h lun-ven, 11h-16h sam Pâques-sept). GRATUIT Logé dans l'ancien tribunal, ce centre retrace l'histoire du tweed dans le Donegal, de la tonte des moutons jusqu'à la teinture et au tissage.

ACHATS

Eddie Doherty Vêtements en tweed

(074-954 1304 ; www.handwoventweed.com ; Main St ; 10h-18h lun-sam, parfois le dim). On peut généralement observer Eddie Doherty à l'œuvre sur son métier à tisser traditionnel, dont il explique avec plaisir le fonctionnement.

OÙ SE RESTAURER

Nancy's Bar Irlandais €

(074-954 1187 ; nancysbarardara.ie ; Front St ; plats 7-15 € ; cuisines 12h-21h tlj mars-oct, sam-dim nov-fév ;). Tenu par la même famille depuis sept générations, ce pub-restaurant sert de formidables fruits de mer et un excellent *chowder* (soupe de poisson et fruits de mer). C'est aussi la meilleure adresse pour siroter une pinte dans une atmosphère conviviale en écoutant une session de musique traditionnelle.

Dunlewey et ses environs

Un moment d'inattention et vous pourriez rater le minuscule hameau de Dunlewey (Dún Lúiche). En revanche, impossible de manquer le paysage spectaculaire, dominé par le sommet buriné en quartzite d'Errigal Mountain, à la forme caractéristique.

Prévoyez suffisamment de temps pour vous promener : l'endroit est magique.

ACTIVITÉS

Errigal Mountain Randonnée

La silhouette en quartzite gris rosâtre d'Errigal Mountain (752 m) domine le paysage du nord-ouest du Donegal, apparaissant tantôt conique, tantôt semblable à l'aileron irrégulier d'un requin fendant la bruyère. La vue est magnifique depuis le sommet sur la vallée et le lac qui s'étire au pied de la montagne. L'ascension de cette montagne de forme pyramidale, ardue mais gratifiante, nécessite de consulter la météo : l'escalade peut s'avérer dangereuse les jours de vent et de pluie, lorsque la montagne est nimbée de nuages et la visibilité minimale.

L'itinéraire le plus facile, un sentier raide et sévèrement érodé, part d'une zone de stationnement sur la R251, à environ 2 km à l'est de Dunlewey (une boucle de 4,5 km). Comptez 3 heures.

Poisoned Glen Randonnée

Selon la légende, ce grand vallon sculpté par la glace aurait acquis le nom sinistre de "vallée empoisonnée" (An Gleann Neimhe) lorsque le colossal Balor, roi de Tory, fut assassiné par son petit-fils Lughaidh. Le poison contenu dans son œil unique aurait alors fendu la roche et empoisonné la vallée. La réalité est plus prosaïque : c'est à la suite d'une erreur de transcription d'un géographe anglais venu cartographier la région que cet endroit, initialement nommé à juste titre la "vallée céleste" (An Gleann Neamhe) est devenu "vallée empoisonnée". À 2 km à l'est de la bifurcation vers le Dunlewey Centre sur la R251, une route secondaire traverse le hameau de Dunlewey, dépasse les superbes ruines d'une église, pour parvenir à un petit parking niché dans un virage en épingle à cheveux. De là, un rude sentier mène jusqu'au cœur rocailleux de la vallée (boucle 4 km). Gare à la Dame verte, le spectre local !

Glengesh Pass et Maghera Strand

On atteint le sublime **Glengesh Pass** (Glean Géis, la "vallée des cygnes"), un col creusé il y a des millénaires par des forces glaciaires, par une route étroite de 25 km environ entre Glencolumbcille et Ardara. Après plusieurs lacets se révèle un paysage à la beauté pastorale, avec des cottages au toit de chaume. Plusieurs points de vue permettent au visiteur d'admirer l'épique panorama.

Sur la côte nord de la péninsule de Glencolumbcille, à 9 km à l'ouest d'Ardara, le minuscule village de **Maghera** possède une large plage, Maghera Strand, l'une des plus belles d'Irlande (le site est superbe au coucher de soleil). En longeant la grève vers l'ouest, on parvient à un promontoire rocheux abritant de nombreuses grottes (inaccessibles à marée haute). Le lieu aurait servi de refuge, au XVIIe siècle, à une centaine de villageois face à la terreur entretenue par Cromwell, mais, à l'exception d'un, tous auraient été finalement massacrés. Quelque 1,5 km plus à l'est jaillit l'enchanteresse **cascade d'Assarancagh**.

Glengesh Pass

Dunlewey Centre Centre d'activités

(Ionad Cois Locha ; ☎074-953 1699 ; www.dunleweycentre.com ; Dunlewey ; billet combiné tarif plein/enfant 13,50/9,50 € ; ⏲10h30-17h30 Pâques-sept, 10h30-17h30 oct ; 👪). À la fois boutique d'artisanat, musée, restaurant, centre d'activités, théâtre et salle de concerts, c'est l'endroit parfait pour une découverte en famille. Les adultes apprécieront la visite de 30 minutes du cottage à toit de chaume où vécut le tisserand Manus Ferry, dont les tweeds étaient renommés dans le monde entier. Quant aux enfants, ils adoreront caresser les animaux de la ferme. Mais l'activité qui mettra d'accord petits et grands est sans conteste la balade en bateau sur le lac, animée par un conteur enthousiaste, pour ne rien perdre de l'histoire locale et du folklore macabre de la région.

Lough Gartan

Figure fondatrice du monachisme irlandais, **saint Colmcille** (St Columba) est né au VIe siècle dans un lieu charmant proche de l'impassible Lough Gartan, où l'on peut voir des reliques associées au saint. Le lac s'étend à 17 km au nord-ouest de Letterkenny. Le paysage alentour est magnifique à traverser en voiture.

À VOIR

Glebe House & Gallery Galerie d'art

(☎074-913 7071 ; www.heritageireland.ie ; Church Hill ; tarif plein/enfant 5/3 € ; ⏲11h-18h30 tlj Pâques et juil-août, sam-jeu juin et sept, dernière entrée 17h30). Le peintre anglais et collectionneur Derek Hill (1916-2000) acquit en 1953 cette demeure (1828) au délicieux jardin boisé. Outre ses créations, elle regroupe dans un décor orientalisant des toiles d'art naïf d'artistes locaux et des œuvres d'artistes majeurs tels Picasso, Landseer, Hokusai, Renoir, Braque, Jack Butler Yeats ou encore Kokoschka. La visite guidée dure 45 minutes. Joli café.

Dunfanaghy et ses environs

Massée sur la rive sud d'un bras de mer sablonneux, la jolie commune de Dunfanaghy a une situation idéale au cœur de l'une des parties les plus belles et variées du Donegal. Au pied du mont Muckish, landes, prairies, falaises, plages, forêts et lacs s'offrent à l'exploration.

Poisoned Glen (p. 245)

À VOIR

Horn Head Panorama

Culminant à quelque 180 m, le promontoire de Horn Head forme un spectaculaire paysage côtier, avec d'impressionnantes falaises de quartzite coiffées de lande et de bruyère. La route étroite venant de Dunfanaghy (4 km) s'achève sur une petite aire de stationnement. De là, parcourez 150 m jusqu'à un point de vue, ou bien 1,5 km jusqu'à Horn Head proprement dit. Par beau temps, vous aurez vue sur les îles de Tory, d'Inishbofin, d'Inishdooey et d'Inishbeg vers l'ouest ; sur Sheephaven Bay et la péninsule de Rosguill à l'est ; sur Malin Head au nord-est ; et même sur la côte écossaise au-delà. Attention au rebord de la falaise, surtout par mauvais temps.

Plages Plages

Large et quasi déserte, la plage de sable de **Killahoey Beach** va jusqu'à Dunfanaghy. Située à environ 5 km à l'est, au-delà de Port-na-Blagh, avec ses rangées de mobil-homes, **Marble Hill Strand** est souvent prise d'assaut en été. Pour rallier **Tramore**, la plus jolie plage de Dunfanaghy, il faut marcher à travers les dunes herbeuses à l'ouest du village pendant 2 km environ.

OÙ SE RESTAURER

Rusty Oven Pizza €

(www.facebook.com/therustyoven ; Main St ; pizzas 10-12 € ; 17h-21h30 ven-sam ;). Arrivez tôt si vous voulez éviter de trop attendre dans cet établissement très populaire qui propose des pizzas au levain cuites au feu de bois. Mention spéciale pour la pizza fromage de chèvre, poires et noix. À déguster dans le jardin ou dans la salle chic et bohème autour du poêle. Rusty Oven est juste derrière le pub **Patsy Dan's** (Main St ; 11h-minuit). Pain au levain à emporter.

DEPUIS/VERS DUNFANAGHY

Bus Éireann ne dessert pas les localités situées au nord de Letterkenny, mais on peut emprunter les bus des compagnies John McGinley (074-913 5201 ; www.johnmcginley.com) et Bus Feda (074-954 8114 ; www.feda.ie) qui assurent des liaisons avec Donegal. Avoir sa propre voiture reste le meilleur moyen de visiter la région.

Péninsule de Rosguill

La splendeur accidentée de cette péninsule se révèle à qui parcourt les 15 km de l'**Atlantic Drive** en voiture, à vélo, voire à pied. Cet itinéraire circulaire passant par de petites routes est indiqué sur la gauche à l'entrée sud du village de **Carrigart** (Carraig Airt). La vue sur la mer est époustouflante (même si les maisons de vacances qui gagnent du terrain atténuent quelque peu la solitude des lieux). La jolie plage de Trá na Rossan, au nord de la péninsule, a plus de charme que celle de Downings (Downies), très courue.

ACTIVITÉS

Rosapenna Golf Resort Golf

(074-915 5000 ; www.rosapenna.ie ; Downings ; parcours 75-95 €). Dessiné en 1891 par le pionnier écossais du golf "Old Tom Morris", puis remodelé en 1906, ce green célèbre vaut autant par son cadre que par son parcours, qui donne du fil à retordre aux meilleurs golfeurs.

OÙ SE RESTAURER

Olde Glen Bar & Restaurant Irlandais €

(083 158 5777 ; Glen, Carrigart ; plats 16-28 € ; bar midi-tard le soir juin-août, à partir de 15h le reste de l'année ; cuisines 18h-21h tlj juil-août, mer-lun juin et sept, jeu-dim oct-mai ;). Ce merveilleux pub authentique, au sol en pierre du début du XVIIIe siècle, sert une bière de qualité. Le petit restaurant rustique propose des plats du jour

Grianán d'Aileách

Ce **fort en pierre** (www.heritageireland.ie ; sur la N13, Burt ; aube-crépuscule) aux airs d'amphithéâtre coiffe Grianán Hill à la manière d'un halo, offrant une vue éblouissante sur les lacs environnants. Par temps clair, le regard porte jusqu'à Derry. Entre ses murs restaurés de 4 m d'épaisseur, sa petite arène peut évoquer un cirque lorsque les touristes sont particulièrement nombreux.

Le fort daterait d'au moins 2000 ans, mais on estime que le site proprement dit remonte à l'époque préchrétienne, où il aurait accueilli un temple dédié au dieu Dagda. Entre le Ve et le XIIe siècle, il abrita le siège des O'Neill, avant d'être démoli par le roi du Munster, Murtogh O'Brien. La majeure partie de ce que l'on voit aujourd'hui est le fruit d'une reconstruction datant de 1874-1878.

Le fort se trouve à 18 km au sud de Buncrana, près de Burt, indiqué près de la N13.

Grianán d'Aileách
ADAMICO/FOTOLIA ©

sensationnels, utilisant des ingrédients d'origine locale, notamment poisson, fruits de mer et viande exceptionnels. Veillez à réserver.

Péninsule de Fanad

Fanad Head, le point le plus septentrional du Donegal après Malin Head, s'avance dans l'Atlantique à l'est de Rosguill. La péninsule s'étend entre les eaux de Mulroy Bay, à l'ouest, et, à l'est, les rives de Lough Swilly bordées de hautes falaises et de plages de sable. Nombre de visiteurs s'en tiennent à cette côte orientale, profitant de la magnifique plage et de l'excellent golf de Portsalon, ainsi que du beau patrimoine architectural des paisibles Rathmelton et Rathmullan. Le petit nombre d'hébergements impose de réserver en été.

Rathmelton

Que l'on vienne de Derry ou de Letterkenny, Rathmelton (ou Ramelton) est la première ville que l'on trouve sur la péninsule. Ses maisons georgiennes mitoyennes et ses entrepôts en pierre brute suivant les rives de la Lennon lui donnent un aspect très pittoresque.

Portsalon et Fanad Head

Une route spectaculaire et vallonnée longe les falaises entre Rathmullan et Portsalon (Port an tSalainn) en passant par **Knockalla Fort**, l'une des six forteresses érigées par les Britanniques au début du XIXe siècle pour se défendre d'une éventuelle invasion française en soutien à une insurrection irlandaise.

La belle plage de **Ballymastocker Bay** constitue le principal intérêt du minuscule village de Portsalon.

Depuis Portsalon, une très belle route panoramique de 8 km mène à un phare, perché sur la pointe rocheuse de **Fanad Head**.

Péninsule d'Inishowen

La péninsule d'Inishowen s'avance juste assez dans l'Atlantique pour mériter le titre de point le plus septentrional d'Irlande, à Malin Head. Isolée, accidentée, désolée et peu peuplée, c'est un endroit à part, très paisible. Les sites anciens et les châteaux en ruine abondent, de même que les cottages traditionnels coiffés de chaume.

Les services de bus étant sporadiques, il faut une voiture pour pouvoir véritablement visiter la péninsule.

Buncrana

Située du côté plus riant de la péninsule, Buncrana est une localité animée par ses pubs et sa plage de sable de 5 km au bord du Lough Swilly. On y trouve de quoi faire étape avant de gagner les contrées sauvages plus au nord.

La chanson *Amazing Grace* a ses origines ici : en 1748, un certain John Newton, impliqué dans le commerce des esclaves, trouva refuge en pleine tempête avec l'équipage de son navire dans les eaux paisibles du Lough Swilly. Cet épisode et le bon accueil que leur réserva la population de Buncrana marquèrent le commencement d'une véritable conversion pour John Newton, qu'il décrit dans *Amazing Grace.* Newton devint par la suite un fervent opposant à la traite des esclaves.

Clonmany et Ballyliffin

Ces deux villages pittoresques et leurs environs offrent largement de quoi occuper le visiteur pendant un jour ou deux. Clonmany compte nombre de pubs, tandis que Ballyliffin paraît plus élégante avec ses hôtels et restaurants.

Une balade le long des dunes au nord de Ballyliffin conduit jusqu'à Doagh Island (île rattachée à la terre ferme) coiffée de la petite ruine de Carrickabraghey Castle (XVIe siècle).

Ballyliffin Golf Club Golf

(☎074-937 6119 ; www.ballyliffingolfclub.com ; sur la R238 ; parcours 50-200 €). Avec ses deux parcours officiels, voici l'un des meilleurs greens du Donegal. Son cadre est si somptueux qu'il a de quoi distraire le golfeur le plus investi.

DEPUIS/VERS CLONMANY

Les bus de la compagnie **Foyle Coaches** (www.foylecoaches.com) circulent entre Clonmany et Carndonagh.

Malin Head

Malin Head, l'extrémité septentrionale de l'île battue par les vagues, réserve des paysages impressionnants.

À la pointe nord, baptisée **Banba's Crown**, se dresse une **tour** un peu pataude érigée en 1805 par l'amirauté britannique, avant de devenir une station d'aide à la navigation. Tout autour, des constructions en béton servirent de postes d'observation à l'armée irlandaise durant la Seconde Guerre mondiale. À l'ouest du parking situé près du fort, un sentier mène à **Hell's Hole**, une entaille dans la roche où viennent s'engouffrer les vagues. Vers l'est, une balade plus longue conduit jusqu'à la **Wee House of Malin**, la grotte d'un ermite, creusée dans la paroi de la falaise.

BELFAST

Belfast

Belfast est à maints égards une ville nouvelle. Autrefois boudée par les touristes, refroidis par le conflit nord-irlandais et les "Troubles", elle s'est remarquablement transformée. C'est aujourd'hui une ville festive et branchée, qui cultive l'hédonisme au quotidien.

Fleuron du Titanic Quarter, le Titanic Belfast, superbe édifice en étoile, est devenu la première curiosité de la ville. On trouve aussi à Belfast une magnifique architecture victorienne, des berges ponctuées d'œuvres d'art moderne, une scène gastronomique en plein essor et des pubs vibrants de musique.

Belfast en 1 jour

Commencez par une visite guidée gratuite du **City Hall** (p. 260). Découvrez les fresques murales de West Belfast avec les **visites en taxi noir** (p. 259), puis direction **Holohan's** (p. 267) pour le déjeuner. L'après-midi, faites un tour sur le fleuve avec la **Lagan Boat Company** (p. 265) avant d'explorer le **Titanic Belfast** (p. 256) et de dîner au **Muddlers Club** (p. 268).

Belfast en 2 jours

Le deuxième jour, commencez par l'**Ulster Museum** (p. 260), puis flânez dans les **Botanic Gardens** (p. 261). L'après-midi, offrez-vous une visite guidée de **Crumlin Road Gaol** (p. 261). Le soir, découvrez les pubs traditionnels comme le **Kelly's Cellars** (p. 268), le **Duke of York** (p. 268) et le **Crown Liquor Saloon** (p. 260).

Page précédente : Hôtel de ville de Belfast (p. 260)

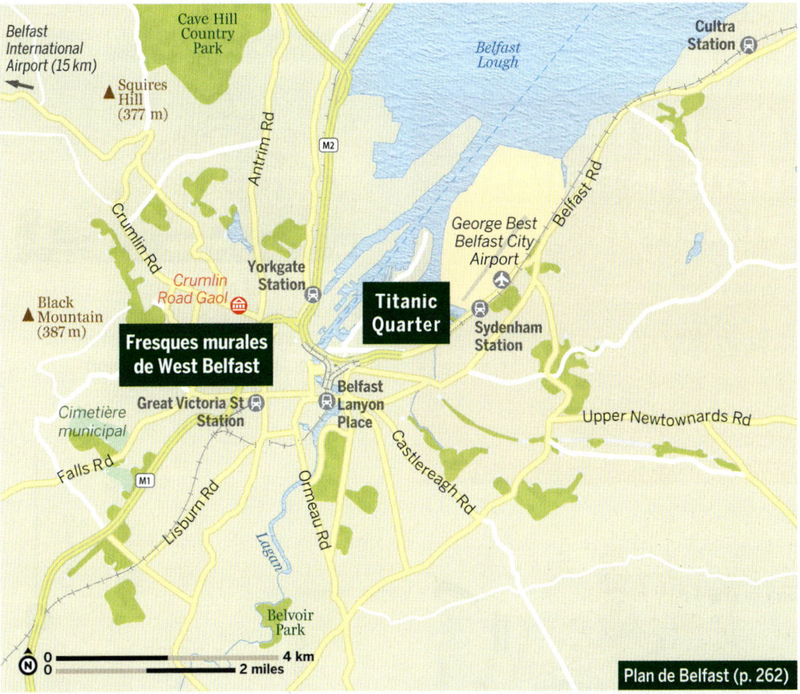

Comment s'y rendre

Belfast International Airport Bus fréquents vers la ville (aller-retour 11 £, 30-55 min) de 16h30 à 23h30.

George Best Belfast City Airport Bus fréquents vers la ville (aller-retour 4 £, 15 min) de 5h15 à 21h30.

Europa Bus Station Les bus venant de Dublin arrivent dans le centre-ville.

Belfast Central Station Les trains en provenance de Dublin arrivent à cette gare. Le billet de train comprend le trajet en bus jusqu'au centre-ville.

Où se loger

De l'auberge de jeunesse au boutique-hôtel de luxe, l'offre d'hébergement s'élargit d'année en année. Les adresses économiques et de catégorie moyenne sont pour la plupart au sud du centre, dans le quartier arboré de l'université, vers Botanic Avenue, University Road et Malone Road, à une vingtaine de minutes à pied du City Hall. Les hôtels d'affaires et les hôtels de luxe prolifèrent en centre-ville.

Réservez pour le week-end, l'été et les périodes de festival.

Circuit pédestre dans le Belfast victorien

Belfast était une ville très prospère à l'époque victorienne et l'architecture de cette période témoigne de la richesse produite par les industries de la ville.

Départ St George's Market
Distance 2 km
Durée Une heure

4 Direction ouest jusqu'à Donegall Sq. pour voir de beaux exemples d'architecture victorienne dont le **Robinson & Cleaver building** (1888).

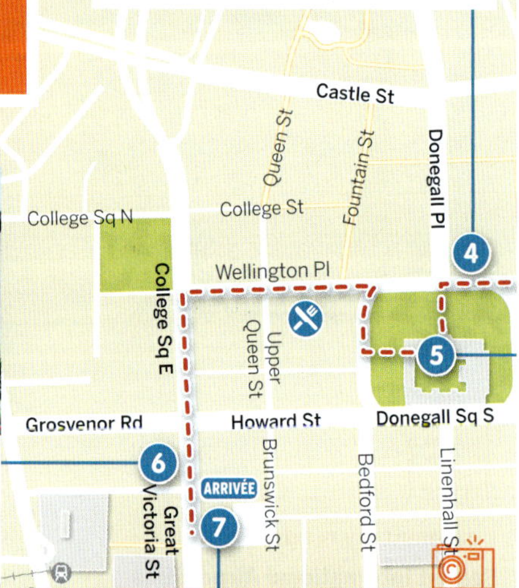

6 Tournez à gauche sur Wellington Pl puis à gauche sur Great Victoria St pour rejoindre le **Grand Opera House** édifié en 1895.

La photo à prendre : l'intérieur du Crown Liquor Saloon.

7 Continuez direction sud sur Great Victoria St jusqu'au **Crown Liquor Saloon** (p. 260), datant de 1885.

Faites une pause...
à midi au restaurant **Home** (p. 268).

1 Découvrez le **St George's Market**, où les commerçants proposent leurs marchandises depuis 1896.

2 La promenade se prolonge sur Mary St puis Victoria St avant de rejoindre le bâtiment d'**Old Town Hall** (1871) tout en brique rouge.

3 Tournez à gauche dans **Victoria Square** et grimpez au sommet du dôme pour profiter d'une vue panoramique sur Belfast.

5 Au centre de Donegall Sq se dresse le **City Hall** (p. 260), un édifice de 1906 devant lequel trône une statue de la reine Victoria.

RICCAR/SHUTTERSTOCK © ARCHITECT: ERIC KUHNE

Titanic Quarter

Les anciens chantiers navals de Belfast – berceau du RMS Titanic *– s'étendent sur la rive est du Lagan, dominés par deux immenses grues jaunes surnommées Samson et Goliath.*

Titanic Belfast

Sur le site de la cale de lancement du *Titanic* se dressent aujourd'hui les lignes épurées du **Titanic Belfast** (www.titanicbelfast.com ; Queen's Rd ; tarif plein/enfant 18,50/8 £ ; 9h-19h juin-juil, 9h-20h août, 9h-18h avr-mai et sept, 10h-17h oct-mars ; G2), un palais à la gloire du passé de la ville et de la construction du plus célèbre des paquebots transatlantiques. Les expositions multimédias, habilement agencées, sont rehaussées d'images d'époque. Des projections et des documents sonores y présentent le formidable essor, au début du XXe siècle, d'une Belfast devenue une cité industrielle de premier ordre. La visite se poursuit au fil d'un circuit high-tech, avec bande-son et odorama, à travers la reconstitution du chantier naval.

Vous pourrez observer tous les détails de la construction du *Titanic*, en passant par la

Pour ceux qui aiment...

☑ Ne ratez-pas

Les toilettes de la 1re classe du SS *Nomadic*..

SS *Nomadic*

CLAUDIO DIVIZIA/SHUTTERSTOCK ©

quille, le pont et des répliques des cabines. L'élément le plus émouvant est peut-être le film d'époque, aux images tremblotantes, témoignage du gigantisme du paquebot.

À l'arrière du bâtiment se trouvent encore les énormes cales de lancement sur lesquelles furent construits le *Titanic* et son frère aîné, l'*Olympic*.

SS *Nomadic*

Construit à Belfast en 1911, le **SS Nomadic** (www.nomadicbelfast.com ; Hamilton Dock, Queen's Rd ; tarif plein/enfant 7/5 £ ; 10h-19h dim-jeu, 10h-20h ven-sam juil-août, 10h-19h juin, 10h-18h avr-mai et juin, 11h-17h oct-mars ; Abercorn Basin) est le dernier survivant de la White Star Line. Ce petit navire à vapeur servait à conduire, depuis Cherbourg, les passagers de 1re et 2e classes à bord des paquebots, trop massifs pour être amarrés

Infos pratiques

Des panneaux d'information aident à repérer les différents sites de la zone le long de Queen's Road.

Une petite soif ?

Il y a des cafés au Titanic Belfast et à la Thompson Pump House.

★ Bon plan

Une heure avant la fermeture, on peut profiter d'un billet à prix réduit (tarif plein/enfant 10/8 £) pour une visite express (sans le chantier naval).

à quai. Le 10 avril 1912, il transporta 172 malheureux passagers jusqu'au *Titanic*. Ne manquez pas les somptueuses toilettes de la 1re classe. La visite du SS *Nomadic* est comprise dans le billet pour le Titanic Belfast (à utiliser dans les 24 heures).

Titanic's Dock et Pump House

Au bout de Queen's Road trône le plus impressionnant vestige de l'époque des grands paquebots transatlantiques, l'immense **Thompson Dry Dock** (www.titanicsdock.com ; Queen's Rd ; tarif plein/enfant 5/3,50 £ ; 10h-17h avr-oct, 10h30-16h nov-déc, 10h30-17h jan-fév ; G2), où l'intérieur du *Titanic* fut équipé.

À côté se dresse la **Pump House** (station de pompage), qui héberge des expositions sur les chantiers navals de Belfast. La visite libre comprend des vidéos tournées sur les chantiers, l'exploration des mécanismes de pompage et une promenade au niveau du plancher de la cale sèche.

La taille de la cale sèche donne une idée de celle du navire, qui y tenait tout juste.

Fresque murale représentant Bobby Sands

Fresques murales de West Belfast

Les peintures murales de l'ouest de Belfast témoignent des terribles tensions qui déchiraient jadis la ville.

Pour ceux qui aiment...

☑ Ne ratez-pas

La Peace Line, un mur d'acier séparant les communautés protestante et catholique de West Belfast.

À Belfast, la tradition des fresques politiques remonte à 1908, quand des portraits du roi Billy (Guillaume III d'Orange, roi protestant qui l'emporta, en 1690, sur le catholique Jacques II lors de la bataille de la Boyne) furent peints par des unionistes, pour dénoncer les projets de gouvernement autonome des nationalistes. La tradition fut ravivée à la fin des années 1970, dans la période des "Troubles" : les fresques servaient alors à délimiter le territoire des deux factions, et à exprimer des opinions.

Fresques républicaines

Les premières fresques républicaines datent de 1981, pour soutenir la grève de la faim menée par des détenus républicains à la prison de Maze. Plus tard, les républicains élargirent leur spectre afin d'aborder des questions politiques

Fresque symbolisant la solidarité entre détenus politiques irlandais et palestiniens.

VANDERWOLF IMAGES/SHUTTERSTOCK ©. SOLIDARITY P.O.W.S MURAL BY DANNY DEVENNY AND CARLOS LATUFF

plus générales ou d'évoquer des légendes irlandaises et des épisodes historiques.

Peace Line

La Peace Line, le signe le plus visible des divisions qui marquèrent la zone, sépare la communauté protestante, à l'ouest de Belfast, de la catholique. Érigée dès 1969, cette série de constructions en béton et acier hautes de 6 m, dite "mur de la Paix", a survécu au mur de Berlin.

Fresques loyalistes

Les fresques loyalistes sont en général plus militaristes et provocatrices que les républicaines. Le cri de guerre des loyalistes, "*No Surrender !*" ("Nous ne nous rendrons jamais !"), y est omniprésent, tout comme les trottoirs peints en rouge, blanc et bleu, les insignes paramilitaires et les images de personnages comme Guillaume III ou Cromwell, notamment.

Infos pratiques

Une visite en taxi noir est le moyen idéal de découvrir les fresques, mais rien ne vous empêche de faire la visite à pied.

Une petite faim ?

Bia (☎028-9096 4184 ; www.culturlann.ie ; 216 Falls Rd ; plats 6,50-15 £ ; ⏲9h-17h30 lun-jeu, 9h-21h ven, 10h-17h30 sam, 10h-16h dim ; ; G1), dans le Centre pour les arts et la culture irlandais Cultúrlann McAdam Ó Fiaich, est un bon endroit pour une pause-déjeuner.

★ Bon à savoir

Vous pouvez photographier les fresques sans problème, mais pas les passants ni les commissariats de police.

Fresques d'aujourd'hui

Les fresques ont suscité de nombreux débats ces dernières années. Si elles présentent un attrait touristique incontestable, la tendance actuelle est à remplacer les œuvres les plus agressives par des peintures dédiées aux héros locaux et aux personnalités telles que le footballeur George Best et l'écrivain C. S. Lewis, auteur du *Monde de Narnia*.

Visites en taxi

De nombreuses compagnies, ainsi que des taxis indépendants, assurent des circuits de découverte des fresques de West Belfast. La qualité et la durée des visites sont variables, mais elles restent un moyen amusant et personnalisé de voir ces peintures. Hélez un taxi dans le centre-ville.

Paddy Campbell's Famous Black Cab Tours (☎07990-955227 ; www.belfastblackcabtours.co.uk ; circuit 1-2 pers 35£/p, 3-8 pers 12 £/pers) propose des circuits d'une heure trente. **Official Black Taxi Tours** (☎07702-449694, 028-9064 2264 ; www.belfasttours.com ; 1-2 pers 40 £, plus 17.50 £ par pers supp) invite à découvrir les fresques à la faveur d'un circuit d'une heure trente.

À VOIR

Centre-ville

City Hall — Édifice historique

(☎028-9027 0456 ; www.belfastcity.gov.uk ; Donegall Sq ; 9h30-17h lun-ven, 10h-17h sam-dim, 10h-20h jeu juin-sept ; Donegall Sq). GRATUIT L'hôtel de ville de Belfast fut construit en 1906, dans un style néo-Renaissance, en pierre blanche de Portland. La visite guidée (gratuite, 45 min) comprend entre autres temps forts la découverte du somptueux intérieur en marbre italien de la rotonde, ainsi que des portraits pleins de caractère des anciens maires. Vous pourrez en outre vous asseoir dans le fauteuil du maire, dans la salle du conseil. Au rez-de-chaussée, et accessible par l'extérieur hors des visites guidées, une série de vitraux commémoratifs et une exposition présente l'histoire de Belfast dans 16 pièces.

Crown Liquor Saloon — Édifice historique

(www.nationaltrust.org.uk/the-crown-bar ; 46 Great Victoria St ; 11h30-23h lun-sam, 12h30-22h dim ; 8A à 8D, 9A à 9C). Savourer une pinte de Guinness dans un monument historique est un plaisir rare. Or on le peut au Crown Liquor Saloon, propriété du National Trust. Le plus célèbre bar de Belfast a été réaménagé à la fin du XIXe siècle et témoigne de la splendeur victorienne à son apogée. Le propriétaire cherchait à attirer la clientèle aisée arrivant par la nouvelle gare ferroviaire ou fréquentant le Grand Opera House, de l'autre côté de la rue. Bien que très touristique, le lieu voit affluer des habitués à partir de 18h.

South Belfast (Queen's Quarter)

Ulster Museum — Musée

(www.nmni.com ; Botanic Gardens, Stranmillis Rd ; 10h-17h mar-dim ; ; 8A à 8D). GRATUIT On passerait des heures dans ce fabuleux musée. Si vous êtes pressé par le temps, ne manquez ni l'**Armada Room**, remplie d'objets récupérés dans l'épave de la galéasse espagnole *Girona*, qui fit naufrage en 1588 (près de 1 300 personnes y périrent), ni l'**Egyptian Room** et la momie

Queen's University

CAPRI92X/GETTY IMAGES ©

de Takabuti, vieille de 2500 ans, qui fut libérée d'une partie de ses bandelettes en 1835, non plus que la **galerie des peuples primitifs** et son magnifique disque de Bann, chef-d'œuvre d'art celtique datant de l'âge du fer.

Botanic Gardens Jardins

(☎028-9031 4762 ; Stranmillis Rd ; ⏰7h30-crépuscule ; 🚌8A à 8D). GRATUIT La pièce centrale de cette oasis de verdure est la magnifique **Palm House** (⏰10h-17h avr-sept, 10h-16h oct-mars) GRATUIT signée Charles Lyndon, érigée entre 1839 et 1852, et son dôme aux oiseaux, véritable chef-d'œuvre de fer forgé et de verre incurvé. À côté se dresse le **Tropical Ravine** de 1889 (⏰10h-17h tlj sauf lun) GRATUIT, une immense serre en brique rouge conçue par le responsable des jardins, Charles McKimm. Une passerelle y surplombe une jungle de fougères tropicales, d'orchidées, de lys et de bananiers peuplant le creux d'un vallon artificiel. La réouverture, au sortir d'une rénovation d'un montant de 3,8 millions de livres, a eu lieu en 2018.

Queen's University Édifice historique

(www.qub.ac.uk ; University Rd ; 🚌8A à 8D). L'université la plus prestigieuse d'Irlande du Nord fut fondée par la reine Victoria en 1845. Le Queen's College devint la Queen's University of Belfast en 1908. Son campus compte aujourd'hui quelque 250 bâtiments.

À l'entrée principale, le **Queen's Welcome Centre** (☎028-9097 5252 ; www.qub.ac.uk/welcomecentre ; University Rd ; ⏰8h30-17h30 lun-ven, 11h-16h sam-dim ; 🚌8A à 8D) abrite un guichet d'information et une boutique de souvenirs. La brochure *Campus Walkbout*, gratuite, permet de découvrir certains détails architecturaux des superbes bâtiments de l'université.

Titanic Quarter

Salle de dessins de Harland & Wolff Édifice historique

(www.titanichotelbelfast.com ; Queen's Rd ; 🚌G2). Les premiers plans du *Titanic* furent dessinés dans les salles Harland & Wolff qui font désormais partie du **Titanic Hotel** (☎028-9508 2000 ; d 110-270 £ ; ❄📶), les salles de dessin, le bureau de Thomas Andrews, les anciennes salles de bains de Harland & Wolff et la pièce où arriva le télégramme annonçant les difficultés du paquebot ont toutes été préservées. Jetez un coup œil à l'intérieur de l'hôtel ou prenez un verre au **Drawing Office Two** (plats 12-18.50 £ ; ⏰cuisine 12h-22h). Vous pouvez aussi vous inscrire au **Titanic Discovery Tour** (☎028-9076 6386 ; tarif plein/enfant 9/7.50 £ ; 🚌G2).

Si le concierge de l'hôtel est disponible, peut-être acceptera-t-il de vous faire faire une petite visite ; le

Crumlin Road Gaol

La visite guidée de la célèbre **Crumlin Road Gaol** de Belfast (☎028-9074 1500 ; www.crumlinroadgaol.com ; 53-55 Crumlin Rd ; visites guidées tarif plein/enfant 12/7,50 £ ; ⏰10h-17h30, dernière visite 16h30 ; 🚌12B, 57) vous fera passer par le tunnel construit sous Crumlin Road en 1850 pour transférer les prisonniers depuis le tribunal, de l'autre côté de la rue – puis découvrir les salles résonnant d'échos et les cellules exiguës de l'aile C, et enfin l'effroyable chambre d'exécution. Mieux vaut réserver la visite. L'entrée piétonne de la prison se trouve sur Crumlin Road ; l'accès au parking se fait par Clifton Park Avenue au nord.

Entrée de Crumlin Road Gaol
MICK HARPER/GETTY IMAGES ©

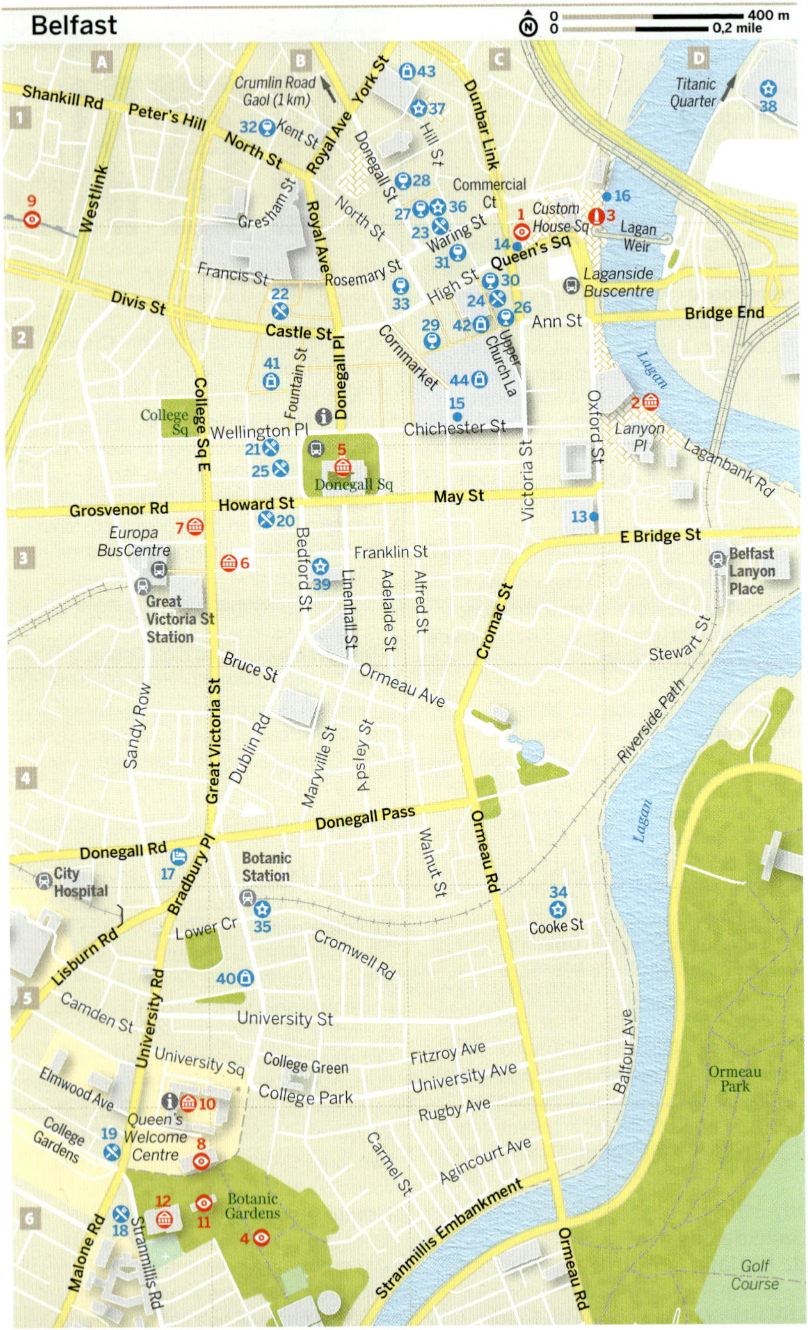
Belfast
0 400 m
0 0,2 mile
A
B
C
D
1
2
3
4
5
6
Shankill Rd
Peter's Hill
Crumlin Road Gaol (1 km)
North St
Kent St
Royal Ave
York St
Donegall St
Hill St
Dunbar Link
Titanic Quarter
Westlink
Gresham St
North St
Commercial Ct
Custom House Sq
Lagan Weir
Waring St
Queen's Sq
Francis St
Rosemary St
High St
Laganside Buscentre
Divis St
Castle St
Ann St
Bridge End
Cornmarket
Upper Church La
Fountain St
Donegall Pl
Lagan
College Sq
College Sq E
Wellington Pl
Chichester St
Oxford St
Lanyon Pl
Laganbank Rd
Victoria St
Donegall Sq
Grosvenor Rd
Howard St
May St
Europa BusCentre
E Bridge St
Bedford St
Franklin St
Belfast Lanyon Place
Linenhall St
Adelaide St
Alfred St
Great Victoria St Station
Cromac St
Stewart St
Bruce St
Ormeau Ave
Sandy Row
Great Victoria St
Dublin Rd
Maryville St
Apsley St
Riverside Path
Donegall Pass
Donegall Rd
Walnut St
Ormeau Rd
City Hospital
Bradbury Pl
Botanic Station
Lagan
Lower Cr
Cromwell Rd
Cooke St
Lisburn Rd
University Rd
Camden St
University St
Balfour Ave
University Sq
College Green
Fitzroy Ave
University Ave
Ormeau Park
Elmwood Ave
College Park
Rugby Ave
Queen's Welcome Centre
College Gardens
Carmel St
Agincourt Ave
Botanic Gardens
Stranmillis Embankment
Malone Rd
Stranmillis Rd
Ormeau Rd
Golf Course
1
2
3
4
5
6
7
8
9
10
11
12
13
14
15
16
17
18
19
20
21
22
23
24
25
26
27
28
29
30
31
32
33
34
35
36
37
38
39
40
41
42
43
44

Belfast

À voir

1 Albert Memorial Clock Tower C2
2 Belfast Barge D2
3 *Bigfish* C1
4 Botanic Gardens B6
5 City Hall B3
6 Crown Liquor Saloon B3
7 Grand Opera House A3
8 Palm House A6
9 Peace Line A1
10 Queen's University A5
11 Tropical Ravine A6
12 Ulster Museum A6

Activités

13 Belfast Food Tour C3
14 Belfast Pub Crawl C2
15 Game of Thrones Tours C2
16 Lagan Boat Company D1
McComb's Game of Thrones Tours .... (voir 17)
Street Art Walking Tour .... (voir 27)

Où se loger

17 Belfast Youth Hostel A4

Où se restaurer

18 Café Conor A6
19 Deanes at Queen's A6
20 Eipic B3
Holohan's at the Barge .... (voir 2)
21 Home B3
22 Mourne Seafood Bar B2
23 Muddlers Club C2
24 Pablos C2
25 Yügo B3

Où prendre un verre et faire la fête

26 Babel Rooftop Bar C2
27 Duke of York C1
28 John Hewitt C1
Kelly's Cellars .... (voir 22)
29 Love & Death Inc C2
30 Muriel's Cafe-Bar C2
31 Spaniard C2
32 Sunflower B1
33 White's Tavern B2

Où sortir

34 An Droichead C5
35 Belfast Empire B5
36 Black Box C1
37 MAC C1
38 SSE Arena D1
39 Ulster Hall B3

Achats

40 No Alibis Bookstore B5
41 Space Craft B2
42 Studio Souk C2
43 Unique Artshop C1
44 Victoria Square C2

meilleur moment étant avant 12h ou après 17h. Ne manquez pas les photos prises par l'ingénieur John Kempster sur le lancement du *Titanic* : oublié, l'album fut redécouvert en 2012.

HMS Caroline — Croiseur

(☎028-9045 4484 ; www.hmscaroline.co.uk ; Alexandra Dock, Queen's Rd ; tarif plein/enfant 13.50/5 £ ; ⏲10h-17h ; 🚌G2). Le dernier croiseur de la Royal Navy, lancé en 1914, a été converti en musée flottant et amarré dans le Titanic Quarter. Des circuits sonores incluent les quartiers du capitaine, les cabines des officiers, le mess de l'équipage, l'infirmerie, la salle des moteurs et la cuisine avec une exposition interactive et une mise en scène du rôle du HMS *Caroline* pendant la bataille de Jutland, en 1916. Durée de validité des billets : 1 an.

West Belfast (Gaeltacht Quarter)

Au nord-ouest de Donegall Square, Divis Street traverse le Westlink Motorway et mène à Falls Road et West Belfast. Bien que marqué par des années de guerre civile, l'ancien terrain d'affrontement est désormais l'un des sites les plus captivants d'Irlande du Nord. L'histoire récente, douloureuse, y demeure palpable, même si l'heure est à l'optimisme et à l'espérance.

Ne manquez pas les saisissantes fresques murales (p. 258) qui retracent l'histoire du conflit, ainsi que les sujets politiques du moment.

West Belfast s'est développé autour des filatures de lin, qui avaient fait la prospérité de la ville dès la fin du XIXe siècle. Les logements ouvriers étaient alors bon marché, et déjà segmentés en communautés religieuses. L'irruption

Bateau de la Lagan Boat Company sur le Lagan

des “Troubles” en 1969 consolida ces divisions confessionnelles, et depuis 1970 la mal nommée **Peace Line** (G1) sépare le quartier loyaliste et protestant de Shankill (de l'irlandais *sean chill*, signifiant “ancienne église”) du quartier républicain et catholique de Falls.

Malgré sa mauvaise réputation, héritée d'un passé encore proche, la zone est sans danger. Le meilleur moyen de découvrir West Belfast est de le faire en taxi noir (p. 259). Rien ne vous empêche toutefois d'explorer le secteur par vos propres moyens, à pied ou en empruntant les taxis noirs collectifs qui circulent le long de Falls Road et de Shankill Road. Sinon, le bus G2 vous conduira dans Falls Road, tandis que Shankill Road est desservie par les bus 11A à 11D, au départ de Wellington Place.

Ulster Folk & Transport Museum

Deux des meilleurs musées de la province vous attendent juste à la sortie de Belfast, de part et d'autre de la route A2 menant à Bangor. L'excellent **Ulster Folk Museum** (www.nmni.com/uftm ; Cultra ; tarif plein/enfant 9/5,50 £, combiné avec l'Ulster Transport Museum 11/6 £ ; 10h-17h mar-dim mars-sept, 10h-16h mar-ven, 11h-16h sam-dim oct-fév ; ; Cultra) présente le mode de vie en Irlande au cours des derniers siècles, avec des reproductions de fermes, de forges, d'églises, de moulins et d'un village entier. La révolution industrielle n'est pas en reste : des alignements de maisons en brique rouge rappellent l'aspect de Belfast et Dromore au XIXe siècle. Cinéma muet également. En été, des personnes en costumes d'époque montrent les techniques du labour ou de la pose des toits de chaume.

De l'autre côté de la route, l'**Ulster Transport Museum** (www.nmni.com/uftm ; Cultra ; tarif plein/enfant 9/5,50 £, combiné avec l'Ulster Folk Museum 11/6 £ ; mêmes horaires qu'Ulster Folk Museum ; ; Cultra) expose locomotives à vapeur, matériel roulant, motos, trams, bus et voitures. Côté voitures, le point d'orgue de la visite est le prototype en acier inoxydable de la DeLorean DMC, fabriqué à Belfast en 1981 : si ce modèle aux portes papillon fut un fiasco commercial, il fut immortalisé en servant de véhicule à remonter le temps dans les films *Retour vers le futur*. L'exposition Titanica plaît toujours ; elle comporte les plans originaux du *Titanic* et de son homologue l'*Olympic*.

CIRCUITS ORGANISÉS

Belfast Food Tour Gastronomie
(tasteandtour.co.uk ; circuit 4 heures 58 £/pers ; 4C à 4E). Au départ de St George's Market, ces circuits amusants sont un excellent moyen de découvrir la scène gastronomique florissante d'Irlande du Nord. En chemin, de nombreuses dégustations de plats traditionnels de la région et de produits innovants sont prévue.

Parmi les autres propositions : un circuit dégustation gin (63 £), un circuit pédestre à la rencontre des whiskeys de Belfast (60 £) et un circuit axé sur la bière (45 £). Réservez.

Street Art Walking Tour Circuit pédestre
(www.seedheadarts.com ; Commercial Ct ;10 £/pers ; 12h-14h dim ; 3A, 4D, 5A, 6A). Le Cathedral Quarter est riche en *street art*. Ce circuit donne à voir les impressionnantes réalisations d'artistes internationaux dans le cadre du **Hit the North festival** (www.capartscentre.com ; mai). Des artistes de cette mouvance, ou le fondateur du festival en personne, vous tiendront lieu de guides. Point de rencontre devant le Duke of York sur Commercial Ct (vérifiez la disponibilité des organisateurs).

Visite guidée privée sur demande.

Lagan Boat Company Circuit en bateau
(028-9024 0124 ; www.laganboatcompany.com ; Donegall Quay ; tarif plein/enfant 12/10 £ ; horaires variables ; G1, G2). L'excellent **Titanic Tour** explore le quartier des docks, en aval de la vanne du Lagan Weir. Vous verrez ainsi les cales de construction où furent inaugurés les paquebots *Titanic* et *Olympic*, ainsi que leur énorme cale sèche,

Circuits Game of Thrones

Game of Thrones Tours (028-9568 0023 ; www.gameofthronestours.com ; tarif plein/étudiant 50/45 £ ; mer-dim Pâques-sept, moins de circuits oct-Pâques ; G1, G2) propose deux circuits d'une journée pour explorer 11 lieux de tournage emblématiques de *Game of Thrones*. Le Winterfell Locations Trek comprend Castle Ward et le Tollymore Forest Park (où les Stark découvrent une louve morte et ses petits), tandis que le circuit Iron Islands and Stormlands Adventure englobe plusieurs sites du nord du comté d'Antrim comme le port de Ballintoy (Lordsport Harbour) et Dark Hedges (alias la Route royale).

Départ du centre commercial de Victoria Square (www.victoriasquare.com ; entre Ann St et Chichester St ; 9h30-18h lun-jeu, 9h30-21h mer-ven, 9h-18h sam, 13h-18h dim ; 11A à 11D, 12A, 12B).

Les organisateurs des circuits **McComb's Game of Thrones Tours** (028-9031 5333 ; www.mccombscoaches.com ; 22-32 Donegall Rd ; 35 £ ; bureau 8h30-16h30 ; 8A à 8D, 9A à 9C) embarquent aussi des figurants et du matériel. Parmi les lieux de tournage visités : Dark Hedges, Cushendun (la grotte marine où est née l'Ombre), le port de Ballintoy et Larrybane (où Renly est assassiné par l'Ombre). On passera vous chercher au **Belfast Youth Hostel** (028-9031 5435 ; www.hini.org.uk ; 22-32 Donegall Rd ; dort 13-16, 50 £, lits jum avec/sans sdb privée 44/34 £ ; @ ; 8A à 8D, 9A à 9C) à 9h.

Dark Hedges
SMOLINA MARIANNA/SHUTTERSTOCK ©

Belfast et le Titanic

Sans conteste le navire le plus célèbre de l'histoire, le *Titanic* (p. 256) fut construit à Belfast dans les chantiers navals Harland & Wolff pour la White Star Line. Lorsque sa quille fut posée, en 1909, les chantiers navals de Belfast était à leur apogée, et la White Star Line pouvait porter aux nues ce paquebot comme le plus long et le plus luxueux transatlantique jamais construit. Il était de surcroît tenu pour "insubmersible".

Mis à l'eau depuis la cale n°3 de H&W, le 31 mai 1911, le *Titanic* passa plus d'un an dans le Thompson Graving Dock pour y être équipé avant de quitter Belfast, le 2 avril 1912, pour sa traversée inaugurale. S'ensuivit l'une des plus grandes catastrophes maritimes de tous les temps : le navire percuta un iceberg dans l'Atlantique Nord le 14 avril 1912 et sombra aux premières heures du jour. Seuls 705 des 2 228 passagers et membres d'équipage survécurent au naufrage ; il n'y avait des canots de sauvetage que pour 1 178 personnes.

Chantiers navals Harland & Wolff
NAHLIK/SHUTTERSTOCK ©

où les deux mastodontes étaient séparés par un espace de 23 cm seulement. On aperçoit parfois des phoques. Départ du Donegall Quay, à côté de la **sculpture Bigfish** (Donegall Quay ; 3A, 4D, 5A, 6A). Pensez à réserver.

Titanic Tours Circuit guidé

(028-9065 9971 ; www.titanictours-belfast.co.uk ; circuit 3 heures tarif plein/enfant 30/15 £). Ce luxueux circuit de 3 heures, organisé par l'arrière-petite-fille de l'un des membres d'équipage du *Titanic*, permet de visiter plusieurs sites liés au célèbre paquebot, en groupes de 2 à 5 personnes. Le tarif inclut le transfert depuis/vers votre hébergement. Propose également des circuits sur mesure d'une journée.

Belfast Pub Crawl Circuit guidé

(07712-603764 ; www.belfastcrawl.co.uk ; 10 £/pers ; 20h ven-sam ; G2). Ce circuit de 3 heures vous mènera (verre et musique à la clé) dans quatre pubs historiques de la ville, au départ de l'**Albert Memorial Clock Tower** (Queen's Sq ; 3A, 4D, 5A, 6A). Réservez bien à l'avance.

ACHATS

Space Craft Artisanat

(www.craftni.org ; Fountain Centre, College St ; 10h30-17h30 ; G1, G2). Cette boutique-galerie présente le travail de plus de 40 designers et artistes, notamment des céramiques, tableaux, coussins, cartes et bijoux. Chaque œuvre est accompagnée d'une présentation de l'artiste.

Studio Souk Artisanat

(www.studiosouk.com ; 60-62 Ann St ; 9h30-17h30 lun-mer, ven-sam, 9h30-20h jeu, 13h-17h30 dim ; 1, 2). Sur trois niveaux, Souk est l'endroit idéal pour faire l'acquisition d'une poterie, d'un sac en toile imprimé, de jolies serviettes ou d'autres créations originales d'artisans et de designers locaux inspirés par leur ville.

Unique Artshop Artisanat

(www.ulster.ac.uk/artshop ; 25-51 York St, Ulster University ; 9h-17h lun-ven, 11h-16h sam ; 2A à 2H). Au sein de l'Ulster University, cette galerie dynamique vend des pièces – art graphique, imprimés, sculptures, poterie, textiles, tableaux, bijoux et mobilier – réalisées par des étudiants et des designers de la région. Vous pourrez également passer commande.

Holohan's sur la Belfast Barge

No Alibis Bookstore Livres

(noalibis.com ; 83 Botanic Ave ; 9h-17h30 lun-sam, 13h-17h dim ; 7A à 7D). Spécialisée dans le polar, cette petite librairie indépendante (qui apparaît dans la série *Mystery Man* de Colin Bateman) est tenue par une équipe aussi sympathique que bien informée. Elle accueille régulièrement des lectures de poésie et des séances de dédicaces.

OÙ SE RESTAURER

Centre-ville

Holohan's at the Barge Irlandais moderne ££

(028-9023 5973 ; www.holohansatthebarge.co.uk ; Belfast Barge, Lanyon Quay ; plats déj 9-14 £, dîner 16-25 £ ; 13h-16h, 17h-23h mar-jeu, 13h-16h et 17h minuit ven-sam, 13h-19h dim ; 4, 6). À bord de la **Belfast Barge** (www.facebook.com/TheBelfastBarge ; Lanyon Quay ; tarif plein/enfant 4/3 £ ; 10h-16h mar-sam ; 3A, 5A, 5B), le Holohan's est un lieu sensationnel pour déguster une cuisine de la mer inspirée et une belle interprétation des plats traditionnels irlandais dont le *crabachain*, un beignet aux champignons, châtaignes et estragon et le *boxty*, une sorte de pancake à la pomme de terre. Excellents desserts et vins du monde entier servis au verre.

Yügo Asie ££

(028-9031 9715 ; www.yugobelfast.com ; 3 Wellington St ; plats 10-24 £ ; 12h-15h et 17h-22h ; G1, G2). Le décor contemporain de ce petit restaurant – mur en brique, mobilier industriel et lanternes en bambou – met en lumière une cuisine fusion aussi fraîche que surprenante : mention spéciale aux *dumplings*, petits

★ Le top 5 des restaurants

Holohan's at the Barge (ci-contre)
Muddlers Club (p. 268)
Mourne Seafood Bar (p. 268)
Saphyre (p. 270)
Eipic (p. 268)

Les plus vieux pubs victoriens

Duke of York (028-9024 1062 ; www.dukeofyorkbelfast.com ; 11 Commercial Ct ; 11h30-23h lun, 11h30-1h mar-mer, 11h30-2h jeu-ven, 11h30-minuit sam, 15h-21h dim ; 3A, 4D, 5A, 6A). Dans une ruelle donnant sur Hill Street, ce pub traditionnel a des airs de musée vivant. Des concerts ont lieu régulièrement – le groupe local Snow Patrol a fait ses débuts ici. Depuis Commercial Court, un passage au plafond couvert de parapluies mène à une cour cernée de fresques murales dépeignant la vie à Belfast. Quand il fait doux, les clients débordent dehors.

Kelly's Cellars (www.facebook.com/kellys.cellars ; 30-32 Bank St ; 11h30-1h lun-sam, 13h-minuit dim ; 10A, 10B). Kelly's est le plus vieux pub de Belfast (1720). Il servit de QG à Henry Joy McCracken et aux membres de la Société des Irlandais unis lors de la préparation du soulèvement de 1798. Les habitants s'y retrouvent pour les sessions de musique traditionnelle le samedi après-midi et en semaine.

White's Tavern (www.whitestavernbelfast.com ; 1-4 Wine Cellar Entry ; 12h-23h lun-mar, 12h-1h mer-sam, 12h-minuit dim ; 1A à 1J, 2A à 2E). Fondée en 1630 et reconstruite en 1790, White's se targue d'être la plus ancienne taverne de Belfast (les tavernes, à la différence des pubs, proposaient le gîte et le couvert). Il s'agit d'un bar irlandais traditionnel avec son feu de tourbe et ses musiciens en soirée (plusieurs fois par semaine).

Le Duke of York

pains *bao* et plats de riz. Excellent service. Les places au comptoir permettent de voir le chef travailler.

Home Irlandais moderne **££**
(028-9023 4946 ; www.homebelfast.co.uk ; 22 Wellington Pl ; plats 11-27 £ ; 12h-16h et 16h-21h30 lun-jeu, 12h-16h et 17h-22h ven, 12h-15h30 et 17h-22h sam, 13h-16h et 17h-21h dim ; ; G1, G2). Restaurant éphémère à l'origine, Home s'est installé pour de bon, mais n'a rien perdu de sa créativité, appuyée sur des produits de saison. Plats végétariens, végans, ou sans gluten.

Muddlers Club Irlandais moderne **£££**
(028-9031 3199 ; www.themuddlersclubbelfast.com ; Warehouse Lane, près de Waring St ; menu dégustation 6 plats 55 £, avec accords mets-vins 90 £ ; 12h-14h45 et 17h30-22h mar-sam ; 3A, 4D, 5A, 6A). Le décor industriel, les serveurs sympathiques et les plats rustiques mettant en valeur les ingrédients locaux font de cet établissement l'un des meilleurs de Belfast. Caché dans une ruelle donnant sur Commercial Court, Le Muddlers Club doit son nom à une société de révolutionnaires irlandais des années 1790, cofondée par Wolfe Tone et dont les réunions se tenaient ici, dans une allée entre Waring Street et Commercial Court.

Eipic Irlandais moderne **£££**
(028-9033 1134 ; www.deaneseipic.com ; 34-40 Howard St ; menu midi 30-45 £, menu soir 45-70 £ ; 12h-13h30 ven, 18h-21h30 mer-sam ; ; G1, G2). Des produits locaux et de saison sont accommodés avec bonheur dans le restaurant phare et étoilé au Michelin de Michael Deane. Le chef Alex Greene vient de Dundrum dans le Country Down ; il aime à ponctuer ses menus de belles surprises.

Mourne Seafood Bar Poisson, fruits de mer **£££**
(028-9024 8544 ; mourneseafood.com ; 34-36 Bank St ; plats 12-27,50 £ ; 12h-16h et 17h-21h30 lun-jeu, 12h-16h30 et

17h-21h45 ven-sam, 13h-16h et 17h-21h dim ; 10A, 10B). Ce pub tout en brique rouge et bois sombre, où des lampes à huile se balancent au plafond, est immensément populaire. Au menu : huîtres, saint-jacques fondantes, homard et langoustines tout droit sortis des viviers de l'établissement, ainsi que de succulents poissons – colin, daurade et bar notamment. Pour le soir, réservez.

South Belfast

Café Conor — Café £

(028-9066 3266 ; www.cafeconor.com ; 11A Stranmillis Rd ; petit-déj 4,50-9 £, plats 6-13 £ ; 9h-22h lun-sam, 9h-21h dim ; 8A à 8C). Dans l'ancien atelier au toit de verre de l'artiste William Conor, né à Belfast, ce café lumineux et décontracté propose des pâtes, salades et burgers, une tarte du jour et quelques incontournables comme le *fish and chips* à la purée de pois. Le menu petit-déjeuner, avec gaufres, bacon et sirop d'érable, est servi jusqu'à 17h.

French Village Patisserie & Brasserie — Brasserie ££

(028-9066 4333 ; www.frenchvillagebakery.co.uk ; 343-353 Lisburn Rd ; plats midi 8.50-11 £, soir 14-22 £ ; cuisine 9h-15h lun-mer, à 21h jeu, à 22h ven-sam, 11h-16h dim ; 9A à 9C). Une ambiance sophistiquée règne dans cette excellente brasserie qui sert du saumon à la niçoise avec des petits pois et des raviolis à l'échalote. Le pain maison à lui seul vaut le déplacement. Ne partez pas sans avoir acheté des pâtisseries à emporter au comptoir.

Deanes at Queen's — Bistrot ££

(028-9038 2111 ; www.michaeldeane.co.uk ; 1 College Gardens ; plats déj 10-13,50 £, dîner 15-30 £ ; 12h-15h et 17h30-22h lun-sam, 13h-18h dim ; 8A à 8D). Ce bar-grill à l'ambiance détendue du chef vedette de Belfast Michael Deane servait jadis de cadre au club du personnel de Queen's University. Le menu annonce des plats de pub aux accents raffinés, pour un bon rapport qualité/prix. Le gril à charbon

Concert de musique traditionnelle au Sunflower (p. 270)

Sur les traces de Van Morrison et C. S. Lewis

Le quartier par ailleurs peu touristique d'East Belfast a vu naître l'écrivain C. S. Lewis (1898-1963), le footballeur George Best (1946-2005) et le chanteur Van Morrison (né en 1945). Des itinéraires de promenade proposent de passer en revue les lieux liés à ces trois figures.

La principale étape du circuit C. S. Lewis est une **place** (280 Newtownards Rd ; 👪 ; 🚌G1) en hommage à l'auteur, semée de fabuleuses sculptures à l'effigie des personnages des *Chroniques de Narnia*, son œuvre la plus connue.

Les fans de "Van the Man" apprécieront la balade de 3,5 km à travers les lieux mentionnés dans les chansons de l'auteur-compositeur, notamment le **Hollow** (immortalisé dans *Brown Eyed Girl*), **Cypress Avenue** et la modeste maison où il vit le jour, au n°125 **Hyndford Street**.

Les plans sont disponibles à l'**EastSide Visitor Centre** (☎028-9045 1900 ; www.eastsidepartnership.com ; 278-280 Newtownards Rd ; ⏲8h-18h lun-ven, 10h-17h sam-dim ; 🚌G1) et téléchargeables depuis la page www.connswatergreenway.co.uk/trails.

EastSide Visitor Centre
GERRY MCNALLY/ALAMY STOCK PHOTO ©

Mibrasa fait des merveilles. Menu 3 plats à 22 £.

Terrasse extérieure pour profiter d'une journée ensoleillée.

Saphyre Irlandais moderne **£££**

(☎028-9068 8606 ; www.saphyrerestaurant.com ; 135 Lisburn Rd ; plats midi 10 £, soir 24-32 £ ; ⏲11h-15h et 17h-22h mer-ven, 10h-15h et 17h-22h sam ; 🚌9A à 9C). Installé dans l'église presbytérienne d'Ulsterville, datant de 1924, le Saphyre a l'atout d'un cadre spectaculaire. La cuisine proposée est l'une des plus sophistiquées du moment à Belfast. La carte change selon la saison et comprend un menu dégustation à cinq plats (50 £). Chaque assiette est parfaitement maîtrisée. Brunch de 11h à 15h accompagné de musique live entre 13h et 15h le samedi.

OÙ PRENDRE UN VERRE ET FAIRE LA FÊTE

Muriel's Cafe-Bar Bar

(☎028-9033 2445 ; 12-14 Church Lane ; ⏲11h30-1h lun-ven, 10h-1h sam, 11h30-minuit dim ; 🚌G1, G2). Élégant, intime et accueillant, ce bar affiche une déco résolument rétro-chic : vieux canapés et fauteuils, épaisses draperies aux tons olive ou rouge sombre, miroirs avec dorures et cheminée en fonte. La spécialité du lieu est le gin, dont on trouve plus de 150 variétés exotiques pour agrémenter les tonics.

Sunflower Pub

(www.sunflowerbelfast.com ; 65 Union St ; ⏲12h-minuit lun-jeu, à 1h ven-sam, 17h-minuit dim ; 🚌2A à 2H). Dans une ville qui compte de nombreux pubs à la mode, le Sunflower fait figure de bar de quartier, sans fioritures ni clinquant. Bières locales à la pression, *beer garden* avec four à pizza et musique live chaque soir. Consultez le programme sur le site Internet. Le Sunflower Folk Club se retrouve chaque jeudi soir.

Les entrées grillagées étaient communes à Belfast dans les années 1980. Bien qu'elle

Metropolitan Arts Center - MAC (p. 272)

ne soit plus nécessaire, le Sunflower a gardé la sienne, en témoignage d'un passé pas si lointain.

Babel Rooftop Bar Bar toit-terrasse

(www.bullitthotel.com/eat-drink/babel ; Ann St ; 15h-1h lun-mer, 12h-1h jeu-sam, à minuit dim ; G1, G2). Les soirs d'été, difficile de trouver mieux que la terrasse sur le toit du Babel pour boire un cocktail. Le dimanche, il y a brunch accompagné de cocktails et *tea time* (sandwichs, pâtisseries et cocktails servis dans une théière).

Spaniard Pub

(www.thespaniardbar.com ; 3 Skipper St ; 12h-1h lun-sam, minuit dim ; 3A, 4D, 5A, 6A). Ce bar étroit et bondé dont la spécialité est le rhum (plus de 30 sortes) a davantage de caractère que la plupart des bars "tendance". Équipe sympathique, clientèle éclectique et musique cool à un niveau sonore qui permet la conversation. À côté, le restaurant de burgers **Pablos** (www.pablosbelfast.com ; 16 Church Lane ; burgers 5.50-7.50 £ ; 12h-22h mar-jeu, 12h-2h ven-sam, 14h-22h dim ; G1, G2) livre au bar.

Love & Death Inc Bar à cocktails

(www.loveanddeathbelfast.com ; 10A Ann St ; 16h-1h ; G1, G2). Le Love & Death Inc, qui se dissimule au-dessus d'une pizzeria, offre une ambiance ayant plus à voir avec celle d'une fête privée que d'un bar. La déco est de style salon surchargé et les cocktails sont festifs. Le week-end, la fête bat son plein dans le night-club du grenier.

John Hewitt Pub

(www.thejohnhewitt.com ; 51 Donegall St ; 11h30-1h lun-ven, 12h-1h sam, 19h-1h dim ; 3A, 4D, 5A, 6A). Portant le nom d'un poète socialiste de Belfast, le John Hewitt est l'un de ces précieux bars qui, dépourvus de TV et de machines à sous, ne sont animés que par le bruit des conversations. Musique traditionnelle le samedi après-midi mais aussi du folk, du jazz et du bluegrass.

OÙ SORTIR

Black Box Centre culturel

(www.blackboxbelfast.com ; 18-22 Hill St ; 🚌3A, 4D, 5A, 6A). Black Box est une salle de spectacle ouverte à tous les arts novateurs – musique, théâtre, magie, lectures, stand-up, films et plus encore – située au cœur de Cathedral Quarter.

Belfast Empire Musique live

(www.thebelfastempire.com ; 42 Botanic Ave ; entrée concerts 3-22,50 £ ; ⏲11h30-1h lun-sam, 12h30-minuit dim ; 🚌7A à 7D). Cette ancienne église de style victorien tardif (réputée hantée), devenue une salle de concert légendaire, compte trois niveaux dédiés au divertissement. Renseignez-vous également sur les one-man-show et les soirées quiz.

MAC Centre culturel

(Metropolitan Arts Centre ; themaclive.com ; 10 Exchange St West ; 🚌3A, 4D, 5A, 6A). Ce centre bien conçu donne sur St Anne's Square, de style néoclassique. Ses deux théâtres accueillent régulièrement des performances scéniques, des humoristes, des conférences ou encore des spectacles pour enfants. Les trois galeries du centre abritent des expositions temporaires, généralement gratuites. Il y a aussi un café.

Ulster Hall Salle de concert

(www.ulsterhall.co.uk ; 34 Bedford St ; 🚌7A à 7D). Construit en 1862, l'Ulster Hall accueille une belle variété d'événements populaires, entre concerts de rock, récitals d'orgue à l'heure du déjeuner, combats de boxe et performances de l'Ulster Orchestra (www.ulsterorchestra.org.uk).

An Droichead Musique live

(www.androichead.com ; 20 Cooke St, Lower Ormeau ; 🚌7A à 7D). Ce centre de culture irlandaise est formidable pour écouter des concerts de musique folk jouée par les grands noms du pays ainsi que par les nouveaux talents de la ville. Il propose par ailleurs des cours de gaélique, des stages de danse traditionnelle et des ateliers de *céilí*.

Donegall Square

RICCAR/SHUTTERSTOCK ©

RICCAR/SHUTTERSTOCK ©

Albert Memorial Clock Tower (p. 266)

RENSEIGNEMENTS

DANGERS ET DÉSAGRÉMENTS

Même au plus fort des "Troubles", Belfast n'a jamais été une ville dangereuse pour les touristes. À la nuit tombée, il est toutefois conseillé de rester à l'écart des secteurs suivants, les "*interface areas*" : près de la Peace Line dans West Belfast, Crumlin Road et le Short Strand (juste à l'est de Queen's Bridge).

En cas de doute sur un quartier, renseignez-vous auprès de votre hôtel.

Vous noterez une présence des forces de sécurité plus importante qu'ailleurs au Royaume-Uni et en Irlande, notamment les Land Rover blindées de la police et les commissariats fortifiés. De nombreux pubs du centre-ville ont un vigile à l'entrée.

Des groupes républicains dissidents poursuivent leur campagne de violentes attaques visant la police et les militaires, mais sont très peu soutenus par la population. Les alertes de sécurité n'ont en général aucune incidence pour les touristes (hormis la fermeture des routes) mais mieux vaut être conscient du danger potentiel. Vous pouvez suivre le Police Service of Northern Ireland (PSNI) sur Twitter (@policeserviceni) et recevoir ainsi des notifications immédiates ou des alertes importantes.

INFORMATIONS TOURISTIQUES

Visit Belfast Welcome Centre (☎028-9024 6609 ; www.ulsterorchestra.org.uk ; 9 Donegall Sq N ; ⏲9h-19h lun-sam et 11h-16h dim juin-sept, 9h-17h30 lun-sam et 11h-16h dim oct-mai ; 📶 ; 🚌G1, G2). Toutes les informations nécessaires pour découvrir l'Irlande du Nord. Service de consigne en journée, réservations de circuits guidés, d'hébergements, de tickets de bus et accès Wi-Fi.

DEPUIS/VERS BELFAST

AVION

Belfast International Airport (Aldergrove ; ☎028-9448 4848 ; www.belfastairport.com ; Airport Rd). À 30 km au nord-ouest de la ville. Les vols desservent notamment Galway, le Royaume-Uni et la France.

Mount Stewart House & Gardens

Le manoir du XVIIIe siècle de **Mount Stewart et ses jardins** (☎028-4278 8387 ; www.nationaltrust.org.uk ; Portaferry Rd ; tarif plein/enfant 12,50/6,25 £ ; ⏰demeure 11h-17h tlj avr-oct et 11h-15h sam-dim nov-mars, domaine 10h-17h avr-oct et 10h-16h nov-mars) comptent parmi les plus grandioses d'Irlande du Nord. La visite de la maison révèle une profusion d'œuvres d'art et un riche mobilier. Une restauration récente a permis aux lieux de retrouver la splendeur qu'ils connurent à leur apogée dans les années 1930, époque où lord Londonderry et sa femme Edith, ses occupants, y recevaient des hôtes comme Neville Chamberlain, Winston Churchill ou W. B. Yeats.

L'aménagement des jardins, aux influences méditerranéennes et subtropicales, dans les années 1920 fut supervisé en grande partie par lady Edith pour l'amusement de ses enfants – la **Dodo terrace** devant la façade principale de la maison est ponctuée de sculptures d'animaux du passé (dinosaures et dodos), de créatures légendaires (sirènes et griffons), de grenouilles géantes et d'ornithorynques. Le **Temple of the Winds**, "temple des vents", folie du XVIIIe siècle à l'architecture grecque classique, domine le lac.

Mount Stewart se trouve sur l'A20 à 3 km au nord-ouest de Greyabbey et à 8 km au sud-est de Newtonards. Les bus reliant Belfast à Portaferry marquent un arrêt à l'entrée du domaine.

Mount Stewart House
MIKE/STOCK.ADOBE.COM ©

George Best Belfast City Airport (BHD ; ☎028-9093 9093 ; www.belfastcityairport.com ; Airport Rd). À 6 km au nord-est du centre-ville de Belfast ; vols en provenance du Royaume-Uni et de quelques villes d'Europe dont Amsterdam.

BUS

Un **point d'information** (Great Victoria St, Great Northern Mall ; ⏰8h-18h lun-ven, 8h30-17h sam) se trouve à l'**Europa Bus Centre** (☎028-9066 6630 ; www.translink.co.uk ; Great Victoria St, Great Northern Mall ; ⏰5h-23h lun-ven, 5h45-23h sam, 5h45-22h15 dim) de Belfast. Vous y trouverez les horaires des bus régionaux. Contactez **Translink** (☎028-9066 6630 ; www.translink.co.uk ; Great Victoria St, Europa Bus Centre) pour les horaires et les tarifs.

Laganside Buscentre (Oxford St), près du Lagan, est le point de départ des bus pour l'est du comté de Down, notamment pour Bangor et Newtownards.

Aircoach (☎028-9033 0655 ; www.aircoach.ie ; aller simple/ aller-retour tarif plein 14/21 £, enfant 8/12 £) propose un service de bus par heure entre Belfast et le centre de Dublin (2 heures 30) via l'aéroport de Dublin (1 heure 45). Tarif discount en ligne. Arrêt de bus sur Glengall St.

National Express (☎0871 781 8181 ; www.nationalexpress.com) assure un service de bus quotidien entre Belfast et Londres (à partir de 41 £ aller, 15 heures 30). Le bus embarque sur le ferry pour Cairnryan et passe par Dumfries, Manchester et Birmingham. Les bus partent de Glengall St.

Scottish Citylink (☎0871 266 3333 ; www.citylink.co.uk ; Great Victoria St, Great Northern Mall) assure 3 liaisons de bus quotidiennes entre Glasgow et Belfast (28-32 £ aller, 6 heures), via le ferry pour Cairnryan.

TRAIN

Pour des renseignements sur les tarifs et les horaires des trains, contactez **Translink** (☎028-9066 6630 ; www.translink.co.uk ; Great Victoria St, Europa Bus Centre).

Belfast Lanyon Place (East Bridge St). Depuis cette gare de l'est du centre-ville, les trains se rendent à Dublin et dans toutes les villes d'Irlande du Nord.

Great Victoria Street Station (Great Victoria St, Great Northern Mall). À côté de l'Europa Bus Centre. Trains pour Portadown, Lisburn, Bangor, Larne Harbour et Derry.

Northern Ireland Railways (NIR ; ☎028-9066 6630 ; www.translink.co.uk/Services/NI-Railways). Couvre 4 itinéraires au départ de Belfast. Une des lignes rejoint le réseau de la république d'Irlande via Newry, où il y a une correspondance pour Dublin. Les autres desservent Bangor à l'est, Larme au nord-est et Derry au nord-ouest (via Coleraine).

COMMENT CIRCULER

Le réseau de transports publics de Belfast comprend une liaison en bus entre les deux aéroports et les gares routière et ferroviaire.

Les lignes de bus **Metro** (☎028-9066 6630 ; www.translink.co.uk) partent d'arrêts situés sur (et autour de) Donegall Square, devant le City Hall et dans Queen Street. Vous pourrez prendre un plan de bus gratuit (et acheter des tickets) au **Metro kiosk** (Donegall Sq), à l'angle nord-ouest de la place.

Le **Belfast Visitor Pass** (1/2/3 jours 6,50/11/14,50 £) permet de profiter de trajets illimités en bus et en train à Belfast et dans sa banlieue, ainsi que de réductions au Titanic Belfast et sur d'autres sites.

CÔTE D'ANTRIM

278 CÔTE D'ANTRIM

Côte d'Antrim

Le littoral d'Irlande du Nord est un musée de géologie à ciel ouvert. L'océan a mis à nu le basalte noir et la craie, socle d'une bonne partie du comté d'Antrim, et sculpté dans la roche une extraordinaire succession d'aiguilles, de pics rocheux, de falaises et de grottes. Ses prodigieuses formations minérales et ses châteaux en ruine ont valu à plusieurs endroits de la région de servir de cadre de tournage à la série télévisée Game of Thrones.

À l'ouest, dominant une courbe de la Foyle, Derry est la seule ville fortifiée d'Irlande. Elle est l'héritière d'une histoire longue et tourmentée.

La côte d'Antrim en 1 jour

Si vous disposez d'une journée entre Belfast et Derry, longez la côte d'Antrim via la route panoramique de Torr Head jusqu'à Ballycastle. Après un *fish and chips* chez **Morton's** (p. 292), continuez jusqu'à la Chaussée des Géants et passez l'après-midi à profiter des paysages côtiers avant de reprendre la route panoramique jusqu'à Derry.

La côte d'Antrim en 2 jours

Si vous avez deux jours, passez la nuit à la Chaussée des Géants ou à Bushmills. Consacrez la première journée à l'itinéraire côtier jusqu'à Ballycastle. L'après-midi, allez voir le **pont de corde de Carrick-a-Rede** (p. 289) et le charmant port de Ballintoy. Explorez la Chaussée des Géants dans la tranquillité relative du soir et/ou le lendemain matin. Le deuxième jour, visitez **Dunluce Castle** (p. 287) et Portrush.

Page précédente : pont de corde de Carrick-a-Rede (p. 289)

Derry/Londonderry (p. 296)

Comment s'y rendre

Bus Les Ulsterbus relient entre eux les villes et villages de la région. Pour les horaires et tarifs, contactez **Translink**. Les bus saisonniers **Causeway Rambler** (p. 283) assurent des dessertes supplémentaires.

Train La Londonderry Line relie Derry à Belfast via Coleraine (où l'on peut prendre une correspondance pour Portrush), Ballymena et la ville d'Antrim. Pour plus d'informations sur les tarifs et horaires, contactez **Translink** (p. 300).

Où se loger

C'est à Derry/Londonderry qu'on trouve le plus grand choix ; outre les hôtels, il y a une foule de B&B, dont beaucoup aménagés dans des demeures georgiennes ou victoriennes. Si vous souhaitez vous rapprocher de sites comme la Chaussée des Géants ou le pont de corde de Carrick-a-Rede (et surtout si vous dépendez des transports publics), les villes côtières de Portrush et de Ballycastle comptent des hébergements de qualité.

Chaussée des Géants

Réserve naturelle nationale et seul site d'Irlande du Nord classé au patrimoine mondial de l'Unesco, cette merveille géologique forme l'un des panoramas les plus envoûtants du pays.

À découvrir la Chaussée, on comprend pourquoi les anciens lui prêtaient une origine surnaturelle. Cette vaste étendue de colonnes basaltiques hexagonales, serrées les unes contre les autres sous l'assaut des vagues, semble avoir été façonnée par des géants.

La visite de la Chaussée des Géants (Giant's Causeway) est gratuite, mais il faut, pour se garer, acheter un ticket combiné donnant accès au **Giant's Causeway Visitor Experience** (☎028-2073 1855 ; www.nationaltrust.org.uk ; 60 Causeway Rd ; tarif plein/enfant 12,50/6,25 £ ; ⏲9h-19h juin-sept, 9h-18h mars-mai et oct, 9h-17h nov-fév) 🍃; il n'y a pas de ticket pour le parking seul.

Pour ceux qui aiment...

☑ Ne ratez pas

La vue d'ensemble depuis le promontoire de Chimney Tops.

Infos pratiques

www.nationaltrust.org.uk ; lever-coucher du soleil GRATUIT

Une petite faim ?

Le café **Nook** (028-2073 2993 ; 48 Causeway Rd ; plats 10,50-14 £ ; restauration 11h-21h mars-oct, 11h-18h nov-fév) est plus convivial que celui du centre des visiteurs. Il se trouve juste à côté.

Bon plan

Visitez le site en semaine ou hors saison pour une expérience plus authentique.

Formation de la Chaussée

Selon la légende, le géant irlandais Finn McCool aurait construit la Chaussée afin que le géant écossais Benandonner et lui-même pussent se rejoindre pour s'affronter. L'ayant empruntée, Benandonner, trompé par une ruse de son rival, fut saisi d'effroi à l'approche de l'Irlande et rebroussa chemin, détruisant la Chaussée dans sa retraite et n'en laissant que les extrémités, à savoir la Chaussée des Géants en Irlande et l'île de Staffa en Écosse (laquelle présente des formations rocheuses similaires).

Plus prosaïque, la science fait remonter la formation de ces roches à quelque 60 millions d'années, avec le déversement, dans la vallée, d'une épaisse couche de lave basaltique sur les strates calcaires existantes. En durcissant, du pourtour et de la base vers l'intérieur, la couche de lave s'est contractée et des fissures hexagonales sont apparues à sa surface (comme sur la boue d'un lac asséché). Ces fissures se sont propagées de bas en haut et de haut en bas jusqu'à la solidification complète de la lave. Sous l'action de l'érosion, le basalte s'est fendu le long des fissures de solidification, formant ces colonnes hexagonales.

Visite de la Chaussée

Depuis le parking, on rejoint aisément à pied (10 à 15 minutes) la Chaussée des Géants par une route (accessible en fauteuil roulant) qui descend la colline, et une navette est également disponible. Toutefois, à pied, il est plus intéressant de suivre le sentier sur la falaise jusqu'au promontoire de **Chimney Tops**, à 2 km au nord-est, d'où l'on a une belle vue sur la Chaussée et la côte à l'ouest, notamment Inishowen et Malin Head.

Ce promontoire avec des piliers rocheux fut bombardé par l'Invincible Armada en 1588, les Espagnols l'ayant pris pour

Dunluce Castle. L'épave du galion *Girona* repose tout près de la pointe. Repartez en direction du parking et, à mi-chemin environ, descendez les **Shepherd's Steps** (parcours balisé) jusqu'à un sentier en contrebas conduisant à la Chaussée. Comptez 1 heure 30 aller-retour.

Sinon, vous pouvez d'abord aller voir la Chaussée, puis suivre le sentier côtier du bas jusqu'au point de vue de l'**Amphithéâtre** à Port Reostan. Vous verrez en chemin d'imposantes formations rocheuses comme **The Organ** ("l'Orgue"), aiguille constituée de colonnes basaltiques évoquant des tuyaux d'orgue. Regagnez le parking en grimpant les Shepherd's Steps.

On peut également suivre le sentier de la falaise jusqu'à Dunseverick, à l'est, ou au-delà.

Construit à flanc de colline et ceint de hauts piliers de basalte noir imitant les colonnes de la Chaussée, le magnifique centre écologique Giant's Causeway Visitor Experience (p. 280), abrite, outre un bureau d'information touristique, un restaurant et une boutique, ainsi qu'une exposition portant sur la géologie de la région. Vous paierez moins cher en arrivant à pied, à vélo ou en transport public ; le prix d'entrée comprend un audioguide.

Épave du Girona

La petite baie à 1 km au nord-est de la Chaussée des Géants s'appelle Port na Spaniagh (baie des Espagnols). C'est ici qu'en octobre 1588 le *Girona*, vaisseau de l'Invincible Armada, sombra dans une tempête.

Cette galéasse avait fait partie des navires dispersés au sortir de la défaite de Gravelines, dans la Manche. Or, comme maints autres vaisseaux espagnols, le mauvais temps l'avait chassée au nord vers l'Écosse et l'Irlande. Conçue pour un équipage de 500 hommes, elle transportait 1 300 personnes au moment du naufrage – principalement des rescapés d'autres navires qui avaient fait naufrage – dont la fine fleur de la noblesse espagnole. Il n'y eut qu'une dizaine de survivants.

★100% local

Un agréable sentier pédestre qui longe la ligne ferroviaire Giant's Causeway & Bushmills Railway relie Bushmills à la Chaussée des Géants (comptez 45 minutes).

SERG ZASTAVKIN/SHUTTERSTOCK ©

Somhairle Buidhe (Sorley Boy) MacDonnell (1505-1590), constable de Dunluce Castle, sauva l'or et les canons du naufrage et utilisa cette manne pour moderniser sa forteresse. On peut encore voir les pièces d'artillerie sur le rempart, côté terre. C'est seulement en 1968 que l'épave fit l'objet de fouilles archéologiques. On y trouva des objets en or, argent et pierres précieuses, ainsi que d'autres, plus quotidiens, ayant appartenu aux marins et désormais exposés à l'Ulster Museum de Belfast (p. 260).

Depuis/vers la Chaussée des Géants

Le **Causeway Rambler** (bus 402 ; ☎028-9066 6630 ; www.translink.co.uk ; tarif journée plein/enfant 9,50/4,75 £ ; ⏲mars-sept) et la Giant's Causeway & Bushmills Railway (p. 287) desservent la Chaussée des Géants en saison. Le bus 172 partant de Ballycastle (4,60 £, 30 min, 8/jour lun-ven, 3/jour sam-dim) pour aller à Coleraine (3,60 £, 25 min) et Bushmills (2,10 £, 5 min) s'y arrête toute l'année. Des trains pour Belfast ou Derry partent de Coleraine.

★ Le saviez-vous ?

La Chaussée des Géants a accueilli 1 000 000 de visiteurs en 2018, en étant ainsi l'attraction touristique la plus populaire en Irlande du Nord.

Randonnée sur la Causeway Coast way

Ce tronçon spectaculaire de la Causeway Coast Way offre l'une des plus belles balades d'Irlande. Ne vous laissez toutefois pas surprendre par la marée : consultez-en les horaires au préalable.

Départ Pont de corde de Carrick-a-Rede
Distance 16,5 km
Durée 4 à 6 heures

Une petite faim ?
Prévoyez un pique-nique. Si le temps est clément, Dunseverick Castle se prête à merveille à un déjeuner devant un superbe panorama.

4 Le sentier de Dunseverick traverse une passerelle au-dessus d'une cascade, avant de rejoindre les ruines de **Dunseverick Castle**.

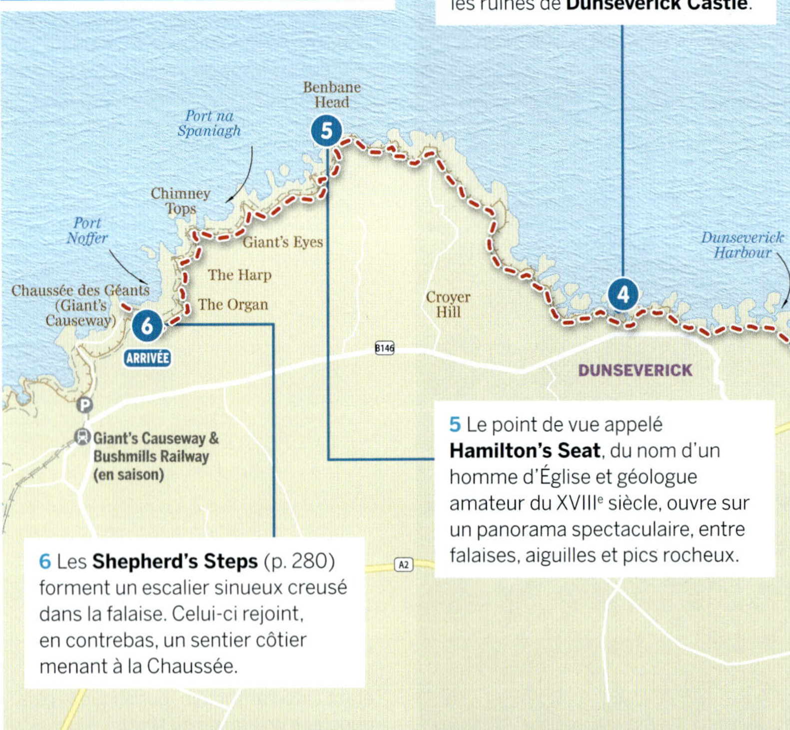

5 Le point de vue appelé **Hamilton's Seat**, du nom d'un homme d'Église et géologue amateur du XVIIIe siècle, ouvre sur un panorama spectaculaire, entre falaises, aiguilles et pics rocheux.

6 Les **Shepherd's Steps** (p. 280) forment un escalier sinueux creusé dans la falaise. Celui-ci rejoint, en contrebas, un sentier côtier menant à la Chaussée.

La photo à prendre Le pont de corde de Carrick-a-Rede

1 Éprouvez votre courage sur le **pont de corde de Carrick-a-Rede** (p. 289), qui se balance entre les falaises et une île.

2 Vient ensuite la magnifique **White Park Bay** (p. 289), une plage de sable blanc s'étendant sur 2 km. C'est à marée basse qu'elle est le plus praticable, lorsque le sable est plus ferme.

3 Continuez jusqu'au hameau de **Portbradden** (p. 289), aux maisonnettes serrées entre falaises et océan.

Portrush

La station de Portrush (Port Rois) attire nombre de vacanciers en haute saison ; son offre touristique tourne principalement autour des plaisirs balnéaires. C'est aussi l'un des meilleurs spots de surf du pays et l'un des clubs de golf les plus prestigieux d'Irlande du Nord : elle a même accueilli l'Open Championship en 2019. En vue du tournoi, des fonds ont été consacrés à l'embellissement du centre-ville : nouveau pavage en granit, bancs et nouveaux éclairages, et rénovation de la gare.

À VOIR ET À FAIRE

East Strand Plage

(Curran Strand). Principal attrait de Portrush, cette jolie plage s'étend sur 3 km à l'est de la ville, jusqu'aux falaises de craie de Whiterocks.

Royal Portrush Golf Club Golf

(028-7082 2311 ; www.royalportrushgolfclub.com ; Dunluce Rd ; green Dunluce 90-220 £, Valley 25-50 £). Dans un cadre mémorable au bord de l'Atlantique, à la lisière orientale de l'agglomération, ce club, fondé en 1888, a accueilli l'Open Championship pour la première fois en 1951. Il comprend deux parcours, le Dunluce – avec son White Rock au bord de l'eau (trou n°5) et son Calamity dans un ravin (trou n°14) – et le Valley. Des améliorations importantes ont été réalisées sur le Dunluce Course avant l'Open Championship de 2019, cinq nouveaux greens et de deux nouveaux trous ont notamment été aménagés.

OÙ SE RESTAURER

Arcadia Café £

(www.arcadiaportrush.co.uk ; East Strand ; plats 3-6 £ ; 9h-17h avr-sept). Bâtiment emblématique de Portrush, ce pavillon Art déco des années 1920 abrite en son rez-de-chaussée un café, où l'on sert de copieux

Arcadia

JOAQUIN OSSORIO CASTILLO/SHUTTERSTOCK ©

petits-déjeuners, des bagels, des salades et des glaces pour se requinquer après le surf. Une galerie d'art occupe l'étage, où se déroulent aussi des ateliers et des cours (yoga, peinture, etc.).

Ocho Tapas Espagnol ££
(☎028-7082 4110 ; www.ochotapas.com ; 92-94 Main St ; tapas 4-12 £ ; ⏲17h-21h lun-jeu, 17h-21h30 ven, 12h30-14h30 et 17h-21h30 sam, 12h30-14h30 et 17h-21h30 dim). Après 20 ans passés en Espagne, Trudy Brolly a ouvert cet authentique restaurant de tapas dans sa ville natale de Portrush. Ses plats combinent des ingrédients locaux et espagnols tels que les croquettas au fromage de chèvre de Fivemiletown, la pannacotta de betterave et la crème à la griotte. Comptez trois à quatre tapas par personne, ou six plus petits délicieux *pintxos*, accompagnés de sherry.

DEPUIS/VERS PORTRUSH

La gare routière se situe à côté du Dunluce Centre. Les bus 140A à 140D circulent de Portrush à Portstewart (2,50 £, 10 min, toutes les 20 min) et Coleraine (2,80 £, 20 min). Portrush est aussi desservie par les bus saisonniers **Causeway Rambler** (p. 283).

La gare se trouve juste au sud du port. Portrush est desservie par des trains au départ de Coleraine (2,40 £, 12 min, toutes les heures), d'où partent des liaisons vers Belfast et Derry.

Bushmills

Bushmills, agglomération la plus proche (5 km) de la Chaussée des Géants (p. 280), est de longue date un lieu de pèlerinage pour les amateurs de whiskey. L'étape attire également les randonneurs engagés sur la Causeway Coast (p. 284).

À VOIR ET À FAIRE

Old Bushmills Distillery Distillerie
(☎028-2073 3218 ; www.bushmills.com ; 2 Distillery Rd ; circuit tarif plein/enfant 9/5 £ ; ⏲9h15-16h45 lun-sam et 12h-16h45 dim).

Dunluce Castle

Les ruines de **Dunluce Castle** (87 Dunluce Rd ; tarif plein/enfant 5,50/3,50 £ ; ⏲10h-17h fév-nov, 10h-16h déc-jan, dernières entrées 30 min avant la fermeture) se dressent sur un piton basaltique à 5 km à l'est de Portrush, à 1 heure de marche sur un sentier côtier. Un pont étroit, jeté sur un fossé vertigineux, mène des anciens pavillons et écuries à la partie principale de la forteresse. En contrebas, un sentier (fermé lors de nos recherches) partant de la maison du gardien conduit à la Mermaid's Cave (grotte de la sirène), à la base du piton.

Aux XVIe et XVIIe siècles, ce château était la résidence de la famille MacDonnell (comtes d'Antrim depuis 1620), qui édifia un manoir Renaissance derrière les remparts.

RAINBOW79/GETTY IMAGES ©

Bushmills est la plus ancienne distillerie légale encore en activité au monde : elle obtint sa licence du roi Jacques Ier, en 1608. Le whiskey y est élaboré à partir d'orge irlandaise et d'eau du St Columb's Rill (un affluent de la Bush), puis vieilli en fût de chêne. Pendant sa maturation, la teneur en alcool chute de 60 à 40%, le différentiel ayant pour nom la "part des anges". Après la visite de la distillerie, vous recevrez un échantillon gratuit de votre choix.

Giant's Causeway & Bushmills Railway Train
(☎028-2073 2844 ; infogcbr@btconnect.com ; aller-retour tarif plein/enfant 5/3 £). Ce

Portstewart Strand

Portstewart Strand (www.nationaltrust.org.uk/portstewart-strand), grande plage longue de 2,5 km, se trouve à 20 minutes de marche au sud du centre-ville de Portstewart, ou à quelques minutes de bus via Strand Road. On peut se garer directement sur le sable (parking de 1000 places ouvert toute l'année, 6,50 £/voiture de Pâques à octobre).

Harry's Shack (☎028-7083 1783 ; www.facebook.com/HarrysShack ; Portstewart Strand ; plats 12-19 £ ; 🕒11h-20h30 lun-jeu, 11h-21h ven, 10h-21h sam, 10h-19h dim). Au milieu de la plage, cette cabane cache un des meilleurs restaurants de la côte nord. Fruits, légumes et herbes bio cultivés dans le potager du restaurant, viande provenant d'élevages du cru et fruits de mer locaux y sont les ingrédients de plats aussi simples que mémorables, comme la sole aux coques et au beurre d'algues, et les moules de Mulroy Bay au cidre irlandais. Réserver.

WWW.DEIRDREGREGG.COM/GETTY IMAGES ©

petit train (deux locomotives vapeur et une diesel) suit l'itinéraire d'un tramway touristique du XIXe siècle sur 3 km, entre Bushmills et un terminus en contrebas du Giant's Causeway Visitor Experience.

Le train circule à midi, 14h et 16h en saison ; il part à 16h de la Chaussée et repart de Bushmills à 12h30, 14h30 et 16h30, tous les jours en juillet-août et le week-end seulement de Pâques à juin et en septembre-octobre.

Le sentier de 5 km qui longe les rails de la Giant's Causeway & Bushmills Railway est agréable à pied comme à vélo.

OÙ SE RESTAURER

Bushmills Inn — Irlandais ££

(☎028-2073 3000 ; www.bushmillsinn.com ; 9 Dunluce Rd ; plats déj 7-13 £, dîner 14-28 £ ; 🕒12h-21h30 lun-sam, 12h30-15h et 17h-21h30 dim ; 📶). Aménagé dans les écuries d'une auberge du XVIIe siècle, ce havre, tout en alcôves et cheminées, sert des spécialités à base de produits frais et locaux, tels que la morue de Greencastle, l'agneau de la Laney Valley et le Dalriada Cullen skink (haddock fumé poché à la crème, accompagné d'œufs pochés et de pommes de terre nouvelles), un plat traditionnel écossais. Réservez bien à l'avance. Le bar accueille des sessions de musique traditionnelle le samedi soir.

Tartine — Irlandais ££

(☎028-2073 1044 ; www.distillersarms.com ; 140 Main St ; plats 12-24 £ ; 🕒17h-20h mer-jeu, 17h-21h ven, 17h-21h30 sam, 12h30-14h15 et 17h-19h30 dim). Aménagées dans un ancien pub avec plancher nu, pierre apparente et cheminée, ces trois salles reliées entre elles sont décorées d'art irlandais. On y sert des produits locaux rehaussés d'une touche française : saumon fumé à la Guinness et à la mélasse sur un lit de fruits de mer thermidor cuit au four et huîtres irlandaises dans une crème infusée au Pernod.

Le menu entrée-plat ou plat-dessert avec boisson coûte 20 £ avant 18h30.

De la Chaussée des Géants à Ballycastle

Le joli village à flanc de colline de Ballintoy (Baile an Tuaighe) se prolonge en un port de carte postale, connu des fans de *Game of Thrones* comme le Lordsport des îles de Fer (entre autres décors empruntés au lieu). Sur le quai

STEFANO_VALERI/SHUTTERSTOCK ©

Portbradden

trône un four à chaux restauré, où l'on fabriquait de la chaux vive à partir de la craie des falaises et du charbon de Ballymoney.

Ballintoy est situé à mi-chemin entre Ballycastle et la Chaussée des Géants (p. 280), sur la plus belle portion de la Causeway Coast, là où les falaises de basalte noir et celles de craie blanche jouent les contrastes, sans compter les îles rocailleuses au large et les étendues de sable blanc.

C'est à pied que la découverte est le plus agréable (p. 284), sur les 16,5 km du **Causeway Coast Way** (www.walkni.com), un sentier balisé reliant le parking de Carrick-a-Rede à la Chaussée des Géants (www.walkni.com). Les principaux sites sont cependant également accessibles en voiture ou en bus.

À environ 9,5 km à l'est de la Chaussée des Géants, on arrive au hameau de **Portbradden**, avec sa poignée de maisons en front de mer. La magnifique **White Park Bay,** visible depuis Portbradden et accessible via le premier embranchement sur l'A2, a l'attrait d'une immense plage sablonneuse. **Ballintoy** se trouve environ 3 km plus à l'est.

À VOIR

Pont de corde de Carrick-a-Rede

Pont

(☎028-2073 3335 ; www.nationaltrust.org.uk/carrick-a-rede ; 119 Whitepark Rd, Ballintoy ; tarif plein/enfant 9/4,50 £ ; 9h30-18h avr-oct, 9h30-15h30 nov-mars). Ce pont de corde suspendu, long de 20 m et large de 1 m, qui relie les falaises à la petite île de Carrick-a-Rede, se balance à 30 m

Top 5 des sites photogéniques

Chaussée des Géants (p. 280)

Dunluce Castle (p. 287)

White Park Bay (ci-contre)

Pont de corde de Carrick-a-Rede (ci-contre)

Route de Torr Head (p. 292)

Rathlin Island

Rathlin est réputée pour ses paysages et ses oiseaux marins,tels les macareux qui nichent sur les falaises, à l'ouest.

Depuis le port de Church Bay, il existe trois sentiers principaux : un long de 7 km jusqu'au **Rathlin West Light Seabird Centre** (028-2076 3948 ; www.rspb.org.uk/rathlinisland ; tarif plein/enfant 5/2,50 £ ; 10h-17h mai-août, 11h-16h avr-sept), le deuxième jusqu'à l'East Lighthouse (le phare de l'Ouest à 3 km) et le dernier jusqu'à la Rue Point Lighthouse (le phare de Rue Point à 4,5 km) au sud. Les sentiers sont praticables à vélo, à louer au **Soerneog View Hostel** (028-2076 3954 ; john_jennifer@btinternet.com ; journée 10 £ ; 10h-17h mai-sept) au sud du port (sur réservation ; paiement en espèces).

Il y a des sentiers moins courus, tel le **Ballyconagan Trail**, menant à l'ancienne station des gardes-côtes, au nord.

Le **Rathlin Island Ferry** (028-2076 9299 ; www.rathlinballycastleferry.com ; aller-retour tarif plein/enfant/vélo 12/6/3,30 £) part tous les jours de Ballycastle – mieux vaut réserver bien à l'avance. D'avril à mi-septembre, il y a jusqu'à 10 traversées par jour, la moitié se font en bateau rapide (25 min), les autres sont opérés par un car-ferry (40 min). Service réduit en hiver.

Le **Puffin Bus** (07752 861788, 07759 935192 ; billet tarif plein/enfant 5/3 £) de McGinn assure la navette entre le ferry et le Rathlin West Light Seabird Centre d'avril à septembre. Contactez-les pour tout autre transport.

Phare sur Rathlin Island
MIKEDRAGO.CZ/SHUTTERSTOCK ©

au-dessus de la mer et des rochers. La traversée est sans danger mais très impressionnante. Le pont est fermé par grand vent. Depuis l'île, on peut admirer Rathlin Island et Fair Head à l'est.

L'endroit compte aussi un petit centre d'information du National Trust et un café (Whitepark Rd, Carrick-a-Rede ; plats 3,50-6 £ ; 9h30-17h15), sur le parking.

C'est sous l'impulsion des pêcheurs que le pont a été construit : ceux-ci jetaient en effet leurs filets à la pointe de l'île pour intercepter les saumons qui longeaient la côte lors de leur migration vers leur rivière d'origine.

Carrick-a-Rede est devenu si populaire que le National Trust a instauré des créneaux horaires (billets valables une heure) pour la traversée du pont. Pensez à réserver votre billet en ligne bien en avance, surtout en haute saison, et optez plutôt pour le matin

OÙ SE RESTAURER

Red Door Cottage — Irlandais £

(028-2076 9048 ; www.facebook.com/thereddoortearoom ; 14A Harbour Rd ; plats 7-11 £ ; 11h-16h mar-dim mai-oct, 10h-16h sam-dim mar-avr). Cette maisonnette, à 200 m de la côte le long de la route secondaire menant au port de Ballintoy, arbore une porte rouge vif. Tout ici est fait maison : bouillons, soupes, *irish stew* (ragoût d'agneau), burgers et gâteaux. Les tables de pique-nique du jardin sont parfaites par beau temps ; quand il fait froid, un feu de tourbe crépite à l'intérieur. En période de vacances, mieux vaut réserver.

Roark's Kitchen — Café £

(Harbour Rd, Ballintoy Harbour ; plats 4,25-9 £ ; 11h-17h30 avr-sept, 12h-16h oct-mars ; P). Dans le port de Ballintoy, ce charmant salon de thé aux murs de craie sert thé, café, glaces, pommes cuites maison, tartes aux cerises et à la rhubarbe et, pour déjeuner, de l'*irish stew*, des tourtes poulet-jambon et d'autres plats. Paiement en espèces.

DEPUIS/VERS LA CHAUSSÉE DES GÉANTS ET BALLYCASTLE

Le bus 172 (8/jour lun-ven, 3/jour sam-dim) relie Ballintoy à Coleraine (6,20 £, 40 min), Ballycastle (3,10 £, 20 min), la Chaussée des Géants (3,10 £, 20 min) et Bushmills (3,60 £, 25 min). Les bus **Causeway Rambler** (p. 283) suivent le même itinéraire en saison.

Ballycastle

Ville portuaire et station balnéaire, Ballycastle (Baile an Chaisil) correspond à l'extrémité est de la Causeway Coast. C'est une jolie bourgade, avec une promenade sur le front de mer, une plage et de bons restaurants. C'est aussi de là que partent les ferries pour Rathlin Island. Castle Street et the Diamond concentrent la plupart des curiosités.

À VOIR

Kinbane Castle Château

(Whitepark Rd). GRATUIT Ce château, aujourd'hui en ruine, se dresse sur un promontoire calcaire en surplomb sur les falaises de basalte. Vue imprenable sur l'île de Rathlin et l'Écosse ! Il a été construit en 1547 par Colla MacDonnell (fils d'Alexander MacDonnell, seigneur d'Islay et Kintyre, et de Catherine, fille du seigneur d'Ardnamurchan), puis reconstruit en 1555 à la suite d'un siège anglais. Habité jusqu'au XVIIe siècle, il fut ensuite abandonné. Depuis le parking, 140 marches mènent au château.

Marconi Memorial Monument

Dans le parking du port, une plaque apposée au pied d'une aiguille de pierre commémore le jour de 1898 où les assistants de Guglielmo Marconi ont joint Rathlin Island par radio depuis Ballycastle pour prouver à la Lloyds de Londres qu'une liaison par TSF était réalisable. Le but était de pouvoir avertir Londres ou Liverpool de l'arrivée sans encombre des

Port de Ballycastle

Route panoramique de Torr Head

À quelques kilomètres de Ballycastle à l'est, la route panoramique ("Scenic Route") part de l'A2 vers le nord. Cet itinéraire bis pour Cushendun est déconseillé aux petites natures (et aux caravanes) : audacieux et étroit, il emprunte des pentes raides surplombant la mer. Des embranchements en partent pour desservir les curiosités à voir. Par temps clair, la vue est superbe jusqu'à l'Écosse, du Mull of Kintyre aux monts d'Arran.

Le premier embranchement mène au parking de Coolanlough, début d'un sentier balisé (5 km aller-retour) conduisant à **Fair Head**. Le second descend en pente raide jusqu'à **Murlough Bay**. Depuis le parking au bout de ce chemin, on peut continuer à pied vers le nord, le long du littoral, jusqu'à des maisons de mineurs en ruine (10 min) ; des falaises en surplomb, on extrayait autrefois du charbon et de la craie que l'on transformait en chaux vive dans un four.

Le troisième embranchement conduit à des maisons de gardes-côtes en ruine et au promontoire rocheux de **Torr Head**, couronné d'une station de gardes-côtes du XIXe siècle (abandonnée dans les années 1920). C'est le lieu d'Irlande le plus proche de l'Écosse – le Mull of Kintyre n'est qu'à 19 km de l'autre côté du Canal du Nord. Une pêcherie de saumon à filet fixe fonctionne à la fin du printemps et en été. L'ancienne glacière à droite de la route servait autrefois à conserver les prises.

navires au terme de leur traversée de l'océan – la plupart des transatlantiques passaient en effet par le chenal au nord de Rathlin.

OÙ SE RESTAURER

Morton's — Fish & Chips £

(☎028-2076 1100 ; The Harbour, Bayview Rd ; plats 2,30-7 £ ; 12h-20h dim-jeu, 12h-21h ven-sam). On ne saurait trouver plus frais en matière de *fish and chips* : les bateaux déchargent leur pêche juste à côté de cette cabane sur le port. Morue, haddock, Saint-Jacques, langoustines et cakes au crabe, mais aussi frites, y attirent de longues files de clients en été.

Thyme & Co — Café £

(☎028-2076 9851 ; 5 Quay Rd ; plats 6-9 £ ; 9h-16h lun-mar, 9h-15h30 jeu-ven 17h-21h sam, 10h-15h dim ;). Ce café accueillant prépare ses plats à partir de produits locaux. On trouve de copieuses salades, de la *sheperd's pie* (sorte de hachis parmentier), du saumon et des œufs brouillés, ainsi que de nombreuses spécialités végétariennes et végétaliennes. Beau choix de pâtisseries, dont nombre sans gluten, et excellent café. Le samedi, soirées à thème, comme la soirée pizza, où l'on peut ramener ses propres boissons alcoolisées !

DEPUIS/VERS BALLYCASTLE

La gare ferroviaire se trouve dans Station Road, juste à l'est du Diamond. Le bus 217 relie Ballycastle à Ballymena (7,20 £, 50 min, ttes les heures lun-ven, 5/jour sam), où l'on peut prendre une correspondance pour Belfast.

Le bus 172 longe la côte jusqu'à Coleraine (7,20 £, 1 heure, 8/jour lun-ven, 3/jour sam-dim) via Ballintoy, la Chaussée des Géants et Bushmills. Les bus saisonniers Causeway Rambler (p. 283) suivent le même parcours.

Glens d'Antrim

Le nord-est de l'Antrim est un haut plateau de lave basaltique noire recouvrant des strates crayeuses blanches. Sur la côte, entre Cushendun et Glenarm, le plateau est divisé en plusieurs vallées glaciaires appelées Glens d'Antrim.

Cushendun et Cushendall

Le joli village côtier de Cushendun est célèbre pour ses cottages de style cornouaillais, appartenant au National Trust. Construits entre 1912 et 1925 sur l'ordre du propriétaire du terrain, lord Cushendun, ils furent conçus par Clough Williams-Ellis, l'architecte de l'étonnant village de Portmeirion, au nord du pays de Galles (qui tint lieu de décor à la série *Le Prisonnier*, 1967).

Agrémentée d'une petite plage de galets, Cushendall est une petite station balnéaire (et un étranglement routier) située au pied de la vallée glaciaire (*glen*) de Glenballyeamon, que domine le mont Lurigethan, reconnaissable à son sommet plat.

À VOIR ET À FAIRE

Vous trouverez à Cushendun une jolie **plage** de sable, plusieurs **chemins côtiers** et quelques impressionnantes **grottes** – un des lieux de tournage de la série *Game of Thrones* – creusées dans les falaises surplombant la mer, au sud du village (suivez le chemin jusqu'au bout des logements de vacances, au sud de l'embouchure de la rivière).

À quelque 6 km au nord du village sur l'A2 en direction de Ballycastle, **Loughareema**, également appelé "the Vanishing Lake" (le lac qui disparaît), est alimenté par trois cours d'eau dont aucun ne s'échappe. Le lac atteint une taille respectable après de fortes pluies (400 m de long et 6 m de profondeur), mais l'eau disparaît peu à peu par des fissures du sous-sol calcaire, ne laissant qu'un lit à sec.

Grottes de Cushendun

Depuis le parking à côté de la plage de Cushendall (suivre les indications pour le club de golf), prenez le chemin côtier sur 1 km vers le nord jusqu'aux vestiges pittoresques de la **Layd Old Church**, avec leur vue sur l'Ailsa Craig (une célèbre île conique également connue sous le nom de "Paddy Milestone", ce qui signifie "la borne de Paddy") et la côte écossaise. Fondée par les Franciscains, elle servit d'église paroissiale du début du XIVe siècle jusqu'en 1790.

OÙ SE RESTAURER

McCollam's Pub

(Johnny Joe's ; 028-2177 2849 ; www.johnnyjoes.co.uk ; 23 Mill St ; 12h-23h30 tlj, cuisine 12h-21h mer-dim). Connu localement sous le nom de Johnny Joe's, ce pub à la façade rose est le plus animé du village. Le bar d'origine, au rez-de-chaussée, date des années 1800. Un petit salon dominé par un ancien four se niche à l'arrière du bâtiment. Des sessions de musique traditionnelle y ont lieu régulièrement et il y règne une bonne ambiance. Le restaurant **Upstairs at Joes** (plats entre 13 £ et 22 £) est excellent ; on y trouve des spécialités irlandaises modernes et des plats du jour à base de produits de la mer.

DEPUIS/VERS CUSHENDUN ET CUSHENDALL

Le bus 150 relie Cushendall à Cushendun (2,80 £, 15 min, 6/jour lun-ven, 3/jour sam), Glenariff Forest Park (3,10 £, 15 min) et Ballymena (6,20 £, 1 heure).

Glenarm

Le délicieux village de Glenarm (Gleann Arma) est le plus ancien de la région des Glens. Il mérite le détour pour les fabuleux jardins de Glenarm Castle, mais aussi pour ses rangées de maisons georgiennes et son parc forestier.

À VOIR ET À FAIRE

Glenarm Castle & Walled Garden Château

(www.glenarmcastle.com ; 2 Castle Lane ; jardin clos tarif plein/enfant 6/3 £ ; jardin 10h-16h mars et oct, 10h-17h avr-sept). Les comtes d'Antrim – la famille McDonnell – habitent Glenarm depuis 1750. Le château, actuellement occupé par lord et lady Dunluce, est fermé au public, sauf pour la fête de la Tulipe (le week-end férié de mai) et le **Dalriada Festival** en juillet. On peut toutefois visiter le charmant jardin clos et flâner dans les allées. Entrée libre pour les enfants de moins de 12 ans.

La ferme biologique du domaine est renommée pour son bœuf *shorthorn* de Glenarm. Le saumon bio est fumé sur place. Ces deux produits sont en vente au **Glenarm Castle Tea Room & Shop**.

Derry (Londonderry)

La deuxième agglomération d'Irlande du Nord demeure un centre artistique et culturel florissant, dont les pubs animés abritent une scène musicale en plein essor. Le centre de Derry a bénéficié d'une rénovation impressionnante en 2013, année où la ville s'est vue promue Capitale de la culture britannique. Parmi les transformations, citons la construction du Peace Bridge d'Ebrington Square et la mise en valeur de la ville au bord de la rivière par le réaménagement des berges et du quartier de Guildhall.

La ville a une histoire chargée, du siège de Derry à la bataille du Bogside et au Bloody Sunday. Le double nom Derry-Londonderry en est un héritage. En 1613, en reconnaissance du rôle des corporations de Londres dans la colonisation de la région, la ville fut rebaptisée "Londonderry" à l'occasion d'une charte royale. Aujourd'hui encore, il s'agit du nom officiel que les unionistes farouches insistent pour utiliser. L'appellation "Derry" est préférée des nationalistes – et indépendamment même des opinions politiques, c'est elle qui est le plus couramment en usage.

À VOIR

La cité fortifiée de Derry constitue l'exemple le plus ancien de planification urbaine en Irlande. Elle s'inspirerait de la ville française de la Renaissance de Vitry-le-François (Marne), conçue en 1545 par l'ingénieur italien Girolamo Marini : toutes deux suivent le plan en damier d'un camp romain, avec deux grandes rues perpendiculaires et quatre portes, correspondant à leurs extrémités.

Remparts de Derry — Fortifications

(aube-crépuscule). GRATUIT Achevés en 1619, les remparts de Derry sont les derniers d'Irlande à avoir subsisté presque intacts. Épais de 9 m et hauts de 8 m, ils entourent la ville sur environ 1,5 km : en faire le tour vous donnera un bon aperçu de la configuration et de l'histoire de la cité. Aux XVIIIe et XIXe siècles, les quatre portes d'origine (Shipquay, Ferryquay, Bishop's et Butcher's) ont été reconstruites et trois nouvelles (New, Magazine et Castle) ajoutées.

Tower Museum — Musée

(www.derrystrabane.com/towermuseum ; Union Hall Pl ; tarif plein/enfant 3/1,50 £ ; 10h-17h30, dernière entrée 16h). Montez tout droit au 5e étage de ce musée primé, aménagé dans la réplique d'une tour du XVIe siècle, pour admirer la vue. Descendez ensuite jusqu'aux espaces **Armada Shipwreck** et **Story of Derry**, où des expositions et des présentations audiovisuelles bien pensées vous feront voyager dans l'histoire de la ville, depuis la fondation du monastère de Saint-Colmcille (Columban) au VIe siècle jusqu'à la bataille du Bogside à la fin des années 1960. Prévoyez deux bonnes heures.

Guildhall — Édifice historique

(028-7137 6510 ; www.derrystrabane.com/Guildhall ; Guildhall St ; 10h-17h30). GRATUIT

Derry

À l'extérieur des remparts, le bâtiment néogothique du Guildhall, édifié en 1890 puis reconstruit après un incendie en 1908, est réputé pour ses vitraux, offerts par les corporations londoniennes (London Livery Companies), et son horloge inspirée de Big Ben. À l'intérieur se trouvent une exposition historique retraçant la colonisation de l'Ulster et un point d'information touristique.

St Columb's Cathedral — Cathédrale

(www.stcolumbscathedral.org ; 17 London St ; don conseillé 2 £ ; 9h-17h lun-sam mars-oct, 10h-14h nov-fév). Construite entre 1628 et 1633 avec le même schiste gris-vert que les remparts, cette église fut la première de l'après-Réforme édifiée en Grande-Bretagne et en Irlande. De fait, il s'agit du plus vieil édifice de Derry encore debout.

Sous le **porche** (sous la flèche, près de l'entrée de la cour St Columb's), on peut voir la première pierre posée en 1633, où est indiquée la date d'achèvement de la cathédrale. La pierre plus petite provient de l'église qui, érigée en 1164, occupait jadis cet emplacement.

Derry (Londonderry)

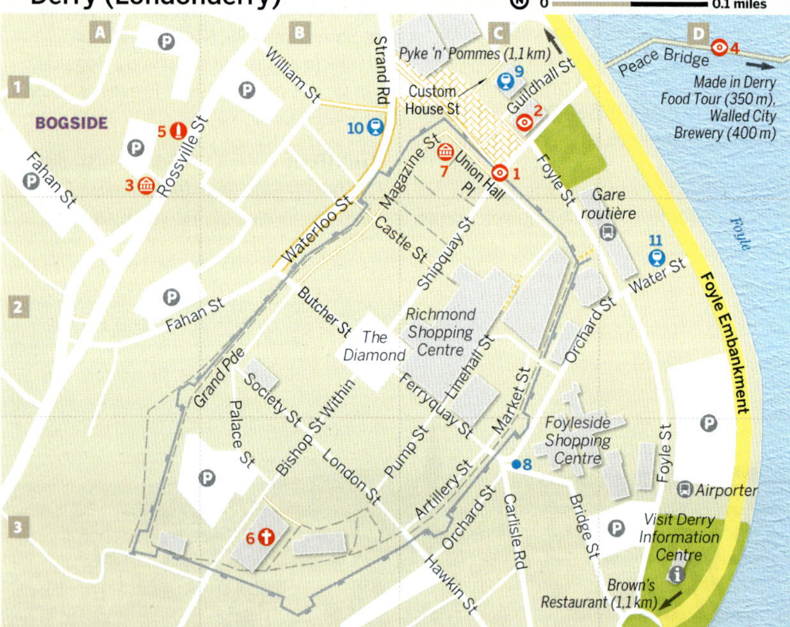

Derry (Londonderry)

À voir
1 Derry's City Walls C1
2 Guildhall C1
3 Museum of Free Derry A1
4 Peace Bridge D1
5 People's Gallery Murals A1
6 St Columb's Cathedral B3
7 Tower Museum C1

Activités
8 City Walking Tours C3
Free Derry Tours .... (voir 3)

Où prendre un verre et faire la fête
9 Guildhall Taphouse C1
10 Peadar O'Donnell's B1
11 Sandino's Cafe-Bar D2

Peace Bridge (p. 298)

Bogside Quartier historique

À l'ouest des remparts, le quartier de Bogside est devenu, au XIXe et au début du XXe siècle, une zone résidentielle ouvrière, majoritairement catholique.

En août 1969 y éclata la "bataille du Bogside" (une guérilla urbaine opposant la jeunesse à la police) qui poussa le gouvernement britannique à dépêcher l'armée en Irlande du Nord. Les habitants du Bogside et du quartier voisin de Brandywell, soit 33 000 personnes, se déclarèrent indépendants des autorités et barricadèrent les rues pour empêcher les forces de sécurité d'y pénétrer. "Free Derry" (Derry libre), dans laquelle patrouillaient des volontaires de l'IRA, devint alors zone interdite pour la police et l'armée. En janvier 1972, les alentours de Rossville Street furent le théâtre de la tragédie du Bloody Sunday (voir p. 318). L'aventure de "Free Derry" se termina avec l'opération Motorman, qui vit, au 31 juillet 1972, des milliers de militaires britanniques occuper le Bogside avec le renfort de chars d'assaut.

Le quartier a depuis fait l'objet d'importants réaménagements : les anciens immeubles et maisons ont été rasés et remplacés par des logements modernes, et la zone ne compte plus que 8000 habitants. Dernier témoignage du vieux Bogside, le **Free Derry Corner** (croisement de Fahan St et Rossville St) est un pan de mur orné de la célèbre formule "*You are Now Entering Free Derry*" ("Vous pénétrez dans Derry libre"). Dans Rossville Street, le **Bloody Sunday Memorial** (Rossville St) est un simple obélisque de granit érigé à la mémoire des 14 civils abattus par l'armée britannique le 30 janvier 1972.

People's Gallery Murals Fresques

(Rossville St). Les 12 fresques qui ornent les pignons des maisons de Rossville Street, près du Free Derry Corner, sont surnommées la People's Gallery. Elles sont l'œuvre des "Bogside Artists" (Kevin Hasson, Tom Kelly et son fère Will décédé en 2017), qui vécurent tous les trois ici pendant les heures les plus sombres des "Troubles" du Bogside. On distingue

Brasserie des remparts

Établie dans une ancienne caserne sur Ebrington Square, la **Walled City Brewery** (☎028-7134 3336 ; www.walledcitybrewery.com ; 70 Ebrington Sq ; plats 14-25 £ ; ⏲cuisine 17h-23h mar-jeu, 12h30-15h et 17h-23h ven-sam, 14h-20h dim ; 👪) est la nouvelle brasserie artisanale-restaurant du maître brasseur James Huey, natif de Derry. En plus de 10 bières artisanales à la pression, on y sert d'excellents plats tels que le cou de porc fumé maison et le rumsteck d'agneau tandoori grillé. Des cours pour apprendre à brasser sa propre bière y sont également dispensés.

très clairement les fresques depuis les remparts nord.

Museum of Free Derry Musée
(www.museumoffreederry.org ; 55 Glenfada Park ; tarif plein/enfant 6/5 £ ; ⏲9h30-16h30 lun-ven, 13h-16h sam toute l'année, plus 13h-16h dim juil-sept). À deux pas de Rossville Street, cet excellent musée retrace l'histoire du Bogside, du mouvement pour les droits civiques et des événements du Bloody Sunday à travers des photographies, des articles de journaux, des documents audiovisuels, des écrans interactifs et des récits de témoins clés. On découvre notamment les photographies originales qui ont inspiré les fresques de la People's Gallery, située non loin.

Peace Bridge Pont
Cette élégante passerelle pour piétons et cyclistes achevée en 2011 serpente au-dessus de la Foyle et rallie ainsi la vieille ville fortifiée sur la rive ouest et Ebrington Square sur la rive est, telle une poignée de main symbolique.

CIRCUITS ORGANISÉS

City Walking Tours Circuits guidés
(☎028-7127 1996 ; www.derrycitytours.com ; Carlisle Rd ; tarif plein/-12 ans 4 £/gratuit ; ⏲circuits Derry historique 10h, 12h, 14h et 16h tte l'année). Des visites guidées à pied d'une heure dans la ville historique commence sur Carlisle Road, devant l'entrée du Foyleside Shopping Centre. Des circuits pour découvrir le Bogside et les fresques de Derry sont également proposés. Vivement recommandé.

Free Derry Tours Culture
(☎07793 285972 ; www.freederry.tours). Ces visites guidées du Bogside proposées par le Museum of Free Derry comprennent les fresques de la People's Gallery, le Free Derry Corner, le Hunger Strikers' Memorial et le Bloody Sunday Memorial.

Made in Derry Food Tour Gastronomie
(www.madeinderryfoodtour.com ; 50 £/pers ; ⏲12h sam). Un circuit de 4 heures pour découvrir la scène gastronomique émergente de Derry. En chemin, chefs et producteurs vous feront goûter une vingtaine de spécialités locales, notamment des fromages et des bières artisanales. Départ devant le bâtiment Eighty81, sur Ebrington Square. Réservez bien à l'avance.

OÙ SE RESTAURER

Pyke 'n' Pommes Cuisine de rue £
(No. 57 ; www.pykenpommes.ie ; 57 Strand Rd ; 1/2/3 tacos 5/8/10 £, burgers 8,50-13 £ ; ⏲12h-21h dim-jeu, 12h-22h ven-sam ; 🌶). Depuis des années **Pyke 'n' Pommes POD** (derrière Foyle Marina, près de Baronet St ; plats 4-16 £ ;

ANDREW MONTGOMERY/LONELY PLANET ©

Tacos de poisson chez Pyke 'n' Pommes

12h-20h30 ven-sam, 12h-18h sam-jeu ;), aménagé dans un conteneur maritime, est la meilleure adresse pour manger à Derry. En 2019, le chef Kevin Pyke a ouvert un restaurant au menu appétissant, où l'on sert notamment des tacos (choux-fleurs frits et haddock pané à la tequila), mais aussi des burgers, tels le Legenderry (avec du bœuf wagyu) et le Veganderry (pois chiches, citron et coriandre).

Le restaurant affiche un décor urbain, avec des touches industrielles et des murs en béton brut.

Brown's Restaurant Irlandais **£££**

(028-7134 5180 ; brownsrestaurant.com ; 1 Bond's Hill, Waterside ; 3 plats 35 £ ; 12h-15h mar-sam, 17h30-21h mar-jeu, 17h-22h ven-sam, 12h-15h dim ;). De l'extérieur, Brown ne paie pas de mine mais la salle agrémentée de banquettes couleur brandy, de luminaires en métal sculpté et de gravures monochromes rétro est un lieu à part. Le menu toujours renouvelé fait le bonheur des gourmets, et met à l'honneur de manière inventive des produits frais du cru.

OÙ PRENDRE UN VERRE ET FAIRE LA FETE

Peadar O'Donnell's Pub

(www. facebook.com/Peadarsderry ; 59-63 Waterloo St ; 11h30-1h30 lun-sam, 12h30-0h30 dim). Décoré à la manière d'un pub-épicerie typique – avec étagères couvertes d'ustensiles, balances sur le comptoir et vieux bric-à-brac digne d'un musée –, ce pub accueille des sessions de musique traditionnelle tous les soirs et souvent les après-midi de week-end. Le **Gweedore Bar** voisin reçoit des groupes de rock tous les soirs et organise une soirée discothèque le samedi soir à l'étage.

Guildhall Taphouse Bar

(www.facebook.com/Guildhalltaphouse ; 4 Custom House St ; 12h-1h lun-sam, 12h-minuit dim). Ce bar chaleureux occupant

Peadar O'Donnell's (p. 299)

une maison du XIXe siècle a des poutres apparentes, égayées de guirlandes lumineuses. C'est une bonne adresse où déguster une bière artisanale locale ou internationale, ou savourer un cocktail raffiné. Il accueille souvent des musiciens, notamment pour la session de musique traditionnelle du mercredi.

Sandino's Cafe-Bar Bar
(www.sandinoscafebar.com ; 1 Water St ; 11h30-13h lun-sam, 12h-minuit dimanche). Entre affiches du Che, drapeau de la Palestine, café issu du commerce équitable et bière sans gluten, ce café-bar cultive une ambiance à gauche toute. Du jeudi au samedi, les DJ se succèdent au Club Havana. Des concerts s'y donnent régulièrement.

RENSEIGNEMENTS

Visit Derry Information Centre (028-7126 7284 ; www.visitderry.com ; 44 Foyle St ; 9h-19h lun-ven, 9h-18h sam, 10h-17h dim juin-août, horaires réduits sept-mai ;). Ce grand centre d'information touristique au personnel aimable propose des brochures sur Derry et ses alentours. Livres et cartes à vendre et réservation d'hébergements.

DEPUIS/VERS DERRY (LONDONDERRY)

AVION

Le **City of Derry Airport** (028-7181 0784 ; www.cityofderryairport.com ; Airport Rd, Eglinton) est à quelque 13 km à l'est de Derry, le long de l'A2 en direction de Limavady. Vols directs pour London Stansted (quotidiens), Manchester (quotidiens), Liverpool (3 fois/semaine), Glasgow International (5 fois/semaine) et Édimbourg (5 fois/semaine), notamment.

BUS

La **gare routière** (028-7126 2261 ; Foyle St) se trouve juste au nord-est de la ville fortifiée.

Depuis Derry, les villes d'Irlande du Nord sont desservies par **Translink** (www.translink.

co.uk) et celles de république d'Irlande par les **bus Éireann** (www.buseireann.ie).

Belfast Europa Bus Centre 13 £, 1 heure 45, (toutes les 30 min lun-ven ; toutes les heures sam-dim).

Galway 16,50 £, 5 heures 30 (4/jour).

Les bus **Airporter** (☎028-7126 9996 ; airporter.co.uk ; parking des cars du Foyleside Shopping Centre, Foyle St ; aller/retour 20/30 £ ; 📶) relient directement Derry au Belfast International Airport (20 £, 1 heure 30) et au George Best Belfast City Airport (20 £, 2 heures) au moins une fois/heure du lundi au vendredi et un peu moins fréquemment le week-end. Des bus partent du parking des cars du Foyleside Shopping Centre, près du Visit Derry Information Centre (centre d'information touristique).

TRAIN

La gare ferroviaire de Derry se situe sur la rive est de la Foyle. Un nouveau pôle de transport a ouvert fin 2019 sur le site de l'ancienne gare de Waterside, à 100 m au nord de la gare de Derry. Le North-West Transport Hub accueille la nouvelle gare, des arrêts de bus, un Greenway link vers la ville via le Peace Bridge et bientôt un parking relais. Ce dernier devrait être achevé au moment de votre passage.

Belfast (13 £, 2 heures, 1/heure lun-sam, 6/jour dim)

Coleraine (10 £, 40 min, 1/heure lun-sam, 6/jour dim)

Samuel Beckett Bridge, Dublin (p. 35)

En savoir plus

DERICK HUDSON/SHUTTERSTOCK ©

L'Irlande aujourd'hui

L'Irlande semble avoir retrouvé la recette magique qui l'avait transformée en une puissance économique dynamique durant la dernière décennie du XXe siècle. Le tourisme explose et, en république d'Irlande, les forces du libéralisme continuent à gagner des batailles. Néanmoins, les conséquences que pourraient avoir le Brexit jettent une ombre sur l'île.

Explosion du tourisme

Avec un nombre record de 11,2 millions de visiteurs, l'année 2018 a été exceptionnelle pour le tourisme irlandais. Pour répondre à cette demande croissante, des dizaines d'hôtels sortent de terre. Mais si le nombre de chambres augmente, les tarifs, eux, ne baissent pas : l'ancienne TVA (13,5 %) est rétablie et le secteur ne bénéficie plus de l'aide accordée durant la crise financière de 2011 (TVA à 9,5 %). Nul doute que cette hausse de la taxe aura des répercussions sur les prix de la restauration et de l'hôtellerie.

La politique nord-irlandaise

En vertu de l'accord de paix du Vendredi saint (p. 318) mettant un terme aux "Troubles" entre républicains et unionistes, les deux plus grands partis, le Sinn Féin et le Democratic

Sur 100 personnes en république d'Irlande

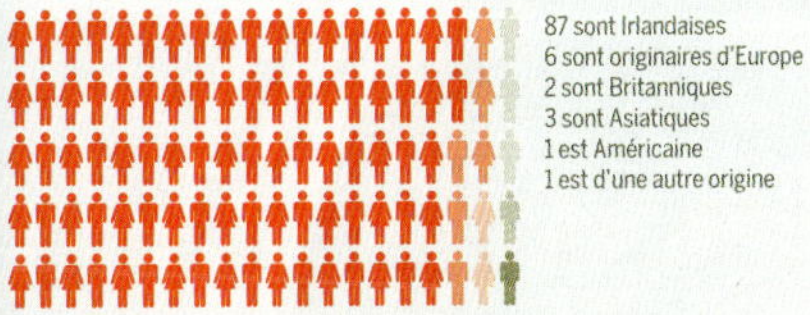

Sur 100 personnes en Irlande du Nord

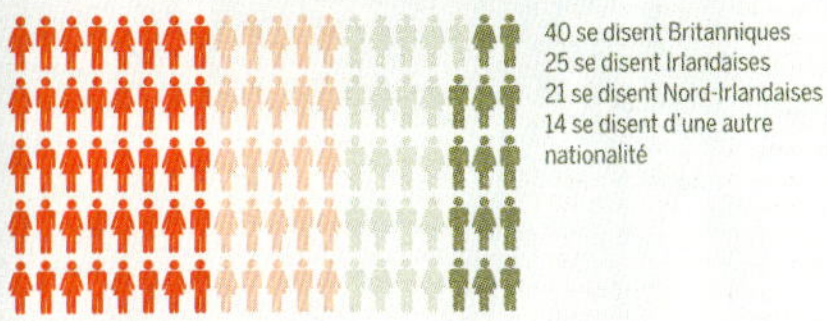

Population au km²

Unionist Party (DUP) unioniste, se partageaient la gouvernance de l'Irlande du Nord depuis 1998.

Toutefois, à la suite d'un scandale politico-financier, la province britannique était sans gouvernement ni Parlement depuis janvier 2017.

Enfin, le 10 janvier 2020, après 3 ans de paralysie politique, unionistes et républicains sont parvenus à un accord offrant notamment pour la première fois une reconnaissance officielle à la langue irlandaise.

Dans la foulée, un nouveau gouvernement a été désigné : la présidente du DUP, Arlene Foster, a été nommée Première ministre, avec comme vice-Première ministre Michelle O'Neill, du Sinn Féin.

L'accord conclu projette aussi de créer une unité spéciale pour enquêter sur les exactions pendant les "Troubles". Enfin, dans le cadre de cet accord, Londres doit légiférer d'ici à la fin de l'année 2020 pour garantir aux entreprises nord-irlandaises un accès sans barrières au marché britannique post-Brexit.

Les incertitudes post-Brexit

À terme, quels seront les effets du Brexit sur la république d'Irlande ? Cette dernière a de forts liens socio-économiques avec le Royaume-Uni et, selon beaucoup d'économistes, la baisse des échanges commerciaux entre les deux pays pourrait être considérable.

Mais c'est la situation de l'Irlande du Nord qui est la plus incertaine. Le Royaume-Uni est sorti de l'Union européenne (UE) le 31 janvier 2020. L'accord conclu par le Premier ministre britannique avec Bruxelles semble avoir résolu la question de la frontière entre les deux Irlandes. Celle-ci ne devrait pas être terrestre. Les marchandises produites en Irlande du Nord pourront continuer d'entrer dans l'UE sans contrôle, tandis que les produits importés en Irlande du Nord depuis le reste du Royaume-Uni et ayant vocation à être vendus sur le marché européen seront contrôlés lors de leur traversée maritime et non à la frontière avec la république d'Irlande. Toutefois, des incertitudes demeurent. Au cours de la période dite de "transition " qui court jusqu'au 31 décembre 2020 (ou 2022 si elle est prolongée), l'avenir de la relation entre l'UE et le Royaume-Uni va être définie. Les marchandises, les services financiers, les entreprises, la sécurité... tout va être renégocié. Quoi qu'il en soit, l'Irlande du Nord continuera, elle, à appliquer une partie de la réglementation européenne.

Quatre ans après la fin de la période de transition, l'Assemblée d'Irlande du Nord pourra décider de reconduire ou d'abandonner les règles européennes. En cas d'approbation à la majorité, rassemblant unionistes et républicains, la reconduction aura lieu pour quatre ans, avant un nouveau vote.

En revanche, si les membres de l'Assemblée souhaitent abandonner les règles européennes, ces dernières seront maintenues deux ans, le temps de trouver une solution alternative. Dans cette hypothèse, un rétablissement de la frontière entre les deux Irlandes ne serait plus exclu... À suivre donc !

Hore Abbey (p. 136)

Histoire

L'histoire de l'Irlande est celle d'une identité, invariablement menacée par l'intérêt porté à l'île par ses envahisseurs successifs, notamment les Anglais. De fait, la psyché irlandaise se définit en grande partie à travers le prisme de sa relation tendue avec son plus proche voisin, un conflit qui a marqué le millénaire écoulé.

10 000-8000 av. J.-C.
Passé la dernière glaciation, première installation humaine en Irlande.

700–300 av. J.-C.
Apparition des Celtes, début d'un millénaire de domination culturelle et politique.

432-800
Arrivée de saint Patrick et début du monachisme chrétien.

General Post Office, Dublin (p. 69)

Qui sont les Irlandais ?

La protohistoire du pays débuta voici quelque dix mille ans, lorsque la fonte de la calotte glaciaire et l'élévation du niveau de la mer eurent séparé l'Irlande de la Grande-Bretagne. Les premiers hommes, qui vivaient de chasse et de cueillette, y accédèrent soit à pied par des bandes de terre, soit, pour la majorité, en traversant la mer d'Irlande. L'agriculture n'atteignit l'île qu'aux environs de 4000 av. J.-C. Pendant l'âge du bronze, le travail de l'or, de très belle facture, fut au cœur de relations commerciales avec le reste de l'Europe.

Après avoir fait souche, depuis l'Europe centrale, sur une large partie du continent, les Celtes, arrivés dans les îles Britanniques, eurent une influence considérable sur la culture irlandaise. Nommés "Galli" (Gaulois) par les Romains et "Keltoi" par les Grecs, ils étaient à la fois craints et respectés sur le pourtour méditerranéen, tantôt engagés comme mercenaires ou pris pour partenaires commerciaux. Ce peuple aventureux, à l'imagination fertile, tenait le monde spirituel et surnaturel pour partie prenante de son quotidien.

795–841
Les Vikings pillent les monastères irlandais, puis établissent des colonies dans tout le pays.

841
Établissement par les Vikings de ce qui sera un jour la ville de Dublin.

1014
Victoire du roi Brian Ború et de ses alliés à Clontarf. Fin de la période viking en Irlande.

★ Sites monastiques

Rock of Cashel (p. 132)
Clonmacnoise (p. 218)
Glendalough (p. 90)
Skellig Michael (p. 166)

Skellig Michael (p. 166)

STEFAN MISSING/SHUTTERSTOCK ©

Les Celtes entrèrent en Irlande aux alentours de 300 av. J.-C., y introduisant les techniques de travail du fer. Affermissant, au fil des siècles, leur emprise sur l'île, ils établirent, vers l'an 440, un code juridique sophistiqué (dit "lois des Brehons"), qui resta en vigueur jusqu'au milieu du Moyen Âge, mais se trouva, en dépit d'une survivance jusqu'à l'ère Tudor, mis au ban par les Normands, puis les Anglais. Les motifs ornementaux traditionnels, des spirales semblables à des labyrinthes, en usage dès le Ier siècle, sont toujours considérés comme typiquement gaéliques. Ils peuvent être admirés sur le collier de Broighter, au National Museum de Dublin (p. 50) et sur la pierre de Turoe, dans le village de Bullaun (comté de Galway).

L'Irlande celtique était divisée en cinq provinces : Leinster, Meath, Connaught, Ulster et Munster. Plus tard, le Meath et le Leinster fusionnèrent. Les provinces étaient elles-mêmes morcelées en une myriade de chefferies et de petites souverainetés, mais Tara, dans le comté de Meath, resta un haut lieu symbolique de pouvoir, disputé entre clans majeurs.

Si les Celtes se sont dilués dans l'Histoire, leur héritage linguistique et culturel reste bien vivant, aussi bien dans les régions d'Europe qu'en des contrées plus lointaines.

Le monachisme

Le christianisme, dont le rôle fut majeur dans l'histoire de l'île, parvint en Irlande entre le IIIe et le Ve siècle. Si la tradition veut que le patron du pays eût prêché en personne la bonne parole aux Irlandais, saint Patrick n'aura pourtant été que le plus célèbre des nombreux missionnaires chrétiens qui convertirent les tribus locales, usant habilement de syncrétisme (mêlant enseignement chrétien et traditions païennes), pour créer ce remarquable composé, d'essence largement rurale, connu sous le nom de christianisme celtique (ou insulaire).

Alors que le reste de l'Europe traversait les temps de trouble et de transition consécutifs à la chute de l'Empire romain, l'Irlande des VIIe et VIIIe siècles devint la "terre des saints et des érudits", dont la riche culture monastique est notamment illustrée par le célèbre *Book of Kells* (Livre de Kells), magnifiquement enluminé et conservé au Trinity College de Dublin (p. 40). Clonmacnoise (p. 218), dans le comté d'Offaly, et Glendalough (p. 90), dans le

1171
Le roi d'Angleterre Henri II envahit l'Irlande et force les seigneurs cambro-normands à le reconnaître comme chef suprême.

1350–1530
Les barons anglo-normands établissent des places fortes, limitant le contrôle des Anglais au "Pale", une zone centrée sur Dublin.

1366
Les statuts de Kilkenny proscrivent les mariages mixtes, les coutumes et la langue irlandaises.

comté de Wicklow, sont des exemples de monastères de cette époque.

Les invasions vikings

Faute d'unité politique, l'Irlande avait tout d'une cible de choix. À la fin du VIIIe siècle, des aventuriers scandinaves fondirent sur l'île, en quête de butin, glané au fil d'expéditions rendues d'autant plus aisées que leurs navires étaient remarquablement adaptés à la navigation en haute mer. Ils débarquèrent d'abord sur Lambay Island, au large de Dublin, en 795. Leurs attaques ponctuelles sur la côte est furent bientôt suivies d'avancées stratégiques le long des rivières pour atteindre l'arrière-pays, où ils installèrent leurs bases et se mirent à piller les monastères. En ces temps incertains, les moines bâtirent des tours rondes servant de postes de guet et de refuges en cas d'incursions. Certains sites monastiques tel Glendalough (p. 90) en abritent encore.

Des luttes intestines empêchèrent les Irlandais d'établir une défense unie face à des Scandinaves résolus à s'établir durablement, en particulier à compter du Xe siècle. Dans bien des cas, des rois irlandais jouèrent l'alliance avec l'envahisseur contre des souverains concurrents. Les Vikings s'installèrent dans toute l'île aux IXe et Xe siècles et fondèrent le petit royaume de Dubh Linn ("étang noir", future ville de Dublin), ainsi que les villes de Wicklow, Waterford et Wexford. En 1014, ils furent défaits à la bataille de Clontarf, par Brian Ború, roi du Munster, qui périt ce même jour, laissant un de ses rivaux reprendre le titre de haut roi. Si l'on tient cette date pour terme de l'"âge viking" en Irlande, les hommes du Nord restèrent présents dans de nombreuses régions de l'île et virent, deux générations plus tard, débarquer leurs cousins normands.

Saint Patrick

Saint patron de l'Irlande, fêté le 17 mars, Patrick (389-461) n'était pas irlandais, mais originaire d'une région du sud-est de l'Écosse, où était parlé le gallois à l'époque de sa naissance, alors que la Grande-Bretagne était sous occupation romaine. À 16 ans, Patrick fut enlevé et réduit en esclavage par des pirates irlandais, qui l'emmenèrent dans leur île. C'est là qu'il trouva la foi. Il réussit à s'enfuir et à retourner en Angleterre, où il fit le serment de consacrer sa vie à convertir les Irlandais au christianisme. Une fois ordonné, il fut sacré évêque d'Irlande et repartit dans l'île.

Après 30 ans, la majeure partie des habitants de l'île avait été baptisée et le pays était divisé en diocèses et paroisses. Il fonda également des monastères dans toute l'Irlande, bases de l'érudition irlandaise pendant de nombreux siècles.

La conquête normande

Menés par Guillaume le Conquérant, les Normands, descendants de Vikings devenus féaux du roi de France, envahirent l'Angleterre en 1066. Leur première prise de pouvoir en Irlande survint un siècle plus tard, à la suite d'un marché avec Dermot MacMurrough, souverain du Leinster, dépossédé de sa couronne par des rois rivaux en 1166. MacMurrough s'enfuit

1536-1541
Le roi d'Angleterre Henri VIII déclare la guerre à l'Église d'Irlande et se proclame roi de l'île.

1585
Apportée du Nouveau Monde, la pomme de terre est introduite en Irlande, dont elle deviendra la denrée de base.

1592
Fondation à Dublin de Trinity College, première université d'Irlande, sur le souhait de la reine Élisabeth Ire.

en Angleterre où il rencontra le roi Henri II et Richard FitzGilbert De Clare, comte de Pembroke. De Clare, dit Strongbow, accepta d'envoyer une armée en Irlande en échange de la main de la fille de MacMurrough et du trône du Leinster à la mort de ce dernier.

En mai 1169, les premières forces anglo-normandes rejoignirent MacMurrough à Bannow Bay, dans le comté de Wexford, et s'emparèrent, sans grande peine, des villes de Wexford et de Dublin. L'année suivante, Strongbow vint en personne et, au terme d'une bataille sanglante, prit Waterford. Peu après, il épousa, comme convenu, la fille de son obligé. Un an plus tard, MacMurrough décédait et Strongbow réclama la couronne du Leinster. Entre-temps, Henri II, qui avait été reconnu suzerain d'Irlande par le pape, s'intéressait de près aux actions de Strongbow, dont le pouvoir croissant et l'indépendance d'esprit inquiétaient le monarque.

En 1171, Henri II quitta l'Angleterre avec une force navale importante et débarqua à Waterford qu'il transforma en ville royale. S'ensuivirent plusieurs années d'âpres combats, à l'issue desquels le traité de Windsor établit le roi anglais (reparti entre-temps) comme suzerain du haut roi d'Irlande, dont le titre finit par disparaître alors que s'amenuisaient ses prérogatives. Or, à l'instar des Vikings, les Normands s'acculturèrent rapidement. En 1366, la Couronne anglaise tenta d'inverser la tendance en introduisant les statuts de Kilkenny, lesquels interdisaient les mariages mixtes et l'utilisation de la langue et des coutumes irlandaises. Ces statuts ne furent que peu appliqués, et la noblesse hiberno-normande maintint son ancrage gaélique. Au cours des deux siècles suivants, le contrôle anglais se restreignit sur une région autour de Dublin surnommée le "Pale".

Divorce, dissolution et destitution

Au XVIe siècle, Henri VIII (1491-1547) voulut renforcer le contrôle anglais sur l'Irlande afin de prévenir les menées espagnoles et françaises. Il entreprit d'anéantir une famille d'influents hiberno-normands, les Fitzgerald, comtes du Kildare (jusque-là suppléants de la Couronne), distribua leurs domaines à des colons anglais et nomma un vice-roi.

Devant le refus du pape Clément VII d'annuler son mariage avec Catherine d'Aragon, Henri VIII rompit avec le Saint-Siège en 1531 et s'attaqua aux riches propriétés de l'Église catholique. Une fois que ses armées eurent pillé les monastères irlandais, il se fit proclamer roi d'Irlande par le Parlement local, en 1541.

Sa fille Élisabeth Ire (1558-1603) alla même plus loin, imposant sa juridiction aux provinces du Connaught et du Munster, avant d'écraser les derniers rebelles, les seigneurs d'Ulster emmenés par Hugh O'Neill, comte de Tyrone, lors de la guerre de Neuf Ans (1594-1603). Bien qu'O'Neill eût survécu à ces combats, il dut formaliser sa reddition et s'exiler en Europe avec quatre-vingt-dix chefs de l'Ulster – l'événement resta dans les mémoires sous le nom de "fuite des comtes".

Élisabeth Ire et son successeur, Jacques Ier d'Angleterre, purent alors poursuivre leur politique de colonisation. Les expropriations au profit de colons anglais (les tristement célèbres *plantations*) touchèrent l'ensemble du pays, mais surtout l'Ulster, riche en terres arables et foyer des derniers rebelles.

1601
Suite à la bataille de Kinsale, la rébellion irlandaise contre la couronne anglaise est brisée.

1649–1653
En représailles au soutien irlandais à Charles Ier pendant la Grande Rébellion, Cromwell sème la ruine en Irlande.

1690
Durant la bataille de la Boyne, le 12 juillet, Guillaume d'Orange bat l'armée du catholique Jacques II et ses alliés français.

Guerres et religion

La première révolution anglaise (1641-1649) eut d'importantes conséquences pour l'Irlande. Les catholiques irlandais et anglo-normands natifs, alliés par la confédération de Kilkenny de 1641, soutenaient Charles Ier contre les parlementaires protestants dans l'espoir de rétablir le pouvoir catholique en Irlande. L'affrontement dura dix ans et fit de nombreuses victimes.

Après la défaite et l'exécution de Charles Ier, Olivier Cromwell, alors chef du camp parlementaire, décida de "remettre de l'ordre" en Irlande. Il débarqua en 1649 et, après avoir commis un massacre à Drogheda, dévasta le pays, laissant dans son sillage la mort et la peur. Sa réputation de barbare le précédait, au point que certaines villes décidèrent de se rendre sans combattre. De nombreux Irlandais furent dépossédés et exilés vers les terres dures et infertiles du Connaught. Deux millions d'hectares de terres, plus de 25% du pays, furent ainsi confisqués et redistribués aux partisans du futur Lord protecteur.

Le Pale

L'expression anglaise *beyond the pale* ("par-delà la palissade") remonte à l'époque féodale. Le Pale correspondait à la juridiction anglaise autour de Dublin, matérialisée par une enceinte, au-delà de laquelle les chefs gaéliques n'étaient pas soumis à la férule britannique. Elle s'étendait grossièrement de Dalkey, un faubourg sud de Dublin, à Dundalk, au nord de Drogheda, et jusqu'à Trim et Kells à l'ouest. L'élite britannique considérait tout ce qui était *beyond the pale* comme barbare, d'où, par la suite, l'extension de l'expression au fait d'outrepasser les limites de la bonne société.

Bataille de la Boyne et Lois pénales

En 1689, à peine plus de 30 ans après la Restauration (le rétablissement de la monarchie britannique après l'exécution de Charles Ier), Jacques II, catholique, fuit l'Angleterre avec l'intention de réunir une armée en Irlande et de regagner son trône, occupé par le protestant Guillaume d'Orange, nommé par le Parlement. En mars 1689, Jacques II débarqua à Kinsale et se dirigea au nord vers Dublin, où il fut reconnu comme roi par le Parlement. Il commença alors à organiser la restitution des terres aux propriétaires catholiques spoliés. Dans ce but, l'armée de Jacques entama le siège de Derry, lequel devait se solder par une terrible famine. Le siège dura d'avril à juillet 1690, date à laquelle Guillaume d'Orange débarqua à la tête d'une armée de 36 000 hommes. Le 12 juillet, la bataille de la Boyne opposa les catholiques irlandais (menés par Jacques II, écossais), alliés aux 7000 hommes de renfort envoyés par Louis XIV, aux protestants anglais (dirigés par Guillaume d'Orange, venu des Provinces-Unies). La victoire de Guillaume fut un tournant historique. Elle est commémorée depuis ce jour par les protestants du Nord comme décisive sur "les papes et le papisme". Ce triste épisode n'en vit pas moins un resserrement des liens entre la couronne de France et les catholiques de l'île, dont témoigna la création (à partir d'exilés ayant quitté l'Irlande à la suite du traité de Limerick,

1695
Les Lois pénales interdisent aux catholiques l'acquisition de terres.

1798
La flagellation et l'exécution de rebelles potentiels conduit à l'insurrection de la Société des Irlandais unis, menée par Wolfe Tone.

1800-1801
Acte d'Union et fin de l'indépendance irlandaise : l'île est rattachée à la Grande-Bretagne.

La Grande Famine

La mort ou l'exode forcé fut l'unique alternative pour 3 millions d'Irlandais lors de la Grande Famine de 1845-1851. L'ampleur de cette tragédie s'explique autant par l'égoïsme que par des causes naturelles. La pomme de terre constituait alors l'aliment de base d'une population en pleine expansion et désespérément pauvre. Lorsque le mildiou toucha les récoltes, les prix flambèrent et les Lois pénales valurent aux métayers, déjà étranglés financièrement par des loyers élevés, de ne pas avoir la main sur ce qui restait de leur récolte, ni la possibilité de recourir à des produits importés. Un siècle durant, l'émigration massive continua d'affaiblir la population de l'île, tandis que la diaspora connut un essor.

de 1691) de la fameuse brigade irlandaise des *Wild Geese* (Oies sauvages), laquelle servit fidèlement le roi de France jusqu'à sa dissolution, en 1792, par les conventionnels, puis connut, sous l'Empire, un retour comme Légion irlandaise (dissoute en 1815).

L'ultime ignominie survint en 1695 avec le vote de Lois pénales, désignées sous le nom de "code papiste", qui interdirent aux catholiques de posséder des terres ou de pratiquer certaines professions. La culture, la musique et l'éducation irlandaises furent également bannies, dans l'espoir de voir le catholicisme éradiqué. Si la majorité des catholiques n'abjurèrent pas leur foi, certains, plus riches, se convertirent pour préserver biens et avenir. La propriété terrienne devint rapidement une prérogative protestante, les catholiques ne détenant plus que 5% des terres à la fin du XVIIIe siècle et se trouvant, pour l'essentiel, réduits au statut de métayers.

Première tentative

Les catholiques réduits à l'impuissance, une poignée de protestants progressistes, inspirés par l'idéologie des Lumières, la guerre d'Indépendance américaine et la Révolution française et réunis sous le nom d'United Irishmen (Société des Irlandais unis), semèrent les germes de la révolte contre la férule britannique. Leur chef de file était un jeune protestant républicain de Dublin, Theobald Wolfe Tone (1763-1798), mais leurs tentatives pour gagner du pouvoir à travers des politiques directes restèrent vaines.

Quand la guerre éclata entre l'Angleterre et la France, les Irlandais unis découvrirent que le pouvoir ne les acceptait plus. Pendant que Tone cherchait à s'assurer le soutien des Français, les loyalistes protestants se préparaient à un éventuel conflit en formant la Protestant Orange Society (Société protestante de l'ordre d'Orange).

En 1796, une flotte française qui devait rejoindre les insurgés irlandais s'approcha de Bantry, dans le comté de Cork. Mais les conditions météorologiques terribles, l'escadre mal dirigée, les ordres confus, mirent à mal le projet d'invasion, et les navires français finirent par s'en retourner sur le continent, non sans la perte, dans plusieurs naufrages, de milliers de vies. Le gouvernement irlandais loyaliste entama alors une campagne agressive visant à débusquer les membres de la Société des Irlandais unis, laquelle se solda, à force de peur et d'indignation, par le soulèvement de 1798. Le Wexford, comté généralement

1828–1829
Élection de Daniel O'Connell au Parlement et vote du Catholic Relief Act ; les non-protestants peuvent siéger au Parlement.

1845-1851
La Grande Famine : mort de 500 000 à 1 million d'Irlandais et émigration de 2 millions d'entre eux.

1879-1882
À l'issue de la guerre agraire, les métayers obtiennent la baisse des fermages et la possibilité d'acquérir leur terre.

calme, fut le théâtre de combats acharnés. Après une série de petites victoires, les rebelles furent définitivement écrasés à Vinegar Hill, aux portes d'Enniscorthy. S'étant vu refuser le peloton d'exécution, Wolfe Tone se donna la mort pour échapper à l'humiliation du gibet.

Le Libérateur

Avec l'Acte d'Union de 1800, scellant l'alliance politique de l'Irlande et de la Grande-Bretagne, le gouvernement britannique tenta de mettre un terme aux aspirations d'indépendance. Or, l'idée nationaliste, durablement ancrée, trouva un promoteur en un catholique originaire du Kerry, Daniel O'Connell (1775-1847). Fondateur en 1823 de la Catholic Association, visant à la parité politique, il fit voter l'*Act of Catholic Emancipation* (1829), loi qui garantissait à certains catholiques fortunés le droit de voter et d'être élus au Parlement.

O'Connell voulut aller plus loin et fit de l'abrogation de l'Acte d'Union et du rétablissement d'un Parlement irlandais, qui inclurait des députés catholiques, sa priorité. En 1843, sa campagne fut très suivie et ses "*monster meetings*", qui se tenaient dans toute l'Irlande, attiraient jusqu'à un demi-million de partisans. Il exploitait la menace que représentait une telle foule pour le pouvoir, mais refusait la confrontation directe avec les Britanniques. Du reste, il finit par reculer et annula un meeting à Clontarf après que celui-ci eut été interdit. O'Connell fut arrêté en 1844 et fit un court séjour en prison. Après sa querelle avec le mouvement pour la Jeune Irlande (qui, devant l'échec du pacifisme, avait opté pour la violence), il ne représentait plus une menace pour les Britanniques. L'île connut par la suite, avec la Grande Famine (voir encadré, p. 312), l'un des plus terribles épisodes de son histoire.

Le roi sans couronne

Le flambeau de l'opposition modérée à la domination britannique fut repris par Charles Stewart Parnell (1846-1891), élu au Parlement en 1875. Il se fit vite remarquer à la Chambre des communes et, à 31 ans, devint le chef de file du nouveau parti pour le Home Rule, qui réclamait une autonomie limitée pour l'Irlande, et mit en place la Land League (Ligue agraire), laquelle militait activement pour la diminution des fermages et de meilleures conditions de travail. Cet organisme fut un instrument majeur de la lutte irlandaise contre la domination britannique : pour la première fois, les métayers défiaient leurs propriétaires en masse, organisant même une forme d'ostracisme (à l'origine un patronyme, le mot "boycott" est passé dans le langage courant après une campagne menée en 1879) à l'encontre de ceux qui n'adhéraient pas aux objectifs de la Land League. La loi agraire de 1881 (Land Act) améliora considérablement leur situation par des fermages équitables et une accession possible à la propriété.

En sa qualité de chef du Parti parlementaire irlandais (IPP), Parnell noua des alliances avec le Parti libéral du Premier ministre William Gladstone, en échange d'un projet de loi sur l'autonomie (le Home Rule Bill). Or, deux projets en furent rejetés par le Parlement, en 1886 et 1892. Du reste, la fin approchait pour Parnell : lorsque sa relation avec une femme mariée eut été révélée, en 1890, il refusa de quitter son poste de chef de parti. Sa formation politique s'en trouva divisée, et l'Église catholique d'Irlande se retourna bientôt

1884
Fondation de la Gaelic Athletic Association (GAA), dédiée à la promotion des sports et de la culture gaéliques.

1890
Le renouveau gaélique, prôné par le poète W. B. Yeats, permet de retrouver la fierté de la culture irlandaise.

1916
L'insurrection de Pâques est peu suivie, mais sa répression galvanise la résistance irlandaise.

contre lui. Forcé à la démission, le "roi d'Irlande sans couronne" n'était plus le bienvenu. Il mourut moins d'un an plus tard.

Nouveau soulèvement

La lutte de l'Irlande pour une forme d'autonomie s'accéléra dans les années 1910. Le radicalisme, corollaire indissociable des aspirations nationalistes, s'affirma de nouveau, notamment en réaction au durcissement des comportements en Ulster. Dans le Nord, prospère, l'opposition massive à toute forme d'indépendance irlandaise s'était traduite par la formation de l'Ulster Volunteer Force (UVF), groupe d'autodéfense loyaliste dont les quelque 100 000 membres avaient juré de résister à toute tentative d'imposer le Home Rule en Irlande. Après la création de l'Irish Volunteer Force (IVF) par les nationalistes, la confrontation paraissait inévitable.

Finalement voté en 1914, le Home Rule ne put être promulgué et se trouva suspendu durant la Première Guerre mondiale. Déçus, les Irlandais assumèrent néanmoins les priorités du moment et nombre de volontaires partirent combattre les Allemands.

Pâques sanglantes

Quelques-uns refusèrent de répondre à l'appel. Deux petits groupes – une section d'Irish Volunteers emmenée par Patrick Pearse et l'Irish Citizens' Army (Armée des citoyens irlandais) conduite par James Connolly – fomentèrent une rébellion qui prit le pays par surprise. Le lundi de Pâques (Easter Monday) 1916, un maigre escadron marcha sur Dublin et se saisit de plusieurs sites stratégiques, dont la poste centrale d'O'Connell St, décrétée QG. Pearse lut une déclaration proclamant la république d'Irlande et annonçant la constitution d'un gouvernement provisoire, formé de ses compagnons d'armes. En moins d'une semaine, les forces britanniques eurent raison des rebelles, qui furent, sur le chemin de la prison, conspués par les Dublinois, dont nombre de proches se battaient en France.

L'insurrection de Pâques n'aurait eu qu'un impact limité si les Britanniques n'avaient involontairement transformé les meneurs de la rébellion en martyrs. Soixante-dix-sept peines de mort furent prononcées, quinze exécutées. Pearse fut fusillé trois jours après sa reddition et James Connolly, blessé, fut le dernier à mourir, neuf jours plus tard. Déplorées jusqu'aux États-Unis, ces morts firent basculer l'opinion publique au profit des républicains, dont les rangs grossirent.

Guerre d'indépendance

À la fin de la Première Guerre mondiale, le Home Rule était devenu insuffisant et obsolète. Lors des élections générales de 1918, les républicains regroupés sous la bannière du Sinn Féin remportèrent une grande majorité des sièges irlandais. Ignorant le Parlement londonien, où ils étaient censés siéger d'un point de vue technique, ces nouveaux élus (pour nombre, vétérans de l'insurrection pascale de 1916) déclarèrent l'indépendance de

1919
Janvier : début de la guerre d'Indépendance.

1921
Trêve le 11 juillet et signature du traité anglo-irlandais le 6 décembre.

1921-1922
Partition de l'Irlande : 26 comtés gagnent l'indépendance ; les 6 comtés d'Ulster restent rattachés à la Grande-Bretagne.

l'Irlande et formèrent le premier Dáil Éireann (Assemblée irlandaise ou Chambre basse), installé dans Mansion House à Dublin, sous l'égide d'Eamon De Valera (1882-1975). Les Volontaires irlandais firent place à l'Armée républicaine irlandaise (Irish Republican Army, IRA), autorisée par le Dáil à combattre les troupes britanniques sur le sol irlandais.

Cette guerre d'Indépendance dura deux ans et demi et fit quelque 1200 victimes. Le conflit fut brutal, l'IRA frappant par des attaques éclairs. De leur côté, les rangs britanniques bénéficièrent d'importants renforts avec les vétérans de la Grande Guerre.

Un compromis de liberté

La trêve établie en juillet 1921 ouvrit d'intenses négociations entre les deux camps. Le traité anglo-irlandais qui en résulta, signé le 6 décembre 1921, créa la partition entre l'Irish Free State, composé de 26 des 32 comtés irlandais, et les 6 autres, tous situés dans la province d'Ulster, et qui restaient attachés au Royaume-Uni. Loin d'être parfait, ce traité scellait une division géographique de l'île, annonciatrice des "Troubles" à venir. En outre, il divisait les nationalistes : d'un côté, ceux qui voyaient en ce traité un tremplin nécessaire vers une indépendance totale ; de l'autre, ceux qui le considéraient comme une capitulation face aux Britanniques et une trahison des idéaux républicains. La vie politique irlandaise allait s'en ressentir jusqu'à la fin du XXe siècle.

Guerre civile

Le traité anglo-irlandais ratifié après de vifs débats, les élections de juin 1922 scellèrent la victoire du camp favorable à l'accord. Mais les opposants du traité se rallièrent à De Valera, qui, bien que président du Dáil, n'avait pas participé aux négociations (afin de se dédouaner en cas d'échec, disaient ses adversaires), et contestait certaines clauses du traité, notamment celle relative au serment d'allégeance au souverain britannique.

Quinze jours plus tard, la guerre civile éclatait entre anciens compagnons d'armes. La victime la plus célèbre de ce conflit particulièrement amer fut Michael Collins (1890-1922), cerveau de la campagne de l'IRA pendant la guerre d'Indépendance et premier négociateur du traité anglo-irlandais. Il tomba dans une embuscade, non loin de son village natal du comté de Cork.

Naissance d'une république

À bout de souffle, la guerre civile prit fin en 1923 avec la victoire du camp favorable au traité, qui gouverna le nouvel État jusqu'en 1932. Battu mais insoumis, De Valera avait fondé en 1926 un nouveau parti, le Fianna Fáil (Soldats d'Irlande), qui sortit vainqueur des élections de 1932 et allait rester au pouvoir jusqu'en 1948. En 1937, une nouvelle Constitution mettait fin au vœu d'allégeance tant honni, réaffirmait la position privilégiée de l'Église catholique et revendiquait une nouvelle fois les 6 comtés d'Irlande du Nord. En 1948, l'Irlande quittait officiellement le Commonwealth et se proclamait république.

1922-1923
Guerre civile, brève et sanglante, entre forces pro et antitraité. Les partisans du traité l'emportent.

1932
De Valera et le Fianna Fáil accèdent au pouvoir.

1948
Abandon du Commonwealth et proclamation officielle de la république d'Irlande.

Nuages et naissance du "Tigre celtique"

La figure majeure de l'après-1923 fut incontestablement Eamon De Valera, qui joua un rôle immense dans l'Irlande nouvellement indépendante. Au tournant des années 1960, sa vision pour le pays s'enlisa néanmoins dans une orthodoxie conservatrice, en décalage manifeste avec la réalité d'un pays en proie à une situation économique désespérée, dont le chômage chronique et l'émigration ne constituaient que les symptômes les plus visibles.

L'entrée dans l'Europe

En 1972, la république d'Irlande (tout comme l'Irlande du Nord) devint membre de la Communauté économique européenne (CEE), ce qui valut au pays un certain regain de prospérité, imputable à la politique agricole commune, laquelle garantissait aux produits irlandais des prix fixes et des quotas. La crise mondiale, provoquée par le choc pétrolier de 1973, entraîna malgré tout le pays dans une nouvelle récession, tandis que les chiffres de l'émigration repartaient à la hausse, atteignant un pic au milieu des années 1980.

Du Tigre celtique...

Au début des années 1990, les subventions européennes contribuèrent à relancer la croissance économique de l'Irlande. D'énormes sommes d'argent furent investies dans l'éducation et les infrastructures, tandis qu'une politique de faible taux d'imposition des sociétés, combinée à de séduisantes incitations économiques, rendait l'Irlande formidablement attrayante pour les entreprises de haute technologie cherchant à s'implanter sur les marchés européens. En moins d'une décennie, l'Irlande quitta le cercle des pays les plus pauvres d'Europe pour entrer dans celui des plus riches. De 18%, le chômage chuta à 3,5%. Le salaire moyen dans l'industrie fit un bond jusqu'aux avants-postes européens, et la progression spectaculaire du PIB symbolisait la naissance du "Tigre celtique", un modèle économique qui faisait l'envie du monde entier.

... à la pénurie de crédit

À partir de 2002, une explosion de la construction immobilière, totalement déconnectée de toute prévision de croissance raisonnable, maintint l'économie à son plus haut niveau. L'incontrôlable marché des produits dérivés financiers inonda les banques irlandaises d'argent bon marché, que celles-ci prêtèrent libéralement.

Mais la chute du géant américain de la finance Lehman Brothers signala le début de la pénurie de crédit. Les banques irlandaises, au bord de la faillite, furent renflouées in extremis, et du jour au lendemain l'avenir économique à moyen terme du pays se retrouva aux mains du Fonds monétaire international (FMI) et de l'UE, qui imposèrent de sévères mesures d'austérité. À nouveau minée par un fort taux de chômage et une émigration de masse, l'Irlande finit par sortir de la crise à la fin de 2014.

1969
Le violent conflit opposant les catholiques et les protestants en Irlande du Nord, connu sous le nom de "Troubles", débute.

1990
Mary Robinson est la première femme élue à la présidence d'Irlande.

1993
Déclaration de Downing Street signée par le Premier ministre britannique et le Taoiseach (chef du gouvernement) irlandais.

En Irlande du Nord

Comprendre l'Irlande du Nord n'est pas chose aisée. Pas seulement parce que les opinions politiques sont si tranchées, ou parce que les deux camps sont en désaccord si profond, mais surtout parce que les racines de ce conflit sont très anciennes.

Tout débuta au XVIe siècle, avec les premières "plantations" décrétées par la Cour d'Angleterre, en vertu desquelles les terres confisquées à l'aristocratie gaélique et normande furent attribuées à des colons anglais et écossais de bonne lignée protestante. Cette politique se révéla particulièrement redoutable en Ulster, où les nouveaux venus protestants se retrouvèrent pleinement avantagés par les Lois pénales, tandis que les catholiques, dès lors privés de terres, furent relégués au rang de citoyens de seconde zone, sans droits ou presque.

Ségrégation

Avançons maintenant en marche accélérée jusqu'en 1921, où l'idée d'indépendance irlandaise devient enfin réalité. Jusqu'en 1972, le tout nouvel État d'Irlande du Nord est gouverné par l'Ulster Unionist Party (UUP), le parti de la majorité protestante, avec l'appui du Royal Ulster Constabulary (RUC), la police à coloration très protestante, ou encore des miliciens B-Specials. Sur le plan pratique, les subventions économiques partiales, les allocations de logement préférentielles et un vaste redécoupage des circonscriptions électorales ont fait de l'Irlande du Nord un État divisé, où les quelque 40% de population catholique et nationaliste se sont trouvés nettement sous-représentés.

Il a fallu attendre, en 1967, les débuts du mouvement pour les droits civiques, largement influencé par leur équivalent américain, pour que soit contestée l'hégémonie unioniste. En octobre 1968, une manifestation majoritairement catholique, à Derry, fut violemment réprimée par le RUC, tandis que des rumeurs laissaient entendre que l'IRA aurait fourni des "moyens de protection" aux manifestants. Ce qui devait être un mouvement pacifique pour les droits civiques se transforma rapidement en une lutte violente. Les "Troubles" commençaient.

Les "Troubles"

En janvier 1969, le People's Democracy, autre mouvement en faveur des droits civiques, organisa une marche de Belfast à Derry. Quand, aux portes de Derry, une bande de protestants attaqua les manifestants, la police laissa faire. Puis elle aggrava le problème en lançant une offensive dans le Bogside, quartier à prédominance catholique. D'autres manifestations et violences suivirent. Loin de séparer les deux camps, la police jouait un rôle non moindre dans le conflit.

En août 1969, des soldats britanniques furent envoyés à Derry, puis à Belfast pour faire respecter l'ordre et la loi. Bien accueillie par les catholiques au début, l'armée britannique fut bientôt perçue comme un instrument au service de la majorité protestante. Les excès commis par les militaires réactivèrent le recrutement dans l'IRA, jusqu'alors à l'état de

1994
31 août : annonce par Gerry Adams, leader du Sinn Féin, de la fin de la lutte armée de l'IRA.

Milieu des années 1990
Le "Tigre celtique" compte parmi les pays les plus riches d'Europe.

1998
L'Irlande du Nord et la république d'Irlande signent l'accord du Vendredi saint, qui pose les fondations de la paix.

veille. Les rangs de l'IRA grossirent, notamment après le 30 janvier 1972, le Bloody Sunday (Dimanche sanglant), lors duquel l'armée britannique tua 14 manifestants à Derry. Le Parlement d'Irlande du Nord fut suspendu, alors que des progrès notoires avaient été réalisés en matière de droits civiques.

Un nouveau partage du pouvoir, établi par le Sunningdale Agreement de 1973, fut réduit à néant par la grande grève des travailleurs de l'Ulster de 1974, où les protestants étaient en nombre écrasant.

Tout en continuant à s'attaquer à des personnes en Irlande du Nord, l'IRA déplaça sa campagne d'attentats à la bombe sur le continent britannique. La condamnation de son activité se fit de plus en plus forte dans les rangs des citoyens et des partis de tout bord. Cependant, des milices loyalistes menaient une campagne d'assassinats de catholiques. Les passions furent à leur comble en 1981 quand des prisonniers républicains d'Irlande du Nord entamèrent une grève de la faim pour obtenir le statut de prisonniers politiques, et ne plus être assimilés à des criminels. Dix d'entre eux moururent, dont Bobby Sands, membre du Parlement.

La situation se compliqua encore par la prolifération de partis dissidents. L'IRA se scinda, donnant naissance à des organisations républicaines encore plus extrémistes, telles que l'Irish National Liberation Army (INLA). Des kyrielles d'organisations paramilitaire loyalistes protestantes naquirent également en retour : la violence répondait à la violence.

Processus de paix

Dès le début des années 1990, il était devenu clair pour les républicains que la lutte armée était vouée à l'échec. L'Irlande du Nord avait profondément évolué, la plupart des injustices au cœur du conflit débuté à la fin des années 1960 avaient été corrigées et une majorité de la population ne souhaitait plus qu'une chose : la fin des violences.

En décembre 1993, le Premier ministre britannique John Major et son homologue irlandais Albert Reynolds signèrent la Downing Street Declaration. Ce document, dans lequel la Grande-Bretagne déclarait ne pas avoir d'"intérêt économique ou stratégique égoïste en Irlande du Nord", constituait un élément déterminant dans le processus de paix, en inscrivant le principe du consentement de la majorité au cœur de toutes les négociations portant sur les modifications constitutionnelles.

La plupart des militaires britanniques regagnèrent leur caserne et les barrages routiers furent levés. S'ensuivit un temps de paix fébrile, durant lequel les différentes parties revirent leurs objectifs. Restait notamment le problème du désarmement – avec l'exigence unioniste que l'IRA fasse preuve d'une volonté réelle de paix en rendant ses armes avant le début des négociations.

Après bien des tergiversations, des rechutes de violence, notamment par de nouveaux attentats perpétrés par l'IRA, les intenses négociations – facilitées par George Mitchell, envoyé spécial de Bill Clinton en Irlande du Nord – aboutirent à l'accord historique du 10 avril 1998, l'Accord du Vendredi saint (Good Friday Agreement). Le 15 août suivant,

2005
L'IRA ordonne à ses unités de recourir à des moyens de lutte exclusivement démocratiques.

2008
Chute de Lehman Brothers et faillite du système bancaire irlandais.

2010
L'Irlande abandonne sa souveraineté financière au FMI et à l'UE en échange d'un plan de sauvetage de 85 milliards d'euros.

marquant l'opposition à cet accord d'une frange dissidente de l'IRA, un terrible attentat à la voiture piégée fit, à Omagh, 29 morts et 220 blessés. Si l'opinion fut traversée d'un sentiment unanime d'horreur, l'accord, lui, ne fut pas remis en cause

Il prévoyait le transfert du pouvoir législatif de Westminster, où il siégeait depuis 1972, vers une nouvelle Assemblée d'Irlande du Nord. Hélas, en raison d'atermoiements, de désaccords, de sectarisme et d'entêtement de part et d'autre, l'avancée du processus fut maintes fois retardée. L'Assemblée fut suspendue à quatre reprises, la dernière fois entre octobre 2002 et mai 2007.

Durant cette période, la vie politique en Irlande du Nord se radicalisa de manière spectaculaire, aboutissant à l'effondrement du parti modéré de l'UUP et à l'émergence, côté loyaliste, de l'intransigeant Democratic Unionist Party (DUP) de Ian Paisley. Dans l'autre camp, le Sinn Féin, aile politique de l'IRA, devint le principal porte-flambeau des aspirations nationalistes, sous la conduite de Gerry Adams et Martin McGuinness.

Rétablie dans ses fonctions en 2007 par l'accord de Saint-Andrews (2006), l'Assemblée est dirigée conjointement par un Premier ministre issu du parti majoritaire et un vice-Premier ministre issu du parti majoritaire de l'opposition, disposant des mêmes pouvoirs.

Depuis cette date, de nombreuses péripéties ont bloqué la gouvernance partagée. En 2017, notamment, un scandale politico-financier a entraîné la chute de la coalition, privant l'Irlande du Nord de gouvernement durant trois ans.

Enfin, le 10 janvier 2020, unionistes et républicains sont parvenus à un accord (p. 305), à la suite de quoi, la cheffe du parti unioniste (DUP), Arlene Foster, a été désignée première Ministre de l'Irlande du Nord tandis que la républicaine du Sinn Féin, Michelle O'Neill, a été nommée vice-Première ministre.

Le Brexit et les deux Irlandes

Lors du référendum du 23 juin 2016, qui a vu la victoire des partisans du Brexit, les Nord-Irlandais ont montré leurs sentiments europhiles en se prononçant en majorité pour le maintien au sein de l'Union européenne, avec 55,8 % des suffrages exprimés. Ils redoutaient en effet qu'une sortie de l'Union européenne n'entraîne une fermeture de la frontière avec la république d'Irlande.

Pour l'heure, alors que le Royaume-Uni est sorti de l'UE depuis le 31 janvier 2020, l'accord conclu par le Premier ministre britannique Boris Johnson avec Bruxelles a réglé le casse-tête de la frontière entre les deux Irlandes. Celle-ci demeurera virtuelle et les contrôles de marchandises auront lieu lors de leur traversée maritime entre la Grande-Bretagne et l'Irlande du Nord (p. 305). Toutefois, les incertitudes ne se sont pas tout à fait dissipées. La crainte du "no deal" a simplement été repoussée au 31 décembre 2020, à l'issue de la "période transitoire" durant laquelle le Royaume-Uni et l'UE vont se livrer à de nouvelles négociations. Au cours de cette période de transition, le Royaume-Uni ne participe plus à la vie des institutions européennes mais continue à appliquer le droit de l'Union européenne.

2015
L'Irlande légalise le mariage de personnes de même sexe par référendum.

2016
Le Royaume-Uni vote à 52% en faveur d'une sortie de l'UE (Brexit) lors d'un référendum (44,2 % en Irlande du Nord).

2020
Le Royaume-Uni sort de l'UE le 31 janvier à minuit.

Soda bread

RRRAINBOW/SHUTTERSTOCK ©

Cuisine

Le mouvement "local food" a fait ses débuts dans les années 1970, notamment au célèbre Ballymaloe House (p. 154). Depuis, il s'est affirmé. De nombreux marchés fermiers proposent d'excellents produits régionaux tandis que les restaurants font une cuisine à partir d'ingrédients du cru. Si l'on ajoute à cela des consommateurs irlandais de plus en plus exigeants, on comprend pourquoi il est aujourd'hui assez facile de bien manger en Irlande, quel que soit son budget.

Dans l'assiette

Pomme de terre Toujours au cœur de la cuisine traditionnelle irlandaise, elle est préparée de diverses manières. Le *colcannon* et le *champ* (purée de pommes de terre avec du chou pour l'un et de la ciboule pour l'autre) comptent parmi les meilleures recettes irlandaises.

Viande, poisson et fruits de mer Le bœuf, l'agneau et le porc sont servis partout. Les poissons et fruits de mer, à la carte de nombreux restaurants, sont souvent excellents, notamment dans l'ouest du pays. Les huîtres, le saumon et la truite sont de grande qualité, à plus forte raison s'ils sont sauvages plutôt que d'élevage.

Seafood chowder (soupe de poisson et fruits de mer)

Soda bread Le plus connu des pains irlandais lève grâce à du bicarbonate de soude, la levure n'ayant que peu d'effet sur la farine irlandaise, trop légère. Ajoutez du babeurre et vous obtenez un pain délicieux, souvent servi au petit-déjeuner dans les chambres d'hôtes.

Le "fry" Comment résister à une assiette de bacon, saucisses, *black pudding*, *white pudding*, œufs et tomates ? Dans le célèbre *Ulster fry*, servi dans le Nord, on ajoute du *fadge* (pain de pommes de terre).

Aventures culinaires

Les menus traditionnels réservent des surprises intéressantes :

Black pudding Sorte de boudin noir à base de sang de porc bouilli et de suif, c'est un incontournable du petit-déjeuner irlandais.

Boxty Plat typique de l'Irlande du Nord, cette galette est un mélange, à parts égales, de purée de pommes de terre et de pomme de terre crue râpée.

Carrageen Ces algues irlandaises sont utilisées aussi bien dans la salade que pour la glace.

Langue façon corned-beef Généralement accompagné de chou, ce plat figure toujours sur les menus irlandais traditionnels.

Anguille du Lough Neagh Une spécialité d'Irlande du Nord, dégustée vers octobre : l'anguille est habituellement servie en morceaux et accompagnée d'une sauce aux oignons blancs.

Poitín Vous aurez très rarement l'occasion de goûter au véritable "cratur", surnom de ce whiskey distillé illégalement à partir de céréales maltées ou de pommes de terre. Toutefois, il existe encore dans le pays quelques distilleries cachées – dans le comté de Donegal, le Connemara et la région de West Cork.

★ Repas inoubliables

Chapter One (p. 76), Dublin
Bastion (p. 157), Cork
Nash 19 (p. 151), Cork
Saphyre (p. 270), Belfast
Loam (p. 224), Galway

MARIA_JANUS/SHUTTERSTOCK ©

Boissons

Bière Partout dans le monde, l'*irish stout* (bière brassée à partir d'un moût de céréales torréfiées) est devenu synonyme de "Guinness". En réalité, deux autres marques notables de stout se disputent la faveur des Irlandais : Murphy's et Beamish, toutes deux brassant à Cork.

Thé Les Irlandais sont les plus grands buveurs de thé de la planète, et on vous en proposera une tasse dès que vous franchirez le seuil d'une maison. Le thé est consommé avec du lait (et du sucre si vous le souhaitez) plutôt qu'avec du citron. Les plus appréciés sont très forts et n'ont rien à voir avec certains mélanges insipides que l'on trouve parfois à l'étranger sous l'appellation "thé irlandais".

Whiskey Jusqu'aux années 1990, il n'existait que trois distilleries en Irlande : Jameson, Bushmills et Cooley. Il y en a aujourd'hui plus de 30. Cela permet aux connaisseurs de découvrir une variété de produits artisanaux de grande qualité et de gagner de nombreux amateurs à la cause de ce que les Irlandais appellent l'*uisce beatha* (l'eau-de-vie).

Bière : la révolution artisanale

Les bières blondes industrielles restent en tête des ventes dans la plupart des pubs, mais la révolution des bières artisanales a vu surgir une centaine de microbrasseries aux quatre coins de l'île. Les bières qu'elles brassent sont disponibles dans plus de 600 bars et pubs à travers l'Irlande. En voici une petite sélection :

Devil's Backbone (4,9°). Une riche ale ambrée de la brasserie Kinnegar, dans le comté de Donegal.

The Full Irish (6%). IPA single malt par l'Eight Degrees Brewery, près de Mitchelstown, dans le comté de Cork.

O'Hara's Leann Folláin (6°). Une stout amère à la note chocolatée, produite par la Carlow Brewing Company à Moneybeg, dans le comté de Carlow.

Metalman Pale Ale (4,3°). Une pale-ale à l'américaine de la vénérable Metalman Brewing Company, dans le comté de Waterford, désormais disponible en cannettes.

Saturate (8,0%). Une double IPA puissante du comté de Wicklow par Whiplash Beer – élue bière irlandaise de l'année en 2018.

Twisted Hop (4,7%). Une ale blonde produite par Hilden, la plus ancienne brasserie d'Irlande, près de Lisburn.

Les repas de la journée

Les habitudes alimentaires des Irlandais ont évolué au cours des dernières décennies. Elles diffèrent entre villes et campagnes.

Breakfast Généralement pris avant 9h, avant de partir travailler (cependant les hôtels et B&B le servent jusqu'à 10h ou 11h du lundi au vendredi, et jusqu'à midi le week-end dans les grandes villes).

Le brunch du week-end est populaire dans les grandes villes.

Lunch Les employés des villes mangent sur le pouce entre 12h30 et 14h (la plupart des restaurants ne commencent à servir qu'à partir de midi). Le week-end, en particulier le dimanche, on saute le déjeuner en faveur d'un copieux repas de milieu d'après-midi (appelé "*dinner*"), généralement pris entre 14h et 16h.

Tea Il s'agit ici non pas de la boisson (thé), mais du repas du soir. En ville, c'est le principal repas de la journée, consommé vers 18h30. À la campagne, on mange à la même heure, mais le repas se compose de pain, de charcuterie et de thé. Les restaurants adoptent des habitudes internationales : le dîner n'est habituellement pas servi avant 19h30.

Supper Avant d'aller se coucher, beaucoup d'Irlandais s'accordent un en-cas comportant du thé, des toasts ou des sandwichs. Soucieux de leur santé, les citadins ont tendance à délaisser cette habitude. Les restaurants ne servent pas cette collation.

Ordre de prix

Les fourchettes de prix suivantes correspondent à un plat principal au dîner.

Budget	République d'Irlande	Dublin	Irlande du Nord
€/£	Moins de 12 €	Moins de 15 €	Moins de 12 £
€€/££	12-25 €	15-28 €	12-20 £
€€€/£££	Plus de 25 €	Plus de 28 €	Plus de 20 £

Végétariens et végétaliens

L'Irlande a fait du chemin depuis l'époque où végétariens et végétaliens étaient regardés comme des bêtes curieuses. Aujourd'hui, même les végétaliens les plus stricts parviendront généralement à trouver leur bonheur. Cela dit, ils ne bénéficieront pas forcément d'un choix très original en dehors des grandes villes ou des innombrables restaurants modernes qui ont fait leur apparition ces dernières années. Ils trouveront cependant toujours un plat à leur convenance et auront la satisfaction de consommer des légumes d'excellente qualité, cultivés localement.

Savoir-vivre irlandais

La convivialité est le mot d'ordre premier de tout repas en Irlande. Voici néanmoins quelques conseils pour apprécier pleinement un repas avec des Irlandais.

Enfants Tous les restaurants accueillent volontiers les enfants jusqu'à 19h, mais les pubs et certaines adresses (en particulier les restaurants haut de gamme) ne les acceptent pas le soir. Les établissements familiaux proposent des menus enfant, les autres servent les plats du menu en portions réduites.

Renvoyer un plat Si un plat n'est pas à votre goût, le mieux est d'expliquer poliment ce qui ne va pas, et ce dès que possible. Dans tout restaurant qui se respecte, on vous proposera aussitôt de le changer.

Payer l'addition Si vous souhaitez payer l'addition, attendez-vous à ce que votre générosité provoque un premier, un deuxième, voire un troisième refus. Ne vous y trompez pas : les Irlandais ont tendance à refuser les choses plusieurs fois, même quand elles leur font très plaisir. Insistez gentiment mais fermement, et l'affaire est dans le sac !

OLIVIER CIRENDINI/LONELY PLANET ©

Au pub

Le pub est le centre névralgique de la vie sociale irlandaise, et il y a fort à parier que les moments que vous y passerez figureront parmi les temps forts de votre séjour. Car le pub est bien davantage qu'un simple bar.

Le rôle social du pub

Le pub est une fenêtre unique sur la culture irlandaise, qui s'y manifeste sous ses formes les plus diverses. Ce lieu emblématique nivelle les différences, efface les statuts et les classes sociales, bâtit des ponts entre les générations, libère des inhibitions, délie les langues, encourage les initiatives, voit naître des chansons, enfante des histoires et nourrit les ragots. C'est une institution unique, à la fois théâtre et salle douillette, lieu de débats et d'une silencieuse contemplation. Son secret est sans doute que chacun y trouve ce qu'il y cherche, ou y amène.

"Spirit Groceries"

Les *spirit groceries* sont des établissements faisant à la fois pub et épicerie. Présents dans toute l'Irlande, ils ont, en général, un comptoir de bar d'un côté et un coin boutique de l'autre. On leur doit l'image du pub Irlandais rempli de vieilles enseignes et de bibelots. Il est encore possible aujourd'hui, dans certains pubs, d'acheter un sac de clous, une boîte de haricots ou une paire de bottes, tout en s'accordant une pinte.

Conversation

La conversation – qu'elle soit frivole, sérieuse ou décousue – est l'ingrédient essentiel du pub. Une fois les langues déliées et les rouages de la pensée bien huilés, la discussion peut s'orienter dans toutes les directions et poursuivre son chemin jusqu'à sa conclusion naturelle. Un vieil adage irlandais suggère qu'il ne faut jamais parler de sport, de religion ou de politique avec des inconnus. Mais tout en ayant cela à l'esprit, vous ne devriez pas avoir besoin de trop vous brider. Dire qu'il suffit de pénétrer dans un pub pour se faire des amis est un mythe, mais vous ne resterez sans doute pas très longtemps seul avec votre verre. À moins, bien sûr, que vous n'en ayez envie : rien n'est plus inspirant qu'une pinte sirotée en solitaire, en plein après-midi, dans un vénérable pub de campagne.

Traditions

D'un point de vue purement esthétique, rien ne vaut un pub traditionnel fréquenté par des clients coiffés de casquettes, toujours prêts à raconter des anecdotes amusantes et à partager une certaine forme de sagesse acquise au fil des générations. Les meilleurs pubs ont un sol en pierre et un feu de tourbe. Le bruit de la conversation n'excède jamais le doux murmure, exception faite des éclats de rire. Surtout, il n'y a pas d'autre musique que celle parfois jouée par les musiciens présents sur place. Les pubs de ce genre sont une espèce en voie de disparition, mais il en existe encore suffisamment pour que vous en trouviez un, où que vous soyez.

Étiquette

Le système des tournées – consistant simplement à payer un verre à la personne qui vient de vous en offrir un – est un fondamental de la culture du pub. Un dicton irlandais résume parfaitement le phénomène : "Il est impossible pour deux hommes d'aller au pub pour un seul verre." Enfreindre cette loi risquerait de vous faire tomber au plus bas de l'échelle sociale...

Autre règle d'or : la tournée suivante doit être lancée dès qu'une personne a fini son verre (ou, mieux encore, quand elle est sur le point de le faire). Peu importe que vous n'en soyez qu'à la moitié de votre pinte : si c'est votre tournée, il faut la commander sans attendre.

Bières artisanales

Depuis une dizaine d'années, les Irlandais délaissent progressivement les bières des grandes multinationales (même Guinness fait désormais partie du groupe Diageo) pour celles de petites brasseries locales (les "craft beers"), dont certaines ont leur propre pub, ou combinent brasserie et pub à une même adresse.

Anneau de Claddagh

GRACEPHOTOS/SHUTTERSTOCK ©

Symboles irlandais

Différents symboles associés à l'Irlande ont de longue date pris place dans l'imaginaire collectif. Il arrive, notamment à l'étranger, que ces éléments soient exploités jusqu'à l'excès. C'est ce que les Irlandais appellent l'Oirishness (folklore artificiel).

Trèfle

Le symbole irlandais le plus solidement ancré est le trèfle, appelé *seamróg* en gaélique et *shamrock* en anglais. Selon la légende, quand saint Patrick tenta d'enseigner le mystère de la Sainte-Trinité aux chefs celtes nouvellement convertis au christianisme, il prit les trois feuilles de cette modeste plante comme illustration de la nature du Père, du Fils et du Saint-Esprit, à la fois séparés mais ne faisant qu'un. Voilà pourquoi le trèfle est omniprésent lors des festivités associées au saint patron de l'Irlande.

Leprechaun

L'une des images les plus obstinément associées au pays est celle du *leprechaun*, un lutin chafouin, affairé à jalousement protéger son chaudron d'or des convoitises humaines. En dépit de sa connotation enfantine, cette légende remonterait au mythique peuple de la déesse Danu (Tuatha dé Danann) qui aurait dominé l'Irlande il y a 4000 ans. Quand ces êtres d'essence divine eurent été vaincus par les ancêtres des premiers Irlandais, leur roi Lug (le père demi-dieu de Cúchulainn) fut exilé sous terre, d'où son nom de Lug Chromain, ou "petit Lug voûté" – l'origine du *leprechaun*.

Si personne, en Irlande, ne croit vraiment en l'existence de farfadets caractériels retranchés dans des forts féeriques, les habitants, en particulier dans les campagnes, peuvent garder une certaine superstition. C'est ainsi que l'on trouve encore des arbres, des collines ou d'autres éléments du paysage à qui l'on prête des caractéristiques "surnaturelles" et auxquels nul ne s'aviserait de toucher.

La chance irlandaise ?

Avec près de mille ans d'occupation, une longue histoire d'oppression et d'exploitation, une famine dévastatrice, une émigration de masse... on peine à croire que les Irlandais soient plus chanceux que la moyenne. L'expression "Luck of the Irish" ("la chance des Irlandais"), que l'on entend parfois dans les pays anglophones, est apparue aux États-Unis au milieu du XIXe siècle pendant la ruée vers l'or, où les Irlandais – ceux qui avaient fui la famine et la misère de leur pays étaient surreprésentés dans les mines – prospéraient parfois. Fréquemment teintée d'ironie, elle peut aussi évoquer la malchance ou le courage dans l'adversité. John Lennon a repris l'expression à son compte en 1972, dans une chanson à charge contre la domination britannique en Irlande du Nord ("The Luck of the Irish").

Harpe

Censée représenter l'immortalité de l'âme, la harpe celtique (*clársach*) est un symbole de l'Irlande depuis l'époque d'Henri VIII, qui la laissa figurer sur la monnaie locale. À la cour gaélique, elle conférait au musicien un statut à part, de nature honorifique. En temps de guerre, sa musique devait éveiller la bravoure dans le cœur des soldats partant au front.

Elle incarne la résistance irlandaise face au pouvoir anglais. Aussi les harpistes furent-ils un temps persécutés, comme représentatifs de la rébellion contre la Couronne, et perpétuèrent-ils leur art dans la clandestinité. Cela n'en marqua pas moins le déclin dans la culture populaire de cet instrument, au profit d'autres, telle la mandoline. La harpe a cependant conservé son statut de symbole de l'âme irlandaise.

Anneau de Claddagh

C'est le plus célèbre des bijoux irlandais. Signe de fidélité, il montre deux mains (l'amitié) enserrant un cœur (l'amour), lequel est généralement surmonté d'une couronne (la loyauté). Cet anneau est fabriqué depuis le XVIIe siècle dans le village de pêcheurs de Claddagh (qui se fond désormais dans la ville de Galway). Son origine est bien antérieure et remonterait aux bagues dites *mani in fede* (ou "mains en confiance") de l'époque romaine, associées au mariage. Toutefois, la popularité de l'anneau de Claddagh est assez récente et doit beaucoup à la coutume qu'ont les membres de la diaspora d'en porter pour montrer leur attachement à l'Irlande.

Statue de Brendan Behan, Royal Canal, Dublin

YULIA PLEKHANOVA/SHUTTERSTOCK ©, SCULPTOR: JOHN COLL

Littérature irlandaise

C'est peut-être la façon dont les Irlandais parlent et écrivent qui exprime le mieux la singularité du caractère national. Leur amour de la langue et leur formidable tradition orale ont nourri un patrimoine d'écrivains et de conteurs de renommée mondiale. Tout cela dans une langue imposée par l'envahisseur britannique.

Cycle mythologique

Premier grand ouvrage de la littérature irlandaise, l'*Ulaid* (*Ulster*) *Cycle* fut transcrit à partir de la tradition orale entre le VIIIe et le XIIe siècle. L'histoire principale en est le *Táin Bó Cúailnge*, récit de la bataille entre la reine Maeve du Connaught et Cúchulainn, héros majeur de la mythologie irlandaise. Ce dernier a survécu dans la littérature irlandaise jusqu'à nos jours.

Littérature moderne

Parmi les grands écrivains irlandais nés avant 1900 figurent Jonathan Swift (1667-1745) à qui l'on doit *Les Voyages de Gulliver*, Oscar Wilde (1854-1900), acclamé autant qu'il fut décrié, Bram Stoker (1847-1912) auteur de *Dracula* – certains affirment que le nom du comte viendrait du gaélique *droch fhola* (mauvais sang) – et, *last but not least*, l'incomparable James Joyce (1882-1941), géant de la littérature.

Né à Rathgar, dans la banlieue sud de Dublin, en 1882, le jeune Joyce quitta Dublin en 1904 pour Trieste puis Zurich et Paris. Incompris en Irlande, il n'y résiderait plus jamais. Sa première grande œuvre en prose publiée fut *Gens de Dublin* (1914), un recueil de nouvelles se déroulant à Dublin.

Fiction contemporaine

Brooklyn (Colm Tóibín, 2009)
Le Testament caché (Sebastian Barry, 2008)
Maintenant ou jamais (Joseph O'Connor, 2014)
Vera (Karl Geary, 2017)
Hérésies glorieuses (Lisa McInerney, 2015)
Charlie le simple (Ciarán Collins, 2015)

Son *Ulysse* (1922), ouvrage majeur, mais d'une lecture particulièrement ardue, est un extraordinaire portrait de la capitale irlandaise : selon ses propres mots, Joyce souhaitait "donner une image de Dublin tellement complète que si la ville disparaissait un jour de la planète, elle pourrait être reconstruite grâce à [son] livre". L'histoire se déroule le 16 juin 1904 – le jour du premier rendez-vous entre Joyce et Nora Barnacle – et accompagne les personnages dans leurs pérégrinations en ville, en faisant un parallèle avec le voyage d'Homère dans l'*Odyssée*.

Comme James Joyce, Samuel Beckett (1906-1989) composa l'essentiel de son œuvre littéraire après avoir quitté l'Irlande, rejoignant le vivier artistique qu'était alors Paris. Beckett centra ses travaux sur la condition humaine et la nature profonde du moi. La plus connue de ses œuvres reste sans doute *En attendant Godot*, mais c'est toute une série de romans et de pièces austères qui assirent définitivement sa réputation. Deux ouvrages donnent un bon aperçu de son œuvre, *La Dernière Bande* (*Krapp's Last Tap*, 1958), monologue d'un vieil homme écoutant un enregistrement de lui-même, alors jeune homme idéaliste dissertant sur ses rêves ; et *Molloy* (1947-1948), un roman teinté d'humour noir.

Tenu pour un des fondateurs de la fantasy comme genre (et pour un modèle par H. P. Lovecraft), le prolifique Lord Dunsany (1878-1957) ne s'y est toutefois pas cantonné, même si son œuvre la plus connue reste, à ce jour, *La Fille du roi des elfes*.

Parmi les nombreux d'auteurs irlandais ayant rencontré le succès au cours du XXe siècle, citons Brendan Behan (1923-1964), dramaturge et romancier qui mêla tragédie, humour et tourments de la vie dans des œuvres comme *Borstal Boy*, *The Quare Fellow* et *The Hostage*. La boisson l'emporta, hélas, dans la fleur de l'âge.

Le natif de Belfast C. S. Lewis (1898-1963) a laissé derrière lui *Les Chroniques de Narnia*, une série de contes allégoriques pour enfants, en partie portés à l'écran.

L'Irlande peut s'enorgueillir de quatre Prix Nobel de littérature : W. B. Yeats en 1923, George Bernard Shaw en 1925, Samuel Beckett en 1969 et Seamus Heaney en 1995.

Littérature contemporaine

Si le nom de James Joyce revient souvent parmi les auteurs favoris des Irlandais, les auteurs plus contemporains sont également très populaires. Citons notamment Roddy Doyle (né en 1958), dont la trilogie à succès – *The Commitments*, *The Snapper* et *The Van* – a été adaptée au cinéma ; le protagoniste des *Commitments*, Jimmy Rabbitte – plus vieux, plus sage et se battant contre la maladie –, est de retour dans *The Guts* (2013), le dernier roman de Doyle. *Paddy Clarke, Ha Ha Ha* a obtenu le Booker Prize en 1993.

Sebastian Barry (né en 1955) a été nominé deux fois pour le Booker Prize pour sa tragédie sur la Seconde Guerre mondiale, *Un long chemin* (2005), et *Le Testament caché*

Renouveau de l'identité irlandaise

Parallèlement aux débats autour du Home Rule (p. 313) à la fin du XIXe siècle, une forme de révolution touchait les arts, la littérature et l'identité nationale. Ardents défenseurs d'une renaissance littéraire à consonance anglo-irlandaise, le poète William Butler Yeats (1865-1939) et ses comparses écrivains, notamment dramaturges (dont Lady Gregory, Douglas Hyde, John Millington Synge et George Russell), mirent au jour de vieux contes celtiques et décrivirent avec enthousiasme une Irlande romantique faite de batailles épiques et de reines guerrières. Pour un pays qui avait souffert de siècles d'invasions et de privations, ces images traduisaient une vision nettement plus séduisante de l'Histoire.

(2008), où Roseanne, pensionnaire centenaire d'un hôpital psychiatrique, écrit son autobiographie.

Anne Enright (née en 1962) a quant à elle décroché le Booker Prize pour *Retrouvailles* (2007), une histoire d'alcoolisme et de violence dans l'air du temps. Son dernier roman, *L'Herbe maudite* (2015), continue d'explorer les eaux troubles de la famille irlandaise. Un autre poids lourd de la littérature irlandaise est John Banville (né en 1945), lauréat du Booker Prize pour *La Mer* (2005) ; parmi ses autres œuvres, nous recommandons *Le Livre des aveux* (1989) ou l'excellent roman à clef *L'Intouchable* (1997), inspiré de la vie de l'historien de l'art et agent secret Anthony Blunt. Banville est aussi l'auteur, sous le pseudonyme de Benjamin Black, d'une série de romans policiers se déroulant dans les années 1950 et mettant en scène le pathologiste perturbé Quirke. Le dernier de la série s'intitule *Even the Dead* (2015).

Autre grand nom, Colm Tóibín (né en 1955 à Wexford), est l'auteur de neuf romans, dont *Brooklyn* (2009 ; adapté au cinéma en 2015 avec Saoirse Ronan dans le rôle principal) et, plus récemment, *Nora Webster* (2014), une poignante histoire de veuvage.

Les "Troubles" restent une source d'inspiration importante pour les écrivains d'Irlande du Nord, comme Bernard MacLaverty dans son superbe *Cal* (1983). Les romans de Sean O'Reilly (né en 1969), natif de Derry, sont peuplés de personnages que le conflit interreligieux continue de hanter : son dernier roman, *Watermark* (2005, non traduit), raconte l'histoire d'une jeune femme que le désir entraîne à la limite de la folie dans une ville irlandaise anonyme. Eoin McNamee (né en 1961) est l'auteur d'une série qui explore le conflit en s'intéressant à l'impact de la religion et de l'histoire sur les vies individuelles. Son dernier roman, *Blue is the Night* (2014, non traduit), clôt la trilogie après *Le Tango bleu* (2001) et *Orchid Blue* (2010).

Le deuxième roman de Paul Murray (né en 1975), *Skippy dans les étoiles* (2010), relatant la vie d'un groupe d'élèves privilégiés d'un lycée pour garçons, a été acclamé par la critique, contrairement au suivant, *La Marque et le vide* (2015), qui a pour toile de fond la crise financière de 2008.

Née à Belfast, Anna Burns est la première auteure nord-irlandaise à remporter le prestigieux Booker Prize en 2018 pour son troisième roman, *Milkman* (non traduit pour l'heure) qui raconte l'histoire d'une jeune fille de 18 ans harcelée par un paramilitaire beaucoup plus âgé qu'elle. Emilie Pine apparaît sur la scène littéraire en 2018 avec *Notes à usage personnel* un livre composé de six récits autobiographiques sur l'addiction, la violence sexuelle, et la santé mentale...

Melatu Oche Okorie est née au Nigeria, mais vit en Irlande depuis 2006. Elle passe 8 années et demie dans un centre d'accueil pour demandeurs d'asile. Elle relate son expérience dans *This Hostel Life* (2018, non traduit), un recueil de trois nouvelles qui mettent en lumière les conditions de vie des nouveaux arrivants en Irlande.

Autre voix importante de la scène littéraire, Sinéad Gleeson compose avec ses mémoires, *Constellations: Reflections from a Life* (2019, non traduit), une collection d'essais reliés les uns aux autres qui explorent la relation entre le corps physique et l'identité. L'acteur et scénariste d'origine irlandaise Karl Geary, installé à New York depuis la fin des années 1980, a quant à lui publié un premier roman, *Vera* (2017), qui raconte la rencontre amoureuse entre une trentenaire et un adolescent que tout oppose avec Dublin pour toile de fond.

"Chick-lit"

La littérature pour filles, aussi connue sous le nom de *chick-lit* ("littérature pour poulettes"), est un genre que les Irlandaises maîtrisent comme peu d'autres. La doyenne en est Maeve Binchy (1940-2012), au style très maîtrisé, qui a vendu plus d'exemplaires que la majorité des géants de la littérature. *Le Lac aux sortilèges* (Pocket, 2015) est son dernier ouvrage traduit. Marian Keyes (née en 1963) écrit elle aussi best-seller sur best-seller, comme *Un homme trop charmant* (Belfond 2009). Cette conteuse exceptionnelle aborde des sujets délicats comme l'alcoolisme et la dépression. Jadis responsable du courrier du cœur, Cathy Kelly produit un livre par an depuis 1997 : son dernier roman traduit en français, *Les vraies histoires d'amour commencent à Paris* (2017), raconte l'histoire de Mickael et Katy qui, après de romantiques fiançailles à Paris, retournent en Irlande pour les préparatifs de mariage, qui se révéleront complexes...

Musique traditionnelle au O'Donoghue's pub (p. 78)

ANDREW MONTGOMERY/LONELY PLANET ©

Musique traditionnelle

La musique irlandaise (appelée en Irlande* traditional music *ou simplement* trad*) a conservé une vitalité peu commune parmi les musiques traditionnelles d'Europe, souvent éclipsées par la pop. Si elle est restée fidèle à ses origines, elle a aussi influencé d'autres genres musicaux, en particulier la country en Amérique.

Instruments

Contrairement à la croyance populaire, la harpe n'est pas beaucoup utilisée dans la musique traditionnelle bien qu'il s'agisse effectivement de l'emblème national. Le *bodhrán* (bo-rône), un instrument de percussion en peau de chèvre est beaucoup plus employé bien qu'en tant que symbole national, il soit moins charmant. L'*uillean pipe*, équivalent de la cornemuse, dont on joue en pressant un soufflet sous le coude, fournit aussi des sonorités caractéristiques, mais on le voit rarement dans les pubs. Le violon (*fiddle*) n'est pas propre à l'Irlande, mais il s'agit d'un des principaux instruments de la musique traditionnelle, tout comme la flûte, la flûte irlandaise en métal (*tin whistle*), l'accordéon et le bouzouki (sorte de mandoline). La musique peut être classée en cinq catégories principales – la gigue (*jig*), le quadrille (*reel*), la matelote (*hornpipes*), la polka et les mélodies lentes (*slow airs*) –, tandis que la pratique ancienne consistant à chanter a capella des versions de ballades traditionnelles est appelée *sean-nós*.

Mélodies

Les mélodies des chansons et morceaux de musique se transmettaient oralement entre musiciens, se perpétuant et évoluant de cette façon. Les différents styles régionaux sont apparus dès lors que les musiciens locaux entraient en concurrence les uns avec les autres, s'efforçant d'imiter les meilleures interprétations locales. Le musicien itinérant Turlough O'Carolan (1670-1738), harpiste et aveugle, a ainsi composé plus de 200 mélodies – il est difficile de dénombrer les variations nées de celles-ci, disséminées lors de ses voyages. Ce mode de transmission est un élément déterminant dans le dynamisme de la musique traditionnelle et explique en partie sa résistance à l'épreuve de la modernité.

Cette résistance s'explique aussi sans doute par l'influence que la musique irlandaise a eue sur divers genres musicaux, en particulier le folk et la country en Amérique – une fusion, entre autres, entre le blues du delta du Mississippi et les mélodies traditionnelles irlandaises qui, combinée à d'autres inspirations comme le gospel, est à la base du rock and roll.

Son succès actuel tient également à la volonté des artistes de faire évoluer leur manière de jouer (en ensembles de musiciens plutôt qu'en groupes de *céilí* – qui jouent lors de soirée danse et musique folklorique) et au développement des sessions live dans les pubs. De fait, découvrir cette musique dans un pub reste le meilleur moyen de l'écouter dans ce qu'elle a de plus authentique. Les meilleurs musiciens n'en ont pas moins également pris le chemin des studios. Voici quelques pistes d'enregistrements inoubliables : le violon de Tommy Peoples dans l'album *The Quiet Glen* (1998), la sublime cornemuse irlandaise de Paddy Keenan dans son album de 1975 ou l'incroyable guitare d'Andy Irvine dans des albums comme *Compendium: The Best of Patrick Street* (2000).

Groupes populaires

Dans les années 1960, le compositeur Seán Ó Riada (1931-1971) tenta d'imposer une forme de structure à la musique traditionnelle. Son ensemble de musiciens, Ceoltóirí Chualann, fut le premier groupe du genre à toucher un plus large public. De là il donna naissance aux Chieftains, probablement le plus grand groupe de musique traditionnelle irlandaise de tous les temps. Ils commencèrent à enregistrer en 1963 et sortirent près de 40 albums, qui méritent tous d'être découverts, en particulier la série des 10 albums simplement appelés *The Chieftains*.

L'autre grand groupe des années 1960 était les Dubliners. Plus populaires que traditionnels, ils firent carrière avec des chansons paillardes et à boire que tout le monde reprenait en chœur. Citons également les Fureys, composés de quatre frères issus de la communauté irlandaise des gens du voyage (*Travellers*), ainsi que du guitariste Davey Arthur. Et si vous cherchez des interprétations passionnées de chansons rebelles irlandaises, ne passez pas à côté des Wolfe Tones. L'Irlande compte pléthore de musiciens traditionnels de grand talent et nous vous conseillons fortement de passer du temps dans les boutiques spécialisées.

Depuis les années 1970, plusieurs groupes ont tenté le mariage entre musique traditionnelle et styles plus modernes, avec plus ou moins de succès. Le premier à prendre ce chemin fut Moving Hearts, sous la houlette de Christy Moore, qui devint finalement un chanteur folk réputé. Le Bothy Band, formé en 1975, était une sorte de super groupe de musique traditionnelle composé de musiciens d'exception : Dónal Lunny au

★ Albums de musique traditionnelle

The Quiet Glen (Tommy Peoples)

Paddy Keenan (Paddy Keenan)

The Chieftains 6: Bonaparte's Retreat (The Chieftains)

Old Hag You Have Killed Me (The Bothy Band)

bouzouki, Paddy Keenan aux *uillean pipes*, Matt Molloy (qui devint par la suite membre des Chieftains) à la flûte et au *whistle*, Paddy Glackin au violon et Tony MacMahon à l'accordéon. Leurs albums ont gardé la même intensité aujourd'hui.

Les musiciens collaborent fréquemment sur des projets. The Gloaming est un groupe actuel intéressant (notamment son premier album de 2011, sensationnel) qui donne un tour contemporain aux quadrilles (*reels*) de musique "*trad*". Les albums solo de leur violoniste, Caoimhín Ó Raghallaigh, mêlent envolées lyriques au violon et boucles de sons électros inspirées (*The Gloaming 3*).

Et pour un mélange de rock, de folk et de musique traditionnelle, c'est dans les quelques albums sortis depuis 2008 par The Spook of the Thirteenth Lock qu'il faut aller voir ; le dernier, sorti en 2018, s'intitule *Lockout*.

Gap of Dunloe (p. 173)

BENJAMIN B/SHUTTERSTOCK ©

Carnet pratique

Infos utiles

Ambassades et consulats

Pour des informations concernant les visas, consultez la rubrique *Formalités et visas*, p. 339.

Représentations irlandaises à l'étranger

La liste complète des représentations de la république d'Irlande à l'étranger est disponible sur le site du ministère irlandais des Affaires étrangères (www.dfa.ie/embassies/irish-embassies-abroad) ; celle des représentations de l'Irlande du Nord est disponible sur le site du ministère britannique des Affaires étrangères (www.gov.uk/world/organisations).

France

République d'Irlande (ambassade ☎01 44 17 67 00 ; www.dfa.ie/irish-embassy/france ; 12 avenue Foch, 75116 Paris)

Irlande du Nord (ambassade ☎01 44 51 31 00 ; www.gov.uk/world/organisations/british-embassy-paris ; 35 rue du Faubourg-Saint-Honoré, 75008 Paris ; consulats à Paris, Bordeaux et Marseille)

Belgique

République d'Irlande (ambassade ☎02 2823 400 ; www.dfa.ie/irish-embassy/belgium ; rue Froissart, 1040 Bruxelles)

Irlande du Nord (ambassade ☎02 287 62 11 ; www.gov.uk/world/organisations/british-embassy-brussels ; 10 avenue d'Auderghem, 1040 Bruxelles)

Conseils aux voyageurs

La plupart des gouvernements possèdent des sites Internet qui recensent les dangers possibles et les régions à éviter. Consultez notamment les sites suivants :

Ministère des Affaires étrangères français (www.diplomatie.gouv.fr)

Ministère des Affaires étrangères de Belgique (diplomatie.belgium.be)

Département fédéral des Affaires étrangères suisse (www.eda.admin.ch/eda/fr/dfae/representations-et-conseils-aux-voyageurs)

Ministère des Affaires étrangères du Canada (www.voyage.gc.ca)

www.eda.admin.ch/eda/fr/dfae/representations-et-conseils-aux-voyageurs

Suisse

République d'Irlande (ambassade ☎031 350 0380 ; www.dfa.ie/irish-embassy/switzerland ; Kirchenfeldstrasse, 68, 3005 Berne)

Canada

République d'Irlande (ambassade ☎613 233 6281 ; www.dfa.ie/irish-embassy/canada ; suite 1105 (11th Floor), 130 Albert St, Ottawa)

Irlande du Nord (haut-commissariat ☎613 237 1530 ; www.gov.uk/world/organisations/british-high-commission-ottawa ; 80 Elgin St, Ottawa ; consulats à Montréal, Calgary, Toronto et Vancouver).

Représentations étrangères en Irlande

France

République d'Irlande (ambassade ☎01 277 50 00 ; ie.ambafrance.org ; 66 Fitzwilliam Lane, Dublin 2).

Irlande du Nord (ambassade au Royaume-Uni située à Londres ☎020-7073 1000 ; uk.ambafrance.org ; 58 Knightsbridge, SW1 Londres ; consulat général ☎020-7073 1200 ; 21 Cromwell Road, SW7 Londres).

Belgique

République d'Irlande (ambassade ☎01 660 08 80 ; www.ireland.diplomatie.belgium.be ; 1 Elgin Road, Ballsbridge, Dublin 4).

Irlande du Nord (ambassade au Royaume-Uni située à Londres ☎020 747 037 00 ; unitedkingdom.diplomatie.

belgium.be/fr ; 17 Grosvenor Crescent, SW1X Londres).

Suisse

République d'Irlande (ambassade 01 218 63 82/83 ; www.eda.admin.ch ; 6 Ailesbury Road, Ballsbridge, Dublin 4).

Irlande du Nord (consulat 077 33 59 55 95 ; www.eda.admin.ch ; 54 Priory Park, Belfast BT10 0AE).

Canada

République d'Irlande (ambassade 01 234 4000 ; www.canadainternational.gc.ca ; 7-8 Wilton Terrace, Dublin 2).

Irlande du Nord (haut-commissariat à Londres 020-7004 6000 ; www.royaume-uni.gc.ca ; Canada House, Trafalgar Square, SW1).

Un fil d'Ariane en voyage

Vous êtes ressortissant français ? Pensez à vous enregistrer sur le **portail Ariane** (pastel.diplomatie.gouv.fr/fildariane) du ministère des Affaires étrangères. Ce service gratuit vous permet de recevoir des alertes si la situation le justifie. Crise politique, catastrophe naturelle, attentat… recevez en temps réel des consignes de sécurité lors de votre voyage.

Il existe une application pour les smartphones et les tablettes, intitulée *Conseils aux voyageurs*.

Argent

La devise de la république d'Irlande est l'euro (€). L'Irlande du Nord utilise la livre sterling (£).

Cartes bancaires

Les cartes Visa et MasterCard sont largement acceptées en Irlande ; l'American Express n'est acceptée que par les grandes enseignes. Les cartes à puce avec code PIN sont la norme pour les transactions – seuls quelques établissements se contenteront d'un paiement par signature.

En zone rurale notamment, il arrive que certains B&B n'acceptent que les paiements en espèces.

DAB

Toutes les banques disposent de DAB intégrés aux réseaux bancaires internationaux comme Cirrus, Maestro ou Plus. Pour les visiteurs provenant de pays extérieurs à la zone euro, les transactions occasionnent une commission de change. Méfiez-vous par ailleurs des DAB "trafiqués".

Taxes et remboursements

Pour la plupart des produits, le prix comprend la TVA de 21% (20% en Irlande du Nord). Les visiteurs résidant dans un pays extérieur à l'UE peuvent se la faire rembourser à condition que le magasin où l'achat a été effectué adhère au programme de remboursement Cashback ou Taxback (Tax-Free Shopping en Irlande du Nord), ce qui est généralement indiqué par un autocollant sur la vitrine.

Pourboires

Hôtels 1 €/1 £ par bagage est le pourboire standard ; pour le personnel de nettoyage, pourboire à votre discrétion.

Pubs Si vous êtes servi à table uniquement (1 €/1 £ par tournée)

Restaurants 10% pour un service correct ; jusqu'à 15% dans les établissements haut de gamme

Taxis 10% ou prix arrondi à l'euro/la livre supérieur(e)

Préposés aux toilettes Petite monnaie ; généralement pas plus de 0,50 €/50 p.

Assurances et services médicaux

La carte européenne d'assurance maladie (CEAM), nominative et individuelle, valable un an, assure l'aide médicale d'urgence (mais non le rapatriement sanitaire) aux citoyens de l'Union européenne. Vous devez en faire la demande auprès de votre caisse d'assurance maladie (ou, en France, en ligne sur www.ameli.

fr). Comptez un délai de 2 semaines pour la réception.

Il est conseillé de souscrire à une police d'assurance qui vous couvrira en cas d'annulation de votre voyage, de vol, de perte de vos affaires, de maladie ou encore d'accident. Les assurances internationales pour étudiants sont en général d'un bon rapport qualité/prix. Lisez avec la plus grande attention les clauses en petits caractères : c'est là que se cachent les restrictions.

Vérifiez notamment que les "sports à risques", comme la plongée, la moto ou même la randonnée ne sont pas exclus de votre contrat, ou encore que le rapatriement médical d'urgence, en ambulance ou en avion, est couvert. De même, le fait d'acquérir un véhicule dans un autre pays ne signifie pas nécessairement que vous serez protégé par votre propre assurance.

Vous pouvez contracter une assurance qui réglera directement les hôpitaux et les médecins, vous évitant ainsi d'avancer des sommes qui ne vous seront remboursées qu'à votre retour. Dans ce cas, conservez avec vous tous les documents nécessaires.

Attention ! Avant de souscrire une police d'assurance, vérifiez bien que vous ne bénéficiez pas déjà d'une assistance par votre carte de crédit, votre mutuelle ou votre assurance automobile. C'est bien souvent le cas.

Cartes et plans

La carte d'Irlande Michelin au 1/400 000 (n°923) est une bonne carte générale : très lisible, elle indique la plupart des routes panoramiques de l'île. Les quatre cartes – nord, sud, est et ouest – au 1/250 000 de la série Holiday de l'Ordnance Survey sont plus détaillées.

Pour un niveau de détail encore plus élevé, la série Discovery de l'Ordnance Survey compte 89 cartes au 1/50 000, également disponibles au format numérique. On les trouve sur le site d'Ordnance Survey Ireland (www.osi.ie) et dans de nombreuses librairies à travers le pays.

Collins publie aussi une série de cartes routières disponibles en librairie.

Climat

Belfast

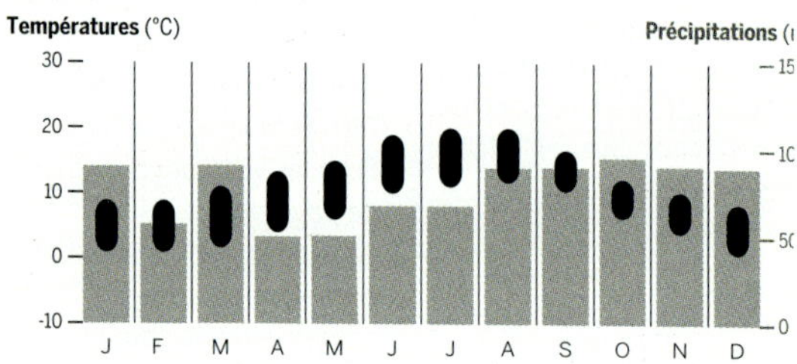

Dublin

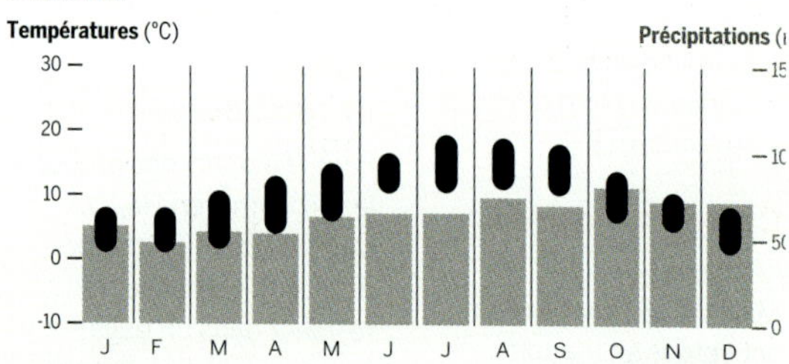

Galway

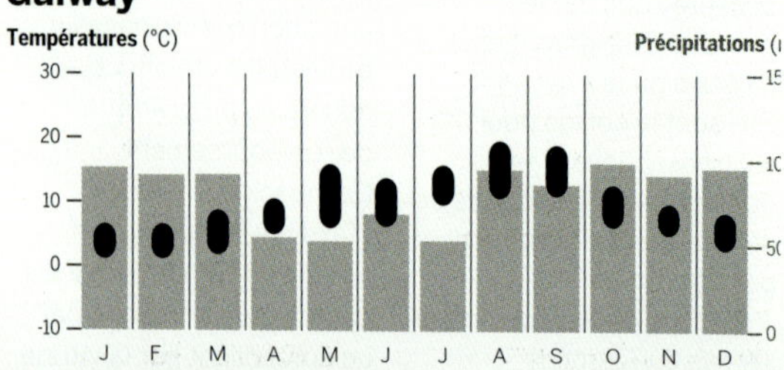

Désagréments et dangers

L'Irlande est un pays sûr, ce qui ne dispense pas des précautions d'usage.

- Ne laissez rien de visible dans votre voiture.
- Les DAB "trafiqués" (avec faux lecteurs de carte, notamment) sont répandus. Prenez soin de couvrir le clavier avec votre main lorsque vous saisissez votre code PIN.
- En Irlande du Nord, soyez particulièrement vigilant dans les zones de contact entre quartiers catholiques et protestants.
- Évitez de venir en Irlande du Nord lors des défilés orangistes du 12 juillet qui réveillent les passions sectaires. Même les habitants sont nombreux à déserter le comté ce jour-là.

Douane

La république d'Irlande a un système douanier à deux régimes : l'un s'appliquant aux biens achetés en duty free hors de l'Union européenne (UE) et l'autre pour les biens achetés TTC dans un pays de l'UE. La quantité de biens transportés à l'intérieur de l'UE n'est théoriquement pas limitée, mais les douanes différencient l'usage personnel de l'usage commercial. Les quantités autorisées sont les suivantes :

Produits achetés en duty free hors de l'UE 1 l de spiritueux ou 2 l de vin, 60 ml de parfum et 250 ml d'eau de toilette, 200 cigarettes.

Produits achetés TTC en UE Sont acceptées comme relevant d'un usage personnel les quantités allant jusqu'à 10 l de spiritueux ou 20 l de vin fortifié ou 60 l de vin mousseux ou 90 l de vin ou 110 l de bière, 3 200 cigarettes (ou 400 cigarillos, 200 cigares ou 3 kg de tabac).

Au moment où nous publions ce guide, le système est identique en Irlande du Nord mais pourrait évoluer après le 31 décembre 2020.

Électricité

Type G
230 V/50 Hz

Passage de la frontière

Alors que le Brexit est effectif depuis le 31 janvier 2020, le passage de la frontière entre la république d'Irlande et l'Irlande du Nord se fait toujours sans aucune formalité. Toutefois, cela pourrait changer après la période dite "de transition" qui devrait prendre fin le 31 décembre 2020. Renseignez-vous avant de partir.

Formalités et visas

Avant le départ, il est impératif de vous assurer que les modalités d'entrée en Irlande du Nord n'ont pas évoluées, du fait du Brexit. Consultez le site www.gov.uk/government/organisations/uk-visas-and-immigration.

Les citoyens européens et suisses n'ont pas besoin de visa pour visiter la république d'Irlande ou l'Irlande du Nord, ni pour y travailler.

Pour un voyage de tourisme, les citoyens canadiens peuvent séjourner en république d'Irlande pendant trois mois maximum et en Irlande du Nord pendant six mois maximum ; ils n'ont pas besoin de visa. Ils ne sont pas autorisés à y travailler, à moins d'avoir un contrat d'embauche.

Les voyageurs souhaitant prolonger leur séjour en république d'Irlande devront se rendre au commissariat de police (*garda*) local ou, pour Dublin, au **Garda National Immigration Bureau** (☎01-666 9100 ; www.garda.ie ; 13-14 Burgh Quay, Dublin ; ⌚8h-21h lun-jeu, 8h-18h ven ; 🚌centre). Pour l'Irlande du Nord, ils devront déposer leur demande auprès du Home Office (www.gov.uk/government/organisations/uk-visas-and-immigration).

Nous vous conseillons de scanner ou de photocopier tous vos documents importants (pages d'introduction de votre passeport, cartes de crédit, police d'assurance, billets de train/d'avion/de bus, permis de conduire, etc.). Conservez ces copies à part des originaux. Vous remplacerez ainsi plus aisément ces documents en cas de perte ou de vol.

Handicapés

Tous les nouveaux bâtiments sont dotés d'accès pour handicapés et de nombreux hôtels (surtout les hôtels de chaînes, en ville) se sont équipés d'ascenseurs, de rampes d'accès et d'autres dispositifs spécifiques, notamment des boucles auditives pour malentendants. D'autres, surtout les B&B, n'ont pas fait les investissements nécessaires pour rendre leur établissement accessible.

Dans les grandes villes, la plupart des bus disposent d'une rampe intégrée et d'espaces réservés à bord, mais seulement 63% des Bus Éireann, sur les lignes Commuter et Expressway, sont accessibles aux chaises roulantes. Attention, en zone rurale, beaucoup d'arrêts ne sont pas accessibles.

Les trains sont accessibles avec l'aide du personnel.

- Appelez le 18 50 36 62 22 ou écrivez à access@irishrail.ie 24 heures à l'avance pour organiser une assistance pour l'embarquement, la descente et le transfert dans les gares intermédiaires. Le nombre d'espaces accessibles aux fauteuils roulants est limité dans chaque wagon. Les trains plus récents disposent de systèmes d'information audio et visuelle pour les passagers malvoyants et malentendants. Les chiens guides d'aveugles peuvent voyager sans restriction. Une liste complète des équipements est téléchargeable sur le site www.irishrail.ie/travel-information/disabled-access.

- Vous trouverez par ailleurs de nombreuses informations (en français) et des liens utiles concernant l'accessibilité des transports et des attractions touristiques en Irlande sur la page www.ireland.com/fr-fr/hébergement/articles/accessibilite.

- Les deux sites (en anglais) suivants recensent des critiques et/ou avis d'utilisateurs relatifs à l'accessibilité d'hébergements, de restaurants et bars et de sites d'intérêt : mobilitymojo.com, dont la base de données ne se limite plus désormais à

Ce qu'il faut savoir

Journaux *Irish Independent* (www.independent.ie), *Irish Times* (www.irishtimes.com), *Irish Examiner* (www.examiner.ie), *Belfast Telegraph* (www.belfasttelegraph.co.uk).

Radio RTE Radio 1 (88-90 MHz), Today FM (100-103 MHz), Newstalk 106-108 (106-108 MHz), BBC Ulster (92-95 MHz ; Irlande du Nord uniquement)

Tabac Fumer à l'intérieur d'un bâtiment est illégal partout sauf chez les particuliers et dans les prisons.

Poids et mesures Système métrique en république d'Irlande, sauf pour les boissons alcoolisées, mesurées en pintes. Le système de mesures britannique est utilisé en Irlande du Nord.

Dublin et Galway, et www.accessibleireland.com, qui traite notamment brièvement des transports publics.

- Le **Citizens' Information Board** (☎0761 079 000 ; www.citizensinformationboard.ie) en république d'Irlande et **Disability Action** (☎028 9029 7880 ; www.disabilityaction.org ; 189 Airport Rd W, Portside Business Pk ; 🚌28) en Irlande du Nord peuvent conseiller les voyageurs handicapés.
- En France, L'**APF France handicap** (☎01 40 78 69 00 ; www.apf-francehandicap.org ; 17 bd Auguste-Blanqui, 75013 Paris) peut fournir des informations utiles sur les voyages accessibles. **Yanous** (www.yanous.com), **Hizy** (hizy.org), **Handicap.fr** (www.handicap.fr) et **Tourisme et handicaps** (www.tourisme-handicaps.org) constituent également de bonnes sources d'information.
- Enfin, **Motability Ireland** (www.motabilityireland.com) loue des véhicules adaptés.

Hébergement

On trouve en Irlande toutes les gammes d'hébergement. Longtemps un pilier du tourisme irlandais, les omniprésents B&B subissent depuis quelques années la concurrence d'innombrables pensions et hôtels de catégorie moyenne. Voici quelques sites utiles sur l'hébergement en Irlande :

Daft.ie (www.daft.ie). Large sélection d'appartements et de maisons à louer à la semaine ou au mois.

Elegant Ireland (www.elegant.ie). Location de propriétés d'exception : châteaux, maisons historiques...

Imagine Ireland (www.imagineireland.com). Location de cottages pour les vacances dans toute l'Irlande, y compris en Irlande du Nord.

Irish Landmark Trust (www.irishlandmark.com). Cette association pour la conservation du patrimoine loue des propriétés présentant un intérêt historique ou culturel : châteaux, tours, écoles, phares.

Dream Ireland (www.dreamireland.com) Location de maisons de vacances, cottages, appartements en république d'Irlande.

Prix des hébergements

Les prix varient selon la demande ou selon que la réservation se fait en ligne, par téléphone ou sur place. Les prix des B&B sont plus stables, mais pratiquement tous les autres hébergements appliquent des tarifs différant énormément selon la période de l'année, le jour de la semaine, le calendrier des festivals, voire vos talents de négociateur. Les fourchettes de prix suivantes correspondent à une chambre double avec salle de bains privative en haute saison.

Budget	République d'Irlande	Dublin	Irlande du Nord
€/£	< 80 €	< 150 €	< 50 £
€€/££	80-180 €	150-250 €	50-120 £
€€€/£££	> 180 €	> 250 €	> 120 £

B&B et pensions

De la petite maison au manoir restauré en passant par les fermes, l'offre de B&B est très large en Irlande. La plupart proposent des chambres (en général 5 au plus) avec salle de bains privative pour environ 40-60 €/35-50 £ par personne et par nuit (à partir de 100 € à Dublin). Dans les B&B de luxe, comptez au moins 70 €/60 £ par personne. Les prix sont souvent inférieurs hors saison (habituellement d'octobre à mars) et en semaine.

Les pensions sont un équivalent haut de gamme des B&B, mais elles sont un peu plus grandes. Le niveau d'équipement est souvent supérieur à celui des B&B, et certaines pensions sont dotées de restaurants.

Bon à savoir :

- Le niveau d'équipement offert par les B&B va du rudimentaire (lit, salle de bains, bouilloire, TV) au sublime (Jacuzzi, douche à effet de pluie) selon le niveau de prix. Presque tous ont le Wi-Fi, et un parking (vérifiez tout de même).
- La plupart des B&B acceptent les cartes bancaires, mais ce n'est pas toujours le cas, notamment en zone rurale ; renseignez-vous lors de la réservation.
- Il est vivement recommandé de réserver bien à l'avance, surtout pour la haute saison (juin-septembre).
- Dans les régions les plus isolées, certains B&B et pensions n'ouvrent parfois que de Pâques à septembre environ.
- Les B&B complets peuvent parfois vous recommander une autre adresse dans les environs (parfois des particuliers logeant occasionnellement des hôtes).
- Certains B&B, pour offrir des tarifs plus attrayants, proposent le petit-déjeuner en supplément.

Échange de logements

L'échange de logements peut s'avérer un moyen astucieux et économique de s'offrir l'agrément de séjourner dans une "vraie" maison. Moyennant un abonnement annuel, plusieurs agences irlandaises mettent en relation des personnes intéressées par de tels échanges internationaux. Le prix de l'abonnement donne accès au catalogue des hébergements, avec des photos et les coordonnées des propriétaires. À vous ensuite d'organiser l'échange. Certains incluent l'utilisation de leur voiture dans l'échange.

Homelink International House Exchange (www.homelink.ie). Service d'échange de logements, existant depuis 60 ans.

Intervac International Holiday Service (fr.intervac-homeexchange.com). Une longue expérience de l'échange de logements, avec des agents dans le monde entier (site disponible en français).

Hôtels

L'offre en matière d'hôtellerie va du pub au château médiéval. En réservant en ligne ou en négociant directement, vous obtiendrez presque toujours un tarif plus intéressant que celui qui est affiché, surtout pour un séjour hors saison ou en semaine (sauf dans les hôtels d'affaires, qui sont moins chers le week-end).

La plupart des hôtels sont de catégorie moyenne, et offrent des chambres propres et divers équipements, du restaurant à la salle de fitness. En revanche, le Wi-Fi gratuit n'est pas généralisé et bien des établissements – généralement les plus chers – persistent à garder cette option payante.

Locations

Les locations de logement (généralement un cottage, un appartement ou une maison) se font souvent à la semaine. Les prix varient selon la région et la saison. **Fáilte Ireland** (☎ Republic 1850 230 330, UK 0800 039 7000 ; www.discoverireland.ie) publie un guide des locations en république d'Irlande ; la liste est disponible sur le site. **Discover Northern Ireland** (www.discovernorthernireland.com) propose de même une liste des locations en Irlande du Nord sur son site.

Réservation en ligne

Trouvez un vol, un séjour ou un hôtel en quelques clics dans la rubrique "Réserver" de www.lonelyplanet.fr.

Homosexualité

L'Irlande est un pays plutôt tolérant à l'égard des homosexuels. Les grandes villes comme Dublin, Galway et Cork ont une scène gay bien établie, à l'instar de Belfast ou Derry, en Irlande du Nord. En 2015, les Irlandais ont massivement voté en faveur du mariage homosexuel lors d'un référendum historique. Et, en Irlande du Nord, la loi autorisant le mariage entre personnes du même sexe a été adoptée en juillet 2019.

Si les grandes villes et les villes moyennes sont plutôt progressistes et tolérantes, on trouve encore des enclaves homophobes dans l'île, en particulier dans les petites villes et les zones rurales. Quelques sites utiles :

Gaire (www.gaire.com). Forum, petites annonces et informations diverses relatives à la communauté homosexuelle.

Gay Men's Health Project (☎1850-24 1850 ; www.hse.ie/go/GMHS). Conseils de santé pratiques pour les hommes.

National Lesbian & Gay Federation (NLGF ; ☎01-675 5025 ; www.nxf.ie). Publie le mensuel *Gay Community News* (www.gcn.ie).

Northern Ireland Gay Rights Association (☎028-9066 4111 ; nigra.org.uk ; Belfast LGBT Centre, 23-31 Waring St). Défend les droits et les intérêts de la communauté gay en Irlande du Nord. Il fournit une assistance en ligne et par téléphone, mais n'accueille pas le public.

Outhouse (☎01-873 4999 ; www.outhouse.ie ; 105 Capel St, Dublin 1 ; ⏲10h-18h lun-ven, 12h-17h sam ; 🚌tous arrêts centre) Le principal centre de ressources gay, lesbien et bisexuel de Dublin. Un bon endroit pour connaître les événements du moment, consulter les petites annonces et rencontrer des gens. Le centre publie la brochure gratuite *Pink Pages* qui recense les services dédiés aux homosexuels à travers l'Irlande.

Heure locale

En hiver, l'Irlande est à l'heure du méridien de Greenwich (GMT, également appelée Universal Time Coordinated ou UTC), comme la Grande-Bretagne. En été, les pendules avancent d'une heure (GMT+1) : lorsqu'il est midi à Dublin et à Belfast, il est 13h à Paris, Bruxelles et Berne, 7h à Montréal.

Heures d'ouverture

Banques 10h-16h lun-ven (10h-17h jeu)

Pubs 10h30-23h30 lun-jeu, 10h30-0h30 ven-sam, 12h-23h dimanche (tolérance de 30 minutes "pour finir son verre"). Fermeture Noël et Vendredi saint.

Restaurants 12h-22h30 ; de nombreux établissements ferment un jour par semaine.

Magasins 9h30-18h lun-sam (9h30-20h jeu dans les grandes villes), 12h-18h dim.

Internet (accès)

Avec l'essor du Wi-Fi et des réseaux 3G/4G, les cybercafés sont devenus superflus (sauf pour les fans de jeux vidéo). Les rares établissements encore ouverts pratiquent des tarifs d'environ 6 €/heure. La plupart des hébergements sont équipés du Wi-Fi, gratuit ou payant (jusqu'à 10 €/jour).

Jours fériés

Les jours fériés provoquent parfois le chaos sur les routes. Mieux vaut réserver son hébergement bien à l'avance pour ces périodes.

Les jours fériés communs à toute l'Irlande sont les suivants :

Nouvel An 1er janvier

Saint-Patrick 17 mars

Pâques (du Vendredi saint au lundi de Pâques) mars/avril

Fête du Travail 1er lundi de mai

Noël 25 décembre

Saint-Stephen (Boxing Day) 26 décembre

Si la Saint-Patrick ou la Saint-Stephen tombent un week-end, le lundi qui le suit est férié. En république d'Irlande, presque tout est fermé le Vendredi saint, même s'il ne s'agit pas d'un jour férié. En Irlande du Nord, la plupart des commerces ouvrent le Vendredi saint mais ferment le mardi suivant.

Irlande du Nord

Spring Bank Holiday Dernier lundi de mai

The Twelfth 12 juillet

August Holiday Dernier lundi d'août

République d'Irlande

June Holiday 1er lundi de juin

August Holiday 1er lundi d'août

October Holiday Dernier lundi d'octobre

Offices du tourisme

Presque toutes les villes d'importance disposent d'un office du tourisme ou d'un point d'information. La plupart proposent des services variés : réservation d'hébergements ou d'activités, change de devises, vente de cartes et guides, distribution de documentation gratuite.

Le tourisme est géré par **Fáilte Ireland** (Republic 1850 230 330, UK 0800 039 7000; www.discoverireland.ie) en république d'Irlande et **Discover Northern Ireland** (head office 028-9023 1221; www.discovernorthernireland.com) en Irlande du Nord. Les deux enseignes sont regroupées sous le nom de **Tourism Ireland** (www.ireland.com/fr-fr ; en français) pour faire connaître l'Irlande dans son ensemble à l'étranger.

Photographie

- La lumière naturelle est souvent assez faible : préférez les sensibilités élevées, comme 400 ISO pour les clichés en journée.
- En Irlande du Nord, il faut une autorisation pour photographier les postes de police fortifiés, les postes militaires et tout ce qui touche de près ou de loin à l'armée.
- Demandez systématiquement la permission avant de prendre en photo les habitants des quartiers protestant et catholique de West Belfast, et attendez-vous à des réponses négatives.

Voyages et changements climatiques

Tous les moyens de transport fonctionnant à l'énergie fossile génèrent du CO_2 – la principale cause du changement climatique induit par l'homme. L'industrie du voyage est aujourd'hui dépendante des avions. Si ceux-ci ne consomment pas nécessairement plus de carburant par kilomètre et par personne que la plupart des voitures, ils parcourent en revanche des distances bien plus grandes et relâchent quantité de particules et de gaz à effet de serre dans les couches supérieures de l'atmosphère. De nombreux sites Internet utilisent des "compteurs de carbone" permettant aux voyageurs de compenser le niveau des gaz à effet de serre dont ils sont responsables par une contribution financière à des projets respectueux de l'environnement. Lonely Planet "compense" les émissions de tout son personnel et de ses auteurs.

Problèmes juridiques

Lonely Planet déconseille à ses lecteurs l'usage de drogues, même les plus "douces", qui modifient le comportement. En Irlande, la possession d'une petite quantité de marijuana peut être sanctionnée par une amende ou par un simple avertissement ; la possession de drogues dures, elle, fait l'objet de sanctions plus sévères. L'ivresse publique, bien que courante, est illégale. Toutefois, la police laisse souvent les contrevenants tranquilles, sauf s'ils troublent l'ordre public. Si vous êtes arrêté, vous avez le droit de garder le silence et de contacter un avocat ou votre ambassade.

Si vous êtes inculpé, vous serez libéré sous caution (c'est le "station bail") ou, si l'infraction est plus grave, déféré dès que possible (en général dans un délai de 12 heures) du commissariat au Tribunal de District (District Court), où vous serez soit mis en liberté sous caution, soit placé en garde à vue par le juge.

Pour obtenir de l'aide, vous pouvez contacter :

Legal Aid Board (066-947 1000, en Republique d'Irlande 1890 615 200 ; www.legalaidboard.ie ; 9h-17h lun-ven). Possède un réseau de services d'aide juridique locaux.

Legal Services Agency Northern Ireland (028-

Téléphone

Pour téléphoner en république d'Irlande depuis l'étranger, composez le code d'accès international (☎00 depuis la France, la Suisse et la Belgique, ☎011 depuis le Canada), suivi de l'indicatif de l'Irlande (353) et du numéro de votre correspondant sans le 0 initial. Les numéros de téléphone en république d'Irlande commencent par des indicatifs régionaux à trois chiffres (ex. : 021 pour Cork, 091 pour Galway et 061 pour Limerick), à l'exception de celui de Dublin, qui est à deux chiffres (01).

Pour un appel à l'intérieur de la république d'Irlande, l'indicatif est indispensable depuis un téléphone portable mais pas depuis une ligne fixe située dans la zone de même indicatif.

Pour téléphoner en Irlande du Nord depuis l'étranger, composez le code d'accès international suivi de l'indicatif du Royaume-Uni (44) puis le numéro de votre correspondant en omettant le 0. En Irlande du Nord, l'indicatif de tous les numéros de ligne fixe est le 028 ; on ne le compose que pour appeler depuis un portable ou depuis l'étranger. Attention, pour appeler l'Irlande du Nord depuis la république d'Irlande, composez le 048 à la place du 028, sans faire le code pour l'international.

Pour appeler à l'étranger depuis l'Irlande, composez le 00, puis l'indicatif du pays concerné et enfin le numéro de votre correspondant en omettant le 0 initial.

	République d'Irlande	Irlande du Nord
Indicatif pays	☎353	☎44
Indicatif international	☎00	☎00
Renseignements	☎11811/☎11850	☎118 118/☎118 192
Renseignements internationaux	☎11818	

Téléphones portables

- La république d'Irlande et l'Irlande du Nord utilisent le système GSM 900/1800, compatible avec les portables européens mais pas avec les portables nord-américains.
- Les principaux opérateurs téléphoniques proposent des formules mobiles prépayées à partir de 40 € environ, comprenant généralement un appareil rudimentaire et un crédit d'une dizaine d'euros.
- On trouve aussi des cartes SIM prépayées. Vérifiez que votre appareil est compatible avec l'opérateur local.
- Si vous êtes citoyen de l'UE ou de la Suisse, votre forfait fonctionne en Irlande comme dans votre pays d'origine, sans surcoût, pour les appels locaux et les appels vers le pays d'origine, de même que pour naviguer sur Internet, dans certaines limites. Toutefois, en Irlande du Nord, alors que le Brexit est effectif depuis le 31 janvier 2020, cette mesure pourrait être modifiée après la période dite "de transition" qui devrait prendre fin le 31 décembre 2020. Renseignez-vous.

9040 8888 ; www.justice-ni.gov.uk/topics/legal-aid). Gère le programme d'aide juridique d'Irlande du Nord, mais ne propose pas d'assistance juridique.

Santé

Le système de santé irlandais est de bonne qualité. En cas de maladies sans gravité ne nécessitant pas de traitement, les pharmaciens vous conseilleront et vous délivreront des remèdes sans ordonnance. Ils peuvent aussi vous orienter vers un médecin si votre état l'exige.

La plupart des frais médicaux des citoyens de l'UE munis d'une carte européenne d'assurance maladie (CEAM) sont couverts – hormis les interventions non urgentes et les rapatriements : consultez p. 337 la section *Assurances et services médicaux* de ce chapitre.

En Irlande du Nord, la prise en charge en urgence est gratuite, y compris pour les étrangers, aux services des urgences (*accident & emergency, ou A&E*) des hôpitaux publics gérés par le National Health Service.

Se restaurer

Nos recommandations de restaurants et de cafés sont classées par ordre croissant de gammes de prix. Dans chaque gamme de prix, les établissements sont classés par ordre de préférence.

Pour plus de détails, voir le chapitre *Cuisine*.

Toilettes

On ne trouve pas de toilettes publiques dans la rue en Irlande. En revanche, les centres commerciaux ont des toilettes (gratuites ou à 0,20 €/20 p). Si vous ne pouvez pas faire autrement, entrez dans un bar ou un hôtel.

Voyager en solo

L'Irlande n'est pas une destination problématique pour les femmes voyageant seules. Les moyens de contraception ne sont plus aussi difficiles à trouver qu'autrefois, mais il est conseillé aux voyageuses prenant la pilule d'apporter les comprimés couvrant la durée de leur voyage.

Rape Crisis Network Ireland (☎18 0077 888 24h/214 ; www.rcni.ie). Soutien aux victimes de violences sexuelles en république d'Irlande. Application disponible.

Transports

Depuis/vers l'Irlande

Entrer en Irlande

La plupart des visiteurs arrivent en Irlande via Dublin. Shannon ou Belfast sont d'autres possibilités.

- Dublin est le principal point d'entrée aérien.
- Les aéroports de Dublin et Shannon organisent un prédédouanement pour les passagers se rendant aux États-Unis : ceux-ci passent donc par le service de l'immigration américain *avant* d'embarquer.
- Dublin dispose de deux ports maritimes accueillant les principales liaisons avec la Grande-Bretagne. Les ferries en provenance de la France arrivent dans les ports de Rosslare et de Cork, dans le Sud.
- Dublin est le principal centre ferroviaire du pays.

Avion

Aéroports

Aéroport de Cork (Cork Airport ; ☎021-431 3131 ; www.corkairport.com). Desservi par Aer Lingus, Ryanair et Swiss, entre autres.

Aéroport de Dublin (Dublin Airport ; ☎01-814 1111 ; www.dublinairport.com). Le principal aéroport international d'Irlande, avec des vols directs depuis l'Europe continentale et l'Amérique du Nord notamment.

Aéroport de Shannon (Shannon Airport, SNN ; ☎061-712 000 ; www.shannonairport.ie ; 📶). Quelques vols directs depuis l'Europe, l'Amérique du Nord et la Grande-Bretagne.

Belfast International Airport (Aldergrove ; ☎028-9448 4848 ; www.belfastairport.com). Vols directs depuis l'Europe, l'Amérique du Nord et la Grande-Bretagne.

Depuis la France

Dublin est desservie par des vols directs depuis une multitude de villes en France. Comptez environ 1 heure 50 pour un aller-

Agences en ligne

- www.bourse-des-vols.com
- www.ebookers.fr
- www.expedia.fr
- www.govoyages.com
- www.illicotravel.com
- www.kayak.fr
- www.opodo.fr
- www.oui.sncf
- www.partirou.com
- www.skyscanner.fr
- www.trainline.fr
- voyages.kelkoo.fr

retour Paris-Dublin ; les prix commencent à 100 € l'aller-retour avec les compagnies traditionnelles (Air France et Aer Lingus), et autour de 60 € avec les compagnies low cost. On trouve aussi des liaisons entre Cork et Paris, Rennes et Bordeaux, ou entre Belfast et Paris, Lyon, Nice et Bordeaux. Certaines liaisons ne sont assurées qu'en saison estivale.

Air France (☎3654, 0,35 €/min ; www.airfrance.fr). 4 à 5 vols quotidiens Paris CDG-Dublin.

Aer Lingus (☎08 21 23 02 67 ; www.aerlingus.com/fr). La compagnie nationale irlandaise assure des vols directs entre Dublin et Paris, Nice, Bordeaux, Toulouse et Lyon notamment, mais aussi entre Cork et Paris.

easyJet (☎0820 420 315 ; www.easyjet.com/fr). Vols low cost pour Belfast au départ de Paris CDG, Nice et Bordeaux.

Transavia (☎08 92 05 88 88 ; www.transavia.com). Vols low cost pour Dublin au départ de Paris Orly.

Ryanair (☎0892 562 150, 0,34 €/min ; www.ryanair.com/fr). Vols low cost à destination de Dublin depuis Paris-Beauvais, Nice, Grenoble, Marseille, Nantes, Poitiers, Carcassonne notamment, et entre Bordeaux et Cork en haute saison.

Voici quelques adresses d'agences et de transporteurs :

Tui, ex-Nouvelles Frontières (☎0 825 000 825 ; www.tui.fr)

Oui SNCF (☎36 35 ; www.oui.sncf)

Voyageurs du Monde (☎01 42 86 16 00 ; www.voyageursdumonde.fr)

Depuis la Belgique

La compagnie nationale irlandaise Aer Lingus et la compagnie low cost Ryanair proposent des vols directs depuis Bruxelles vers Dublin (1 heure 50). Les prix commencent à 80 € l'aller-retour avec Aer Lingus, et 65 € avec Ryanair.

Aer Lingus (☎070 359901 ; www.aerlingus.com/fr).

Ryanair (☎0902 33 660 ; www.ryanair.com/fr).

Quelques adresses utiles :

Airstop (☎070 233 188 ; www.airstop.be)

Connections (☎070 23 33 13 ; www.connections.be)

Depuis la Suisse

Dublin est desservie directement depuis Genève et Zurich par les compagnies nationales Aer Lingus et Swiss (il existe aussi des vols Cork-Zurich) ; le trajet dure 2 heures 20 entre Zurich et Dublin, et les tarifs commencent à 160 FS l'aller-retour. La compagnie low cost Ryanair assure une liaison entre Bâle-Mulhouse et Dublin : les tarifs commencent autour de 100 FS.

Aer Lingus (☎44 286 99 33 ; www.aerlingus.com/fr). Vols directs pour Dublin depuis Zurich et Genève.

Swiss (☎848 700 700 ; www.swiss.com/ch/fr). Vols directs pour Dublin depuis Zurich et Genève et pour Cork depuis Zurich.

Ryanair (☎00 44 871 500 5050 ; www.ryanair.com/fr). Vols directs pour Dublin au départ de Bâle-Mulhouse.

Vous pouvez aussi vous renseigner auprès de l'agence de voyages **STA Travel** (☎058 450 49 49 ; fr.statravel.ch)

Depuis le Canada

Vols directs pour Dublin depuis Toronto Pearson International (6 heures 30 aller/7 heures 30 retour) ou Montréal (6 heures 10 aller/6 heures 50 retour). Comptez au moins 700 $CA.

Aer Lingus (☎(800) 474-7424 ; www.aerlingus.com/fr). Vols directs pour Dublin depuis Toronto.

Air Canada (☎1-888-247-2262 ; www.aircanada.com). Vols directs pour Dublin depuis Montréal, Toronto et

Billets combinés bus ou train/ferry

Si vous arrivez en Irlande via la Grande-Bretagne, sachez que des forfaits combinant bus, ferry et train permettent de rallier la plupart des villes d'Irlande depuis les grandes villes britanniques. C'est loin d'être aussi rapide qu'un vol low cost, mais votre empreinte carbone sera atténuée. Entre Londres et Dublin, vous mettrez 12 heures en bus et 8 heures en train. De Londres à Belfast, comptez 13 à 16 heures de car. Dans les deux cas, vous n'en aurez que pour 29 £ l'aller-simple environ. Eurolines (www.eurolines.com) a une formule bus et ferry, tandis que Virgin Trains (www.virgintrains.co.uk) propose notamment une formule Londres-Dublin en train et ferry. Pour connaître les autres trajets proposés, consultez les offres SailRail.

Vancouver, et pour Shannon depuis Toronto.

Air Transat (☎1-877-872-6728 ; www.airtransat.com). Vols pour Dublin depuis Toronto et Montréal.

Vous pouvez aussi consulter **Expedia** (www.expedia.ca).

Bateau

La concurrence des vols low cost oblige les ferries à pratiquer des remises importantes et des tarifs flexibles.

Le site www.aferry.co.uk est un site utile qui recense tous les ferries et les compagnies maritimes à destination de l'Irlande.

Depuis la France

Plusieurs compagnies de ferry relient directement la France (mais pas la Belgique) à l'Irlande. Les tarifs varient beaucoup d'une saison à l'autre ; fréquentes promotions sur les sites. Réservez bien à l'avance. Deux ports de départ en France :

Depuis Roscoff, en Bretagne, **Brittany Ferries** (☎0825 828 828 ; www.brittany-ferries.fr) opère de fin mars à fin octobre au moins une liaison hebdomadaire vers Cork (14 heures environ) et Rosslare (13 à 17 heures). Depuis Cherbourg, en normandie, **Irish Ferries** (☎01 70 72 03 26 ; www.irishferries.com) assure jusqu'à 4 liaisons/semaine avec Dublin (16 heures) de mai à septembre.

Depuis Cherbourg,**Stena Lines** (☎02 33 43 23 87 ; www.stenaline.fr) opère une liaison avec Rosslare (18 heures environ).

Depuis la Grande-Bretagne

Des ferries relient également l'Irlande à la Grande-Bretagne :

- Belfast-Liverpool (Angleterre ; 8 heures)
- Belfast-Cairnryan (Écosse ; 2 heures 30)
- Dublin-Liverpool (Angleterre ; ferry rapide /lent 4/8 heures 30)
- Dublin-Holyhead (pays de Galles ; ferry rapide/lent 2 heures/3 heures 30)
- Larne-Cairnryan (Écosse ; 2 heures)
- Rosslare-Fishguard et Pembroke (pays de Galles ; 3 heures 15)

Les compagnies principales pour les liaisons entre la Grande-Bretagne et l'Irlande sont les suivantes :

Irish Ferries (☎01 70 72 03 26, 0818 300 400 ; www.irishferries.com ; Ferryport, Terminal Rd South). Ferries Dublin-Holyhead (jusqu'à 5/jour toute l'année).

P&O Ferries (☎01-686 9467 ; www.poferries.com ; Terminal 3, Dublin Port). Dublin-Liverpool et Larne-Cairnryan tous les jours toute l'année.

Stena Line (☎02 33 43 23 87 ; www.stenaline.fr). Liaisons quotidiennes Holyhead-Dublin, Belfast-Liverpool, Belfast-Cairnryan et Rosslare-Fishguard.

Voyages organisés

Voici une liste (non exhaustive) d'agences de voyages proposant une offre intéressante en Irlande :

Álainn Tours (☎00 353 71 91 50345 ; www.alainntours.fr). Circuits individuels, séjours *eco-friendly*, séjour pêche...

Allibert (France ☎04 76 45 50 50 ; Belgique ☎02 318 32 02 ; Suisse ☎022 519 03 23 ; www.allibert-trekking.com). Séjours de découverte ou de randonnée dans toute l'Irlande.

Arts et Vie (☎01 40 43 20 21 ; www.artsetvie.com). Voyages culturels.

Atalante (France ☎04 72 53 24 80 ; www.atalante.fr). Randonnées et séjours découverte.

Celtic Tours (☎01 55 87 82 05 ; www.celtictours.fr). Circuits thématiques (le whiskey, l'Irlande de *Game of Thrones*, le Connemara...).

Chamina Voyages (☎04 66 69 00 44 ; www.chamina-voyages.com). Séjours de randonnée de 3 à 10 jours.

Comptoir des Voyages (☎accueil 01 53 10 30 15, sur l'Irlande 01 85 08 22 95 ; www.comptoir.fr). L'Irlande en bateau, long week-end dans le Kerry, séjour en roulotte... Agences à Paris, Lyon, Marseille, Toulouse, Bordeaux et Lille.

Gaéland Ashling (☎08 25 12 30 03 ; www.gaeland-ashling.com). Autotours, demeures de luxe...

Grand Angle (☎04 76 95 23 00 ; www.grandangle.fr). Randonnées à pied et circuits à vélo.

Huwans (France ☎01 44 32 09 30, Suisse ☎022 320 50 80 ; www.huwans-clubaventure.fr). Randonnées et trek, circuits en vélo.

Intermèdes (☎01 45 61 90 90 ; www.intermedes.com). Circuits culturels dans toute l'Irlande.

Nomade Aventure (☎01 46 33 71 71 ; www.nomade-aventure.com). Randonnées et trek.

Quartier libre (☎04 78 53 39 28 ; www.quartier-libre.fr). Circuits accompagnés et autotours.

Terres d'Aventure (www.terdav.com ; France ☎01 70 82 90 00 ; Belgique ☎02 543 95 60 ; Suisse ☎022 518 05 13). Circuits de randonnée ou de cyclotourisme, comprenant des formules adaptées aux familles.

Voyageurs du Monde (☎01 42 86 16 00 ; www.voyageursdumonde.fr). Circuits nature, voyages itinérants en famille...

Comment circuler

Visiter l'Irlande en voiture permet d'optimiser son temps et d'atteindre les destinations les plus isolées. On trouve généralement facilement des locations très bon marché – 30 € par jour, voire moins – et si vous êtes deux ou plus, cette option, carburant compris, peut revenir moins cher que de voyager en bus.

Le réseau de bus, en partie public, est étendu et permet généralement de voyager à bon prix. Cependant, les trajets peuvent être longs et de nombreux sites touristiques situés en dehors des villes ne sont pas desservis. Le réseau ferré, plus rapide mais plus limité, ne dessert que les villes principales. De même que les bus, les trains sont pris d'assaut aux périodes d'affluence ;

Forfaits bus et trains

Certains forfaits bus et/ou trains peuvent être avantageux :

Irish Explorer Pass illimité sur le réseau Irish Rail, valable 5 jours au choix sur une période de 15 jours (tarif plein/enfant 160/80 €).

Open Road Pass Forfait 3 jours de car sur une période de 6 jours (60 €) sur le réseau Bus Éireann ; 16,50 €/jour supplémentaire.

Sunday Day Tracker Forfait journée illimité (tarif plein/enfant 8/4 £) valable le dimanche uniquement sur les trains Translink d'Irlande du Nord.

Trekker Four Day Forfait illimité 4 jours (110 €) sur le réseau ferré Irish Rail.

Les pass Eurail 1 pays ne sont pas avantageux pour l'Irlande, quelle que soit la formule choisie.

réservez vos places bien à l'avance pour être sûr d'avoir une place assise.

Avion

L'Irlande est un petit pays, et le recours à des vols intérieurs présente peu d'intérêt. Il existe néanmoins des vols au départ de Dublin pour Belfast, Cork, Derry, Donegal, Galway, Kerry, Shannon et Sligo, qui servent principalement de correspondances pour les voyageurs arrivant de l'étranger. L'avion est un moyen pratique de gagner les îles d'Aran.

Bateau

Les îles irlandaises sont desservies par des ferries. Des bateaux permettent aussi de traverser des rivières, bras de mer et lacs, offrant d'utiles raccourcis, notamment aux cyclistes.

Bus

Les bus privés opposent une concurrence souvent avantageuse à la compagnie nationale Bus Éireann en république d'Irlande, et circulent là où les bus nationaux sont irréguliers ou absents.

Les distances couvertes ne sont jamais très longues : peu de trajets excèdent cinq heures. On peut acheter son billet sur Internet auprès de Bus Éireann, toutefois il n'est pas possible de réserver de place. Sur de nombreux trajets, acheter son billet le plus tôt possible permet de le payer moins cher.

À noter :

- La tendance est à la réduction du nombre de lignes et de la fréquence des bus en république d'Irlande.
- L'application "National Journey Planner" de Transport for Ireland est très utile pour planifier les trajets en bus ou en train.

Les principales compagnies de bus en Irlande sont les suivantes :

Bus Éireann (☎1850-836 6111 ; www.buseireann.ie). La principale compagnie de bus de la république d'Irlande.

Translink (☎028-9066 6630 ; www.translink.co.uk). La principale compagnie de bus d'Irlande du Nord, qui comprend les bus Ulsterbus et Goldline.

Circuits organisés locaux

Les circuits organisés sont une solution commode pour voir les principaux sites en un minimum de temps. On peut s'inscrire auprès des agences de voyages et des offices du tourisme ou directement auprès des organismes. Voici quelques-uns des plus réputés :

Bus Éireann (☎01-836 611 ; www.buseireann.ie). Voyages d'une journée depuis Dublin et Cork vers des destinations populaires.

CIE Tours International (☎01-703 1 888 ; www.cietours.com). Circuits de plusieurs jours dans la république d'Irlande et en Irlande du Nord.

Paddywagon Tours (☎01-823 0822 ; www.paddywagontours.com). Circuits riches en activités dans toute l'Irlande.

Railtours Ireland (☎01-856 0045 ; railtoursireland.com). Pour les amateurs de train.

Touristy Ireland (☎087-631 2682 touristy.ie). Circuits personnalisés de 1 à 14 jours avec véhicule individuel et chauffeur.

Train

L'Irlande est un petit pays : voyager en train est rapide et efficace, et peut être aussi bon marché que de voyager en bus, en réservant bien à l'avance.

- Plusieurs des plus belles régions d'Irlande sont inaccessibles en train, notamment de larges sections de la Wild Atlantic Way.
- Le réseau est centré sur Dublin, et les correspondances entre les lignes sont limitées, ce qui peut compliquer l'exploration de l'île en train.
- Quatre lignes partent de Belfast en Irlande du Nord, dont une rejoint le réseau de la république d'Irlande à Newry en direction de Dublin.
- Il n'y a de véritable première classe que sur les lignes Dublin-Cork et Dublin-Belfast. Pour les autres trains, même si la première classe existe en théorie, les fauteuils des deux classes ont la même taille et offrent la même place pour les jambes.

Irish Rail (Iarnród Éireann ; ☎01-836 6222 ; www.irishrail.ie) gère le réseau de la république d'Irlande.

Translink NI Railways (☎028-9066 6630 ; www.translink.co.uk) gère le réseau d'Irlande du Nord.

Avertissement

Les informations contenues dans ce chapitre sont particulièrement susceptibles de changements. Vérifiez directement auprès de la compagnie aérienne ou de l'agence de voyages les modalités d'utilisation de votre billet d'avion. N'hésitez pas à comparer les prestations. Les détails fournis ici doivent être considérés à titre indicatif et ne remplacent en rien une recherche personnelle attentive.

Transports urbains

Dublin et Belfast disposent d'un bon réseau de bus, de même que plusieurs grandes villes.

- Le train Dublin Area Rapid Transport (DART) longe peu ou prou la côte dublinoise, tandis que le Luas (tramway) comprend deux lignes très fréquentées.
- Les taxis sont souvent chers : la prise en charge de jour/nuit s'élève à 3,60/4 €, puis il faut compter 1,10/1,40 € le kilomètre après 500 m.
- Uber est présent à Dublin mais n'est pas aussi populaire que l'application Free Now (www.free-now.com).

Vélo

De par sa taille et ses magnifiques paysages, l'Irlande est une destination idéale pour le cyclotourisme. Toutefois, le climat imprévisible, l'étroitesse des voies et la présence sur les routes de quelques fous du volant sont des inconvénients à ne pas négliger. Les pistes cyclables comme la Great Western Greenway (42 km) dans le comté de Mayo sont un vrai bonheur pour les cyclistes. Bon à savoir si vous souhaitez explorer à vélo l'ouest : en raison des vents dominants, il est généralement plus facile de progresser du sud au nord.

Les bus acceptent de transporter les vélos uniquement s'ils en ont la place. Dans les trains, sachez que :

- Le transport d'un vélo coûte 10,50 € dans un train InterCity.
- Mieux vaut réserver (www.irishrail.ie), car il n'y a de place que pour deux vélos par train.

Plusieurs agences proposent des circuits à vélo en Irlande, notamment :

Go Visit Ireland (☎066-976 2094 ; www.govisitireland.com). Circuits encadrés ou non.

Irish Cycling Safaris (☎01-260 0749 ; www.cyclingsafaris.com ; circuits à partir de 860 €). Nombreux circuits dans tout le pays.

Voiture et moto

Voyager en voiture ou à moto offre plus de souplesse et d'autonomie. Le réseau routier est vaste et les autoroutes ont beaucoup réduit la durée des trajets. Attention toutefois, les routes secondaires sont souvent très étroites et peuvent être périlleuses.

Tout véhicule circulant sur la voie publique doit être assuré. Si vous vous rendez en Irlande avec votre propre voiture, vérifiez que votre assurance vous couvre.

Code de la route

L'Irlande est un des rares pays au monde où les vitesses maximales autorisées semblent souvent impossibles à atteindre.

- *Motorways* (signalées sur fond bleu par un M suivi du numéro) : autoroutes modernes à deux voies.
- Routes principales (N suivi du numéro sur fond vert dans la république d'Irlande, A suivi du numéro en Irlande du Nord) : grandes routes généralement bien entretenues.
- Routes secondaires et tertiaires (R suivi du numéro dans la république d'Irlande, B suivi du numéro en Irlande du Nord) : parfois très sinueuses et extrêmement étroites.

- De nombreuses autoroutes (*motorways*) sont payantes, la plupart du temps par barrières de péage. Sur la M50, entre les sorties 6 et 7, le péage automatique est à régler sur www.eflow.ie.
- Les panneaux de localisation sont souvent peu visibles.
- Un système de navigation GPS peut s'avérer très utile.
- Les permis européens sont équivalents au permis irlandais.
- Les permis émis hors UE sont valables 12 mois à compter de la date d'entrée en Irlande.
- Si vous arrivez avec votre voiture depuis un pays européen, vous devez être assuré au moins au tiers et être en possession de la carte grise du véhicule.

Les règles de base sont les suivantes :

- En Irlande comme au Royaume-Uni, on roule à gauche et on double par la droite.
- La ceinture de sécurité est obligatoire pour tous les occupants du véhicule.
- Les enfants de moins de 1,50 m ou 36 kg doivent être installés sur un rehausseur ou un siège enfant adapté à leur âge.
- Les enfants de moins de 12 ans ne sont pas autorisés à voyager sur le siège avant.
- Lorsqu'on s'engage sur un rond-point, la priorité est à droite.
- En république d'Irlande, limitations de vitesse et distances sont généralement indiquées en kilomètres sur les panneaux. En Irlande du Nord, elles sont souvent indiquées en miles.
- Limitations de vitesse :

République d'Irlande
120 km/h sur autoroute,
100 km/h sur les nationales,
80 km/h sur les routes régionales et secondaires,
50 km/h en ville sauf indication différente.

Distances (km)

	Athlone	Belfast	Cork	Derry	Donegal	Dublin	Galway	Kilkenny	Killarney	Limerick	Rosslare Harbour	Shannon Airport	Sligo	Waterford
Belfast	242													
Cork	219	424												
Derry	209	117	428											
Donegal	183	180	402	69										
Dublin	127	167	256	237	233									
Galway	93	306	209	272	204	212								
Kilkenny	116	284	148	335	309	129	172							
Killarney	232	436	87	441	407	304	193	198						
Limerick	363	323	105	328	287	202	98	113	111					
Rosslare Harbour	201	330	208	397	391	153	274	98	275	211				
Shannon Airport	133	346	128	351	282	218	93	135	135	25	234			
Sligo	117	206	336	135	66	214	138	245	343	227	325	218		
Waterford	164	333	126	383	357	163	220	48	193	129	82	152	293	
Wexford	184	309	187	378	372	135	253	80	254	190	19	213	307	61

Irlande du Nord 70 miles/h (112 km/h) sur autoroute, 60 miles/h (96 km/h) sur les routes principales, 30 miles/h (48 km/h) en zone urbaine.

- La conduite en état d'ébriété est sévèrement réprimée. La quantité d'alcool dans le sang autorisée est limitée à 0,5 g/l dans la république d'Irlande et 0,35 g/l en Irlande du Nord.

Clubs automobiles

Voici les deux principaux :

Automobile Association (AA ; panne en Irlande du Nord ☎ ; 00 800 8877 6655 ; panne en république d'Irlande ☎ ; 1800 66 77 88 ; www.theaa.ie)

Royal Automobile Club (RAC ; panne en Irlande du Nord ☎333 200 0999, panne en république d'Irlande ☎0800 015 6000 ; www.rac.ie)

Location

En réservant tôt, les prix commencent autour de 20 €/jour (kilométrage illimité) pour une petite voiture. Pour identifier les meilleurs tarifs, recourez à un comparateur de prix en ligne et consultez également les sites des agences de location : ils proposent souvent des promotions non disponibles sur les comparateurs.

Bon à savoir :

- Les voitures de location sont généralement manuelles. Il est possible de louer des voitures automatiques, mais moyennant un prix plus élevé.
- Si vous passez de république d'Irlande en Irlande du Nord, vérifiez que l'assurance couvre les déplacements dans le Nord.
- La majorité des agences de location refusent de louer des voitures aux conducteurs de moins de 23 ans ayant le permis depuis moins d'un an.

Stationnement

Toutes les grandes villes disposent de parkings, couverts ou non.

- Pour stationner dans les rues, il faut le plus souvent acheter un ticket dans un parcmètre ou utiliser un disque de stationnement (permettant d'afficher l'heure à laquelle vous vous êtes garé), souvent fourni par les agences de location. Les tarifs vont de 1,50 à 6 € l'heure, et environ 25 € pour 24 heures.
- Une ligne jaune (simple ou double) au bord de la route indique une restriction au stationnement. Cherchez le panneau situé à proximité et précisant sous quelles conditions il est possible de se garer. Lorsque la ligne est double, il est totalement interdit de stationner.

Langues

Si le gaélique irlandais (*Gaeilge*) est l'une des deux langues officielles de la république d'Irlande (avec l'anglais), il n'est véritablement parlé que dans des zones rurales isolées appelées *gaeltacht*, notamment dans les régions de Cork (*Corcaigh*), Donegal (*Dún na nGall*), Galway (*Gaillimh*), Kerry (*Ciarraí*) et Mayo (Maigh Eo).

En-dehors de ces zones, demandez à un Irlandais s'il parle gaélique, et neuf fois sur dix, il vous répondra "*ah, cupla focal*" (quelques mots) – et ce n'est généralement pas par modestie. L'apprentissage du gaélique est obligatoire dans les écoles pour les élèves de 6 à 15 ans. Toutefois, l'enseignement, traditionnellement théorique et ennuyeux, a surtout conduit à rebuter les enfants. Par conséquent, de nombreux adultes regrettent de ne pas mieux maîtriser la langue. Aujourd'hui, un nouveau programme a été mis en place, avec un nombre d'heures restreint mais des méthodes plus ludiques, pratiques et attrayantes.

En 2003, le gouvernement a adopté la Loi sur les langues officielles : tous les panneaux de signalisation et documents officiels doivent être écrits en gaélique ou du moins proposer une version bilingue anglais et gaélique.

Gaélique

Prononciation

Le gaélique comporte des voyelles longues (accentuées) et courtes (non accentuées), et des voyelles "larges" (**a**, **á**, **o**, **ó**, et **u**) et "étroites"(**e, é, i** et **í**). Celles-ci, essentielles, peuvent modifier la prononciation des consonnes qui les précèdent.

Bien qu'il existe des associations inhabituelles, **mh** et **bhf** par exemple (toutes deux prononcées "w"), les consonnes se prononcent généralement comme en anglais.

Le gaélique irlandais compte trois dialectes principaux : le gaélique de Connaught (Galway et nord de Mayo), celui de Munster (Cork, Kerry et Waterford) et celui d'Ulster (Donegal).

Les indications de prononciation francisées données ci-dessous correspondent au gaélique irlandais standard moderne, sorte de mélange des trois dialectes. Si vous lisez ces transcriptions phonétiques comme s'il s'agissait de français, vous vous débrouillerez en gaélique sans avoir à vous soucier des règles de prononciation.

Mots et expressions de base

Bonjour
Dia duit. — dia rét

Bonjour (réponse)
Dia is Muire duit. — dias moïra rét

Bonjour (le matin)
Maidin mhaith. — madjin wa

Bonne nuit.
Oíche mhaith. — ichè wa

Au revoir. (si vous partez)
Slán leat. — slon liatt

Au revoir. (si vous restez)
Slán agat. — slon agat

Excusez-moi.
Gabh mo leithscéal. — gamoh lèch skeïl

Je suis désolé.
Tá brón orm. — ta brohn oreum

Merci (beaucoup).
Go raibh (míle) maith agat. — go rev (mila) mah agat

Jours de la semaine

lundi	*Dé Luaín*	deï loune
mardi	*Dé Máirt*	deï maart
mercredi	*Dé Ceádaoin*	deï keïdin
jeudi	*Déardaoin*	déérdin
vendredi	*Dé hAoine*	deï hina
samedi	*Dé Sathairn*	deï sahern
dimanche	*Dé Domhnaigh*	deï douna

S'il vous plaît
más é do thoil é. ... mâs eï do hèl eï
Parlez-vous gaélique ?
An bhfuil Gaeilge agat? on wèl goeïlga agat
Je ne comprends pas.
Ní thuigim. ni higgim
Qu'est-ce que c'est ?
Cad é seo/sin? kad eï shèo/shén
J'aimerais aller...
Ba mhaith liom dul go dtí ... ba wa lom deul go di ...
J'aimerais acheter...
Ba mhaith liom ... a cheannach. ba wa lom ... a chyanarr

Oui	*Tá.*	to
Non	*Níl.*	nol
C'est	*Sea.*	chè
Ce n'est pas...	*Ní hea.*	ni hè

un autre/encore un
ceann eile kyônn èlè
bien/bon
go deas go diass

Conversation

Bienvenue.
Ceád míle fáilte. kéèd milé faltché
(littéralement : 100 000 bienvenues)
Comment allez-vous ?
Conas a tá tú? keunas o ta tou
Je vais bien.
Táim go maith. thom go ma
Comment vous appelez-vous ?
Cad is ainm duit? kad és aném dwit
Je m'appelle (Sean Frayne).
(Sean Frayne) is ainm dom. (shaun freïn) és aném dom
Impossible !
Ní féidir é! ni feïdeur eï

Panneaux

Gardaí	*gardi*	police
Oifig An Phoist	*èffig ohn fosht*	poste
Leithreas	*lehréss*	toilettes
Fir	*féch*	homme
Mna	*mno*	femme

Nombres

1	*haon*	heyin
2	*dó*	do
3	*trí*	tri
4	*ceathaír*	kaha
5	*cúig*	kouïg
6	*sé*	heï
7	*seacht*	sharkt
8	*hocht*	horrt
9	*naoi*	neï
10	*deich*	jeh
20	*fiche*	firreu

N'importe quoi !
Ráiméis! romeïch
C'est terrible !
Go huafásach! go houfasarr
Calmez-vous.
Tóg é gobogé. tog eï gobogeï
Santé ! *Slainte!* sloncha
Je ne boirai plus jamais !
Ní ólfaidh mé go brách arís! ni ohlhi meï go brorr eurishch
Bon voyage !
Go n-éirí an bóthar leat! go neïri on bohhar liatt
Joyeux Noël !
Nollaig shona! nolèg hona
Joyeuses Pâques !
Cáisc shona! kashk hona

Anglais

Parlé aujourd'hui par quelque 400 millions de personnes dans le monde, l'anglais est la langue dominante en république d'Irlande et, de surcroît, en Irlande du Nord.

Sa prononciation peut dérouter un francophone, en particulier du fait que certains sons n'existent pas en français. D'une façon générale, toutes les lettres se prononcent séparément. Dans certains cas toutefois, les sons *an* et on sont proches des nasales *an* et *on* françaises (comme dans "banc" et "front").

Vous devriez vous faire comprendre sans difficulté en lisant nos transcriptions de prononciation comme s'il s'agissait du français, avec toutefois les particularités suivantes.

La diction anglaise comporte des accents toniques : les syllabes à accentuer sont indiquées chaque fois ici par l'italique. N'hésitez pas à les marquer particulièrement, même si vous avez l'impression d'exagérer un peu au début.

Pour prononcer le "r", la langue doit être recourbée au fond du palais : on obtient ainsi un son doux proche du "w" français.

Le "th" anglais a deux prononciations possibles, indiquées ici par les lettres majuscules "S" (dites [s] en plaçant la pointe de la langue contre les dents du haut) ou "Z" (dites [z] en plaçant la pointe de la langue contre les dents du haut).

La lettre "h" se prononce avec une expiration.

Mots et expressions de base

Oui.	*Yes.*	yès
Non.	*No.*	no
S'il vous plaît.	*Please.*	pliiz

Merci (beaucoup).
Thank you (very much). — *Sank* you (vè·ri *meutch*)

Je vous en prie.
You're welcome. — your *wèl*·komm

Excusez-moi.
Excuse me. — ek·*skyouz* mi

Pardon.
Sorry. — *so*·ri

Bonjour/Salut
Hello/Hi — *hè*·lo/haï

À bientôt.
See you later. — sii you *léï*·teur

Au revoir.
Goodbye. — goud·*baï*

Comment allez-vous/vas-tu ?
How are you? — *hao* âr you

Bien, merci. Et vous/toi ?
Fine. And you? — faïn annd *you*

Présentations

Enchanté(e).
Pleased to meet you. — *pliizd* tou miit you

Comment vous appelez-vous ?
What's your name? — *wats* your néïm

Jours de la semaine

lundi	*Monday*	*monn*·dèï
mardi	*Tuesday*	*tyous*·dèï
mercredi	*Wednesday*	*wènns*·dèï
jeudi	*Thursday*	*Sœurs*·dèï
vendredi	*Friday*	*fraï*·dèï
samedi	*Saturday*	*sa*·teu·dèï
dimanche	*Sunday*	*seunn*·dèï

Je m'appelle...
My name is ... — maï néïm iz ...

Parlez-vous français ?
Do you speak French? — dou you spiik *frènch*

Voici mon compagnon/ma compagne.
This is my partner.
Zis iz maï *par*·tneur

D'où venez-vous ?
Where are you from?
wèr âr you *from*

Je viens de...
I'm from... — aïm from

Je suis marié(e).
I'm married. — aïm *ma*·rid

Je suis célibataire.
I'm single. — aïm *sing*·eul

Quel est votre/ton numéro de téléphone ?
What's your phone number?
wats your *fown num*·beur

Quelle est votre/ton adresse e-mail ?
What's your email address?
wats your *i*·méïl eu·*drès*

Quel âge avez-vous/as-tu ?
How old are you? — *hao* owld âr you

J'ai (25) ans.
I'm (twenty-five) years old.
aïm (twènn·ti·*faïv*) yérz *old*

Sensations

J'ai faim.	*I'm hungry.*	aïm *heung*·ri
J'ai froid.	*I'm cold.*	aïm *kôwld*
J'ai chaud.	*I'm hot.*	aïm *hot*
J'ai soif.	*I'm thirsty.*	aïm *Sœrs*·ti

Comment vous sentez-vous/te sens-tu ?
Are you all right?
âr you ôl *raït*

À table

petit-déjeuner *breakfast* *brèk*·feust
déjeuner *lunch* leunnch
dîner *dinner* *di*·neur
casse-croûte *snack* snak
manger *eat* iit
boire *drink* drink
Je voudrais... *I'd like ...* aïd *laïk* ...

L'addition, s'il vous plaît.
I'd like the bill, please.
aïd laïk zeu *bil*, pliz

Je meurs de faim !
I'm starving!
aïm *stâr*·vinng

Je voudrais réserver une table pour...
I'd like to book a table for ...
aïd laïk tou bouk eu *téï*·beul for ...

(20h)
(8) o'clock (éït) o·*klok*

(2) personnes
(2) people (tou) *pi*·peul

Puis-je voir la carte, s'il vous plaît ?
Can I see the menu, please?
kann aï sii zeu *me*·nyou pliiz

Que me conseillez-vous ?
What would you recommend?
wat woud you rè·ko·*mènnd*

Pouvez-vous préparer un repas sans... ?
Could you prepare a meal without ...?
koud you pri·pèr eu miil wiz·aout

beurre
butter *beu*·teur

bouillon de viande
meat stock *miit* stok

œufs
eggs *ègz*

viande
meat miit

Servez-vous des plats végétariens ?
Do you have vegetarian food?
dou you hav vè·djè·*teu*·rieunn *foud*

Je voudrais une table pour (cinq) personnes, s'il vous plaît.
I'd like a table for (five), please.
aïd *laïk* tou bouk eu *téï*·beul for (faïv), pliiz

Y a-t-il un espace fumeurs ?
Is there a smoking area?
iz zèèr eu *smow*·king è·ri·a

Au bar

Que désirez-vous ?
What would you like?
wat woud you *laïk*

Je vous offre un verre.
I'll buy you a drink.
aïl *baï* you eu drink

Une bière.
A glass of beer.
eu *glas* of *biir*

Un verre de vin blanc/rouge.
A glass of white/ red wine.
eu *glas* of waït/rèd waïn

Champagne.
Champagne.
cham·péïn

Santé !
Cheers!
tchiirz

Achats

Combien ça coûte ?
How much is it? *hao* meutch iz it

Pouvez-vous écrire le prix ?
Can you write down the price?
kan you raït daonn Ze *praïs*

Je voudrais acheter...
I'd like to buy ... aïd laïk tou *baï* ...

Je ne fais que regarder.
I'm just looking. aïm djeust *lou*·kinng

Puis-je le voir ?
Can I look at it? kann aï *louk* at it

Acceptez-vous... ?
Do you accept ...? dou you ak·*sèpt*

les cartes de crédit
credit cards *krè*·dit kârdz

Puis-je avoir..., s'il vous plaît ?
Could I have a ..., please?
koud aï hav eu ..., pliiz

un sac
bag *bag*

un reçu
receipt *ri*·*siit*

Où est le supermarché ?
Where's the supermarket?
wèrz Ze *syou*·peur·*mâr*·kèt

Où puis-je trouver une banque ?
Where's a bank?
wèrz eu *bank*

Où puis-je acheter... ?
Where can I buy . . . ?
wèr kann aï *baï* ...

Date et heure

Quelle heure est-il ?
What time is it? wat *täim* iz it
Il est 10h.
It's 10 o'clock (am/pm). its (tènn) ok·*lok* (èï·èm/pi·èm)

matin	*morning*	*mor*·ninng
après-midi	*afternoon*	af·teu·*noun*
soir	*evening*	*iv*·ninng
hier	*yesterday*	*yès*·teu·dèï
aujourd'hui	*today*	tou·*dèï*
demain	*tomorrow*	tou·*mo*·ro

janvier	*January*	*dja*·nu·ari
février	*February*	*fè*·bru·ari
mars	*March*	*mârtch*
avril	*April*	*èï*·pril
mai	*May*	mèï
juin	*June*	djounn
juillet	*July*	djou·*laï*
août	*August*	*ao*·goust
septembre	*September*	sep·*tèmm*·beur
octobre	*October*	ok·*to*·beur
novembre	*November*	no·*vèmm*·beur
décembre	*December*	di·*cèmm*·beur

Hébergement

Où puis-je trouver... ?
Where's a ...? wèrz eu
une pension
bed and breakfast bèd ènnd *brèk*·feust
un hôtel *hotel* ho·*tèl*
une auberge de jeunesse
youth hostel *youss* hos·tèl
Quelle est le prix par nuit ?
How much is it per night?
hao *meutch* iz it peur *naït*
Pouvez-vous me conseiller un endroit... ?
Can you recommend somewhere ...?
kan you rè·ko·*mènnd* so·meu·*wèèr* ...
bon marché *cheap* tchiip
près d'ici *nearby* *niir*·baï
Quelle est l'adresse ?
What's the address? wats zi ad·*rès*

Je voudrais réserver une chambre, s'il vous plaît.
I'd like to book a room, please.
aïd laïk tou bouk eu *roum* pliiz
Nous sommes (trois).
There are (three) of us. Zèr âr (*Srii*) of eus
Je voudrais rester (deux) nuits.
I'd like to stay for (two) nights.
aïd laïk tou stéï for (*tou*) naïts
Avez-vous une chambre... ?
Do you have a ... room? dou you hav eu ... *roum*

avec un lit double	*double*	deu*beul*
à un lit	*single*	*sinng*·eul
avec des lits jumeaux	*twin*	twinn

Transports

À quelle heure part... ?
What time does the ... leave?
wat taïm *daz Zeu* ... *liiv*

le bateau	*boat*	bowt
le bus	*bus*	beus
l'avion	*plane*	pléïn
le train	*train*	tréïn

Quel bus va à... ?
Which bus goes to ...? witch *beus* goz tou ...
Pouvez-vous me dire quand nous arrivons à... ?
Can you tell me when we get to ...?
kann you *tèl* mi wènn wi gèt tou ...
Un billet ... (pour Belfast), s'il vous plaît.
One ... ticket (to Belfast), please.
wann ... *ti*·kèt (tou bel·fast) pliiz
de 1re classe
1st-class fœrst *klas*
de 2e classe
2nd-class sè·konnd *klas*

enfant	*child's*	tchaïldz
aller simple	*one-way*	wann wéï
aller et retour	*return*	ri·*teurn*
étudiant	*student's*	*stu*·dènnts

Je voudrais louer...
I'd like to hire aïd laïk tou *haï*·eur
un 4x4 *a jeep* eu *djiip*
une automatique
an automatic eun o·to·*ma*·tik
une (petite/ grosse) voiture
a (small/large) car eu (smool/lârdj) kâr

Pour aller plus loin

Indispensable pour mieux communiquer sur place : le **Guide de conversation Anglais** de Lonely Planet. Pour réserver une chambre, lire un menu ou simplement faire connaissance, ce manuel permet d'acquérir des rudiments d'anglais. Inclus : un minidictionnaire bilingue.

Édité par Lonely Planet également, le guide **Petite conversation en anglais** convient, quant à lui, pour une première approche ou un très court séjour. Enfin, le **Guide de conversation des 8/12 ans – Anglais** donne aux enfants des outils pour apprendre l'anglais en s'amusant.

une manuelle
a manual — eu *ma*·nou·eul

une moto
a motorbike — eu *mo*·to·baïk

Visites touristiques

Quand a lieu la prochaine excursion à la journée ?
When's the next day trip?
wènz Zeu nèkst *dèï* trip

Combien de temps dure l'excursion ?
How long is the tour?
hao *long* iz Zeu touour

L'entrée est-elle comprise ?
Is the admission charge included?
iz Zi eud·*mi*·cheun tchârdj in·*klou*·did

À quelle heure doit-on rentrer ?
What time should we be back?
wat *taïm* cheud wi bi bak

Urgences

Au secours !	*Help!*	hèlp
Arrêtez !	*Stop!*	stop
Allez-vous-en !	*Go away!*	go eu·*wéï*
Au voleur !	*Stop thief!*	stop Siif
Au feu !	*Fire!*	*faï*·eur

Faites attention !
Watch out!
watch *a·out*

Appelez la police !
Call the police!
kool Zeu po·*liis*

C'est urgent !
It's an emergency!
its eunn é·*meur*·djeun·si

Pourriez-vous m'aider, s'il vous plaît ?
Could you help me, please?
coud you *hèlp* mi pliiz

Pourrais-je utiliser le téléphone ?
Could I use the telephone?
coud aï youz Zeu *tè·lè*·fonn

Je suis perdu(e).
I'm lost.
aïm lost

Où sont les toilettes ?
Where is the bathroom?
wèr iz Zeu *ba*·Sroum

J'ai besoin d'un médecin qui parle français.
I need a doctor who speaks French.
aï niid eu *dok*·teur hou spiiks frènch

Est-ce que je peux voir une femme médecin ?
Could I see a female doctor?
coud aï sii eu *fi*·mèïl dok·teur

Je n'ai plus de médicaments.
I've run out of my medication.
aïv reun a·*out* of maï mè·di·*kèï*·cheun

Où y a-t-il un dentiste par ici ?
Where's a dentist nearby?
wèrz eu *dènn*·tist niir·baï

Où est l'hôpital le plus proche ?
Where's the nearest hospital?
wèrz Zeu *ni*·reust *hos*·pi·teul

Où y a-t-il une pharmacie de garde ?
Where's a night pharmacy?
wèrz eu (*naït*) *kè*·mist

En coulisses

À nos lecteurs

Merci à tous les voyageurs qui ont utilisé la dernière édition de ce guide et qui nous ont écrit pour nous faire part de leurs conseils, de leurs suggestions et de leurs anecdotes.

Remerciements

Données des cartes du climat adaptées de Peel MC, Finlayson BL & McMahon TA (2007) "Updated World Map of the Köppen-Geiger Climate Classification", Hydrology and Earth System Sciences, 11, 1633-44.

Les illustrations p. 110-111, 134-135 sont de Michael Weldon, celles p. 42-43, 54-55, 94-95 sont de Javier Zarracina.

Couverture : Kylemore Abbey, Ester Lo Feudo/Shutterstock©

À propos de ce guide

Cette 4e édition du guide *L'Essentiel de l'Irlande* est une traduction-adaptation de la 3e édition du guide Lonely Planet *Best of Ireland,* préparée et rédigée par Neil Wilson, Isabel Albiston, Fionn Davenport, Belinda Dixon et Catherine Le Nevez. L'édition précédente avait été préparée et rédigée par Neil Wilson, Isabel Albiston, Fionn Davenport, Damian Harper et Catherine Le Nevez.

Traduction Marie Bouchet et Scadi Kaiser

Direction éditoriale Didier Férat

Adaptation française Sophie Senart

Responsable prépresse Jean-Noël Doan

Maquette Gudrun Fricke

Cartographie cartes adaptées en français par Eduardo Yanes Blanch

Couverture adaptée en français par Laure Wilmot

Merci à Jean-Victor Rebuffet pour ses recherches, à Dolorès Mora pour sa relecture enthousiaste, à Vahagn Terzian pour son travail de référencement et à Basile Mariton pour la préparation du manuscrit. Un grand merci à l'équipe du bureau de Paris ainsi qu'à Clare Mercer, Imogen Harrison et Luan Angel du bureau LP de Londres et Jacqui Saunders, Glenn van der Knijff et Brad Smith du bureau LP Australie.

Vos réactions ?

Vos commentaires nous sont très précieux et nous permettent d'améliorer constamment nos guides. Notre équipe lit toutes vos lettres avec la plus grande attention. Nous ne pouvons pas répondre individuellement à tous ceux qui nous écrivent, mais vos commentaires sont transmis aux auteurs concernés. Tous les lecteurs qui prennent la peine de nous communiquer des informations sont remerciés dans l'édition suivante, et ceux qui nous fournissent les renseignements les plus utiles se voient offrir un guide.

Pour nous faire part de vos réactions, prendre connaissance de notre catalogue et vous abonner à notre newsletter, consultez notre site Internet : **www.lonelyplanet.fr**

Nous reprenons parfois des extraits de notre courrier pour les publier dans nos produits, guides ou sites Web. Si vous ne souhaitez pas que vos commentaires soient repris ou que votre nom apparaisse, merci de nous le préciser. Notre politique en matière de confidentialité est disponible sur notre site Internet.

Index

Références des plans en **gras**

Références des plans en **gras**

Références des plans en **gras**

Comment utiliser ce guide

Ces symboles vous aideront à identifier les différentes rubriques :

- À voir
- Activités
- Cours
- Circuits organisés
- Fêtes et festivals
- Où se restaurer
- Où prendre un verre
- Où sortir
- Achats
- Renseignements et transports

Ces symboles vous donneront des informations essentielles au sein de chaque rubrique :

- Adresses écoresponsables
- GRATUIT Sites libres d'accès

- Numéro de téléphone
- Horaires d'ouverture
- Parking
- Non-fumeur
- Climatisation
- Accès Internet
- Wi-Fi
- Piscine
- Bus
- Ferry
- Tramway
- Train
- Menu en anglais
- Végétarien
- Familles bienvenues

Choisissez des lieux sur mesure grâce aux symboles suivants :

- Argent
- Gastronomie
- Prendre un verre
- Vélo
- Sports
- Art et culture
- Fêtes et festival
- Sites photogéniques
- Paysages
- En famille
- Achats
- Vaut le détour
- Randonnée
- 100% local
- Histoire
- Sortir
- Plages
- Café
- Faune et flore
- Scène LGBT
- Hébergement
- Château
- Activités nautiques
- Infos pratiques

À voir

- Cave/vignoble
- Château
- Église
- Monument
- Mosquée
- Musée/galerie/édifice historique
- Plage
- Réserve ornithologique
- Ruines
- Synagogue
- Temple bouddhiste
- Temple confucéen
- Temple hindou
- Temple jaïn
- Temple shintoïste
- Temple sikh
- Temple taoïste
- Zoo/réserve animalière
- Autre site

Achats

- Magasin

Activités

- Bodysurfing
- Canoë/kayak
- Cours/circuits organisés
- Plongée/snorkeling
- Randonnée
- Sentō (bain public)
- Ski
- Snorkeling
- Surf
- Piscine/baignade
- Planche à voile
- Autres activités

Où se loger

- Camping
- Hébergement

Où se restaurer

- Restauration

Où prendre un verre

- Bar
- Café

Où sortir

- Salle de spectacle

Renseignements

- Accès Internet
- Ambassade/consulat
- Banque
- Bureau de poste
- Centre téléphonique
- Hôpital/centre médical
- Office du tourisme
- Police
- Toilettes
- Autre adresse pratique

Géographie

- Aire de pique-nique
- Cascade
- Col
- Montagne/volcan
- Oasis
- Parc
- Phare
- Plage
- Point de vue
- Portail
- Refuge/gîte

Transports

- Aéroport
- Bart
- Bus
- Ferry
- Gare/chemin de fer
- Métro/MRT/Tube Station
- Monorail
- Parking
- Piste cyclable
- Poste frontière
- Station-service
- Subway
- T/T-Bane
- Taxi
- Téléphérique/funiculaire
- Tramway
- U-Bahn
- Autre moyen de transport

Belinda Dixon

Jamais plus heureuse que les pieds dans le sable, Belinda adore voyager et écrire pour Lonely Planet et ce depuis 2006. On l'a vue tremper dans des sources d'eau chaude en Islande, s'émerveiller devant Stonehenge, escalader des montagnes italiennes, faire du cheval sur les plages du Donegal, admirer les fresques à Vérone ou chercher des fossiles sur la côte du Dorset. Belinda aime aussi la gastronomie. Podcast, écriture et expéditions sont tous réalisés au nom du voyage. À suivre sur https://belindadixon.com.

Catherine Le Nevez

Catherine a attrapé le virus du voyage à l'âge de 4 ans, lorsqu'elle est partie de Paris pour une découverte de l'Europe. Saisissant depuis chaque occasion de voyager, elle a visité quelque 60 pays, trouvant le temps d'obtenir un doctorat d'arts créatifs en écriture, un master en écriture professionnelle et plusieurs diplômes de troisième cycle dans l'édition. Elle écrit pour Lonely Planet depuis une quinzaine d'années, et a contribué à des guides sur Paris, la France, l'Europe et au-delà. Elle a aussi écrit pour de nombreuses publications papier et en ligne. Le premier des conseils de Catherine pour un voyage réussi ? Partir sans attentes particulières.

Les guides Lonely Planet

Une vieille voiture déglinguée, quelques dollars en poche et le goût de l'aventure, c'est tout ce dont Tony et Maureen Wheeler eurent besoin pour réaliser, en 1972, le voyage d'une vie : rallier l'Australie par voie terrestre via l'Europe et l'Asie. De retour après un périple harassant de plusieurs mois, et forts de cette expérience formatrice, ils rédigèrent sur un coin de table leur premier guide, *Across Asia on the Cheap*, qui se vendit à 1 500 exemplaires en l'espace d'une semaine. Ainsi naquit Lonely Planet, dont les guides sont aujourd'hui traduits en 13 langues.

Nos auteurs

Neil Wilson

Neil vit dans le Perthshire, en Écosse. Il est auteur de guides de voyage depuis 1988 et a contribué à plus de 80 guides pour différents éditeurs, notamment les guides Lonely Planet sur l'Écosse, l'Angleterre, l'Irlande et Prague. Ses aventures l'ont mené sur quatre continents, et il a notamment gravi le djebel Toubkal au Maroc, le mont Kinabalu sur l'île de Bornéo, l'Old Man of Hoy dans les Orcades écossaises et la face nord-ouest du Half Dome dans la vallée de Yosemite, en Californie.

Isabel Albiston

Après avoir travaillé six ans à Londres pour le *Daily Telegraph* Isabel a décidé de passer plus de temps sur la route. Elle écrit pour un magazine à Sydney en Australie avant de partir explorer l'Asie pendant quatre mois puis de vivre et travailler à Buenos Aires en Argentine. Isabel a commencé à écrire pour Lonely Planet en 2014, et a contribué depuis à la rédaction de 12 guides. Elle vit aujourd'hui en Irlande.

Fionn Davenport

Irlandais de naissance et de cœur, Fionn écrit depuis deux décennies sur son son pays et sa voisine la plus proche, l'Angleterre, en particulier pour Lonely Planet. Il a vécu à Paris et à New York où il a fait de de multiples "petits boulots", tels qu'éditeur, acteur ou barman. Il habite aujourd'hui à Manchester avec sa femme, Laura, mais se rend souvent à Dublin. Photos de voyage sur instagram – @fionndavenport.

Nos auteurs (suite)

L'essentiel de l'Irlande
4e édition
Traduit et adapté de l'ouvrage *Best of Ireland, 3rd edition, May 2020*

92 avenue de France - 75013 Paris

Dépôt légal Juillet 2020
ISBN 978-2-81618-611-6

Imprimé par ESTIMPRIM, Baume-les-Dames, France
Réimpression 02, octobre 2021

En Voyage Éditions | un département édi8